Jörg Bogumil (Hrsg.)
Kommunale Entscheidungsprozesse
im Wandel

Stadtforschung aktuell
Band 87

Herausgegeben von:
Hellmut Wollmann

Jörg Bogumil (Hrsg.)

Kommunale Entscheidungsprozesse im Wandel

Theoretische und empirische Analysen

Springer Fachmedien Wiesbaden GmbH 2002

Die Deutsche Bibliothek – CIP-Einheitsaufnahme

ISBN 978-3-8100-3425-0   ISBN 978-3-663-10499-5 (eBook)
DOI 10.1007/978-3-663-10499-5

© 2002 Springer Fachmedien Wiesbaden
Ursprünglich erschienen bei Leske + Budrich, Opladen 2002

Inhalt

Kapitel 3:
Direkte Demokratie

Kapitel 4:
Kooperative Demokratie

Jörg Bogumil

Kommunale Entscheidungsprozesse im Wandel – Stationen der politik- und kommunalwissenschaftlichen Debatte

1. Einleitung

Die Thematisierung kommunaler Entscheidungsprozesse hat in der lokalen Politikforschung in Deutschland eine große Tradition (vgl. z.B. Grauhan 1970; Fürst 1975; Derlien u.a. 1976; Kevenhörster 1977; Ellwein/Zoll 1982; Banner 1982, Gabriel 1983, 1989; Gabriel/Voigt 1994). Sie konzentriert sich in der Regel auf den kommunalen Entscheidungsprozess im engeren Sinne, also auf das Zusammenspiel der kommunalen Entscheidungsträger im lokalen politisch-administrativen System (Rat, Verwaltung, Bürgermeister). Vor allem das Verhältnis zwischen Kommunalvertretung und Verwaltung, also die Frage der politischen Verwaltungsführung, stand dabei lange Zeit im Vordergrund des Interesses.[1] Dagegen stehen andere Verfahren zur Untersuchung kommunaler Machtstrukturen, wie die Durchführung von Reputationsstudien und Positionsstudien, neben der Analyse von Entscheidungsprozessen die anderen beiden klassischen Untersuchungsansätze der amerikanischen community-power-Forschung, in Deutschland nicht im Mittelpunkt der lokalen Politikforschung.[2]

---

1   Die normative Einschätzung des Verhältnisses zwischen Politik und Verwaltung ist vom zugrundeliegenden Verständnis kommunaler Selbstverwaltung abhängig. Diese Diskussion, ob also die kommunale Ebene als ein autonomes politisches Gebilde oder als eine vom Staat getrennte kommunale Selbstverwaltung anzusehen ist, wird, schon seit dem Vormärz kontrovers geführt. Sie ist durch das Grundgesetz und die Kommunalverfassungen der Länder nicht eindeutig entschieden worden. „Kommunalpolitik" hat also stets in einem nie ganz geklärten Spannungsverhältnis zum Begriff der „kommunalen Selbstverwaltung" gestanden, der das institutionelle Gesamtsystem der Gemeinde im Gegensatz zum politischen System des Staates dem Bereich der Verwaltung zuordnet (Grauhan 1970: 69).

2   Eine der wenigen Studien, die alle drei Ansätze am Beispiel einer deutschen Stadt miteinander verbindet, ist die von Ellwein/Zoll zur Untersuchung der Machtstruktur in Wertheim, einer Gemeinde mit ca. 20.000 Einwohnern, die zudem zu zwei Zeiträumen erfolgte (1968 und 1980, vgl. Ellwein/Zoll 1981). Generell fragt die community-power-Forschung jedoch mehr nach der Machtverteilung in der Gemeinde insgesamt und nach dem Einfluss lokaler Interessengruppen und vernachlässigt die Bedeutung organisatorischer und verfassungsstruktureller Fragen (Derlien u.a. 1976: 3).

Betrachtet man die vorliegenden empirischen Untersuchungen kommunaler Entscheidungsprozesse (zu den Selektivitäten kommunaler Entscheidungsprozesse vgl. Fürst 1975)[3], so kristallisieren sich vor allem zwei Forschungsbereiche heraus:

– Wer ist an Entscheidungsprozessen beteiligt, welche Interessen haben die Akteure, wo werden die Entscheidungen gefällt und wer kann sich durchsetzen? Dabei wird zwischen verschiedenen Phasen des Entscheidungsprozesses unterschieden, also vor allem zwischen der Initiative, der Vorauswahl von Beschlussalternativen und der formellen Beschlussfassung, sowie zwischen unterschiedlichen Machtpotentialen (formelle Weisungsbefugnis, Informationskapazitäten, Mobilisierung von politischer Unterstützung).

– Welche Faktoren sind für bestimmte Führungsstrukturen verantwortlich? Welchen Einfluss haben die verschiedenen Kommunalverfassungen auf die kommunalen Entscheidungsprozesse und Politikergebnisse?

Der erste Typ von Fragestellungen, also der Bereich der politics, steht zunächst im Vordergrund des kommunalwissenschaftlichen Interesses Ende der 60er Jahre, auch wenn die Frage des Zusammenhanges zwischen Kommunalverfassung (polity) und Entscheidungsprozessen (politics) immer schon mitdiskutiert wird. Bis in die 80er Jahre hinein ist die Debatte vor allem *demokratietheoretisch* ausgerichtet. Mit Verweise auf die Vormachtstellung der Verwaltung wird darüber nachgedacht, was zu tun sei, damit die Vertretungskörperschaft nicht nur Ratifizierungsorgan von Verwaltungsvorlagen bleibt. Ein Meilenstein in dieser Debatte ist bis heute die Diskussionen verschiedener Modelle politischer Verwaltungsführung (vgl. 2.1). Die politische Führung soll gestärkt und in die Lage versetzt werden, die Steuerung der Inhalte, Verfahren und Stile der Verwaltungstätigkeit vorzunehmen. Eckpunkte dieser Diskussion sind die von Grauhan herausgearbeitete Tendenz zur zentralisierten Verwaltungsführung (exekutive Führerschaft) und das von Banner für die norddeutsche Verfassung skizzierte Vorentscheiderkonzept (vgl. 2.2).

Ab Anfang der 80er Jahre mehren sich jedoch die Stimmen die – vor allem mit dem *Effizienzargument* – Kritik an der norddeutsche Ratsverfassung

---

3 Fürst hat schon früh auf die Selektivitäten kommunaler Entscheidungsprozesse bezüglich der Informationsverarbeitung und der Interessenwahrnehmung hingewiesen. Er nennt hier u.a. das Eigenleben der Verwaltung, Ressortegoismus, eine Überforderung der administrativen Kapazitäten zur Informationsverarbeitung, ungleiche Organisations- und Konfliktfähigkeit bei der Interessenformulierung externer Akteure sowie ungleiche Durchsetzungsfähigkeit von Interessen im Verlauf des Entscheidungsprozesses (Fürst 1975: 281f.). Verbesserungen müßten in die Richtung gehen, dass der Entscheidungsprozess für eine Reduzierung von Anforderungen an administrative Leistungen sorgt, dass stärker Kooperationen mit anderen Gebietskörperschaften und Ressorts durchgeführt werden und dass es zu einer gleichmäßigen Verteilung der Interessen im Planungs- und Entscheidungsprozess kommt.

üben und damit einen Zusammenhang zwischen polity und policy herstellen. Die Vor- und Nachteile unterschiedlicher Kommunalverfassungen geraten nun verstärkt in den Blick. Dabei wird zunächst auf die in Städten der norddeutschen Verfassung (vor allem NRW) stärkere Verflechtung zwischen Politik und Verwaltung aufmerksam gemacht (vgl. 3.1) und dann unter Hinweis auf die negativen Folgen von Parteipolitisierung eine Stärkung der Verwaltung gegenüber der Politik nach dem Vorbild der süddeutschen Rat-Bürgermeisterverfassung eingefordert (vgl. 3.2). Die dadurch aufflammende Debatte um den Zusammenhang zwischen kommunalem Entscheidungssystem und Kommunalverfassung (vgl. 3.3). trägt mit dazu bei, dass sich in den 90er Jahren die Kommunalverfassungen in Richtung auf die süddeutsche Verfassung bewegen. Damit wird die bisherige Typologisierung von Kommunalverfassungen hinfällig und die Diskussion um neue Vorschläge beginnt (vgl. 3.4). In Kapitel 4 erfolgt dann eine Zusammenfassung der wesentlichen Erklärungsfaktoren kommunaler Entscheidungsprozesse.

Die aktuelle Diskussion gegen Ende der 90er Jahre zeichnet sich nun dadurch aus, dass man sich nach einer etwas ruhigeren Phase bezüglich der Thematisierung kommunaler Entscheidungsprozesse – sicherlich auch bedingt durch neue Themenfelder wie die Transformationsforschung oder die Europaforschung – zunehmend der in den 90er Jahren erfolgten und noch laufenden Modernisierung lokaler Politik und den dadurch hervorgerufenen Veränderungen kommunaler Entscheidungsprozesse zuwendet. Zu den Modernisierungsmaßnahmen zählen:

– die Verwaltungsmodernisierung durch Public Managementelemente, insbesondere in der deutschen Form des Neuen Steuerungsmodells,
– die flächendeckenden Änderungen der Kommunalverfassungen in Richtung auf das süddeutsche Modell,
– die „Renaissance" der Bürgerbeteiligung und die Entdeckung des bürgerschaftlichen Engagements,
– die durch höhere föderale Ebenen ausgelösten Liberalisierungs- und Privatisierungsbestrebungen im Bereich kommunaler Daseinsvorsorge (Energie, Wasser, Abfall, ÖPNV) sowie
– Ansätze eines E-Governments oder einer E-Democracy.

Für alle Modernisierungsimpulse ist festzuhalten, dass deren Wirkungen empirisch noch vielfach unerforscht sind. Bei den letzten beiden sind die Wirkungen zudem meist noch gar nicht erfassbar. Mit diesem Sammelband wird versucht, neuere empirische Erkenntnisse zu den ersten drei Modernisierungsimpulsen zu bündeln und zur Diskussion zu stellen (vgl. 5.1, zum vierten Modernisierungsstrang vgl. Libbe u.a. 2002; Bogumil/Holtkamp 2002, zum E-Government vgl. Lenk 2002). Dabei kristalliert sich heraus, dass im Gegensatz zu früheren Diskussionen die normativen Bewertungskriterien (demokratische Legitimation, effiziente und effektive Problemlösungen) nun meistens zusammenhängend diskutiert werden und auch die Tendenz zu-

nimmt, verschiedene Modernisierungsstränge gemeinsam zu analysieren oder
zumindest zu diskutieren. Ob sich dadurch auch neue theoretische Ansätze
zur Analyse kommunaler Entscheidungsprozesse ergeben, diesen Frage wird
in einem abschließenden Ausblick nachgegangen (vgl. 5.2).

2. Die demokratietheoretische Debatte der 70er Jahre

2.1 Modelle politischer Verwaltungsführung

Bezugspunkt der Diskussionen im Bereich politischer Verwaltungsführung
sind vor allem die Forschungen von Rolf Richard Grauhan Ende der 60er Jahre (vgl. Grauhan 1969; 1970). Er unterscheidet zwischen drei Modellen politischer Verwaltungsführung, der legislatorischen Programmsteuerung, der exekutiven Führerschaft und dem korrelativen Führungsmodell, die hier in ihren
Grundzügen und Schwächen vorgestellt werden.

    Legislatorische Programmsteuerung ist das klassische Modell parlamen-
tarischer Verwaltungsführung (1969: 270ff.). In ihm wird streng unterschieden zwischen Politik als Willensbildung und Verwaltung als Willensausfüh-
rung. Mit der Trennung der Funktionen von Programmauswahl und Pro-
grammvollziehung geht die Bezugnahme auf spezifische Organisationsformen einher, die geeignet erscheinen, die Erfüllung der Funktionen rationaler
zu machen. Die *Programmauswahl* findet in einem *parlamentarischen Gremium* statt, in dem die Prinzipien des Minderheitenschutzes, des Widerspruchsrechtes, der Beratung und des Mehrheitsentscheids gelten. Diese Prinzipien sollen dazu dienen, dass politische Alternativen beraten, in ihren Auswirkungen
diskutiert und am Ende die überzeugendste Lösung verabschiedet wird. Dagegen sichert die *hierarchisch* strukturierte *Verwaltung* die Rationalität und Effizienz der programmgebundenen Entscheidung und setzt somit Gewissheit über
das Programm voraus. Die hierarchische Organisation folgt der Logik dedukti-
ver Aufgabensetzung. Das Anweisungsrecht sichert die *Ausführung,* Fraktions-
bildung oder Widerspruch würden dagegen zur Ineffizienz führen. Politische
Verwaltung ist in diesem Modell nicht vorgesehen. Dennoch ist dieses Modell
in den Alltagsvorstellungen vieler Bürger und auch der Medien weit verbreitet.

    Vernachlässigt wird im Modell legislatorischer Programmsteuerung die
Frage, wo denn Programmanstöße eigentlich herkommen – so Grauhan schon
1969. Werden die Parlamentsfraktionen als Akteure im parlamentarischen
Aushandlungsprozess ständig von den gesellschaftlichen Interessen, Werthaltungen und Überzeugungen mit Programmanstößen gefüttert? Reichen diese Anstöße aus, um das Programmbedürfnis des Verwaltungsapparates zu
decken? Legen die parlamentarisch ausgewählten Programme Verwaltungshandeln so eindeutig fest, dass dieses Handeln als reiner Programmvollzug
organisiert werden kann? Zahlreiche empirische Untersuchungen zeigen, dass

all diese Fragen eher mit nein beantwortet werden können. Die Kenntnis von der intensiven Einschaltung der Bürokratie in den Prozess der Programmaufstellung führt daher zum Modell der *exekutiven Führerschaft.* Durch die Institutionalisierung einer starken politischen Führung soll ein eigenes Innovationszentrum geschaffen werden, dass gegen die Tendenz der Verwaltung zur Selbstführung, zur Technokratie, den Vorrang der Politik sichert. Aufgrund der Zentrierung um die Person des „Führers" wird eine Direktwahl der exekutiven Spitze akzeptiert. Die Verwaltungsorganisation hält an dem Modell instrumenteller Hierarchie und Ausführungskontrolle fest, berücksichtigt jedoch die Notwendigkeit der administrativen Vorbereitung politischer Entscheidungen durch die Einrichtung den Hierarchiechef unterstützender Führungsstäbe. Unter politischer Verwaltung wird hier Führungshilfe verstanden.

Der zentrale Kritikpunkt an der Zusammenballung der Führungsfunktionen bei der Exekutivspitze ist die schwache Verantwortlichkeit. So fragt Grauhan, ob nicht „das Modell exekutiver Führerschaft an die Stelle der Technokratie nur eine rational ebenso schlecht kontrollierte Politokratie" setzt. Dem Modell liegt ein Politikverständnis zugrunde, welches sich an großen Wechseln und Globalprogrammen orientiert. Es geht davon aus, dass die Entscheidung allgemeiner Zielalternativen das nachfolgende Handeln so determinieren, dass es als Vollzug anzusehen sei und deshalb außerhalb der politischen Betrachtung bleiben können. Das Allgemeine ist aber mit zunehmender Entideologisierung nicht mehr das Kontroverse, sondern das Konkrete ist politisch geworden. Politische Elemente gibt es in allen Alternativauswahlen. Die Detaillierung der Handlungsalternativen kann also nicht länger das Abgrenzungskriterium zwischen Politik und Verwaltung sein. Dies ist der Grund für die fortschreitende Einschaltung der Bürokratie in den Prozess der politischen Alternativenauswahl.

Wenn aber der Verwaltungsapparat politische Entscheidungen vorbereitet, muss dann die Verwaltungshierarchie nicht auch revidiert werden? Ist nicht eine Reorganisation der Verwaltungsapparate nach politischen Prinzipien nötig, um es den Vertretungskörperschaften zu ermöglichen, politischen Entscheidungen wieder an sich zu ziehen? Nötig ist daher eine neue Vorstellung von politischer Verwaltung, wie sie im *korrelativen Führungsmodell* vorgesehen ist. Wenn politische Verwaltung nicht nur auf einen kleinen, den politischen Führern nahestehenden Personenkreis beschränkt ist, sondern potentiell der ganze Verwaltungsapparat in den Prozess der Vorbereitung politisch zu treffender Entscheidungen eingeschaltet ist und innerhalb der ihm zustehenden Ermessensspielräume selbst fortwährend politische Entscheidungen trifft, so sind organisatorische Konsequenzen nötig. Das korrelative Führungsmodell legt das Schwergewicht deshalb auf eine Reorganisation des Verwaltungsapparates im Interesse der Revitalisierung des politischen Prozesses. Es bemüht sich um eine funktionale Entflechtung und Entideologisierung des Führungsbegriffes und unterscheidet drei Führungsfunktionen: Konzeption und Initiierung von Programmalternativen, Auswahl unter vorauskalkulierten Programmalternativen und Kontrolle der Ausführung beschlossener Programme.

Für die Auswahl der Alternativen ist das parlamentarische Gremium die rationale Organisationsform mit den Prinzipien des Widerspruchsrechtes, des Minderheitenschutzes und der kollegialen Mehrheitsfindung. Die Ausführung eindeutiger Programme obliegt der Hierarchie. Die organisatorische Bewältigung der Vorbereitungsfunktion verlangt dagegen eine Abkehr vom Hierarchieprinzip. Hier ist es nicht, wie vielfach praktiziert, Aufgabe der Exekutive Alternativen vorauszuwählen und dann das Parlament von dieser Auswahl zu überzeugen, sondern Alternativen zur politischen Auswahl vorzulegen. Dies erfordert aber ein System von Gremien, welches nicht der Weisungshierarchie untergeordnet ist, sondern in dem die Prinzipien des Widerspruchsrechtes und des Minderheitenschutzes Geltung besitzen. Der Verwaltungschef wäre in *diesen* Gremien dann Teamleiter. Die Reorganisation der Verwaltungsapparate in Vorbereitungsangelegenheiten könnte die Vertretungskörperschaften zur Mitte des politischen Systems machen. Beim korrelativen Modell geht es nach Grauhan nicht um die revolutionäre Umgestaltung der Verwaltungsapparate, sondern eher um den Versuch, mitwirkungsintensive Führungsstile rational einzubeziehen.

Während nach Grauhan das Modell der legislatorischen Programmsteuerung also im Gegensatz zur herrschaftlichen Omnipotenz des souveränen Staates die politische Auswahlentscheidung in die Hände eines politischen Gremiums mit spezifischen Regeln legt (Parlament), aber die Vorbereitungsund Umsetzungsprozesse zu wenig beachtet, macht das Modell der exekutiven Führerschaft auf die Notwendigkeit exekutiver Initiative aufmerksam, vernachlässigt aber die Politikhaltigkeit des Umsetzungsprozesses und die Frage der Vorauswahl von Entscheidungen. Hier setzt das korrelative Modell an, welches durch eine Enthierarchisierung der politischen Funktionen des Verwaltungsapparates dem politische Gremium wieder die politischen Alternativenauswahl ermöglichen soll (ebd.: 284).

Aus heutiger Sicht wäre kritisch zu dem Modell der korrelativen Führung anzumerken, dass es offenbar nicht umzusetzen ist, denn die Mehrheitsfraktion(en) haben keinen Anreiz auf Vorentscheidungen zu verzichten. Aus der Sicht der Mehrheitsfraktionen führt die Diskussion von Alternativen immer zu Unsicherheiten in der öffentlichen Diskussion. Die Erörterung von Alternativen kann das gewollte Ergebnis und die Führungspositionen der Vorentscheider gefährden. Da man nie weiß, was der politische Gegner aus wichtigen Informationen macht, empfiehlt es sich, der Verwaltung ihren Informationsvorsprung zu belassen. Die Mehrheitsfraktion verlässt sich daher lieber auf ihre Verwaltungsvertreter, die schon im Interesse der Mehrheitsfraktion agieren werden.

2.2 Exekutive Führerschaft und Vorentscheiderstruktur

Die empirischen Studien über kommunale Entscheidungsprozesse zwischen 1970 und 1990 nehmen immer wieder Bezug auf die Modelle politischer Verwaltungsführung. Dabei wird in der politikwissenschaftlichen Diskussion allerdings das Modell der legislatorischen Programmsteuerung aufgrund seiner Realitätsferne kaum diskutiert, obwohl es lange Zeit die Verfassungsnorm in NRW darstellte. Statt dessen wird weitgehend übereinstimmend davon ausgegangen, dass eine Trennung von Politik und Verwaltung nicht möglich ist (vgl. z.b. Banner 1972, Grauhan 1972a, Böhret 1986). Die empirischen Studien drehen sich vor allem um die These der Verwaltungsdominanz.

Empirischer Hintergrund der Modellvorstellungen Grauhans, insbesondere bezüglich der exekutiven Führerschaft, sind seine Forschungen zur Auswahl und Stellung von Oberbürgermeistern in deutschen Großstädten (vgl. Grauhan 1970). In einer vergleichenden Untersuchung zwischen direkt und indirekt gewählten Oberbürgermeistern in Städten über 100.000 Einwohnern,[4] in der es ursprünglich um eine empirische Überprüfung der mit der plebiszitären Bestellung des OBs verbundenen Hoffnungen und Besorgnisse ging, macht Grauhau eine Tendenz zur *zentralisierten Verwaltungsleitung* aus, allerdings finden sich auch Fälle einer fragmentierten Verwaltungsleitung.

Zwei wesentliche Faktoren sind nach Grauhan für die zentralisierte Verwaltungsführung bestimmend: der mit der Größe der Stadt wachsende einheitliche kommunale Verwaltungsapparat und die beherrschende Stellung der politischen Parteien in den kommunalen Vertretungskörperschaften. Der Verfassungstyp spielt dabei keine entscheidende Rolle. Die Größe des Verwaltungsapparates führt zu einem hierarchischen, auf den OB als Dienstvorgesetzten zugeschnittenen Verwaltungsaufbau. Allerdings gibt es hier auch eine gewisse Fragmentierungstendenz durch den Bedeutungszuwachs für die Dezernenten in Großstädten. Die Parteien haben zum einen eine Schlüsselstellung für die Auswahl des OBs und der Dezernenten und zum anderen wirkt sich eine absolute Mehrheit in der Vertretungskörperschaft und das Vorhandensein einer engeren kommunalen Führungsgruppe in Richtung auf die Zentralität der Verwaltungsleitung aus.

Bezogen auf den Grauhan vor allem interessierenden Prozess der Auswahl der Handlungsalternativen, ergibt sich folgendes Bild. Während die fragmentierte Verwaltung eine Vorkehrung zu Vorlage gleichrangiger Alternativen ist, legt im Fall der zentralisierten Verwaltungsführung der OB als der *einzige* Initiator dem Rat *einen* Beschlussvorschlag vor. Über Alternativen ist vorher administrativ entschieden worden. Dem OB wird faktisch das Recht

---

4   Die empirischen Daten stammen aus je 10 Städten mit direkter und indirekter Wahl des OBs, erhoben in den Jahren 1960 bis 1962. Untersucht wurden Städte aus den Ländern Bayern, Baden-Württemberg, Hessen, Rheinland-Pfalz, Schleswig-Holstein und Bremerhaven. Städte aus dem Bereich der norddeutschen Ratsverfassung wurden nicht berücksichtigt, da Grundlage des Vergleichs die organschaftliche Stellung des OBs neben der Vertretungskörperschaft ist, während der OB in der norddeutschen Verfassung ganz der Vertretungskörperschaft zuzuordnen ist und hier der Oberstadtdirektor die organschaftliche Stellung innehat und eine Einbeziehung dieser Typen die Untersuchung terminologisch und sachlich kompliziert hätte (vgl. Grauhan 1970: 86, 94).

zugestanden, eine Richtlinienkompetenz vorzunehmen, obwohl diese eigentlich der Gemeindevertretung zukommt. Dies bedeutet eine Stärkung des administrativen Apparates auf Kosten der politischen Institutionen und des politischen Prozesses und ist der Grund für das von Grauhan vorgeschlagene korrelative Führungsmodell.

Anschließend an Grauhan untersucht Gerhard Banner erstmalig 1972[5] die Besonderheiten kommunaler Entscheidungsstrukturen in Großstädten mit norddeutscher Kommunalverfassung, also genau der Städte, die in den Studien von Grauhan nicht berücksichtigt sind. Dabei arbeitet er das sogenannte „Vorentscheiderkonzept" heraus. Banner geht im Unterschied zu Grauhan von einer stärkeren institutionellen Prägung kommunaler Entscheidungsprozesse aus. Daher benennt er – obwohl er durchaus Gemeinsamkeiten mit dem politischen Willensbildungsprozess in Großstädten mit süddeutscher Rat-Bürgermeisterverfassung sieht – zunächst einige Unterschiede zwischen beiden Verfassungssystemen. Aus seiner Sicht gibt es drei wesentliche Unterschiede (164ff.):

– Der Rat ist in Städten mit Doppelspitze *autonomer*, da der OB nicht auf Verwaltungsbelange Rücksicht nehmen muss und er und die Ausschussvorsitzenden durch die Sitzungsleitung und die Tagesordnungsaufstellung über stärkere Einflussmöglichkeiten verfügen. Somit haben die führenden Ratsmitglieder auch einen größeren politischen Einfluss.
– Der Rat ist in höherem Maße *Teil der Verwaltung*, da der Rat größere Kompetenzen hat und der Verwaltungsapparat dem Ratseinfluss viel weiter geöffnet ist, als meistens angenommen wird.
– Die Struktur der politischen Willensbildung ist *fragmentierter*, da es niemanden mit vergleichbarer Stellung wie dem volksgewählten OB der süddeutschen Verfassung gibt.

Diese Faktoren[6] führen zu einer *Vorentscheiderstruktur*.

„Politische Vorlagen von einiger Tragweite werden im allgemeinen nicht unvermittelt von der Verwaltung in das formalorganisatorische Entscheidungssystem (Fachausschüsse, Rat) eingeleitet. In der Praxis ist unübersehbar, dass kleinere Personengruppen über den Inhalt solcher Vorlagen zumindest in den Grundzügen vorentscheiden. Zu diesen Vorentscheidern gehören auf Ratsseite die full-time-Politiker und die Spezialisten für bestimmte Fragen (OB, Ausschußvorsfunktionäre, Freiberufler in Interessenfunktion). (...) Zu den Vorentscheidern aus dem Verwaltungsapparat itzende, Fraktionsvorsitzende, sonstige Einflußträger, wie etwas Gewerkschafts- oder Verband gehören der Oberstadtdirektor als

---

5   Schon hier findet sich der Vergleich der Kommunalverwaltung mit einer Unternehmensverwaltung (ebd.: 162), allerdings noch nicht in dem bestimmenden Sinne wie ca. 30 Jahre später.

6   Die Tendenz zur Vorentscheidung liegt aber nicht nur im Kommunalverfassungssystem begründet, sondern auch im politischen Prozess selbst, wie weiter oben ausgeführt.

Zentralfigur, die Beigeordneten, die Leiter der mit politischer Entscheidungsvor-
bereitung befaßten Ämter, manchmal auch einflußreiche Abteilungsleiter. (...)
Die Gruppe der Vorentscheider bildet (...) den Transmissionsriemen zwischen der
bürokratischen Vorbereitungsmaschinerie und dem politischen Entscheidungs-
organ (Banner 1972: 166f.)."

Nach der Vorentscheidung wird in den Fraktionen beraten und die Verwaltungsvorlagen werden anschließend ins formalorganisatorische Entscheidungssystem eingebracht. Das Durchlaufen der Fachausschüsse, des Haupt-
ausschusses und des Rates hat aber nur noch die Bedeutung einer Ratifizie-
rungsdebatte. Diese Prozesse vollziehen sich allerdings nur, wenn eine Fraktion die Mehrheit im Rat hat oder wenn es zu einer interfraktionellen Absprache im Vorentscheidungsstadium gekommen ist. Damit arbeitet Banner einen
wesentlichen *Vorteil* der von ihm so bezeichneten „Oberstadtdirektor-Verfassung" für die Kommunalvertretung bzw. für die Mehrheitsfraktion heraus.

„Zweifellos liegt auch in der Oberstadtdirektor-Verfassung das Schwergewicht
der Initiative bei der Verwaltung, wenngleich der Einfluß der Vorentscheider aus
dem Rat auch in diesem Stadium nicht unterschätzt werden sollte. In der Phase
der planenden Vorbereitung hat der Rat über seine Vorentscheider dann jedoch
die Chance, seinen Aktionsspielraum voll auszuschöpfen. Dabei lernen die Vorentscheider – in jedem Fall die Mehrheitsfraktion – die wesentlichen Verwal-
tungsalternativen kennen" (ebd.: 168). (...) Aus alldem ergibt sich, dass der politischen Willensbildungsprozess unter der Oberstadtdirektorverfassung die Chance auf
ein hohes Maß an Diskussion und Öffentlichkeit in sich birgt" (ebd.: 166).

Während also bei einem direkt gewählten Oberbürgermeister durchaus die
Tendenz besteht, der Kommunalvertretung nur eine Lösung zu präsentieren
(exekutive Führerschaft), führt die engere Verkoppelung zwischen Rat und
Verwaltung, die größere Fragmentierung und der stärkere Einfluss führender
Ratsmitglieder in der norddeutschen Verfassung dazu, dass zumindest der
Vorentscheiderkreis zwischen den wesentlichen Handlungsalternativen wählen kann. Damit greift Banner das Argument von Grauhan auf, dass eine
fragmentierte Verwaltung eher die Chance beinhaltet, dass es zur Vorlage
gleichberechtigter Alternativen kommt. Insofern wird die norddeutsche Kommunalverfassung von ihm unter dem eher demokratietheoretischen Gesichts-
punkt als *positiv* (!) betrachtet.

Das Vorentscheidermodell befähigt das kommunale Handlungssystem,
die benötigten Entscheidungen im Allgemeinen rechtzeitig bereitzustellen.
Zur Erarbeitung einer koordinierten Gesamtplanung ist das Willensbildungs-
system aber nicht in der Lage, wie das Beispiel der Haushaltsplanung zeigt,
denn diese ist vor allem durch Tradition und Zufall geprägt. Um Verwaltungstätigkeit durch längerfristige, kohärente, aus einem kommunalen Zielsy-
stem entwickelte Programme zu steuern, bräuchte es neuer Instrumente, wie
der Stadtentwicklungsplanung (heute könnte man stattdessen den Begriff des
strategischen Managements oder der integralen Führung einfügen, vgl. dazu

Banner in diesem Band), die langfristige kommunalpolitische Ziele und den
Weg zur ihrer Verwirklichung in einem realistischen Handlungskonzept fest-
legt. Allerdings fehlen Anreize für die Vorentscheider aus dem Rat, sich darauf einzulassen (auch heute noch das zentrale Problem, was aber wenig wahrgenommen wird). Deshalb wäre hier – so Banner damals – an ehrenamtliche
Verwaltungsbeiräte oder Stadtplanungskommissionen zu denken, in denen
Ratsmitglieder über wesentliche Entwicklungen unterrichtet werden (heute-
zutage schlägt man hierfür das Controlling vor). Damit würde das bestehende
Spontansystem formalisiert mit dem Vorteil der Kontrollierbarkeit und Koor-
dinierbarkeit, ein Vorschlag, der dem Grauhanschen korrelativen Führungssystem sehr nahe kommt.

3. Die effizienzorientierte Debatte in den 80er und zu Beginn der 90er Jahren

3.1 Verflechtung zwischen Politik und Verwaltung

Auch Banner betont schon 1972, dass der Rat Verwaltungsorgan und Parlament zugleich ist, die Kommunalverwaltung also eine politische Verwaltung
im Sinne Grauhans.[7] Den Funktionsbedingungen, Gefährdungen und Chancen
dieses politisch-administrativen Systems und seiner Steuerbarkeit widmet er
sich 10 Jahre später ausführlich (vgl. Banner 1982). Dabei hebt er jedoch
deutlich stärker als zuvor auf negative Phänomene ab, die insbesondere in
Großstädten aller Kommunalverfassungen zu beobachten sind, am krassesten
jedoch in denen der norddeutschen Verfassung mit Doppelspitze, und die für
ihn die Frage der Funktionsfähigkeit des örtlichen Entscheidungssystems
aufwerfen. Ausgehend von 12 aus seiner Sicht typischen Beispielen für negatives Entscheidungsverhalten in Kommunen,[8] arbeitet er vier auffällige Gemeinsamkeiten heraus:

---

7   Daraus erwächst für die Kommunalpolitiker allerdings ein Dilemma. In der Entschei-
     dungsrolle sind sie an minimaler Öffentlichkeit interessiert, da ein effektiver Ent-
     scheidungsprozess eine gewisse Distanz zur Öffentlichkeit erfordert, bis die Lösung
     aus dem kritischen Stadium herausgetreten ist. In der Rolle des Parlamentariers sind
     sie dagegen an maximaler Öffentlichkeit interessiert, da es hier um Wiederaufstellung
     und Wiederwahl geht.

8   Banner argumentiert hier in Anlehnung an Crozier/Friedberg (1979) stark akteurzen-
     triert, indem er verschiedenste Akteurstrategien rekonstruiert und als Kampf um die
     Kontrolle über relevante Unsicherheitszonen erklärt. Nur so kann man seines Erach-
     tens das kommunale Handlungssystem in seinen realen Abläufen verstehen (Banner
     1982: 37), die Voraussetzung dafür, es zu verändern: „Um das System, in dem wir le-
     ben, verändern zu können, müssen wir es erst einmal so zur Kenntnis nehmen, wie es
     ist" (ebd.: 45).

- eine immer enger werdende Verflechtung von Politik und Verwaltung;
- ein immer stärker werdendes Hineinwirken der Außenwelt in die Kommunalverwaltung, so dass die Übergänge fließend geworden sind;
- eine Schwächung der Hierarchieeffekte;
- eine zunehmende Durchschlagskraft von Fach- und Sonderinteressen und die Belohnung für Ressortegoismus.

Diese Syndrome sind zwar nicht überall in gleicher Ausprägung feststellbar, aber im Organisationstypus „politische Verwaltung" strukturell angelegt und beinhalten Gefährdungspotentiale für die Funktionsfähigkeit der Kommunalverwaltung. Sie sind Folge des Spannungsverhältnisses zwischen Politik und Verwaltungsapparat, welches der Schlüssel zum Verständnis der Wirkungsweise des lokalen politisch-administrativen Systems ist (ebd.: 33). Vor allem in Großstädten kann der Rat kein wesentliches politisches Ziel ohne die Verwaltung und die Verwaltung kein wesentliches administratives Ziel ohne den Rat erreichen. Es scheint einen vom System ausgehenden Zwang zu einem dauernden Zusammenwirken einer größeren Zahl von Personen auf verschiedenen Politik- und Verwaltungsebenen zu geben. Dieses Entscheidungssystem, von ihm als kommunales Handlungssystem bezeichnet, erhält sein Gepräge

„durch das problematische, aber zur Funktionserfüllung unerläßliche Zusammen- und Ineinanderwirken eines politischen Organs mit einem Verwaltungsapparat" (Banner 1982: 34).

Das Zusammenwirken zwischen Politik und Verwaltung ist z.T. *durch die GOen festgelegt* und hat sich zum Teil durch zunehmende *Parteipolitisierung* in der Praxis entwickelt. So werden der Verwaltungschef und die Dezernenten fast ausnahmslos *auch* nach politischer Zugehörigkeit bestellt. Sie nehmen neben den offiziellen Sitzungen in der Regel an interfraktionellen Sitzungen teil und sind beratende Mitglieder ihrer Fraktionen bzw. des Fraktionsvorstandes. Sie haben meist Parteifunktionen inne und wirken an der Erarbeitung von Programmen mit. Auch viele Personalräte sind zugleich Parteiangehörige und nehmen als Bedienstete an Fraktionsarbeitskreisen teil. Die Verwaltung ist also in der örtlichen Organisation der kommunalen Politik präsent, umgekehrt folgt der Rat mit seinem Ausschusssystem dem Verwaltungsaufbau. Die Verwaltung beeinflusst in hohem Maße den Inhalt der Ratsbeschlüsse, aber auch die Kommunalpolitik beeinflusst in allen Phasen die Verwaltungsarbeit (vor allem die Mehrheitsfraktionen). Viele Probleme können nur durch das Zusammenwirken mehrerer Beteiligter aus Politik und Verwaltung einer Lösung zugeführt werden, da ein penibles Auseinanderhalten praktikable Lösungen häufig unmöglich machen würde. Die Politik und hier vor allem die Mehrheitsfraktionen können nur erfolgreich sein, wenn sie Verwaltung in ihren Dienst stellt. Die Verwaltung kann nur dann ihre Position halten, wenn sie sich frühzeitig einschaltet.

Es gibt somit einen „Systemzwang zur Verflechtung". Verflechtung bedeutet aber nicht Vermischung bis zur Ununterscheidbarkeit. Nach wie vor gibt es divergierende Rationalitäten, wie der Zwang der Wahltermine und Zwang der Vorschriften. Das kommunale System funktioniert, indem es den Konflikt zwischen beiden Rationalitäten in jedem einzelnen Fall in sich austrägt. „Eine Entflechtung ist unmöglich. Es kann nur darum gehen, das Mit- und Gegeneinander von Politik und Verwaltung so auszubalancieren, dass das Kommunale Handlungssystem seine Aufgabe erfüllen kann und nicht funktionsuntüchtig wird" (Banner 1982: 37).[9]

Hier zeigt sich die Doppelfunktion der Verflechtung bei Banner. Sie ist einerseits funktionsnotwendig, kann andererseits aber zur gegenseitigen Schwächung und Blockierung führen. Die Strategien der Akteure werden dann dysfunktional, wenn „ihnen das notwendige Minimum an Gemeinwohlorientierung und Loyalität gegenüber der Führung abhanden kommt" (ebd.). Da nach Banner die Steuerung eines leistungsfähigen sozialen Handlungssystems durch die oberste Führung erfolgen soll, muss das Kommunale Handlungssystem so gestaltet werden, dass es für alle Beteiligten eher vorteilhaft ist, dass wichtige Steuerungsentscheidungen oben getroffen werden. Dazu schlägt er zwei Maßnahmen vor: Bemühungen um den Zusammenhalt der Führungsgruppe[10] und eine gezielte Auswahl von Grenzgängern.[11]

---

9   Wer das liest, kann nicht glauben, dass Banner je an die simple Gegenüberstellung des „Was" und „Wie" geglaubt hat, die später im Zusammenhang einer neuen Arbeitsteilung beim Neuen Steuerungsmodell auftaucht, sondern hier drängt sich die Vermutung auf, dass diese spätere Vereinfachung aus strategischen Gründen (größere Praxisrelevanz einfacher Ideen) erfolgt.

10   Mit der Führungsgruppe sind die Vorentscheiderkreise gemeint. Wenn an dieser Führung vorbei keine aussichtsreiche Politik gemacht werden kann, unterbleiben Alleingänge und die Führung verfügt über größtmögliche Gestaltungsoptionen. Maximale Steuerungsmacht ergibt sich dann, wenn die politische und administrative Spitzengruppe in gegenseitiger Loyalität in sich relativ geschlossen ist, zwischen ihnen dichtere Kontakte als zwischen ihren jeweiligen Basisformationen bestehen und wenn beide enge Kontakte zur jeweiligen Basis unterhalten und dort Vertrauen haben.

11   Bei der Auswahl der Grenzgänger, die der wichtigen Funktion der Vermittlung zwischen Politik und Verwaltung dienen, ist es wichtig, dass diese von qualifizierten, loyalen und dem Gesamtinteresse verpflichteten Personen besetzt werden. Dabei müssen diese neben fachlichen Qualifikationen auch über politisches Talent verfügen, denn bei politiknahen Stellen ist politische Kompetenz Bestandteil der fachlichen Eignung. Wichtigste Aufgaben der Führung ist es, der ständigen Neigung des Kommunalen Handlungssystems, aus seiner Verflechtung heraus, seine Effizienz zu verringern, entgegenzuwirken. Insgesamt ist politisch-administrative Steuerung in der Kommune damit „systematische Improvisation".

3.2 Effizienz versus Parteipolitisierung

War die Stellung Banners zur norddeutschen Verfassung 1972 eher positiv, da sie zu Entscheidungsprozessen führt, die dem Grauhanschen Typ der korrelativen Verwaltungsführung noch am ehesten entsprechen, so wird sie ab 1982 zunehmend kritisch, da er vor allem in den Großstädten der norddeutschen Verfassung negatives Entscheidungsverhalten ausmacht. 1984 gerät die norddeutsche Verfassung dann vollends ins Kreuzfeuer seiner Kritik. Dieser Einschätzungswechsel hängt mit veränderten *Bewertungsgrundlagen* bei der Betrachtung kommunalpolitischer Prozesse zusammen. Nachdem in den 70er Jahren vor allem der Einfluss der Kommunalpolitik gegenüber der Vormachtstellung der Verwaltung ausgebaut werden sollte, also demokratietheoretisch argumentiert wurde, gerät nun unter dem Druck zunehmender Haushaltsprobleme die Effizienzsicherung in den Vordergrund. Dabei kommt vor allem die Parteipolitisierung aufgrund der vermuteten negativen Folgen für die Haushaltslage ins Fadenkreuz der Kritik. Deutlich wird der neue Bewertungsmaßstab an folgendem Zitat:

> „Da die kommunale Selbstverwaltung politisch nur überleben kann, wenn die Kommunen auf Dauer zu verantwortlicher Selbststeuerung fähig sind, ist die Steuerbarkeit der kommunalen Haushalte nicht nur ein erstrebenswertes Ziel unter anderen, sondern ein *Oberziel von hohem staatspolitischem Rang*" (Banner 1984, S. 364, Hervorhebung J.B.).

Mit der Veränderung der Bewertungsmaßstäbe (Effizienzsicherung statt Sicherung des Einflusses der Kommunalvertretung) verändert sich die Einschätzung des fragmentierten Typs kommunaler Führung, die durch die norddeutsche Kommunalverfassung hervorgebracht wird. Ausgehend davon, dass die unterschiedlichen führungsorganisatorischen Regelungen der Gemeindeordnung nicht nur Einfluss auf den Ablauf kommunalpolitischer Entscheidungsprozesse haben (politics), sondern auch auf die Politikergebnisse (policy), in diesem Fall die Haushaltssteuerung, argumentiert Banner in einem vielbeachteten Aufsatz, dass die süddeutsche Rat-Bürgermeisterverfassung für die Verwirklichung dieses Politikziels die besten Voraussetzungen biete. Die unterschiedlichen GOen werden hier als unabhängige Variable zur Erklärung von Haushaltsdefiziten herangezogen (vgl. zum Folgenden vor allem Banner 1984; aber auch 1989).

Um diesen Zusammenhang zu verstehen, muss zunächst auf die von Banner – ansetzend an seine mikropolitischen Analysen zum kommunalen Handlungssystem – gemachte Unterscheidung zwischen Fachpolitikern und Steuerungspolitikern in Rat und Verwaltung hingewiesen werden. Während die zahlenmäßig überlegenen Fachpolitiker Einfluss, Ansehen und Karriere dadurch fördern, dass sie möglichst viel Geld und Personal an sich ziehen, um damit die Fachaufgaben auszuweiten und zu perfektionieren, versuchen die Steuerungspolitiker die haushaltspolitische Steuerung sicherzustellen. Das

Verhältnis zwischen Fach- und Steuerungspolitik ist strukturell labil zuungunsten der Steuerungspolitik. Daher bedarf es, insbesondere in Zeiten knapper
Kassen, besonderer steuerungspolitischer Anstrengungen, um die Kommunalverwaltungen vor dem Zusammenbruch zu bewahren.[12]
Auf der Grundlage von 30 Interviews mit Verwaltungschefs sieht Banner
folgenden Zusammenhang: Je geringer die Durchschlagkraft der Fachpolitik,
je geringer die parteipolitische Aufladung der Entscheidungen und je größer
das Eigenwicht eines zentralen Politikers, desto günstiger stehen die Chancen
für einen ausgeglichenen Haushalt. Der Ausprägungsgrad dieser drei Dimensionen wird von der Gemeindeordnung und örtlich autonomen Faktoren bestimmt. In den Städten der norddeutschen Verfassung ist sowohl die parteipolitische Aufladung als auch das Gewicht der Fachpolitik größer, aber das Ei-
gengewicht eines zentralen Politikers geringer. Daher gibt es eine *„Neigung
zum Führungsverfall"* in NRW (ebd.: 372).
Bemerkenswert an der Argumentation Banners ist, insbesondere wenn
man sich den Zeitpunkt der Veröffentlichung vergegenwärtigt, dass er im Gegensatz zur Mainstream-Diskussion der 70er Jahre, in der es um die Begrenzung der Vorherrschaft der Verwaltung ging, nun zu Beginn der 80er Jahre insbesondere für NRW immer wieder auf den großen Einfluss parteipolitischer
Faktoren für kommunales Entscheidungsverhalten aufmerksam macht. Das un-
gehinderte Wirken konkurrenzdemokratischer Verhaltensweisen führt aus seiner
Sicht zu negativem Entscheidungsverhalten und hierunter versteht er insbesondere die Neigung, mehr Geld auszugeben, als vorhanden ist. Dem wirken die institutionellen Regelungen der süddeutschen Rat-Bürgermeisterverfassung (direkte Volkswahl des Bürgermeisters, Vorsitz des Bürgermeisters in den Ausschüssen, größere Personalkompetenzen sowie die Möglichkeiten des Kumulierens und Panaschierens) am ehesten entgegen.[13] Insbesondere mit diesen
Thesen Banners intensivierte sich die bis heute andauernde und kontroverse
Auseinandersetzung um das Verhältnis zwischen Kommunalverfassung und

---

12 Banner übersieht hier allerdings, dass mikropolitische Strategien ihre Grenzen in dem
    gemeinsamen Interesse der Bestandserhaltung finden, was sich im Übrigen auch an
    den durchaus erfolgreichen kommunalen Haushaltskonsolidierungsstrategien vor al-
    lem in den 80er Jahren zeigen lässt. Die Haushaltsdefizite in den 90er Jahren sind
    weitgehend exogen bedingt (z.B. durch die Kosten der deutschen Einheit).
13 Diskussionswürdig ist allerdings die normative Basis der Aussagen Banners. Deutlich
    wird bei ihm immer wieder die Orientierung an Effizienzgesichtspunkten und eine
    Vernachlässigung anderer Kriterien. So wird Problemlösungsfähigkeit oder Steuer-
    barkeit kommunalen Handelns auf die Sparsamkeit des Haushaltsmanagements redu-
    ziert. Auch das Konstatieren von Reibungsverlusten oder die Geschwindigkeit von
    Entscheidungsprozessen sind nicht per se Kriterien, die die Überlegenheit der süd-
    deutschen Verfassung überzeugend darlegen. Denn, geht man z.B. davon aus, dass
    Machtverteilung ein wichtiger Zweck einer Kommunalverfassung ist, so hat dies
    Auswirkungen auf das Konfliktniveau und die Schnelligkeit der Entscheidungspro-
    zesses. Die Bewertung stellt sich dann aber anders dar (vgl. Derlien 1994: 64).

kommunalen Entscheidungsstrukturen, auf die im folgenden Kapitel (3.3) noch gesondert eingegangen wird. Die Kritik an der zunehmenden Parteipolitisierung kommunaler Selbstverwaltung ist auch von anderen Autoren aufgenommen worden. Nach Wehling ist Parteipolisierung das Ausmaß, in dem es örtlichen Parteiorganisationen und Parteivertretern gelingt, die Kommunalpolitik personell, inhaltlich und prozedural zu monopolisieren. Als wichtigster Einflussfaktor für Parteipolitisierung wird die Gemeindegröße angesehen: der Anteil der Freien Wähler an den Gemeinderatsmandaten verringert sich, die Hauptverwaltungsbeamten und Dezernenten gehören Parteien an, allgemeinpolitische Debatten in den Gemeindevertretungen nehmen zu und die Ratsarbeit einschließlich des Selbstverständnisses der Ratsmitglieder tendiert in Richtung Parlamentarisierung. Entpolitisierende Effekte gehen nach Wehling dagegen von der Direktwahl des Bürgermeisters und den Möglichkeiten des Kumulierens und Panaschierens aus (Wehling 1996, S. 311f.). Erstere führt tendenziell zur Wahl von parteiunabhängigen Verwaltungsfachleuten, die von außen kommen. Letzteres begünstigt die Wahl von Räten mit Honoratiorencharakter (Fabrikanten, Handwerker, Ladeninhaber, Ärzte und Apotheker, Rechtsanwälte und Vereinsvorsitzende). Wer aber wegen seines Ansehens oder wegen seiner gesellschaftlichen Stellung gewählt wird, ist weniger in Fraktionszwänge einzubinden und neigt zur politischen Verständigung über Sachfragen, praktiziert also eher konkordanzdemokratische Verfahrensweisen.[14]

Andere Studien zeigen allerdings, dass das Vordringen parteipolitischen Einflusses nicht bedeutet, dass nun nur konkurrenzdemokratische Verhaltensweisen dominieren. So kann Gabriel in einer empirischen Studie am Beispiel von 49 Kommunen in Rheinland-Pfalz nachweisen, dass sich in der Praxis konkordanz- und konkurrenzdemokratische Handlungsmuster miteinander verbinden, dass also Ratsmitglieder unterschiedliche Rollen wahrnehmen (Gabriel 1991; ähnlich Simon 1988). Nachweisbar ist der parteipolitische Einfluss insbesondere auf Karrieren in größeren Städten und auf die Auswahl der Verwaltungsspitze.

Übersehen wird von den Kritikern der Parteipolitisierung zudem, dass sowohl die zunehmende Politikverflechtung als auch der steigenden Problemdruck in zentralen lokalen Politikfeldern Ende der 80er Jahre (Wohnungsnot, Umweltschutz, vor allem Altlastenprobleme; Müllbeseitigung, Sozialhilfe und Verkehrspolitik) bei anhaltender Ressourcenknappheit die Politisierung der Kommunalpolitik vorantreiben (Holtmann 1992, S. 17f.). Die Politisie-

---

14 Zu berücksichtigen ist jedoch, dass die Aussagen Wehlings stark von den Erfahrungen vor allem in kleineren Kommunen in Baden-Württemberg geprägt sind. So werden seiner Ansicht nach Parteien auf kommunaler Ebene weitgehend nicht gebraucht. Die ihnen zugeschriebenen Funktionen der Interessenartikulation und –aggregation erfüllen sie nur eingeschränkt, die Funktionen der Orientierung und Sozialisation werden von den Vereinen geleistet (Wehling 1996: 315).

rung vor allem der städtischen[15] Lebenswelt setzt die lokale Parteipolitik unter Druck und sorgt dafür, dass diese Aufgabenfelder parteipolitisch besetzt werden durch Aktionsprogramme, Dringlichkeitsanträge oder öffentlichkeitswirksame Anfragen.[16] Dabei hat der flächendeckende Einzug der Grünen in alle Kommunalparlamente die Parteipolitisierung sicher verstärkt, empfinden sich deren Mandatsträger doch vor allem ihrer Parteibasis verpflichtet, was durch Instrumentarien wie das imperative Mandat oder die Rotation deutlich unterstützt wird (zur stärkeren Orientierung grüner Kommunalpolitiker an ihrem Klientel als an der Präferenz der Bevölkerungsmehrheit vgl. Gabriel u.a. 1993: 45). Zudem dominiert bei den Grünen eindeutig ein parlamentarisches Verständnis von Kommunalpolitik mit öffentlichkeitswirksamen Inszenierungen, dem Denken in ideologischen Kategorien und der intensiven Nutzung parlamentarischer Minderheitsrechte. Der Einzug der Grünen in die Kommunalparlamente im Ruhrgebiet (1984) führt z.b. dazu, dass sich die „heimlichen" großen Koalitionen zwischen der mit absoluter Mehrheit regierenden SPD und der mit ein bis zwei Dezernentenposten ausgestatteten CDU zunehmend auflösen, da in der CDU erhebliche innerparteiliche Auseinandersetzungen um die eigenen Profilierungsmöglichkeiten einsetzen, vielfach ausgelöst durch jüngere Ratsmitglieder[17]. Die auch in NRW vorhandene Ansätze konkordanzdemokratischer Politikmuster werden damit eher zurückgedrängt.[18]

Trotz dieser eindeutig parteienstaatlichen Orientierung empfinden sich die Grünen anfangs eher als Parteienstaatskritiker und durch ihre Opposition gegen „Parteibuchwirtschaft" und Verkrustungen der „etablierten" Parteien profitieren sie zunächst von der allgemeinen Stimmung gegen die zunehmende Parteipolitisierung von Kommunalpolitik. Die Einsicht, dass die Indienstnahme der Verwaltung durch gezielte Personalpolitik aus der Sicht der Parteien ein Mittel zur Nutzung des Sachverstandes der Verwaltung und zur Auf-

---

15 Holtmann weist darauf hin, dass die Politisierung der Kommunalpolitik auch kleinere Städte und Gemeinden betrifft, hier aber eher zu einem Strukturwandel der Freien Wählergruppen führt (1992, S. 20f.).

16 Der Autor erinnert sich noch gut an eigene kommunalpolitische Erfahrungen Mitte der 80er Jahre, z.B. als er gemeinsam mit anderen Ratsmitgliedern eine Anfrage zum Bereich der Altlastensanierung mit knapp 230 Einzelfragen ins Kommunalparlament einer Großstadt im Ruhrgebiet einbrachte. Natürlich ging es nicht um eine ernsthafte Beantwortung dieser Sachfragen, sondern vor allem um die damit verbundene Öffentlichkeitswirkung und Profilierung als Oppositionsfraktion, die auch erreicht wurde.

17 Einen zunehmenden Generationenkonflikt stellen auch Mielke/Eith (1994, S. 125) in ihrer Studie über die Einstellungen Freiburger Gemeinderatskandidaten bei der Kommunalwahl 1989 fest, der dahin tendiert, dass die jüngere Ratsmitglieder die parteienstaatliche Strukturierung forcieren.

18 Möglicherweise hat dies auch mit dem Konfliktpotential im Politikfeld Umweltpolitik zu tun, welches von den Grünen in der ersten Phase vor allem thematisiert und in die Parlamente hereingetragen wurde.

rechterhaltung politischer Einflussnahme und Kontrolle ist, fehlt zunächst. Sobald die Grünen selbst zunehmend in „Regierungskoalitionen" geraten, ergeben sich jedoch schnell „Lerneffekte". So versuchen sie immer, wenn sie Koalitionen eingehen, Dezernentenstellen mit eigenen Personen zu besetzen, um die Kontakte und Vernetzungen mit der Verwaltung zu intensivieren und die Kontrollmöglichkeiten zu erhöhen. Die Ausschuss- und Ratssitzungen werden mit der anderen „Regierungsfraktion" gemeinsam vorbereitet (Vorentscheidergremium) und es erfolgt in der Regel der Abschluss eines umfassenden Koalitionsvertrages, der das Verwaltungshandeln leiten soll. Die Logik parteienstaatlicher Wettbewerbsdemokratie wird voll auf die kommunale Selbstverwaltung übertragen.

Diese Einstellung vor allem grüner Ratsmitglieder ist aber nicht typisch für den Bereich der kommunale Selbstverwaltung. Die Einstellungen der Bürger oder der Kommunalpolitiker zum lokalen politischen System werden generell als Muster *lokaler politische Kultur* verstanden. Dabei wird vor allem auf die Einstellungen zu den grundlegenden Strukturen rekurriert, also ob Kommunalpolitik eher eine Verwaltung im Sinne einer Administration oder eine Regierung im Sinne von Politik sei. Für die deutsche politische Kultur ist dabei kennzeichnend, dass sie aufgrund der historischen Kleinstaaterei hochgradig fragmentiert ist (Wehling 1996: 311). So spielen die Parteien in Baden bei gleicher GO nach wie vor eine größere Rolle als in Württemberg mit seiner ausgeprägt individualistischen, parteidistanzierten Tradition. Insgesamt dominiert aber in Deutschland als latentes Einstellungsmuster eine konkordanzdemokratische Vorstellung (vgl. Holtmann 1992, Wehling 1996), etwa in dem Sinne, dass es im Bereich der Kommunalpolitik um sachlich angemessene Lösungen geht, die durch ideologisch angelegte und polarisierende Parteiauseinandersetzungen eher behindert werden.

Simon stellt in seiner Untersuchung über Unterschiede im Selbstverständnis der Ratsmitglieder fest (vgl. ausführlicher weiter unten, Simon 1988), dass auch bei Ratsmitgliedern die administrative Auffassung dominiert, es aber eine beachtliche Minderheit gibt, die von einem politischen Verständnis ausgeht. Beide Grundeinstellungen sind bei den Ratsmitgliedern aber nicht in einem reinem Typ vorzufinden, sondern finden sich in wechselnder Akzentuierung und *Vermischung* mit den Elementen der anderen Vorstellung. Was in der wissenschaftlichen Diskussion häufig ausschließend diskutiert wird, ist im Bewusstsein kommunaler Praktiker nicht unvereinbar. Tendenziell steigt der Anteil der dem Modell der Parteienkonkurrenz verpflichteten Personen bei den jüngeren Altersklassen und den noch nicht lange dem Rat angehörenden Personen.

3.3 Kommunalverfassung und Entscheidungsprozesse

Zur Frage der Auswirkungen unterschiedlicher Gemeindeordnungen auf das
Akteurshandeln in den Kommunen und insbesondere auf den kommunalen
Entscheidungsprozess gibt es eine längere Debatte in der Politikwissenschaft
(vgl. zusammenfassend Kleinfeld 1996; Holtkamp 2000: 108ff.).
Ausgangspunkt ist die Untersuchung von Derlien u.a. (1976), die den
empirischen Zusammenhang zwischen kommunalverfassungsrechtlichen Struk-
turmerkmalen und den kommunalen Entscheidungsprozessen in einer qualitativ
vergleichenden Untersuchung von vier Mittelstädten (zwischen 35.000 und
50.000 Einwohner: Coburg, Lemgo, Bad Kreuznach, Bad Homburg) mit jeweils
unterschiedlicher Gemeindeordnung (Bayern, NRW, Rheinland-Pfalz, Hessen)
analysiert.[19] Bezüglich der Ausrichtung an administrationsinternen Entscheidungsprozessen knüpfen sie an Grauhan an, allerdings ist ihr Erkenntnisinter-
esse breiter angelegt. Sie betrachten den Verwaltungschef als einen unter anderen Akteuren im Entscheidungsprozess, untersuchen nicht nur die Auswirkung der Direktwahl und beziehen auch die norddeutsche Kommunalverfassung mit ein. Ziel der Arbeit ist es, die Bedeutung formaler Strukturen der
Gemeindeverfassungen für die organisationsinternen Prozesse der Informationsverarbeitung und Machtverteilung im kommunalen Entscheidungssystem
aufzuzeigen (ebd., S. 2). Dabei geht es ihnen um vier Merkmale:

– die Verteilung der originären (Erst-)Zuständigkeiten zur Wahrnehmung von
   Selbstverwaltungsangelegenheiten (monistisch, dualistisch, trialistisch);
– die Verbindung oder Trennung der Funktion des Verwaltungschefs (Ein-
   bzw. Zweiköpfigkeit),
– die Struktur der Verwaltungsführung (monokratisch, kollegial) sowie
– den Wahlmodus der Verwaltungsführung (direkt, indirekt).

Als Ergebnis stellen sie erhebliche Übereinstimmungen zwischen den Entscheidungsprozessen in den unterschiedlichen Gemeinden fest (ebd., S. 166),
die sie als generelle Muster des kommunalen Entscheidungsprozesses deuten.
Zu beobachten ist:

– eine generelle Überlegenheit der Verwaltung gegenüber der Vertretungskörperschaft aufgrund des Informationsvorsprunges bei der Initiierung
   und Vorbereitung von Beschlüssen,

---

19 In jeder Stadt wurden ca. 10 Interviews im Jahr 1972 durchgeführt (ebd., S. 19). Ge-
    neralisierungen bezüglich des Verfassungstypes sollten nicht vorgenommen werden,
    da nicht ausgeschlossen werden kann, dass lokale Besonderheiten die Ergebnisse ge-
    prägt haben. Der strukturell-funktionale Vergleich hat daher nur hypothesenbildenden
    Charakter, wie die Verfasser betonen. Diese von den Verfassern selbst genannte Ein-
    schränkung bei der Ergebnisinterpretation wird bei der Rezeption dieser Studie aller-
    dings kaum beachtet.

- dass auch die Auswahl der Alternativen innerhalb der Verwaltung erfolgt, wobei die großen Fraktionen über Vorentscheiderkreise beteiligt sind;
- die Annäherung der monokratischen Leitung an das Modell der kollegialen Leitung bei wachsender Politisierung der Dezernentenebene sowie
- einen Funktionsverlust des Plenums durch Verlagerung der parlamentarischen Arbeit in die Ausschüsse, in denen trotz der Dominanz der Verwaltung auch Vorlagen der Verwaltung verändert werden.

Insgesamt kommen sie damit zu dem Schluss, dass es in allen vier Städten nur einen schwachen Zusammenhang zwischen Kommunalverfassung und Entscheidungsprozessen gibt. Trotz dieses allgemeinen Urteils, dass also Verfassungselemente die allgemeinen Muster von Entscheidungsprozessen (nur) abschwächen oder verstärken und nicht etwa determinieren, beobachten Derlien u.a. durchaus beachtliche Effekte von einzelnen verfassungsstrukturellen Merkmalen (ebd.: 123f., 126).

Banner misst dagegen, wie im vorherigen Kapitel gesehen, den institutionellen Rahmenbedingungen größere Lenkungseffekte bei. Seine These, dass der direkt vom Volk gewählte, hauptamtliche Bürgermeister in Baden-Württemberg für eine sparsame Haushaltspolitik sorgt, während die GO NW dazu geführt hat, dass die Fachpolitik gestärkt, der zentrale Steuerungspolitiker (gemeint ist der Verwaltungschef) geschwächt und die Kommunalverwaltung parteipolitisch durchdrungen wird, ist Gegenstand mehrerer empirischer Untersuchungen. Insbesondere sein empirisches Beweismaterial, der Vergleich der Fehlbeträge im Verwaltungshaushalt zwischen Städten über 50.000 Einwohner unter verschiedenen GOen in den Jahren 1983 und 1984, ist vielfältig kritisiert worden. So bemerkt z.B. Holtkamp zurecht, dass Banner den kommunal nicht zu beeinflussenden Anteil an diesen Disparitäten nicht berücksichtigt (Holtkamp 2000, S. 105, vgl auch den Beitrag von Holtkamp in diesem Sammelband).

Insgesamt sind die Ergebnisse empirischer Überprüfungen der Banner-Thesen ambivalent. Winkler-Haupt kommt bei einem Vergleich von je zwei Kommunen aus Baden-Württemberg und NRW zu dem Ergebnis, dass für die Haushaltspolitik ein großer Einfluss der GO auszumachen sei, für kommunalpolitische Entscheidungsprozesse im Allgemeinen dagegen eher nicht (1988: 197), so dass sowohl den Aussagen Derliens bezogen auf kommunalpolitische Entscheidungsprozesse im Allgemeinen als auch den Aussagen Banners bezogen auf die Sparpolitik zuzustimmen sei. Die führungsorganisatorischen Regelungen in NRW sorgen vor allem dafür, dass die Durchschlagskraft von Fachinteressen groß ist und dass das zentrale Steuerungsinteresse der Sparpolitik über ein nicht so starkes Gewicht verfügt. Allerdings werden dieser Studie von Winkler-Haupt erhebliche methodische Schwächen attestiert (vgl. Derlien 1994; Holtkamp 2000).[20] Eine weitere umfangreiche und methodisch

---

20 Zum einen gehörten die beiden für NRW ausgewählten Kommunen (Gladbeck, Lünen) dem kleinen Kreis von 19 Kommunen in NRW an, die in den Jahren 1983 und 1984 einen Fehlbetrag im Verwaltungshaushalt auswiesen. Zum anderen verfügten

weitgehend anerkannte Studie[21] von Kunz/Zapf-Schramm belegt dagegen, dass die Gemeindeverfassung keinen meßbaren Einfluss auf die finanzielle Leistungsfähigkeit einer Gemeinde hat (1989, S. 181) und betrachtet daher Banners These als widerlegt. Zwar wird konstatiert, dass das Verschuldungsniveau unter der süddeutschen Kommunalverfassung niedriger als anderswo gehalten werden konnte, als wesentliche Erklärungsvariable für den Finanzierungsspielraum und die kommunalen Investitionen werden jedoch die sozioökonomischen Rahmenbedingungen angesehen. Die zentrale Bedeutung externer Faktoren für die kommunale Investitionstätigkeit wird auch durch eine Studie von Gabriel u.a. (1990) belegt.

Banners These einer direkten Steuerungswirkung der Polity-Ebene auf die politics und policy wird seitdem nur in erheblich relativierender Form rezipiert. Der Einfluss der Gemeindeordnung auf die konkrete Akteurskonstellation in den Gemeinden wird eher in Frage gestellt (Naßmacher 1989, Voigt 1992). So verweist Voigt am Beispiel von verschiedenen Gemeinden in NRW auf unterschiedliche Macht- und Entscheidungskonstellationen. Ausgehend von einem labilem Machtgleichgewicht, welches im Laufe der Zeit dazu tendiert sich in ein zentralisiertes Entscheidungssystem zu verwandeln, unterscheidet er drei Varianten:

–   die exekutive Führerschaft durch die Übernahme der Führungsrolle durch den Gemeindedirektor in kleinen Kommunen, in denen dem Verwaltungschef nur Feierabendpolitiker gegenüberstehen;
–   der gemäßigte Populismus durch den ehrenamtliche Bürgermeister in größeren Kommunen, wenn dieser zugleich Landtagsabgeordneter (bei der SPD) bzw. Bundestagsabgeordneter (bei der CDU) ist, also über wichtige Verbindungen zu überörtlichen Entscheidungsträgern verfügt;
–   die Partei- und Fraktionsherrschaft durch den Vorsitzenden der Mehrheitsfraktion in größeren Kommunen, in denen der ehrenamtliche Bürgermeister keine Unterstützung von anderen Ebenen vorweisen kann.

Wenn nun dieselbe Kommunalverfassung ganz unterschiedliche Entscheidungsstrukturen hervorbringt, die vom „Führungspluralismus" über den City-Manager bis zur exekutiven Führerschaft durch einen zentralen Politiker rei-

---

die beiden Kommunen in Baden-Württemberg (Konstanz, Göppingen) über einen parteilosen Bürgermeister, die Kommunen in NRW über eine absolute SPD Mehrheit, der parteipolitische Kontext wurde also nicht konstant gehalten (Derlien 1994, S. 70). Und zum dritten versucht auch Winkler-Haupt an keiner Stelle intersubjektiv nachvollziehbar zwischen den Haushaltspositionen, die eher endogen beeinflusst werden und denen, die exogen beeinflusst sind, zu unterscheiden.

21   Alle 87 kreisfreien Städte in den alten Bundesländern wurden in einer multivariaten Analyse untersucht, bei der die GO als unabhängige Variable in Beziehung gesetzt wurde zu mehreren Outputindikatoren wie z.B. der freien Finanzspitze. Als Kontrollvariablen fungierten die Arbeitslosenquote, die Zahl der Sozialhilfeempfänger, der Grad an Industrialisierung und die Steuerkraft der Gemeinden.

chen, dann lässt sich die Annahme, die Gemeindeordnung determiniere die Entscheidungsstruktur durch eindeutige Zuweisung von Führungsrollen und Machtpotentialen nicht aufrechterhalten (1992: 11). Stattdessen macht Voigt neben der Gemeindegröße und der Parteipolisierung vor allem lokale Besonderheiten der politischen Kultur für die Ausgestaltung der Entscheidungsstruktur verantwortlich.

Bei dieser auf den ersten Blick recht einleuchtende Argumentation wird meines Erachtens übersehen, dass die geringe institutionelle Prägung der Entscheidungsprozesse gerade das *Spezifikum* des norddeutschen Verfassungstypes darstellt. So erwähnt Voigt selbst mit Recht:

> „In Nordrhein-Westfalen ist die Entscheidungsstruktur von der Kommunalverfassung nicht eindeutig determiniert, vielmehr besteht eine gewisse Tendenz zum Führungspluralismus. Anders als in Baden-Württemberg ist hier dem Verwaltungschef von der Gemeindeordnung keineswegs die führende Rolle zugedacht, vielmehr muß dieser sich die Führungsrolle oft mit anderen Politikern teilen" (Voigt 1992, S. 9).

Wenn aber in einer Gemeindeordnung, wie in NRW, bewusst keine eindeutigen Regelungen zur Zuweisung von Machtpotentialen im kommunalen Entscheidungsprozess vorgenommen werden, ist der Befund, dass die verfassungsstrukturellen Regelungen die Entscheidungsstruktur nicht prägen, nicht verwunderlich. Dieser Befund für NRW ist also nicht verallgemeinerbar. Andere institutionelle Regelungen, wie z.B. in Baden-Württemberg, können durchaus die Entscheidungsstrukturen prägen. So wird immer wieder behauptet, dass die Varianz der Entscheidungs- und Machtkonstellationen in Baden-Württemberg nicht so ausgeprägt ist wie in NRW, sondern in der Tendenz überall starke Bürgermeister und eher schwache Parteien anzutreffen sind, mit der Einschränkung, dass der Einfluss der Parteien mit zunehmender Gemeindegröße wächst.[22]

Die Unterschiede im *Selbstverständnis der Ratsmitglieder* aufgrund verschiedener Kommunalverfassungen stehen im Vordergrund der Studie von Simon (1988). In je 5 Gemeinden aus NRW und Baden-Württemberg zwischen 70.000 und 400.000 Einwohnern werden 1983 Ratsmitglieder und Wahlbeamte befragt. Als zentrales Ergebnis ergeben sich keine gravierenden Defizite repräsentativer Demokratie auf lokaler Ebene, die eine allgemeine Reformnotwendigkeit der kommunalen Verfassung begründen könnten.[23] Ins-

---

22 Allerdings wäre es für Baden-Württemberg wünschenswert, wenn neuere empirische Untersuchungen angestellt würden, denn die meisten Daten stammen vom Anfang der 80er Jahre.

23 Die Studie wurde im Auftrag der Konrad-Adenauer-Stiftung erstellt, kommt aber im Unterschied zu den Empfehlungen des Sachverständigenrats zur Neubestimmung der Kommunalen Selbstverwaltung der Konrad-Adenauer-Stiftung, der ein Grundmodell für eine neue Gemeindeordnung entworfen hat, zu der Auffassung, dass es nicht sinnvoll ist,

gesamt zeigen sich sowohl Gemeinsamkeiten als auch Unterschiede im Selbstverständnis der Ratsmitglieder.

Gemeinsamkeiten liegen in der Selbstwahrnehmung der Ratsmitglieder. Diese sehen sich zuerst als Bürgervertreter und dann als Kontrollinstrument gegenüber der Verwaltung. Ohnmacht gegenüber der Verwaltung wird nicht empfunden, sondern die Kommunalvertretung sieht sich durchaus in einer mächtigen Rolle. Die Zeitbelastung der ehrenamtlichen Ratsmitglieder beläuft sich auf durchschnittlich 60 Stunden im Monat.[24] Dabei nehmen die Fraktions- und Ausschusssitzungen über die Hälfte der Zeit in Anspruch. Das wichtigste Arbeits- und Willensbildungsgremium sind die Fraktionen. Sie sind neben der engen Vorentscheidergruppe die Machtzentren der Kommunalpolitik. Eine Bereitschaft zur Konzentration auf Grundsatzentscheidungen ist bei den Ratsmitgliedern nicht erkennbar. Die Orientierung an Einzelproblemen aus der Bürgerschaft gehört offenbar zu „den Kernfunktionen der Repräsentation im Spannungsfeld zwischen Bürokratie und Demokratie" (ebd., S. 14). Drei Viertel der Ratsmitglieder wünschen sich hierfür mehr Zeit.

Unterschiede aufgrund der Kommunalverfassung, deren Bedeutung nach Ansicht von Simon eher unterschätzt wird, sieht er in der Tendenz, dass die nordrhein-westfälische GO sich eher auf eine an Einzelfallinteressen der Bürger orientierte Parteienkonkurrenz mit enger Verbindung zwischen selbstbewusster Vertretung und Verwaltung auswirkt, während die baden-württembergische GO eher Gemeinwohlvorstellungen und Trennung der Funktionsbereiche von Vertretung und Verwaltung bei Verwischen von Parteigrenzen in einer weniger machtbewussten Verwaltung begünstigt. Offenbar motiviert die GO NRW die Gemeinderatsmitglieder zu mehr Detaileingriffen, zu einer starken Vertretung von Bürgerinteressen, einer Einzelfallorientierung sowie einer Tendenz zur öffentlichen Darstellung ihrer Politik, während in Baden-Württemberg Verwaltungskontrolle und Gemeinwohlverpflichtung obenan steht.

---

einen einheitlichen Strukturtyp für eine neue Kommunalverfassung zu schaffen, da die Unterschiede in der lokalen politische Kultur zu groß seien (Simon 1988: 9f.).

24   Die Zahlen über den erforderlichen Zeitaufwand differieren z.T. erheblich aufgrund unterschiedlich abgefragter Kategorien. Die Zahl von Simon liegt eher am unteren Ende, für den gleichen Zeitraum hat Naßmacher zwischen 94 Stunden pro Monat in kleineren Städten und 122 Stunden in Großstädten ausgemacht. Ronge kommt dagegen mit einen anderen methodischen Vorgehen Anfang der 90er Jahre auf 62 Stunden. Unstrittig ist indes, dass der Zeitaufwand seit den 70er Jahren erheblich zugenommen hat (vgl. Naßmacher/Naßmacher 1999: 277).

3.4 Vereinheitlichung der Kommunalverfassungen ab 1990

Ausgehend von Ostdeutschland[25] entwickelt sich nun zum Teil in Anschluss an die dargestellt Diskussion seit 1991 ein durchgängiger Trend zur *Reform der Kommunalverfassungen* in Richtung süddeutsche Rat-Bürgermeister-verfassung (mit baden-württembergischer Prägung) mit einem direkt gewählten Bürgermeister und der Einführung von Bürgerbegehren und Bürgerentscheiden.[26] Bis auf Baden-Württemberg sind in allen Flächenländern die Kommunalverfassungen verändert worden. Damit werden auf lokaler Ebene die über 40 Jahre existierenden repräsentativ-demokratischen Formen politischer Entscheidungsfindung durch *direktdemokratische* Formen[27] ergänzt (vgl. Jung 1995; 1999; Henneke 1996, Schefold/Neumann 1996; Bovenschulte/-Buß 1996; Knemeyer 1997; 1998; Schliesky 1998; Wollmann 1998b) und die kommunale Verfassungswelt erfährt bei allen noch bestehenden Unterschieden eine kaum für möglich gehaltene Vereinheitlichung. Dies ist umso beachtenswerter, als es sich hierbei um einen dezentralen politischen Entscheidungsprozess handelt.

Die Einführung der Direktwahl des Bürgermeisters kann insgesamt gesehen als das Ergebnis eines von Parteienpräferenz, von Expertenwissen und vom Interessenkampf der Landespolitik geprägten Entscheidungsprozesses betrachtet werden. So ist die SPD nicht nur in NRW (vgl. hierzu im Detail Bogumil 2001: 176)[28], sondern auch in Hessen, Rheinland-Pfalz, Niedersach-

---

25 Schon in der noch von der DDR Volkskammer verabschiedeten DDR-Kommunalverfassung vom 17.5.1990 wurden Volksbegehren und -entscheid aufgenommen in der Absicht, ein Stück basisdemokratisches Erbe der ostdeutschen „Revolution" zu bewahren.

26 Bürgerentscheid und Bürgerbegehren sind nach Baden-Württemberg (1956) und den ostdeutschen Ländern in Schleswig-Holstein (1990), Hessen (1993), Rheinland-Pfalz (1993), NRW (1994), Bremen (1994), Bayern (1995), Niedersachsen (1996), dem Saarland (1997) und Hamburg (1998) in die GO aufgenommen worden.

27 Bei direkter Demokratie handelt es sich um eine Form der Willensbildung, Konfliktregelung und Entscheidungsfindung, bei der die Entscheidungsbetroffenen unter Umgehung von Repräsentanten Sach- oder Personalentscheidungen treffen (vgl. Luthardt/Waschkuhn 1997, S. 72). Bei den Sachentscheidungen sind Volksinitiative, Volksbegehren und Volksentscheid auf Bundes- und Landesebene sowie Bürgerbegehren und Bürgerentscheid auf kommunaler Ebene zu nennen; bei den Personalentscheidungen die Direktwahlmöglichkeiten des Bürgermeisters oder Landrates auf kommunaler Ebene. Direkte Demokratie wird hier nicht als Alternativmodell zur repräsentativen Demokratie aufgefasst, sondern als eine andere Form des Entscheidungsverfahrens.

28 Nachdem die Direktwahl des Bürgermeisters und die Abschaffung der Doppelspitze zunächst von einem Landesparteitag der SPD 1991 mit großer Mehrheit abgelehnt wird, sorgen zwei Faktoren dafür, dass die Beschlüsse auf einem SPD Parteitag im Januar 1994 revidiert werden. Zum einen droht ein Volksbegehrens zur Einführung der Direktwahl und der Abschaffung der Doppelspitze seitens der CDU und der F.D.P, welches angesichts eines ähnlichen Volksbegehren in Hessen im Jahr 1991, bei dem sich 82% der Bürger für die Direktwahl ausgesprochen hatten, erfolgreich

sen und Schleswig-Holstein lange Zeit gegen eine Direktwahl des Bürgermeisters.[29] Von politikwissenschaftlicher Seite wird immer wieder darauf hingewiesen, dass die behauptete Überlegenheit des süddeutschen Modells empirisch nicht bewiesen ist (vgl. Derlien 1994; Voigt 1992). Dennoch ist die norddeutsche Ratsverfassung seit langem in der Kritik, vorgetragen seit Mitte der 80er Jahre vor allem, wie oben gesehen, von Gerhard Banner, aber unterstützt durch die Stadtdirektoren in NRW, die Konrad-Adenauer-Stiftung und die Befürworter des süddeutschen Modells aus der Wissenschaft (Knemeyer, Wehling). Dabei kam diesen sicher zugute, dass Effizienz- und Managementargumente seit Mitte der 80er Jahre zunehmend wichtiger wurden. Durchgesetzt hat sich das süddeutsche Modell bzw. Teile des süddeutschen Modells in NRW aber erst mit dem *Argument der Direktwahl* und der damit verbundenen Einbindung der Bürger (zum Zusammenhang zwischen Wertewandel und neuen Politikformen auf kommunaler Ebene vgl. Gabriel 1997), gegen die man angesichts des Ausganges des Volksentscheides in Hessen seitens der SPD kaum argumentieren kann.

Bezogen auf die politische (und auch wissenschaftliche Auseinandersetzung) ist damit festzustellen, dass die Befürworter der Verwaltungseffizienz gegenüber den eher partizipationsorientiert und gewaltenteilend argumentierenden Vertretern ironischerweise erst dann die Oberhand gewinnen, als sie das Argument der demokratischen Funktion der Direktwahl zunehmend betonen und sich so mit dem mutmaßlichen Willen von breiten Teilen der Bevölkerung verbinden können. Dabei spielt sicher auch das Aufleben direkter Demokratieformen beim Zusammenbruch des SED-Regimes („Wir sind das Volk") ein Rolle, denn dem in den alten Bundesländern geläufigem Argument, dass die Bürger nicht „reif" seien für mehr direkte Demokratie, ist der Boden entzogen, wenn selbst die Menschen in den neuen Bundesländern nach über 50 Jahren Diktatur sich als „reif" erwiesen haben, ihr Schicksal selbst in die Hand zu nehmen (vgl. Wehling 1999b). Die faktische Durchsetzung wesentlicher Elemente der süddeutschen Kommunalverfassung ist also im Ergebnis ein Reflex der Verstärkung plebizitärer Elemente, des Ausbaus von Bürgerbeteiligung durch die Möglichkeit der Direktwahl (ähnlich argumentierend Hennecke 1999, S. 135), und weniger das Ergebnis der schon lange andauernden Debatte um das Verhältnis zwischen Kommunalvertretung und dem Hauptverwaltungsbeamten (vgl. hierzu grundlegend Schmidt-Eichstaedt 1985).

---

sein könnte. Zum anderen gibt es den sogenannten Scharpingeffekt – gemeint ist die erstmalig durchgeführte Basiswahl des Parteivorsitzenden in der SPD, die die Akzeptanz direktdemokratischer Formen stärkt.

29   Nach Derlien hat die CDU eine Präferenz für die exekutive Führerschaft und die SPD eine Präferenz für monistische Systeme, die auf eine Parlamentarisierung der Kommunalpolitik hinauslaufen. Eng zusammen mit diesen Leitbildern hängen Vorstellungen von der Gemeinde als Kommunalpolitik oder als kommunale Selbstverwaltung (vgl. Derlien 1994: 66).

Die Einführung von Bürgerentscheiden und Bürgerbegehren ist in der Regel weniger umstritten, muss aber in einigen Bundesländern erst durch Volksbegehren auf Landesebene (Bremen, Bayern) durchgesetzt werden. Das erste Bundesland nach Baden-Württemberg ist Schleswig-Holstein, wo als Reaktion auf die Barschel-Affäre sowohl auf Landes- als auch auf Kommunalebene Bürgerbegehren und Bürgerentscheide eingeführt werden. Wurde das kommunale Referendum in Baden-Württemberg seit den 50er Jahren eher wenig genutzt und häufig durch die Kommunalvertretung behindert (vgl. Wehling 1989), so deutet sich nun an, dass „das direkt-demokratische Pflänzlein (...) durchaus Wurzeln zu schlagen begonnen hat" (Wollmann 1998a: 417). Allerdings gibt es nach wie vor nicht unerhebliche Verfahrenshindernisse (Quoren, Negativkataloge, Zulässigkeitsentscheidung; vgl. Schefold/Neumann 1996: 120ff. und die Beiträge von Wollmann und Rehmet/Mittendorf in diesem Band).

Durch den komplementären Einbau direktdemokratischer Instrumente in Form von *Sach-* und *Personal*entscheidungen ist die duale Rat-Bürgermeisterverfassung[30] die Leitverfassung in Deutschland geworden. Orientiert an den klassischen Unterscheidungen[31] gehen nun alle GOen von einer *dualistischen*[32]

---

30 Vor den Reformen wurden drei Verfassungstypen unterschieden (vgl. Bogumil 2001: 63; Kneymeyer 1993): In der monistisch orientierten *norddeutschen Ratsverfassung* in NRW und Niedersachsen liegen die gesamte Entscheidungsbefugnisse beim kommunalen Rat (Allzuständigkeit), während die Verwaltung nach britischem Vorbild „entpolitisiert" Aufträge ausführen soll. Die norddeutsche Ratsverfassung verfügt über eine Doppelspitze, dem ehrenamtlichen Bürgermeister, der die Ratsitzungen leitet und die Gemeinde repräsentiert und dem hauptamtlichen Gemeinde- oder Stadtdirektor als Verwaltungchef (kommunaler Wahlbeamter), beide vom Rat gewählt (auf fünf bzw. acht Jahre). Die Verwaltung wird durch den Stadtdirektor monokratisch geleitet. In der dualistisch orientierten *süddeutschen Rat-Bürgermeister-Verfassung* in Bayern und Baden-Württemberg, ähnlich in Rheinland-Pfalz, dem Saarland und den Landgemeinden in Schleswig-Holstein, sind die Kompetenzen zwischen Rat und Verwaltung geteilt. Kennzeichnend ist der starke Position des (in Baden-Württemberg und Bayern direkt vom Volk) auf die Dauer von sechs bis acht Jahren gewählten Bürgermeisters, der nicht nur Vorsitzender des Rates und aller Ausschüsse ist, sondern auch Verwaltungschef (monokratische Leitung) und Repräsentant nach außen. Hier gibt es keine Doppelspitze. In der dualistisch orientierten (unechten) *Magistratsverfassung* in Hessen und den Städten Schleswig-Holsteins wird die preußische Tradition fortgeführt. Der von der Kommunalvertretung gewählte Magistrat, bestehend aus hauptamtlichen und ehrenamtlichen Mitgliedern, dessen Mitglieder in Hessen nicht der Kommunalvertretung angehören dürfen, leitet die Verwaltung kollegial. Der Bürgermeister ist Vorsitzender des Magistrates. Die Kommunalvertretung wählt aus ihrem Kreis einen Vorsitzenden, der die Sitzungen der Kommunalvertretung leitet. Hier findet sich also auch eine Doppelspitze.

31 Traditionell unterscheidet man vier Merkmale: die Verteilung der originären (Erst-) Zuständigkeiten zur Wahrnehmung von Selbstverwaltungsangelegenheiten (monistisch, dualistisch, trialistisch); die Verbindung oder Trennung der Funktion des Verwaltungchefs (Ein- bzw. Zweiköpfigkeit), die Struktur der Verwaltungsführung (monokratisch, kollegial) sowie den Wahlmodus der Verwaltungsführung (direkt, indirekt).

Kompetenzverteilung mit *einem direkt gewählten Bürgermeister* aus. Dieser ist überall Verwaltungschef und nur in Hessen muss er sich bei der Verwaltungsleitung im Magistrat absprechen (kollegiale anstatt monokratische Leitung). Allerdings sind damit nicht alle Unterschiede zwischen den GOen beseitigt. Unterschiede im Institutionenarrangement zwischen einzelnen Bundesländern bestehen auch weiterhin bezüglich der Doppelspitze, denn in einigen Bundesländern ist zur Gewährleistung der Kontrollfunktion des Rates gegenüber dem erstarkten Bürgermeister die Trennung von Ratsvorsitz und Verwaltungsspitze als Machtregulativ beibehalten worden. Auch hier ist der Bürgermeister der Verwaltungschef, aber die Leitung der Gemeindevertretung kommt dem Gemeindevorsteher bzw. dem Vorsitzenden der Vertretungskörperschaft zu,

–   bezüglich der Kompetenzverteilung zwischen Kommunalvertretung und Verwaltung,
–   bezüglich der Wahlzeit des Bürgermeisters,
–   bezüglich der Durchführungsbedingungen von Bürgerbegehren und Bürgerentscheiden und
–   bezüglich der Möglichkeiten des Kumulierens (ein Kandidat auf einer Liste kann bis zu drei Stimmen erhalten) und des Panaschierens (Kandidaten von einer Liste können auf die andere geholt werden).
–   Knemeyer nimmt nun die Doppelspitze als neues Unterscheidungskriterium und macht neben dem Sonderfall der unechten Magistratsverfassung in Hessen nunmehr *zwei kommunale Verfassungstypen* aus:
–   die duale Rat-Bürgermeisterverfassung unter einer Spitze (Baden-Württemberg, Bayern, Nordrhein-Westfalen, Rheinland-Pfalz, Saarland, Sachsen, Thüringen) und
–   die duale Rat-Bürgermeisterverfassung mit zwei Spitzen (Brandenburg, Mecklenburg-Vorpommern, Niedersachsen[33], Sachsen-Anhalt, Schleswig-Holstein; vgl. Knemeyer 1998, S. 112).

Ob diese Unterscheidung anhand der „Spitzen" wirklich trägt und Erklärungen für unterschiedliche Kommunalverfassungstypen liefert, erscheint mir jedoch zweifelhaft angesichts der geringen Machtfülle des Ratsvorsitzenden, denn dieser hat neben der Leitungskompetenz der Ratssitzung nur die Ladungs- und Tagesordnungskompetenz. Von einer Doppelspitze im eigentli-

---

32   Allerdings könnte man die in Hessen geltende Magistratsverfassung als trialistisch bezeichnen, nachdem der Bürgermeister dort auch direkt gewählt ist. Die Beibehaltung der kollegialen Verwaltungsführung bei gleichzeitiger Urwahl des Bürgermeisters wird vielfach als in sich unstimmig kritisiert (z.B. Banner 1999, Wehling 1999b). Dies ist auch der Grund, warum in Schleswig-Holstein mit der Einführung der Direktwahl die Magistratsverfassung abgeschafft wurde.
33   Niedersachsen ist ein Sonderfall, denn zum einen kann auch der Bürgermeister zum Ratsvorsitzenden gewählt werden und zum anderen besitzt der Vorsitzende des Rates nicht die Ladungskompetenz und nur die eingeschränkte Tagesordnungskompetenz.

chen Sinne kann kaum die Rede sein. Wichtiger scheinen mir andere Unterschiede zu sein, wie die institutionellen Ausgestaltung der Stellung des Bürgermeisters, der z.b. in NRW nicht über die Machtfülle verfügt, die ihm in Baden-Württemberg zukommt, die Wahlzeit oder die Möglichkeiten des Kumulierens und Panachierens.

Sinnvoller scheint es mir zu sein, auf einem Kontinuum zwischen eher *konkordanzdemokratischen* und *konkurrenzdemokratischen* Verfassungen zu unterscheiden, auf dem auf der einen Seite Baden-Württemberg und auf der anderen NRW zu verorten sind. Im konkordanzdemokratischem Typ ist die Machtfülle des Bürgermeisters größer (bei Personalentscheidungen, kein Rückholrecht des Rates), die Wahl entkoppelt, eine Abwahl ausgeschlossen, im Wahlrecht sind Kumulieren und Panachieren vorgesehen und bei der Nominierung von Bürgermeisterkandidaten Parteienvorschläge verboten. Im konkurrenzdemokratischen Typ hat der Rat größeren Einfluss auf Personalentscheidungen, insbesondere auf die Beigeordneten, ein Rückholrecht, ist die Wahl mit der Ratswahl gekoppelt, eine Abwahlmöglichkeit gegeben, kann die Partei den Bürgermeisterkandidaten nominieren und erfolgt starres Listenwahlrecht.

Wichtig ist, dass es in beiden Verfassungstypen gute institutionelle Vorausetzungen für eine *exekutive Führerschaft* gibt, aufgrund der Direktwahl und der monokratischen Verwaltungsspitze. Wie für NRW gezeigt werden kann, müssen sich exekutive Führerschaft und Parteienwettbewerb nicht widersprechen (Bogumil 2001). Insofern kann von einer *exekutiven Führerschaft innerhalb konkurrenzdemokratischer und innerhalb konkordanzdemokratischer Strukturen* gesprochen werden. Inwieweit exekutive Führerschaft allerdings in der Praxis stattfindet, hängt nicht nur von den angesprochenen institutionellen Elementen ab (Direktwahl, monokratische Führung), die als eine günstige Bedingungen anzusehen sind, sondern als hinreichende Bedingung kommt die Persönlichkeit und das individuelle Durchsetzungsvermögen des Bürgermeisters hinzu.

4. Erklärungsfaktoren zur Analyse kommunaler Entscheidungsprozesse

Fasst man die bisherigen Ausführungen zusammen, ergibt sich folgendes Bild. Das kommunale Entscheidungssystem ist durch institutionelle Arrangements in Form gesetzlicher Vorgaben, Richtlinien und Verflechtungszusammenhänge[34] sowie durch die Akteursstrategien auf lokaler Ebene geprägt. Die

---

34 Die institutionellen Ausgangsbedingungen prägen die kommunalen Entscheidungsprozesse. Die kommunale Selbstverwaltung unterliegt vielfältigen institutionellen Begrenzungen. GG und Landesverfassungen gewährleisten nur die Selbstverwaltung

institutionellen Regelungen konstituieren zentrale Machtpositionen im kommunalen Entscheidungssystem, indem sie Akteuren Kompetenzen und Ressourcen zuweisen. Die Nutzung und konkrete Ausgestaltung des kommunalen Handlungsspielraums wird auf der Grundlage unterschiedlicher Machtressourcen vor allem durch die Beziehungen der kommunalen Entscheidungsträger (Rat, Verwaltung, Bürgermeister), der Bürgerschaft und der Vermittlungsinstanzen in der Gemeinde (Verbände, Vereine, Bis, Parteien, Medien) zueinander und innerhalb der Akteursebene selbst geprägt.

Entscheidungsprozesse sind immer Informationsverarbeitungsprozesse und Machtprozesse zugleich und damit in der Regel selektiv[35]. *Allgemeine Merkmale* kommunaler Entscheidungsprozesse sind Verwaltungsdominanz, eine enge Verflechtung zwischen Politik und Verwaltung und die Existenz informeller Vorentscheidergremien. Darüber hinaus unterscheiden sich kommunale Entscheidungsprozesse in Abhängigkeit von einem Geflecht von Faktoren, zu denen die Gemeindegröße, das institutionelle Arrangement der Kommunalverfassung und persönliche Konstellationen zählen.[36]

Zunächst zu den allgemeinen Faktoren. *Verwaltungsdominanz* hat sich unabhängig von der jeweiligen Kommunalverfassung weitgehend durchgesetzt. Sogar in NRW, wo durch die starke Stellung des Rates ein Gleichge-

---

als solche, nicht den Bestand der einzelnen Gemeinde (man denke nur an die Gebietsreformen) oder das Spektrum an übertragenen Aufgaben. So ist der Anteil der freiwilligen Selbstverwaltungsangelegenheiten durch die Verengung des kommunalen Finanzrahmens und rechtliche Vorgaben der EU, des Bundes und des Landes immer mehr zurückgegangen. Die Gemeinden haben nur sehr begrenzt Einfluss auf die eigene Einnahmegestaltung. Staatsrechtlich sind sie Teil der Länder und unterliegen damit ihrem Aufsichts- und Weisungsrecht. Die kommunale Vertretungskörperschaft ist rechtlich gesehen kein Parlament, sondern ein Verwaltungsorgan und damit Teil der kommunalen Selbstverwaltung, auch wenn sich in der Praxis insbesondere in den mittleren und großen Städten parlamentsähnliche Verhaltensweisen herausgebildet haben. Trotz der interorganisatorischen institutionellen Begrenzungen gibt es kommunale Entscheidungsmöglichkeiten im Bereich der freiwilligen Aufgaben, aber auch im Bereich der pflichtigen Selbstverwaltungsaufgaben.

35 Fürst betont, dass es utopisch ist, Selektivitäten aus Prozessen der Informationsverarbeitung und Interessenberücksichtigung gänzlich zu entfernen. Es geht vielmehr darum, dass die Richtung und Intensivität der Willkür eine bestimmte Grenze nicht überschreitet (Fürst 1975: 262). Zu möglichen Strategien – die auf der eine Seite darauf setzen, Informationsfilter zu kontrollieren, Informationsmonopole zu mindern und Informationsverarbeitungskapazität zu verbessern und auf der anderen Seite auf differenzierte Partizipationsstrategien – und den damit verbundenen Problemlagen vgl. ebd.: 261ff.

36 Lokale politisch-kulturelle Faktoren werden ebenfalls vor allem von Wehling immer wieder als Erklärungsfaktoren ins Feld geführt. Auch wenn diese bezogen auf die Beispiele Baden und Württemberg plausibel erscheinen, scheinen sie mir insgesamt doch vernachlässigbar. Zwar ist nicht zu bestreiten, dass sich lokale politische Kulturen herausbilden, aber wesentliche Merkmale dieser sind durch die institutionellen Arrangements, die Gemeindegröße und personelle Faktoren erklärbar.

wicht zwischen Rat und Verwaltung intendiert war, gehen fast ¾ aller Ratsbeschlüsse auf die Initiative der Verwaltung zurück (Schulenburg 1999: 70).
Die Gemeindevertretung verfügt zwar über Entscheidungs-, Kontroll- und In-
formationsmöglichkeiten, aber es mangelt ihr vor allem an Kapazitäten, diese
Möglichkeiten einzusetzen (allerdings mitunter auch an Interesse auf Seiten
der Mehrheitsfraktionen). So dauert es z.B. in der Regel einige Jahre, bis die
Gemeindevertreter in der Lage sind, einen kommunalen Haushaltsplan lesen
zu können. Dabei ist der Haushalt traditionell das zentrale Instrument zur Sicherung parlamentarischen Einflusses und Ausdruck des politischen Wollens.

Allerdings ist die Verwaltung bei weitem nicht so autonom, wie es die
These der Verwaltungsdominanz vermuten lassen könnte. In der Praxis sind
Politik und Verwaltung eng miteinander verflochten. Diese Verflechtung ist in
allen GOen angelegt, da die Kommunalvertretung als Teil der Selbstverwaltung angesehen wird und zugleich die Verwaltung die Beschlüsse der Kommunalvertretung vorbereitet, hat sich aber durch die zunehmende Parteipolitisierung verstärkt und galt in besonderem Maße für NRW. Die Verflechtung
hat eine Doppelfunktion: Sie ist einerseits funktionsnotwendig, da der gewählte Rat kein wesentliches politisches Ziel ohne die Verwaltung durchsetzen kann und die Verwaltung kein wesentliches administratives Ziel ohne den
Rat erreichen kann. Auf der anderen Seite kann die Verflechtung negative Er-
scheinungsformen wie Blockierung von Entscheidungen, Verfilzung, die
Durchsetzung von Fach- und Sonderinteressen und, worauf Banner immer
wieder abstellt, ineffizientes Verwaltungshandeln hervorbringen.

Das eigentliche Entscheidungszentrum kommunalen Handelns ist nicht
die Kommunalvertretung oder das Ausschusssystem, sondern sind eher informelle Kreise von „Vorentscheidern" aus Verwaltung und Kommunalvertretung. *Vorentscheidergruppen* gibt es unabhängig von der GO, auch wenn diese Form der Entscheidungsfindung von Banner nicht ohne Grund vor allem am
Beispiel NRWs herausgearbeitet wird, denn je fragmentierter das Entscheidungssystem (Neigung zum Führungsverfall), desto notwendiger ist ein Vorent-
scheidungsgremium. Die wesentliche Funktion solcher Vorentscheiderkreise
aber ist es, Entscheidungsalternativen auszuwählen und wasserdicht zu machen, bevor sie einer breiteren Öffentlichkeit oder den konkurrierenden Parteien zugänglich werden. Vorentscheidergruppen sind ein allgemeines Merkmal politischer Entscheidungsfindung im kommunalen Parteienwettbewerb.

Betrachtet man nun die spezifischen Erklärungsfaktoren, ergibt sich folgendes Bild. Insbesondere die Einschätzung der *institutionellen Steuerungsmöglichkeiten* kommunaler Entscheidungsprozesse ist in der kommunalwissenschaftlichen Literatur vieldiskutiert und umstritten. Während hier, um nur
einige Vertreter zu nennen, Grauhan, Derlien und Voigt eher skeptisch sind,
messen Banner und Wehling institutionellen Regelungen größere Bedeutung
zu. Betrachtet man aber die einzelnen Positionen und ihre normativen Ausgangspositionen genauer, ergeben sich einige beachtliche Übereinstimmun-
gen. Die Frage der institutionellen Steuerung scheint dann keine grundsätzli-

che Frage des „Ob", sondern eher des „Wie" zu sein. So scheint es mir weitgehend unstrittig zu sein, dass es einen Zusammenhang zwischen der Entscheidungsstruktur in Form der GO und den Entscheidungsprozessen gibt. Allerdings entfalten sich die handlungsprägenden Eigenschaften von Institutionen nicht auf direktem Wege, sondern vermittelt. Die Regelungen der GOen, insbesondere der Wahlmodus des Verwaltungschefs, die Verteilung der Kompetenzen, die Art der Verwaltungsführung und die Regelungen des Ausschussvorsitzes beeinflussen die Eigenschaften von Entscheidungsprozessen. Sie prägen die Entscheidungsregeln und die Verfahrensabläufe. Die Regelungen der norddeutschen Verfassung führten durch das Offenlassen der Führungsstruktur eher zu fragmentierten Entscheidungsprozessen, einem gewissen Führungspluralismus und einer stärkeren Rolle der Parteien. Dagegen ermöglichte die süddeutsche Rat-Bürgermeisterverfassung eine deutlich stärkere Machtkonzentration auf den Bürgermeister als Verwaltungschef. Wie spezifische institutionelle Arrangements nun in veränderten Umgebungen wirken, darauf wird weiter unten noch zuückzukommen sein.

Neben den institutionellen Regelungen hängen Entscheidungsprozesse aber auch von anderen Faktoren ab. So hat meines Erachtens vor allem die *Gemeindegröße* Auswirkungen auf die politics. Größere Städte haben ausdifferenziertere professionalisierte Entscheidungsstrukturen und schwierigere Koordinationsaufgaben. Hier werden mehr Aufgaben wahrgenommen, es gibt einen größeren Personalkostenanteil und oftmals einen geringeren finanziellen Handlungsspielraum. Auch das allgemeine Konfliktniveau steigt in größeren Kommunen, die Ratsmitglieder verbringen wesentlich mehr Zeit in Sitzungen, es werden deutlich mehr Ratsbeschlüsse gefällt und es findet sich häufiger eine Partei- und Fraktionsherrschaft. Insgesamt steigt mit zunehmender Gemeindegröße die *Parteipolitisierung* (Ellwein/Zoll 1982: 32; Derlien/von Queis 1986).

Dass sich unter größeren Verhältnissen Politik eher von ihrem Sozialgefüge ablöst, um ein Eigenleben zu führen, als unter kleineren, darauf hat Lehmbruch früh hingewiesen (Lehmbruch 1972). Lokalpolitik wird dann nicht mehr als „unpolitischer" Bereich empfunden und den Parteien kommt nun eine wichtige Orientierungsfunktion zu. Bedenkt man diesen Zusammenhang, so ist es kaum verwunderlich, dass lokale Entscheidungsprozesse z.B. in NRW, welches ein Flächenland mit großen Städten und (nach der Gebietsreform) wenigen kleinen Gemeinden ist, in besonderem Maße von Parteipolitisierung geprägt sind. Dieser Zusammenhang erklärt auch, warum in den größeren Städten der süddeutschen Rat-Bürgermeisterverfassung deutliche Effekte der Parteipolitisierung anzutreffen sind, auch wenn diese durch bestimmte Regelungen der Kommunalverfassung z.T. abgeschwächt werden.

Das Ausmaß der Parteipolitisierung ist aber nicht nur von der Gemeindegröße und den institutionellen Regelungen der GO abhängig, sondern als weitere Gründe können der *steigende Problemdruck* in zentralen lokalen Politikfeldern, der flächendeckende *Einzug der Grünen* in die Kommunalparlamente sowie ein anderes *Verständnis von kommunaler Selbstverwaltung bei jüngeren Ratsmitgliedern* angesehen werden. Insgesamt ergibt sich folgender Zusammenhang: Das Ausmaß der Parteipolitisierung steigt mit der Gemeindegröße, in der norddeutscher Ratsverfassung, bei steigendem Problemdruck bzw. Konfliktpotential in wichtigen Politikfeldern, aufgrund eines parlamentarischen Selbstverständnisses jüngerer Ratsmitglieder sowie durch den Einzug der Grünen in die Kommunalvertretung.

Vor dem Hintergrund dieser Erklärungsfaktoren, also den institutionellen Arrangements und der Gemeindegröße gab es in den Ländern der norddeutschen Ratsverfassung auf kommunaler Ebene tendenziell fragmentiertere Führungsstrukturen, eine ausgeprägtere Parteienkonkurrenz, ein größeres Selbstbewusstsein des Rates, eine intensivere Verflechtung zwischen Politik und Verwaltung und eine stärkere Wahrnehmung der Kontrollfunktionen durch die Oppositionsfraktionen – alles Faktoren eines eher konkurrenzdemokratischen Politiktypes – als in den Kommunen der süddeutschen Rat-Bürgermeisterverfassung. Dies ist der Hintergrund für die Modernisierungsmaßnahmen der 90er Jahre.

5. Kommunale Entscheidungsprozesse seit den 90er Jahren – empirische Befunde und theoretische Erklärungen

Ende der 90er Jahre sind die institutionellen Grundlagen lokaler Politik ebenso wie die internen Prozesse und Strukturen unter starken Veränderungsdruck geraten. Zu nennen sind die flächendeckende Reform der Kommunalverfassungen in Richtung auf das süddeutsche Modell (z.B. die Einführung der Direktwahl des hauptamtlichen Bürgermeisters und der kommunalen Referenden), die umfassenden Bemühungen zur Verwaltungsmodernisierung nach dem Public Management-Modell und die zunehmende Bedeutung kooperativer Demokratieelemente (z.B. durch Lokale Agendaprozesse, Meditationsverfahren oder Initiativen zur Stärkung bürgerschaftlichen Engagements).

Welche Auswirkungen diese verschiedenen Modernisierungsstränge auf die kommunalen Macht- und Entscheidungsprozesse haben, unter dieser Leitfrage wurde im September 2001 auf einer Tagung des Arbeitskreises Lokale Politikforschung der Deutschen Vereinigung für Politikwissenschaft an der FernUniversität in Hagen, versucht, neue empirische Erkenntnisse zusammenzutragen und theoretische Ansätze zur Untersuchung kommunale Entscheidungsprozesse zu diskutieren. Leitende Fragestellungen in diesem Zusammenhang waren u.a.:

– Ist auf lokaler Ebene ein neues institutionelles Arrangement erkennbar ist, in dem repräsentative, direktdemokratische und kooperative Entscheidungsformen zusammenwirken?

–   Gibt es trotz der Angleichungen in den Kommunalverfassungen nach wie
    vor signifikante Unterschiede zwischen den Bundesländern in der Tradi-
    tion der süddeutschen und der norddeutschen Ratsverfassung oder anders
    formuliert: Wie wirken ähnliche institutionelle Regelungen in anderen
    kulturellen Kontexten?
–   Welche Erklärungskraft haben Modelle politischer Verwaltungsführung
    wie exekutive Führerschaft, Führungspluralismus oder Partei- und Frakti-
    onsherrschaft heute noch?
–   Stärkt die Einführung von Sachstimmrechten (Plebiziten) eher das Mehr-
    heitsprinzip und verschärft Konflikte oder entfacht es eher verhandlungs-
    demokratische Effekte?
–   Welche Auswirkungen bringen die zunehmenden Tendenzen zur Stärkung
    von Bürgerbeteiligung und bürgerschaftlichem Engagement mit sich?

Insgesamt ging es sowohl um neue empirische Erkenntnisse zur Wirkungsweise einzelner Modernisierungsimpulse als auch um das Zusammenspiel der
Modernisierungsstränge. Angestrebt wurde darüber hinaus eine vergleichende
Analyse zwischen den Bundesländern, um die trotz beachtlicher Vereinheitlichung nach wie vor bestehenden Unterschiede im institutionellen Setting, die
unterschiedlichen politischen Kulturen und auch Effekte der Gemeindegröße
angemessen zu erfassen. Die Ergebnisse dieser Tagung sind hier nun dokumentiert.

5.1 Die Beiträge dieses Bandes

Im ersten Teil des Buches geht es um den Bereich Haushaltskonsolidierung,
Verwaltungsmodernisierung und strategische Steuerung. *Lars Holtkamp* untersucht im Bereich der kommunalen Haushaltspolitik am Beispiel von Gemeinden in NRW die Auswirkungen von drei Reformkonzepten – die Einführung von Haushaltssicherungskonzepten, das Neue Steuerungsmodell und die
direktgewählten hauptamtlichen Bürgermeister – auf die kommunalen Entscheidungsprozesse und die Haushaltsergebnisse. Es zeigt sich, dass insbesondere die Haushaltsicherungskonzepte zu verstärkten Konsolidierungsanstrengungen führen, allerdings die Haushaltsprobleme damit nicht beseitigt
werden können, da v.a. exogene Ursachen für diese verantwortlich sind. Die
Konsolidierungserfolge der Haushaltsicherungskonzepte werden primär durch
eine Veränderung der Entscheidungsprozesse erreicht, insbesondere die verstärkte Intervention der Aufsichtsbehörden im Rahmen der Haushaltssicherungskonzepte und die Stärkung der Position des Kämmerers gegenüber den
eher ausgabenexpansiven Fachverwaltungen und –politikern. Auch wenn
Haushaltsicherungskonzepte damit aus einer Effizienzperspektive zwar als
positiv zu bewerten sind, bringen sie dennoch erhebliche inputseitige Legitimationsdefizite mit sich. Bezogen auf den von Gerhard Banner postulierte

Zusammenhang zwischen Direktwahl des Bürgermeister und positiven Haushaltsergebnissen zeigt sich, dass dieser für viele Gemeinden in NRW nicht gilt. Durch Veränderungen der Polity-Ebene können zwar durchaus Konsolidierungseffekte erzielt werden, aber dies gilt eher für Haushaltssicherungskonzepte als für die Direktwahl des Bürgermeisters. Zudem entstehen die Konsolidierungseffekte von Haushaltsicherungskonzepten nicht durch eine „rationalere" Planung, denn es dominiert weiterhin ein inkrementalistischer, inputorientierter und sehr kurzatmiger Politikstil in der kommunalen Haushaltspolitik, sondern durch Veränderung der Akteurskonstellationen.

Gerhard Banner, der schon immer ein großes Talent besaß, neue Themenfelder zum richtigen Zeitpunkt zu besetzen, wendet sich nun dem Bereich der Führung der Kommunalverwaltung zu. Er geht davon aus, dass die Kommunen auch weiterhin einschneidenden Veränderungen ausgesetzt sein werden und dass sie diese Herausforderungen nur bewältigen, wenn es gelingt, den Politik und Verwaltungsapparat flexibler, kooperierender und strategiefähiger zu gestalten. Insofern bewegt sich sein Beitrag an der Schnittstelle zwischen der Ausgestaltung des Neuen Steuerungsmodells und der Forderung nach einem strategischem Management. Banner argumentiert, dass das zentrale Modernisierungshemmnis die Führungslücke und die damit zusammenhängende Dominanz sektoraler Steuerung ist. Dies ist kein ganz neues Argument, denn die Führungslücke und die Dominanz sektoraler Steuerung war schon ein wesentliches Argument für das Neue Steuerungsmodell. Offenbar hat sich jedoch das vorgesehene Gegenmittel, die Schaffung dezentraler Ressourcenverantwortung in Kombination mit einer neuen Form des Controllings, nicht in dem Maße realisieren lassen, um diese Problemlage zu beseitigen. Banner schlägt nun einen neuen Ausweg vor: die Schaffung einer integralen Führung mit zwei wesentlichen Strukturelementen vor: einem gesamtverantwortlichen Vorstand und einem Politik- und Ressourcenausschuss. Diese, so seine Hoffnung, werden eine Eigendynamik entwickeln auf dem Weg in eine Führungsstruktur, die nicht einseitig von oben nach unten anordnet, sondern zwischen oben und unten, zwischen außen und innen kommuniziert, moderiert und vernetzt und Verwaltungsmodernisierung als Daueraufgabe der Führung institutionalisiert.

Scott Gissendanner untersucht den Zusammenhang zwischen der strategischen Entscheidungsfähigkeit deutscher Städte und der Führung durch den Bürgermeister und trifft sich in manchen Ausführungen mit den Gedanken Gerhard Banners. Auf der Grundlage der nordamerikanischen urban regime Forschung vergleicht er im Bereich Wirtschaftsförderung die Strategien und Entscheidungen zweier Städte in den 80er und 90er Jahre, die mit ähnlichen Problemen des Strukturwandels konfrontiert waren, allerdings unterschiedlichen Kommunalverfassungssystemen entstammen, Augsburg und Dortmund. Er kommt zum Ergebnis, dass der Aufbau von Steuerungskapazität nicht von institutionellen Ressourcen abhängt, sondern hier informelle Ressourcen ungleich wichtiger sind, dass der Bürgermeister am meisten zum Ausbau der

Steuerungskapazität beiträgt und dass Bürgermeister mit zunehmendem Erfolge aber zugleich dahin tendieren, ihre innovative Kraft zu verlieren, so dass die strategische Kapazität einer Stadt sich normalerweise in Form einer umgekehrten U-Kurve entwickelt. Interessant ist auch der Hinweis, dass die amerikanische Art, urban regimes zu analysieren, bei der die Formierung und Reproduktion von Koalitionen als primäre Machtressource angesehen wird, im Gegensatz zur deutschen Forschungstradition steht, die – so der Autor – dazu neigt, den Einfluss von Institutionen zu überschätzen und die Bedeutung individueller Macht zu unterschätzen.

Michael Haus und *Hubert Heinelt* gehen der Frage nach, wie leitende Kommunalbedienstete (gemeint sind damit die ranghöchsten Vertreter nach dem Bürgermeister, in der Regel die Wahlbeamten) die aktuellen Modernisierungsbemühungen thematisieren, sich zu ihnen verhalten und ihr Rollenverständnis definieren. Sie greifen dabei auf Datenbestände einer groß angelegten international vergleichenden Untersuchung zurück und präsentieren ihre Ergebnisse sowohl im internationalen als auch in intranationalen Vergleich. Hier zeigt sich z.B., dass im internationalen Vergleich die deutschen Bürgermeister mit vergleichsweise hohen Werten von den Kommunalbeamten als responsive und populäre, äußerst aktive und visionäre Verwaltungsexperten eingeschätzt werden. Es bestätigt sich, dass die deutschen Bürgermeister eine äußerst gefestigte Position und einen erheblichen Einfluß auf kommunale Entscheidungen haben, ohne allerdings überall die dominant-abgehobene Stellung der südeuropäischen Bürgermeister erreichen zu können. Dagegen ergeben sich im Bundesländervergleich in der Frage der Responsivität kaum Unterschiede. In ihrem eigenen Rollenverständnis orientieren sich die deutschen leitenden Kommunalbediensteten gleichermaßen an den Idealtypen des klassischen und des politischen Bürokraten, während die Rolle des politischen Bürokraten in den nordeuropäischen und zum Teil in den angelsächsischen Länder einen deutlichen Vorsprung erreicht und in den südeuropäischen Länder die des des klassischen Rollenverständnisses. Im Bundesländervergleich ist auffällig, dass der Anteil leitender Kommunalbediensteter mit einem Parteiamt in den süddeutschen Ländern höher ausfällt, so dass von einer parteipolitisch neutraleren lokalen Verwaltung nicht per se die Rede sein kann. Wichtig ist auch der Hinweis, dass die neuen Typologisierungen der Kommunalverfassungen, z.B. von Knemeyer, nach den Reformen bezüglich empirisch beobachtbarer Unterschiede zwischen den Bundesländern nicht besonders aussagekräftig sind.

Im zweiten Teil des Buches stehen die Institutionen der repräsentativen Demokratie und hier vor allem die Parteien im Vordergrund des Interesses. *Norbert Kersting* fragt vor dem Hintergrund der sich vollziehenden Modernsierungsmaßnahmen, die z.T. auf einen Abbau der Parteiendominanz zielen, nach der Zukunft der Parteien in der Lokalpolitik. Im Einzelnen diskutiert er die Auswirkungen für die Parteien durch Maßnahmen der Politikreform, wie die Veränderungen des Wahlrechtes (Wegfall der 5% Hürde, Kumulieren und

Panaschieren), die Einführung von Bürgerbegehren, die Installierung von Beiräten und das verstärke Auftreten dialogisch orientierter Beteiligungsverfahren, durch die Verwaltungsreform sowie durch die Einführung der Direktwahl des Bürgermeisters. Machtverluste für die lokalen Parteien ergeben sich aus seiner Sicht weniger durch die Maßnahmen der Politikreform, sondern stärker durch die Verwaltungsreform und die Direktwahl des Bürgermeisters. Dennoch sind damit die negativen Elemente lokaler Parteienherrschaft nicht beseitigt. Hierzu bedarf es aus seiner Sicht vor allem Demokratisierungs- und Reformmaßnahmen *in* den Parteien.

Klaus Schulenburg analysiert, wie die Mitglieder der Kreistage die Reform der nordrhein-westfälischen Kreisordnung, insbesondere die Einführung der Direktwahl des hauptamtlichen Landrates und die Einführung von Bürgerbegehren, bewerten. Mit der von ihm vorgenommenen Befragung der Kreistagsmitglieder liegen nun erstmals Daten vor, in denen die Mitglieder von Vertretungskörperschaften die Reform der Kommunalverfassung in NRW bewerten. Die Analyse der Antworten ergibt als wichtigsten Befund, dass die Bewertung der Reformelemente wesentlich von der Zugehörigkeit zur Mehrheit im Kreistag geprägt ist. Je nach dem, ob die Kreistagsmitglieder aus der Mehrheitsposition oder der Minderheitsposition heraus von der Reform Nachteile oder Vorteile zu erwarten haben, fällt ihr Urteil positiver oder negativer aus. Allerdings zeigen sich auch klare parteipolitische Unterschiede in der Bewertung der Maßnahmen. So haben mit der zu starken Machtkonzentration auf eine Person und dem Einflussverlust des Kreistags insbesonder die Grünen deutlich mehr Probleme als die Mitglieder der SPD und insbesondere der CDU.

Im dritten Teil des Buches geht es um Elemente direkter Demokratie, worunter wie weiter oben ausgeführt, sowohl die Direktwahl der Bürgermeister als auch die kommunalen Referenden gefasst werden. *Uwe Andersen, Rainer Bovermann* und *David H. Gehne* präsentieren Ergebnisse eines breit angelegten Forschungsprojektes zu den Kommunalwahlen in NRW 1999, insbesondere zur erstmals stattgefundenen Direktwahl des hauptamtlichen Bürgermeisters. Diese Ergebnisse sind vor dem Hintergrund der nunmehr ähnlichen institutionellen Rahmenbedingungen in den Kommunalverfassungen von besonderem Interesse, da sie erste Hinweise liefern können, welche Auswirkungen sich hieraus ergeben und in welchen Bereichen andere Erklärungsfaktoren wie die lokale politische Kultur oder die Gemeindegrößenklasse greifen. So zeigt die Analyse der Wahlergebnisse zum einen deutliche Unterschiede im Wahlverhalten zwischen der Ratswahl und der Bürgermeisterwahl und bestätigt damit die Zurückdrängung von Parteibindung durch die Institution der Direktwahl. Trifft für die Ratswahl eher die in der kommunalen Wahlforschung vertretene Konvergenzhypothese zu, nach der das Wahlverhalten bei Bundestags- und Kommunalwahlen ähnlich ist und Unterschiede in den Wahlergebnissen auf verschiedene Grade der Mobilisierung zwischen den Parteien zurückzuführen sind, so bestätigt sich für die Bürgermeisterwahl dagegen eher die ebenfalls von lokalen Politikforschern diskutierte Differenzhypothese, die von erheblichen Unterschieden zwischen dem Wahlverhalten bei Bundestags- und Kommunalwahlen ausgeht und vor allem der Kandidatenorientierung höhere Bedeutung beimisst. Bei der Analyse des Sozialprofils der Bürgermeisterkandidaten und der gewählten Bürgermeister, welche sich kaum voneinander unterscheiden, zeigt sich, dass knapp 90% der Kandidaten von Parteien oder Wählergruppen nominiert wurden, die Kandidaten eine hohe Gemeindebindung aufweisen und in der Regel Erfahrungen im Bereich von Kommunalpolitik und – verwaltung aufweisen. Damit weist das Sozialprofil der Bürgermeister in NRW auch weiterhin signifikante Unterschiede z.b. zu den baden-württembergischen Amtskollegen aus, die sich vor allem aus der unterschiedlichen politischen Kultur und der unterschiedlichen Gemeindegrößen erklären lassen.

Jürgen Maier geht aufgrund der Auswertung von Daten eines DFG Forschungsprojektes zum kommunalen Führungspersonal in Thüringen und Sachsen der Frage nach, inwieweit die Stadt- und Gemeinderäte Thüringens die 1994 geschaffenen Direktwahlmodus des Bürgermeisters unterstützen. Obwohl davon auszugehen ist, dass insbesondere die Ratsmitglieder diesem Verfahren skeptisch gegenüberstehen, da sie dadurch an Einfluss verlieren, ergibt sich durch die detaillierte Auswertung der für die Ratsmitglieder in Thüringen als repräsentativ anzusehenden Daten ein anderes Bild. Der neue Wahlmodus findet auch unter Stadt- und Gemeinderäten mit einem Anteil von 75% eine große Akzeptanz. Damit wird die Direktwahl des Bürgermeisters weitaus positiver beurteilt als alle andere Elemente der thüringischen Kommunalordnungsreform wie die Ortschaftsverfassung, die Verwaltungsgemeinschaft, die kommunalen Referenden und die Gemeindegebietsreform. Die feinere Analyse ergibt darüberhinaus, dass die Zustimmung der Thüringer Ratsmitglieder zur Direktwahl des (Ober-) Bürgermeisters bei jüngeren Ratsmitgliedern wächst, bei den Gemeinderäten der PDS und der Grünen am höchsten ist und darüberhinaus auch von den Persönlichkeitseigenschaften des Verwaltungsoberhaupts abhängt. Je verantwortungsvoller er mit politischen Fragen umgeht und je kooperationsbereiter er sich gegenüber dem Stadt- bzw. Gemeinderat verhält, desto stärker ist die Akzeptanz des Wahlmodus. Zudem wird davon ausgegangen, dass die Direktwahl zu einer größeren Unabhängigkeit des Bürgermeisters von Ratsmehrheiten und den Interessen der eigenen Partei führt, eine Einschätzung, die positiv mit der Akzeptanz der Direktwahl korreliert. Auch wenn einiges dafür spricht, dass dies Indizien für eine auch im Bewußtsein von Ratsmitgliedern eher „unpolitische" Einstellung zur Kommunalpolitik sind, scheint mir jedoch auch die Interpretation möglich, dass von dem Bürgermeister so etwas wie eine Moderatorenrolle zur besseren Klärung politischer Konflikte erwartet wird.

Volker Mittendorf und *Frank Rehmet* gehen ausgehend von der partizipatorischen Demokratietheorie der Frage nach, ob und in welcher Weise kommunale Entscheidungsprozesse durch kommunale Referenden qualifizierter ablaufen.

Dabei steht der potentielle Einfluss von Bürgerbegehren auf die lokale politische Öffentlichkeit und die potentielle Transparenzsteigerung der Entscheidungsgrundlagen im Mittelpunkt der Ausführungen. Hervorzuheben an ihren Ausführungen ist, dass sie von der empirischen Analyse tatsächlicher Anwendungsfälle ausgehen und hierzu Material und Arbeiten aus der Forschungsstelle Bürgerbeteiligung und Direkte Demokratie der Universität Marburg auswerten. Sie können damit zeigen, dass für die Anwendungspraxis von kommunalen Referenden drei wichtige Erklärungsfaktoren von entscheidender Bedeutung sind: die Gemeindegröße, der Themenkatalog sowie die Einleitungsquoren. Je größer der Kreis begehrensfähiger Themen, je niedriger die Einleitungsquoren und je größer die Kommune, desto höher die Einleitungswahrscheinlichkeit. Andere Faktoren wie die politische Kultur spielen keine wichtige Rolle. Mit der Einleitungswahrscheinlichkeit steigert sich die Responsivität der Entscheidungsträger. Die Transparenzwirkung eingeleiteter Begehren hängt nun vom Umgang der Akteure mit den Verfahrensdetails ab. Mitunter sind aufgrund der Verfahrensausgestaltung die Anreize so gesetzt, dass es zur „Sabotage" bzw. Diskussionsverweigerung kommt. Neben den konkreten Verfahrensregelungen spielen hier auch die Akteurs- und Konfliktkonstellationen eine wichtige Rolle.

Hellmut Wollmann beschäftigt sich sowohl mit der Direktwahl des Bürgermeisters als auch mit kommunalen Referenden und wirft dabei einen spezifischen Blick auf die Entwicklungen in den ostdeutschen Ländern. Ausgehend von der Darstellung der institutionellen Regelungen und ihrer Entstehungsgeschichte schildert er erste Praxiserfahrungen und spekuliert – angesichts eines sehr schmalen Forschungsstandes – über mögliche Auswirkungen dieser Modernisierungsimpulse. Deutlich werden auf der institutionellen Ebene trotz der grundsätzlichen Übernahme des süddeutschen Kommunalverfassungsmodells einige ostdeutsche Besonderheiten wie z.B. die flächendeckende Möglichkeit und auch Nutzung der Abwahl von Bürgermeistern. Bezüglich der Auswirkungen der Direktwahl des Bürgermeisters deutet sich eine inneradministrative Stärkung seiner Autorität und Durchsetzungsfähigkeit an und auch gegenüber den Aufsichtsbehörden und sonstigen Dienststellen des Landes treten die Bürgermeister selbstbewußter auf, während die Frage der gesteigerten Durchsetzungsfähigkeit gegenüber der Kommunalvertretung bis jetzt als widersprüchlich angesehen wird. Bezüglich der Wirkungen kommunaler Referenden sind dagegen aufgrund der sehr spärlichen Anwendungspraxis bis jetzt kaum Aussagen möglich.

Anna Geis, deren Beitrag dem vierten Kapitel, dem Bereich Bürgerbeteiligung und kooperative Demokratie zuzuordnen ist, stellt die interessante Frage, inwieweit ein kooperatives Konfliktschlichtungsverfahren wie die Mediation nicht selbst neue Konflikte produziert. Sie beantwortet diese Frage am Beispiel eines der spektakulärsten Mediationsverfahren, die es bis jetzt in Deutschland gegeben hat, dem Verfahren zur künftigen Entwicklung des Frankfurter Flughafen. Ein Typ von Konflikten entsteht, weil die in der Mediationsliteratur empfohlene weitgehend selbstbestimmte Vorbereitungsphase der Verfahren durch Betroffene zumindest in bedeutsamen Konflikten an der politischen Realität vorbeigeht, da sich staatliche Akteure die Initiation des Verfahrens, die Identifizierung und Repräsentation von Betroffenen und gewisse Vorformungen von Problemdefinitionen kaum aus der Hand nehmen lassen. Mediation ist kein Instrument zur Veränderung von Machtungleichgewichten. Der zweite Konflikt liegt in der institutionellen Unverbundenheit von informellen Verfahren und förmlichen Verwaltungsverfahren begründet: Wie geht es weiter, wenn ein Mediationsverfahren ein Ergebnis erzielt hat? Die Autorin sieht in dieser institutionellen Unverbundenheit ein Dilemma, denn es ist alles andere als klar, was mit Mediationsergebnissen passiert. Zwar ist der Öffentlichkeit in diesem Fall der Eindruck entstanden, dass das Mediationspaket tatsächlich in allen seinen Teilen umgesetzt werden wird – aber dafür kann es aber keine Garantie geben, die rechtlich Bestand hätte. Neben diesen neuen Konfliktlagen, die durch kooperative Demokratieformen entstehen, arbeitet die Autorin aber auch einige positive Effekte der Mediation heraus. Im Vergleich zu den Auseinandersetzungen zur Startbahn West hat es einen deutlichen Wandel im kommunalen Entscheidungsprozess gegeben. Es entstand eine intensive frühzeitige öffentliche Debatte, eine erheblichen Verbreiterung des Kenntnisstandes und damit eine Rationalisierung der Debatte um die Flughafenerweiterung. Auch für die Gegner der Erweiterung kommt es zu vielfältigen Vernetzungsschüben mit ganz neuen Chancen der Professionalisierung und Vereinheitlichung von Widerstandstrategien. Insgesamt kommt es so durch den verstärkten Einsatz „weicher" Steuerungsmedien (Wissen, Argumente und Vertrauen) statt staatlicher Demonstration von Macht und Gewalt zu einer Aufwertung der Bürger.

Uwe Altrock, dessen Beitrag etwas quer zu den vier Themenbereichen des Sammelbandes liegt, analysiert die Büroflächenpolitik in Berlin von 1981 bis 1999. Er knüpft dabei kritisch an die New Urban Politics Tradition an und versucht zu erklären, wie die Entscheidungsprozesse im Bereich der Büroflächenpolitik zustandegekommen sind. Angelehnt an den Advocacy-Koalitionsansatz von Sabatier arbeitet er heraus, wie sich in den 90er Jahren eine Koalition um die Leitbegriffe „Verdichtung, Stadt, Bürgertum" diejenige um die Begriffe „Begrünung, quartiersbezogene Lebensqualität, Partizipation" zunehmend ablöst. Die maßgeblichen Veränderungsfaktoren sind dabei „externe Systemereignisse" wie die Auswirkungen von Tertiärisierung, die Deutsche Vereinigung, das Wirken der Großen Koalition sowie die öffentliche Meinung im Hinblick auf die Bedeutung des Nachhaltigkeitsparadigmas und teilweise auf die Attraktivität von multifunktionalen City-Bereichen. In Rahmen der Analyse von Entscheidungsprozessen untersucht er auch die Erfahrung mit partizipativen Planungsprozessen in diesem Bereich und kommt zu einem eher skeptischen Urteil. Büroflächenpolitik ist kein Vorzeigebereich partizipativer Planungskultur, sondern eher ein Bereich paternalistisch geprägter Beteiligungsprozesse, in denen auf legitimatorische Absicherung gesetzt und nur symbolische Veränderungen zugelassen wird.

5.2 Ausblick

Die Beiträge des Sammelbandes zeigen, dass bei der Thematisierung kommunaler Entscheidungsprozesse im Gegensatz zu früheren Diskussionen die normativen Bewertungskriterien (demokratische Legitimation, effiziente und effektive Problemlösungen) nun meistens zusammenhängend betrachtet werden und auch die Tendenz zunimmt, verschiedene Modernisierungsstränge gemeinsam zu analysieren oder zumindest zu debattieren. Damit steigen die Möglichkeiten der Verständigung und der Blick wird frei für welchselseitige Einflüsse und die realen Wirkungen der verschiedenen Modernisierungsmaßnahmen.

Betrachtet man das theoretische Analysegerüst, so zeigt sich, dass die alten Kommunalverfassungstypen im Prinzip nicht mehr tragen. In Kapitel 3.4 habe ich eine neue Typologisierungsmöglichkeit angedeutet, die allerdings der weiteren Ausarbeitung bedarf. Sie beruht auf dem Versuch, die bestehenden institutionellen Unterschiede bezüglich der Machtfülle des Bürgermeisters und des Wahlrechts auf einem Kontinuum zwischen eher *konkordanzdemokratischen* und eher *konkurrenzdemokratischen* Verfassungen anzuordnen, auf dem auf der einen Seite Baden-Württemberg und auf der anderen NRW anzusiedeln sind. Damit ist aus meiner Sicht eine größere Erklärungskraft verbunden als mit der von Knemeyer versuchten Unterscheidung anhand der Doppelspitze. In beiden institutionellen Umgebungen gibt es gute Voraussetzungen für eine exekutive Führerschaft aufgrund der einheitlichen Direktwahl und der monokratischen Verwaltungsspitze. Ob exekutive Führerschaft auch stattfindet, hängt aber nicht nur von institutionellen Setting ab, sondern auch von der Persönlichkeit des Bürgermeisters und anderen Faktoren.

Mit dem Bezug auf konkurrenz- und konkordanzdemokratische Muster greife ich auf ein zentrales Argument meiner Habilitationsschrift zurück (vgl. Bogumil 2001, Bogumil 2002b). Dort schlage ich vor, bei der Thematisierung lokaler Entscheidungsprozesse und -strukturen und bei der Analyse der Wirkungen von Modernisierungsmaßnahmen stärker die Erkenntnisse der *Regierungslehre und der Politikfeldanalyse* zu berücksichtigen, die das Zusammenspiel unterschiedlicher Verfahren der politischen Konfliktregulierung thematisieren. Dabei liefern insbesondere die Zusammenhänge zwischen *mehrheits- und verhandlungsdemokratischen Arrangements* auch für die lokale Ebene eine sinnvolle Interpretationsfolie. Die auf anderen Ebenen gewonnene Erkenntnisse gelten im Prinzip auch für kommunale Entscheidungssysteme, auch wenn sich die Ausprägungen der einzelnen Elemente natürlich von denen bundesstaatlicher Systeme unterscheiden und es immer auf das spezifische Zusammenwirken und die Anwendung der jeweiligen Regelungen ankommt.[37]

---

37 Bezogen auf die traditionsreiche Diskussion um die Auswirkungen unterschiedlicher Kommunalverfassungselemente kann für NRW festgehalten werden, dass die Über-

Die zentrale These ist, dass es auf kommunaler Ebene zu einem Neuarrangement zwischen wettbewerbs- und verhandlungsdemokratischen Formelementen kommt. Ausgehend davon, dass sich insbesondere in den Ländern der norddeutschen Ratsverfassung, aber auch insgesamt in den Mittel- und Großstädten, auf lokaler Ebene faktisch seit den 70er Jahren Strukturen einer Wettbewerbsdemokratie mit starker Parteipolitisierung herausgebildet hatten, geraten diese nun in den 90er Jahren durch das Vordringen verhandlungsdemokratischer Elemente unter Druck. Sowohl die direktdemokratischen Elemente der Direktwahl des Bürgermeisters und des Referendums als auch der Ausbau kooperativer Formen der Demokratie werden von mir als verhandlungsdemokratische Elemente betrachtet,[38] mit allerdings unterschiedlichen politischen Handlungslogiken.[39] Damit wird zugleich versucht, die Auswirkungen der unterschiedlichen Modernisierungsstränge lokaler Politik und Verwaltung auf kommunale Entscheidungsprozesse einer integrierten Analyse näherzubringen.

Zusammenfassend kommt es im kommunalen Entscheidungssystem zu einer Ausdifferenzierung der Strukturen demokratischer Interessenvermittlung, zu einer Anreicherung der repräsentativen Entscheidungsformen durch direktdemokratische und kooperative Elemente. Dies gilt, so die These, die der empirischen Untermauerung allerdings noch bedarf, in der Tendenz nicht nur für die Bundesländer der norddeutschen Ratsverfassung. Ein Sonderfall ist in gewisser Weise Baden-Württemberg, da hier die direktdemokratischen

---

nahme zentraler Punkte der süddeutschen Rat-Bürgermeisterverfassung (Direktwahl; Bürgerbegehren und Bürgerentscheid) im Ergebnis nicht zu den gleichen Effekten wie in Baden-Württemberg führt. Eingespielte Entscheidungskulturen ändern sich trotz Novellierung des Verfassungsrechts nicht so schnell. In NRW sind die Ausgangssituation, die politische Kultur, die konkrete institutionelle Ausgestaltung und die Gemeindegrößen andere als im süddeutschen System. Mit der Aufwertung von Verwaltungsspitze und Bürgern und dem tendenziellen Machtverlust der Kommunalvertretung gibt es einerseits deutliche Konvergenzen zum süddeutschen System, aber andererseits auch bleibende Unterschiede. Die Machtposition der Kommunalvertretung ist nach wie vor größer, exekutive Führerschaft kombiniert sich mit der Aufrechterhaltung von Parteiherrschaft, Persönlichkeits- und Parteiorientierung verbinden sich (vgl. Bogumil 2001).

38 Die Ausführungen in diesem Band von Mittendorf/Rehmet, Kersting, Wollmann und Geis bestätigen diese Aussage.

39 Allerdings ist in Anlehnung an die Argumentation Czadas (vgl. Czada 2000), dass es verschiedene Dimensionen der Verhandlungsdemokratie gibt, darauf hinzuweisen, dass die direktdemokratischen und die kooperativen Formen kommunaler Demokratie unterschiedliche politische Handlungslogiken entwickeln. Beide direktdemokratischen Elemente (Direktwahl und Referendum) entfalten Verhandlungszwänge durch die Wirkung formaler Vetopositionen. Sie begrenzen das im Parteienwettbewerb dominierende Mehrheitsprinzip, da durch sie institutionelle Vetopositionen geschaffen werden. Kooperative Bürgerbeteiligungsverfahren können dagegen eher dem Bereich der Organisation von Konsens im Schatten der Hierarchie bzw. des Mehrheits-prinzips zugerechnet werden.

Instrumente schon lange bestehen. Das Vordringen kooperativer Demokratieelemente scheint mir jedoch auch hier beobachtbar zu sein.

Insgesamt kann daher davon ausgegangen werden, dass das Aufweichen der Dominanz repräsentativer Entscheidungsformen kaum aufhaltbar ist, da sich die Effekte der Modernisierungsmaßnahmen gegenseitig verstärken dürften. Im Kern geht es darum, auf der Basis repräsentativer Entscheidungsformen neue direktdemokratische und kooperative Entscheidungsformen zuzulassen und das Verhältnis zwischen diesen institutionell auszutarieren. Diese, zunehmend auch unter dem Stichwort „Bürgerkommune" diskutierten Veränderungen, werfen nicht nur Fragen nach der Veränderung der Entscheidungsprozesse und der Machtpositionen auf, sondern werden neue Anforderungen für Kommunalvertretung, Verwaltung und Bürger mit sich bringen (vgl. hierzu Bogumil 2002a, Holtkamp 2002, Haus 2002).

In einer policyorientierte Sichtweise des Themenbereichs Bürgerkommune, in der Akteursstrategien und institutionelle Arrangements zentrale Analysekategorien sind, steht die Bürgerkommune für die Neugestaltung des Kräftedreiecks zwischen Bürgern, Kommunalvertretung und Verwaltung.[40] Dabei scheint mir die weitere empirische Untersuchung des Zusammenhang von wettbewerbs- und verhandlungsdemokratischen Arrangements auf kommunaler Ebene, insbesondere des Zusammenwirkens der verschiedenen Demokratieformen, ein lohnenswertes Unterfangen zu sein.

So zeigen z.B. erste Ergebnisse eines auf den systematischen Vergleich der Entwicklungen in NRW und Baden-Württemberg angelegten Forschungsprojektes, dass es zu unterschiedlichen Mischungsformen des Zusammenspiels von direkter, repräsentativer und kooperativer Demokratie kommt (Bogumil/Holtkamp 2002b). Während für die nordrheinwestfälische Stadt Arnsberg ein Zusammenspiel von exekutiver Führerschaft, eher konkurrenzdemokratischen repräsentativen Strukturen und einem starken Ausbau der kooperativen Demokratie zu konstatieren ist, trifft man in der baden-württembergischen Stadt Schwäbisch Gmünd auf einen weniger dominanten Oberbürgermeister bei eher konkordanzdemokratischen Strukturen und einem begrenzten Ausbau kooperativer Demokratieelemente. Waren die eher konkurrenzdemokratischen Einstellungen in Arnsberg im Vergleich zu Schwäbisch Gmünd vor allem aufgrund der unterschiedlichen institutionellen Rahmenbedingungen in beiden Bundesländern zu erwarten, ist die stärkere Dominanz des Bürgermeisters in Arnsberg im Vergleich zu seinem Amtskollegen in Schwäbisch Gmünd eher überraschend. Der Oberbürgermeister in Schwäbisch Gmünd entspricht kaum

---

40 Natürlich kann man sich dem Themenfeld der Bürgerkommune auf unterschiedlichen Wegen nähern. Möglich ist ein Zugang z.B. über die Diskussionen zur Zivilgesellschaft, über die Bürgerbeteiligungsforschung oder über die Verbindung von Verwaltungsmodernisierung und bürgerschaftlichem Engagement. Der hier gewählte policyorientierte Zugang liegt ein Stück weit quer zu diesen Ansätzen, versucht durchaus aber deren Erkenntnisse so weit wie möglich miteinzubeziehen.

der von Wehling apodiktisch festgelegten Stellung des Bürgermeisters in Baden-Württemberg als „Spinne im Netz" (Wehling 2000b, S. 185).

Der Bürgermeister in Arnsberg hatte demgegenüber in allen vier Arenen, in denen sich ein Bürgermeister behaupten muss (Verwaltungsarena, Parteiarena, Ratsarena, Bürgerarena), eine stärkere Stellung. Er überspielt problemlos die in der Gemeindeordnung NRW angelegten institutionellen Blockadesituationen. Neben den ihm von den Akteuren bescheinigten persönlichen Fähigkeiten kann dies vor allem darauf zurückgeführt werden, dass seine Fraktion in der Ratsarena die Mehrheit der Sitze stellt. Allerdings gilt diese relativ günstige Konstellation auch für den OB in Schwäbisch Gmünd. Der wesentliche Unterschied ist jedoch, dass aufgrund konkurrenzdemokratischer Einstellungen in Arnsberg der Bürgermeister sehr eng mit „seiner" Fraktion kooperiert, die durch eine höhere Parteiorientierung auch geschlossen agiert. In Schwäbisch Gmünd sieht es der Rat aufgrund eher konkordanzdemokratischer Einstellungen in seiner Gesamtheit als seine Aufgabe die Verwaltung zu kontrollieren und die CDU-Ratsmitglieder haben eher eine geringere Parteiorientierung. Es wird in einer landesweiten Erhebung zu präzisieren sein, ob dies eher zufällige Ergebnisse von Fallstudien sind oder inwieweit sich hier bestimmte Muster für die jeweiligen Bundesländer ergeben.

Für das Zusammenspiel von repräsentativer und direkter Demokratie wird dabei von folgender Hypothese ausgegangen: Bei durchweg in NRW eher zu erwartenden konkurrenzdemokratischen Einstellungen ist mit einem sehr dominanten Bürgermeister zu rechnen, wenn dieser dasselbe Parteibuch hat wie die Ratsmehrheit. Seine Dominanz übersteigt in diesem Fall tendenziell die des Bürgermeisters in Baden-Württemberg, da es zu einer engen Kooperation mit der Mehrheitsfraktion kommt. Bei gegenläufigen Parteiorientierungen (sog. Kohabitation) ist hingegen davon auszugehen, dass der Bürgermeister aufgrund der institutionell in der Gemeindeordnung NRW angelegten Blockadesituationen und der konkurrenzdemokratischen Muster eher keine dominante Rolle spielt. Diese Überlegungen sprechen einerseits für eine größere Varianz der Machtposition des Bürgermeisters in NRW als in Baden-Württemberg, zeigen aber auch, dass sich exekutive Führerschaft und konkurrenzdemokratische Einstellungsmuster unter bestimmten Bedingungen sehr effektiv miteinander verbinden.

Literaturverzeichnis

Banner, Gerhard 1972: Politische Willensbildung und Führung in Großstädten der Oberstadtdirektor-Verfassung, in: Grauhan (Hg.) 1972, S. 162-180.
– 1982: Zur politisch-adminstrativen Steuerung in der Kommune, in: Archiv für Kommunalwissenschaft, 21. Jahrgang, S. 26-47.
– 1984: Kommunale Steuerung zwischen Gemeindeordnung und Parteipolitik, in: Deutsche Öffentliche Verwaltung, Heft 9, S. 364-372.
– 1989: Kommunalverfassungen und Selbstverwaltungsleistungen, in: Schimanke, Dieter (Hg.): Stadtdirektor oder Bürgermeister, Basel, S. 37-61.

- 1999: Die drei Demokratien der Bürgerkommune, in: Arnim, H.H. (Hg.): Adäquate Institutionen – Voraussetzungen für eine „gute" und bürgernahe Politik, Speyer, S. 133-162.

Böhret, Carl 1986: Politik und Verwaltung. Verwaltungspolitik als Suche nach einem ausgeglicheneren Verhältnis von Politik und Verwaltung, in: Verwaltung und Politik in der Bundesrepublik (hg. von Hans-Georg Wehling), Stuttgart, Berlin, Köln, Mainz, S. 36-53.

Bogumil, Jörg 2001: Modernisierung lokaler Politik – Kommunale Entscheidungsprozesse im Spannungsfeld zwischen Parteienwettbewerb, Verhandlungszwängen und Ökonomisierung, Baden-Baden.

Bogumil, Jörg 2002a: Kooperative Demokratie – Formen, Potenziale und Grenzen, in: Haus, Michael (Hg.): Bürgergesellschaft, soziales Kapital und lokale Politik, Opladen, S. 151-166.

- 2002b: Im Spannungsfeld zwischen Parteienwettbewerb, Verhandlungszwängen und Ökonomisierung – Der Wandel kommunaler Entscheidungsprozesse am Beispiel Nordrhein-Westfalens, in: Deutschen Zeitschrift für Kommunalwissenschaft/AfK, Heft 2/2001, im Erscheinen.

Bogumil, Jörg/Holtkamp, Lars 2001: Das Konzept der Bürgerkommune; in: VOP 4/01, S. 10-12.

- 2002a: Liberalisierung und Privatisierung kommunaler Aufgaben – Auswirkungen auf das kommunale Entscheidungssystem, erscheint in: Libbe u.a. 2002 (im Erscheinen).

- 2002b: Die Bürgerkommune als Zusammenspiel von repräsentativer, direkter und kooperativer Demokratie. Erste Ergebnisse einer explorativen Studie, in: Polis Nr. 55/2002 (Arbeitspapiere aus der Politikwissenschaft an der Fern-Universität Hagen).

Bovenschulte, Andreas/Buß, Annette 1996: Plebiszitäre Bürgermeisterverfassungen. Der Umbruch im Kommunalverfassungsrecht, Baden-Baden.

Czada, Roland 2000: Dimensionen der Verhandlungsdemokratie – Konkordanz, Korporatismus, Politikverflechtung, polis Heft Nr. 46, Arbeitspapiere aus der FernUniversität Hagen, Hagen.

Derlien, Hans Ulrich u.a. 1976: Kommunalverfassung und kommunales Entscheidungssystem. Eine vergleichende Untersuchung in vier Gemeinden. Meisenheim.

Derlien, Hans Ulrich/von Queis, Dyprand 1986: Kommunalpolitik im geplanten Wandel. Auswirkungen der Gebietsreform auf das kommunale Entscheidungssystem, Baden-Baden.

Derlien, Hans Ulrich 1994: Kommunalverfassungen zwischen Reform und Revolution, in: Gabriel/Voigt 1994, S. 47-78.

Ellwein, Thomas/Zoll, Ralf 1982: Wertheim. Politik und Machtstruktur einer deutschen Stadt, München.

Fürst, Dietrich 1975: Kommunale Entscheidungsprozesse: ein Beitrag zur Selektivität politisch-administrativer Prozesse, Baden-Baden.

Gabriel, Oscar W. (Hg.) 1983: Bürgerbeteiligung und kommunale Demokratie, München.

- 1989 (Hg.): Kommunale Demokratie zwischen Politik und Verwaltung, München.

Gabriel, Oscar W. 1991: Das lokale Parteiensystem zwischen Wettbewerbs- und Konsensdemokratie, in: Oberndörfer, Dieter/Schmitt, Karl (Hg.): Parteien und regionale politische Tradition in der Bundesrepublik Deutschland, Berlin, S. 371-396.

Gabriel, Oscar W./Voigt, Rüdiger 1994 (Hg.): Kommunalwissenschaftliche Analysen, Bochum.

Grauhan, Rolf-Richard 1969: Modelle politscher Verwaltungsführung, in: PVS, Heft 2/3, S. 269-284.

- 1970: Politische Verwaltung. Auswahl und Stellung der Oberbürgermeister als Verwaltungschefs deutscher Großstädte, Freiburg.

- 1972 (Hg.): Großstadt-Politik. Texte zur Analyse und Kritik lokaler Demokratie, Gütersloh.

- 1972a: Der politische Willensbildungsprozeß in der Großstadt, in: Ders. 1972, S. 145-161.

Haus, Michael (Hg.) 2002: Bürgergesellschaft, soziales Kapital und lokale Politik. Theoretische Analysen und empirische Befunde, (Reihe Stadtforschung aktuell Band 86) Opladen.

Henneke, Hans-Günter 1996 (Hg.): Aktuelle Entwicklungen der inneren Kommunalverfassung, Stuttgart u.a.

- 1999: Das Verhältnis von Politik und Verwaltung in den Kommunalverfassungen der deutschen Länder. Miteinander oder Gegeneinander?, in: Verwaltung und Management, Heft 3, S. 132-136.

Holtkamp, Lars 2000: Kommunale Haushaltspolitik in NRW – Haushaltslage – Konsolidierungspotentiale – Sparstrategien, Diss., Opladen.

- 2002: Das Leitbild der Bürgerkommune und die Interessenlage der kommunalen Entscheidungsträger, in: Haus, Michael (Hg.): Bürgergesellschaft, soziales Kapital und lokale Politik, Opladen S. 129-147.

Holtmann, Everhard 1992: Politisierung der Kommunalpolitik und Wandlungen im lokalen Parteiensystem, in: apuZ, B 22-23, S. 13-22.

Jung, Otmar 1995: Direkte Demokratie: Forschungsstand und Forschungsaufgaben, in: Zparl, Heft 4, S. 658-677.

- 1999: Siegeszug direktdemokratischer Institutionen als Ergänzung des repräsentativen Systems? Erfahrungen der 90er Jahre, in: von Arnim 1999, S. 103-138.

Kevenhörster, Paul (Hg.) 1977: Lokale Politik und exekutiver Führerschaft, Meisenheim.

Knemeyer, Franz-Ludwig 1993: Die Kommunalverfassung in der Bundesrepublik Deutschland, in: Roth/Wollmann 1993, S. 81-94.

- 1997: Bürgerbeteiligung und Kommunalpolitik, Landsberg am Lech (2. Erweiterte Auflage).

- 1998: Gemeindeverfassungen, in: Wollmann/Roth 1998, S. 104-123.

Kunz, Volker/Zapf-Schramm, Thomas 1989: Ergebnisse der Haushaltsentscheidungsprozesse in den kreisfreien Städten der Bundesrepublik, in. Schimanke 1989, S. 161-189.

Lehmbruch, Gerhard 1972: Der Januskopf der Ortsparteien. Kommunalpolitik und das kommunale Parteisystem, in: Der Bürger im Staat, Heft 1, S. 3-8.

Lenk, Klaus 2002:

Libbe, Jens/Tomerius, Stephan/Trapp, Jan (Hg.) 2002: Liberalisierung und Privatisierung öffentlicher Aufgabenbereiche in Kommunen. Soziale und ökologische Problemlagen und Chancen für eine nachhaltige Entwicklung, Berlin (Reihe „Difu-Beitärge zur Stadtforschung" im Erscheinen).

Mielke, Gerd/Eith, Ulrich 1994: Honoratioren oder Parteisoldaten? Eine Untersuchung der Gemeinderatskandidaten bei der Kommunalwahl 1989 in Freiburg, Bochum.

Naßmacher, Hiltrud 1989: Die Aufgaben, die Organisation und die Arbeitsweise der kommunalen Vertretungskörperschaft, in: Gabriel 1989, S. 179-196.

Naßmacher, Hiltrud/Naßmacher, Karl-Heinz 1999: Kommunalpolitik in Deutschland, Opladen.

Schefold, Diana/Neumann, Maja 1996: Entwicklungstendenzen der Kommunalverfassung in Deutschland. Demokratisierung und Dezentralisierung?, Basel/Boston/Berlin.

Schimanke, Dieter (Hg.) 1989: Stadtdirektor oder Bürgermeister. Beiträge zu einer aktuellen Kontroverse, Basel/Boston/Berlin.

Schliesky, Ute 1998. Unmittelbar-demokratische Elemente in den Kommunalverfassungen Deutschlands, in: AfK, Heft II, S. 308-335.

Schmidt-Eichstaedt, Gerd 1985: Die Machtverteilung zwischen der Gemeindevertretung und dem Hauptverwaltungsbeamten im Vergleich der deutschen Kommunalverfassungssysteme, in: AfK, Heft I; S. 20-35.

Schulenburg, Klaus 1998: Der Übergang auf die neue Gemeindeordnung, Die neue Kommunalverfassung in Nordrhein-Westfalen – Kurzbericht zu Teil II, Ergebnisse der wissenschaftlichen Begleitforschung, zugestellt vom Innenministerium NRW an die kommunalen Spitzenverbände mit Schreiben vom 28.9.98.

– 1999: Direktwahl und kommunalpolitische Führung. Der Übergang zur neuen Gemeindeordnung in Nordrhein-Westfalen, Basel/Boston/Berlin.

Simon, Klaus 1988: Repräsentative Demokratie in großen Städten, Melle.

Voigt, Rüdiger 1992: Kommunalpolitik zwischen exekutiver Führerschaft und legislatorischer Programmsteuerung, in: APuZ, B 22-23, S. 3-12.

Wehling, Hans-Georg 1989: Politische Partizipation in der Kommunalpolitik, in AfK, HBD, 1, S. 110-119.

– 1996: Do parties matter?, in: Österreichische Zeitschrift für Politikwissenschaft, Heft. 3, S. 307-318.

– 1999a: Besonderheiten der Demokratie auf Gemeindeebene, in: von Arnim 1999, S. 91-102.

– 1999b: Kommunale Direktwahl zwischen Persönlichkeitswahl und Parteientscheidung, Arbeitshilfe der Konrad-Adenauer-Stiftung Nr. 4, Sankt Augustin.

Wehling, Hans-Georg/Siefert, H. Jörg 1987: Der Bürgermeister in Baden-Württemberg. Eine Monographie, Stuttgart (2. Auflage).

Wehling, Hans-Georg 2000a: Parteien und Vereine, in: Pfizer , Theodor/Wehling, Hans-Georg (Hg.): Kommunalpolitik in Baden-Württemberg, Stuttgart, S. 187-216.

Wehling, Hans-Georg 2000b: Der Bürgermeister – Rechtsstellung, Sozialprofil, Funktionen, in: Pfizer , Theodor/Wehling, Hans-Georg (Hg.): Kommunalpolitik in Baden-Württemberg, Stuttgart, S. 172-186.

Winkler-Haupt, Uwe 1988: Gemeindeordnung und Politikfolgen. Eine vergleichende Untersuchung in vier Mittelstädten, München.

– 1989: Die Auswirkungen unterschiedlicher kommunaler Führungsorganisationstypen auf den Policy-Output, in: Schimanke 1989, S. 143-160.

Wollmann, Hellmut 1998a: Modernisierung von Kommunalpolitik und –verwaltung zwischen Demokratie und Betriebswirtschaft – konträr, kompatibel, komplementär?, in: Handbuch Kommunale Politik, Düsseldorf.

– 1998b: Kommunalpolitik – zu neuen (direkt)demokratischen Ufern?, in: Wollmann/Roth 1998, S. 37-49.

– 1999: Politik- und Verwaltungsmodernisierung in den Kommunen: zwischen Managementlehre und Demokratiegebot, in: Die Verwaltung, Heft 3, 1999, S. 345-376.

Wollmann, Hellmut/Roth, Roland (Hg.) 1998: Kommunalpolitik. Politisches Handeln in den Gemeinden, in: Schriftenreihe der Bundeszentrale für politische Bildung Bd. 356, Bonn (2. völlig überarbeitete und aktualisierte Ausgabe).

Kapitel 1:
Haushaltskonsolidierung, Verwaltungsmodernisierung und strategische Steuerung

Lars Holtkamp

Kommunale Haushaltspolitik in den 90er Jahren – Der Wandel von polity, politics und policy

1. Einleitung

Die kommunale Finanzausstattung gehört seit langem zu den zentralen Themen der lokalen Politikforschung. Dabei wurde insbesondere immer wieder darauf hingewiesen, dass die kommunalen Handlungsspielräume durch eine zunehmende Politikverflechtung und Aufgabenüberwälzung gefährdet werden und so die Kommunen ihre Innovations-, Integrations- und Optimierungsfunktion für das gesamte politische System nur schwer erfüllen können (Schimanke 1984/Rehm 1991/Zielinski 1999/Holtkamp 2001a).

Demgegenüber stieß eine detailliertere Analyse des Politikfelds kommunale Haushaltspolitik auf ein vergleichsweise geringes Interesse in der lokalen Politikforschung. Als grundlegend für die Analyse des Politikfelds kommunale Haushaltspolitik ist die Untersuchung von Hiltrud und Karl-Heinz Naßmacher Ende der 70er Jahre einzuordnen. Die Autoren kamen zu dem Fazit, dass die Verwaltung und hier insbesondere der Kämmerer den Haushaltsprozess dominieren und registrierten einen stark inkrementalistischen Politikstil (Naßmacher/Naßmacher 1979). In den 70er Jahren wurden in der lokalen Politikforschung auch neue Planungsinstrumente entwickelt, die diesem stark inkrementalistischen Politikstil entgegenwirken sollten. Angelehnt an neue Haushaltsplanverfahren in den USA (PPBS, ZBB etc.) wurde zum Teil eine stärkere Zielorientierung in der Haushaltsplanung gefordert, wobei man gleichzeitig schon auf die erheblichen Implementationsprobleme dieser Planungsinstrumente hinwies (Hesse 1976/Hoberg 1982).

In den 80er Jahren diskutierte man dann v.a.in Anlehnung an die Thesen von Gerhard Banner die Frage, welche Wirkung die unterschiedliche Stellung des Verwaltungschefs in den Gemeindeordnungen auf das Politikfeld kommunale Haushaltspolitik hat (Banner 1984/Schimanke 1989). Seit den 90er Jahren werden nun vermehrt aufgrund des Einsetzens der schweren Haushaltskrise die allgemeine Haushaltsituation und kommunal gestaltbare Konsolidierungsstrategien analysiert (Mäding 1998/Holtkamp 1998/Naßmacher 2000/Kunz 2000).

Insgesamt dominiert in der Diskussion der lokalen Politikforschung über die kommunale Haushaltspolitik in den 70er Jahren v.a. die Politics- und Policy-Ebene, Mitte der 80er Jahre die Polity-Ebene und in den 90ern wiederum die Policy-Ebene. Im Folgenden möchte ich die Analyse dieser drei Ebenen miteinander verbinden und angelehnt an die zentrale Fragestellung der Politik-feldanalyse untersuchen, durch welche Veränderungen kommunal kaum zu be-einflussender Rahmenbedingungen (polity) sowie durch welche Initiativen der Akteure vor Ort die kommunalen Entscheidungsprozesse (politics) so reformiert werden können, dass die Gemeinden bessere Haushaltsergebnisse (policy) durch die Ausschöpfung endogener Konsolidierungspotentiale erzielen können.

Im Mittelpunkt der Analyse stehen drei Reformkonzepte, die in NRW und in viele anderen Bundesländern in den 90er Jahren Einzug in die kommu-nale Haushaltspolitik hielten und auf erhebliches Interesse in der Politikwissen-schaft stießen. Ich habe diese Reformkonzepte in meiner Dissertation ausführ-lich analysiert (Holtkamp 2000) und sie sollen unter Einbezug neuerer Studien im Folgenden untersucht werden (Bovermann 1999/Bogumil 2001/Holtkamp 2002).

Bei den Reformkonzepten handelt es sich um die Einführung von Haus-haltsicherungskonzepten (HSK), von „Neuen Steuerungsmodellen" (NSM) und von direktgewählten hauptamtlichen Bürgermeistern (BM). Im Folgen-den soll für jedes dieser Reformkonzepte geklärt werden, ob sie erstens tat-sächlich zu einer Veränderung der kommunalen Entscheidungsprozesse füh-ren und ob zweitens diese veränderten kommunalen Entscheidungsprozesse auch zu besseren Haushaltsergebnissen beitragen können. Die Analyse der kommunalen Entscheidungsprozesse und Politikergebnisse in der Haushalts-politik erfolgt im Wesentlichen durch zwei methodische Zugriffe:

– eine Untersuchung der Entscheidungsprozesse in drei kreisangehörigen Städten (zwischen 30.000 und 90.000 Einwohnern) des Ruhrgebietes, die besonders stark von der Haushaltskrise erfasst wurden, anhand einer um-fangreichen Dokumentenanalyse und der Auswertung halbstandardisier-ter Interviews[1]
– und die Überprüfung einiger im Rahmen der qualitativen Analyse ge-wonnenen Hypothesen zur allgemeinen Haushaltsentwicklung durch eine quantitative Analyse aller kreisangehörigen Gemeinden in NRW.

2. Haushaltsicherungskonzepte

2.1 Rechtliche Rahmenbedingungen

Kommen wir als erstes zur Analyse der Haushaltsicherungskonzepte[2]. Kann der Verwaltungshaushalt in einer Stadt nicht ausgeglichen werden, sind die

---

1   Interviewt wurden alle Fraktionsvorsitzenden, Bürgermeister, Stadtdirektoren und
     Kämmerer der drei Untersuchungsgemeinden (Marl, Gladbeck und Waltrop).
2   Politikwissenschaftliche Literatur zu Haushaltsicherungskonzepten in NRW: Voigt
     1998, Naßmacher/Naßmacher 1999.

laufenden Ausgaben also höher als die laufenden Einnahmen, muss ein Fehlbetrag im Verwaltungshaushalt ausgewiesen werden (Holtkamp 1998/Oebbecke
1996). Ab 1991 kam es zu gravierenden Veränderungen der Polity-Bedingungen der kommunalen Haushaltspolitik in NRW. In NRW mussten diese
„Fehlbetragskommunen" ein Haushaltsicherungskonzept aufstellen. In diesem
Haushaltsicherungskonzept „ist verpflichtend der Zeitraum festzulegen, innerhalb dessen der Ausgleich des Verwaltungshaushalts wiedererlangt wird (...)
Im Interesse genügender Planungsstabilität sollte das Zieljahr im übrigen
nicht zu weit vom letzten Jahr der Finanzplanungsperiode festgelegt sein" [3]
(Innenminister NRW 1991, S. 1190).

Mit der Gemeindeordnungsreform 1994 wurden für die Kommunen in
NRW die Genehmigungsvorbehalte der Aufsichtsbehörde bei der Prüfung der
Haushalte entscheidend abgebaut. Statt der Genehmigung der Haushaltssatzung, der Kreditermächtigungen und der Verpflichtungsermächtigungen müssen nun diese Kernbestandteile des kommunalen Haushalts lediglich der Aufsichtsbehörde gegenüber angezeigt werden. Eine Genehmigungspflicht besteht im Wesentlichen nur noch bei den Haushaltsicherungskonzepten (§ 79
GO NW). Das Haushaltsicherungskonzept (HSK) ist aus Sicht des Innenministeriums NRW als eine freiwillige Selbstbindung des Rates anzusehen, während die Aufsichtsbehörde lediglich als Moderator und Berater tätig werden
soll (Held 1995).

Die Aufsichtsbehörde kann das Haushaltsicherungskonzept (sofern es ihren Prüfungsmaßstäben nicht genügt) nicht genehmigen, mit der Folge, dass
die Haushaltssatzung nicht bekannt gemacht werden kann, weil das Haushaltsicherungskonzept fester Bestandteil des Haushaltsplanes ist. Damit fallen die
Gemeinden mit nicht genehmigtem Haushaltsicherungskonzept für das ganze
Haushaltsjahr unter die Bestimmungen des § 81 der GO NW zur vorläufigen
Haushaltsführung. Bei der vorläufigen Haushaltsführung kann die Kommune
lediglich einen Bruchteil des Gesamtbetrages der Kredite des Vorjahres auf-
nehmen, um notwendige Investitionsmaßnahmen durchführen zu können. Zusätzlich gilt für den Gesamthaushalt, dass bei vorläufiger Haushaltsführung nur
Ausgaben für solche Leistungen getätigt werden dürfen, zu denen die Kommune rechtlich verpflichtet ist oder die zur Weiterführung notwendiger Aufgaben unaufschiebbar sind.

2.2 Ergebnisse der qualitativen Analyse

In der Analyse der Interviews und der Dokumente hat sich für die drei Untersuchungsgemeinden, die seit 1992, 1993 und 1995 ein HSK aufstellen mussten, gezeigt, dass primär die Kommunalverwaltung mit der Aufstellung der

---

3   Ende der 90er Jahre wurde der Zeitraum verlängert, in dem der Haushaltsausgleich
    nachgewiesen werden muss. Er beträgt in NRW nunmehr ca. 10 Jahre.

Haushaltsicherungskonzepte beschäftigt war und dabei die sog. „Hinweise" der Aufsichtsbehörde in den Genehmigungsschreiben und in den Vorverhandlungen zu den Haushaltsicherungskonzepten genau beachtete. Die Hinweise der Aufsichtsbehörde bezogen sich hierbei v.a.auf die Höhe der Hebesätze bei der Gewerbesteuer und der Grundsteuer B und auf das Kreditvolumen. Diese Hinweise wurden von der Kommunalverwaltung und -politik so ernst genommen, weil sie andernfalls eine Nichtgenehmigung des Haushaltsicherungskonzeptes befürchteten. In einer der Untersuchungsgemeinden, die schon Mitte der 90er Jahre ihr HSK für ein Jahr nicht genehmigt bekam, sahen es die kommunalen Akteure hinterher als wichtigstes Ziel ihrer kommunalen Haushaltspolitik an, ein genehmigungsfähiges HSK zu erstellen.

Die bipolaren Vorverhandlungen zwischen Aufsichtsbehörde und Kommunalverwaltungen (v.a. Kämmerer) führen in der Regel dazu, dass durch die zunehmende Politikverflechtung die Konflikte, die bei Aufstellung und Vollzug von Haushaltsicherungskonzepten auftreten, v.a.auf den verschiedenen Verwaltungsebenen nicht-öffentlich ausgetragen werden und die Mitwirkung der kommunalen Vertretungskörperschaft relativ gering ist. Bei nicht genehmigtem Haushalt im Rahmen der vorläufigen Haushaltsführung erhöht sich noch der Abstimmungsbedarf darüber, welche im Haushaltsplan zur Verfügung gestellten Haushaltsmittel überhaupt ausgezahlt werden dürfen.

Die Dominanz des Kämmerers wird also in der Regel durch diese bipolaren Verhandlungen gestärkt, wobei insbesondere die Öffentlichkeit häufig nur schwer die Forderungen der Aufsichtsbehörde von den „eigenmächtigen" Empfehlungen des Kämmerers oder der Regierungsfraktionen auseinander halten kann. Die Regierungsfraktionen haben ein vitales Interesse daran, alle Maßnahmen der Haushaltsicherungskonzepte als Anordnung der Aufsichtsbehörde darzustellen, weil sie sonst befürchten, von den Bürgern für diese Maßnahmen verantwortlich gemacht und bei der nächsten Kommunalwahl „abgestraft" zu werden (z.B. für Hebesatzerhöhungen bei den kommunalen Steuern).

Die Längsschnittsanalyse der Haushaltsdaten in den drei Untersuchungsgemeinden zeigt, dass bei den kommunal zu beeinflussenden Parametern erhebliche Verbesserungen seit der Aufstellung der Haushaltsicherungskonzepte erzielt wurden. Insbesondere bei der Reduzierung der Personalkosten, bei der Ausschöpfung kommunaler Steuer- und Gebühreneinnahmen und bei der Veräußerung von städtischem Vermögen wurden erhebliche Konsolidierungserfolge sichtbar. Der Anteil, den die Haushaltsicherungskonzepte an diesen Konsolidierungserfolgen hatten, lässt sich selbstverständlich nicht im Rahmen einer qualitativen Analyse genau bestimmen. Wenn man allerdings berücksichtigt, dass viele der Konsolidierungsmaßnahmen im Rahmen der Diskussionen über das HSK entwickelt wurden, wird klar, dass das HSK gerade für die Kommunalverwaltung häufig der Anlass war, alle Konsolidierungspotentiale systematisch zu erfassen und der Kommunalpolitik zu präsentieren.

Weiterhin ist darauf hinzuweisen, dass durch die HSK und die Reduzierung der Prüfungsvorbehalte im Rahmen des Gesamthaushaltes sich auch die Aufsichtsbehörde vermehrt auf die Prüfung von Konsolidierungspotentialen konzentrieren kann. Dass in der Regel nur noch die HSK-Kommunen mit Auflagen seitens der Aufsichtsbehörde zu rechnen haben, hat darüber hinaus dazu geführt, dass die Kommunen in NRW, die noch keinen Fehlbetrag ausweisen müssen, einen recht hohen Anreiz haben dürften, ihre Haushaltsituation zu stabilisieren. Man kann somit davon ausgehen, dass die Haushaltsicherungskonzepte, im Verbund mit der verstärkten Auflagenpolitik der Aufsichtsbehörde, zu einem erheblichen Teil die Konsolidierungserfolge der Untersuchungsgemeinden mitbestimmt haben, auch wenn dies nicht durch eine moderierende Aufsichtsbehörde und einen sich selbst bindenden Rat induziert wurde, wie es die öffentlichen Äußerungen des Innenministeriums implizierten. Der Rat fühlte sich in einer der Untersuchungsgemeinde erst dann an das HSK gebunden, als die Aufsichtsbehörde eine Kompensation für politisch motivierte Mehrausgaben, die von den Zielwerten des HSK abwichen, verlangte und dementsprechend Kürzungen in anderen Bereichen von der Kommunalpolitik forderte. Fortan wurden die Haushaltsicherungskonzepte intensiv im Rat diskutiert, und alle befragten Akteure dieser Untersuchungsgemeinde gaben an, dass sie mittlerweile das HSK ausführlich in den Fraktionen diskutieren würden, weil nun die Bindewirkung von Haushaltsicherungskonzepten offensichtlich sei.[4]

Die Konsolidierungserfolge im Rahmen der HSK, die vor allem von der Kommunalverwaltung vorangetrieben wurden, beruhen zum größten Teil auf einer effizienteren Arbeitsorganisation bei bestehenden Angeboten, die zu einem drastischen Personalabbau durch Ausnutzung der natürlichen Fluktuation bei gleichzeitigem Verzicht auf betriebsbedingte Kündigungen führte, während in nur sehr wenigen Fällen Angebote wirklich stark eingeschränkt oder abgebaut wurden. Dies ist sicherlich auch darauf zurückzuführen, dass beispielsweise bei der Schließung von öffentlichen Einrichtungen erhebliche Proteste bei den entsprechenden Nutzergruppen zu erwarten sind, mit der Folge, dass die politischen Fraktionen sich aktiv mit dieser Thematik auseinander setzen müssen. Genau an dieser Stelle ist aber davon auszugehen, dass der verwaltungszentrierte Pfad der Haushaltskonsolidierung seine Grenzen findet, weil die Haushaltskonsolidierung in das „Rampenlicht der Öffentlichkeit" rückt und die Fraktionen, die vermutlich mit Blick auf die nächste Kommunalwahl diese Nutzergruppen nicht „verprellen" wollen, Position beziehen müssen.

---

4 Dennoch verlief die hierarchische Koordination im Zusammenhang mit Haushaltsicherungskonzepten nicht ganz „reibungslos". So gaben die befragten Akteure folgende Strategien an, um auch die Aufsichtsbehörde unter Druck zu setzen: Nutzung parteipolitischer Kontakte, um Entscheidungsträger höherer föderaler Ebenen zu mobilisieren; Absprache mit anderen Gemeinden; Bildung von Allparteien-Koalitionen gegen die Empfehlungen der Aufsichtsbehörde; Druck machen bei Verabschiedung des Kreishaushaltes, der auch für die Aufsichtsbehörde in persona den Oberkreisdirektor gilt. Dieses „Widerstandsarsenal" hat häufig auch zu einem Entgegenkommen der Aufsichtsbehörde, z.B. bei der Genehmigung von Krediten für sog. unrentierliche Maßnahmen, geführt.

Der Kämmerer und die Verwaltungsspitze antizipieren z.T. diese Prozesse und setzen die Schließung von Einrichtungen etc. erst gar nicht auf die politische Agenda, um das Heft des Handelns nicht aus der Hand zu geben. In einer Untersuchungsgemeinde stimmte der Kämmerer weitgehende Konsolidierungsmaßnahmen nach Auffassung der Fraktionen bereits mit der Aufsichtsbehörde zu eigenmächtig ab und plädierte für tiefe Einschnitte bei den bestehenden Aufgaben, mit der Folge, dass die Fraktionen wesentliche Teile seines Haushaltsicherungskonzepts nicht verabschiedeten und ihn nach Auffassung fast aller befragten Akteure „kalt" stellten. Der Kämmerer nimmt also durch die vermehrten bipolaren Verhandlungsprozesse eine sehr starke Machtposition ein, aber verhandelt letztlich immer unter dem „Damoklesschwert" der Ratsbeschlüsse mit der Aufsichtsbehörde.

Auch wenn die Haushaltsicherungskonzepte (und die damit verbundene Politik der Aufsichtsbehörde) erheblich zur Haushaltskonsolidierung beigetragen haben, so hat doch keine der drei Untersuchungsgemeinden im Zeitraum der mittelfristigen Finanzplanung den Haushaltsausgleich erreicht. So konnte auch nach Abschluss der Untersuchung im Jahre 2001 eine Untersuchungsgemeinde gegenüber der Aufsichtsbehörde nicht nachweisen, dass sie innerhalb von *Jahrzehnten* den Haushalt ausgleichen kann.

2.3 Ergebnisse der quantitativen Analyse

Die quantitative Analyse hat darüber hinaus ergeben, dass die 33 kreisangehörigen Kommunen (das sind fast 10% aller kreisangehörigen Gemeinden in NRW), die von 1994 bis 1998 ununterbrochen einen Fehlbetrag auswiesen, in jedem Jahr durchschnittlich einen höheren Fehlbetrag bilanzieren mussten (1994: durchschnittlich 158 DM pro Einwohner; 1998: durchschnittlich 405 DM pro Einwohner).[5] Für viele dieser Kommunen gilt, dass nicht absehbar ist, wie sie jemals die „aufgetürmten" Fehlbeträge abbauen sollen[6], selbst wenn sich die Rahmenbedingungen der kommunalen Haushaltspolitik etwas verbessern sollten. Von den insgesamt 73 kreisangehörigen Kommunen, die zwischen 1992 und 1994 einen Fehlbetrag (und also auch ein HSK) auswiesen, verzeichneten 47 Kommunen auch fünf Jahre später einen Fehlbetrag. Damit hielten 64,4%

---

5   Vgl. Antwort der Landesregierung auf eine kleine Anfrage zu HSK (LT-Drs 11/8428) und die jährlichen Umfrageergebnisse des Städte- und Gemeindebundes NRW und des Städtetages.

6   Folgender „Mechanismus" steckt hinter den stetig wachsenden Fehlbeträgen in NRW. Die Fehlbeträge im Verwaltungshaushalt eines Jahres müssen in NRW zwei Jahre später im Verwaltungshaushalt abgedeckt werden und dürfen eben nicht über langfristige Kredite finanziert werden, wie Investitionen im Vermögenshaushalt. Wenn auch der Verwaltungshaushalt dieses Jahres wiederum einen originären Fehlbetrag ausweist, kommt zu der Abdeckung des Fehlbetrages aus Vorjahren noch das Defizit des aktuellen Haushaltsjahres hinzu. Damit wächst der Fehlbetrag im Verlauf der Jahre stetig an.

der kreisangehörigen HSK-Kommunen, bei dem der Konsolidierungsfortschritt nach fünf Jahren oder mehr überprüft werden konnte, den vom Land ursprünglich anvisierte Konsolidierungszeitraum nicht ein. Während 1992 nur 35 kreisangehörige Kommunen einen Fehlbetrag ausweisen mussten, waren es 1998 schon 116 Kommunen und damit insgesamt ca. 30% der kreisangehörigen Gemeinden in NRW. In den kreisfreien Städten wiesen demgegenüber schon fast alle Städte einen Fehlbetrag aus. Nach einer leichten Erholung der Kommunalfinanzen in den Jahren 1999 und 2000 deutet sich momentan wieder – nicht zuletzt aufgrund der massiven Auswirkungen der Steuerreform – eine schwere und langanhaltende Einnahmekrise der kommunalen Haushalte an, der die Kommunen auch aufgrund der bereits in den 90er Jahren ausschöpften endogenen Konsolidierungspotentialen in den Verwaltungshaushalten relativ hilflos gegenüberstehen (Holtkamp 2001b).

Im Rahmen der multivariaten Analyse aller kreisangehörigen Kommunen in NRW wurde daran anschließend untersucht, ob von der Kommunalpolitik zu beeinflussende Variablen (endogen) oder kommunal kaum gestaltbare Variablen (exogen) für die Ausweisung von Haushaltsicherungskonzepten verantwortlich sind. Ergebnis dieser Untersuchung ist, dass die exogenen Ursachen stark dominieren. Insbesondere die kreisangehörigen Kommunen mit vielen Einwohnern und einer hohen Arbeitslosenquote stellen überdurchschnittlich häufig ein HSK auf.

Bei den meisten endogenen Variablen, die sehr schnell nach Ausweisung eines Fehlbetrages stark verändert werden können (im Gegensatz zu den Personalkosten) wurde deutlich, dass die HSK-Kommunen die Konsolidierungspotentiale in signifikant stärkerem Maße ausgeschöpft haben als die Kommunen mit ausgeglichenem Verwaltungshaushalt. HSK-Kommunen haben in signifikantem Maße deutlich höhere Hebesätze bei der Gewerbesteuer und der Grundsteuer B, ein deutlich geringeres Investitionsvolumen und eine wesentlich höhere Quote von Förderungsmitteln des Landes, bezogen auf dieses geringere Volumen als vergleichbare Kommunen mit ausgeglichenem Verwaltungshaushalt. Damit sind Fehlbetragskommunen in viel stärkerem Maße abhängig von den sog. „goldenen Zügeln" des Landes (Baestlein et al. 1980).

Diese Ergebnisse stützen insgesamt die Hypothese, dass Haushaltsicherungskonzepte zu verstärkten Konsolidierungsanstrengungen führen, wobei aber v.a. exogene Ursachen dafür verantwortlich zu machen sind, dass der Haushaltsausgleich häufig in absehbarer Zeit nicht erreicht wird. Die Konsolidierungserfolge der Haushaltsicherungskonzepte wurden primär durch eine Veränderung der Entscheidungsprozesse erreicht. Die verstärkte Intervention der Aufsichtsbehörden im Rahmen des HSK hat zu einem größeren Konsolidierungsdruck für die kommunalen Entscheidungsträger geführt. Darüber hinaus wurde die Position des Kämmerers gegenüber den eher ausgabenexpansiven Fachverwaltungen und -politikern durch die bipolaren Aushandlungsprozesse im Rahmen des HSK gestärkt.

3. Neue Steuerungsmodelle

Auch wenn die Neuen Steuerungsmodelle nicht nur als Konsolidierungsver-
fahren eingeführt wurden, zeigen repräsentative Umfragen unter kommunalen Praktikern immer wieder, dass die Haushaltskonsolidierung der dominante Grund für die Einführung der Neuen Steuerungsmodelle war (Difu
1996/ Stucke 1998). Aus politikwissenschaftlicher Sicht ist insbesondere
die Reorganisation der Schnittstelle zwischen Politik und Verwaltung von
Interesse, die im Rahmen des in vielen Kommunen umgesetzten Modells
der Kommunalen Gemeinschaftsstelle (KGSt) unter den bekannt geworde-
nen Fragepronomen „was" und „wie" firmierte.

Zukünftig sollte die Politik nach den Vorstellungen der KGSt die Ziele
der Stadtentwicklung definieren („was"), während die Stadtverwaltung diese
Ziele relativ autonom, ohne ständige Detailintervention der Politik, umsetzen
sollte („wie") (KGSt 1993/KGSt 1996). Um kontrollieren zu können, ob die
Verwaltung tatsächlich die Ziele auftragsgemäß umsetzt, sollte ein flächendeckendes Berichtswesen aufgebaut werden. Die Kommunalpolitiker sollten
selbst ein vitales Interesse an der Umsetzung dieser neuen Arbeitsteilung haben, weil sie derzeit als Freizeitpolitiker durch die ständige Detailintervention
vollkommen überlastet seien und sich mit der Steuerung über Ziele auf das
Wesentliche konzentrieren könnten. Diese neue Arbeitsteilung zwischen Politik und Verwaltung kann prinzipiell auf zwei Pfaden einen Beitrag zur
Haushaltskonsolidierung leisten:

–   Erstens ist der Verzicht auf Detailintervention die Voraussetzung dafür,
    dass die Verwaltungsmitarbeiter bei gleichzeitiger Übertragbarkeit des
    Budgets auf das folgende Jahr zu einem eigenverantwortlichen und spar-
    samen Umgang mit ihren Haushaltsmitteln motiviert werden. Die Moti-
    vierung von Verwaltungsmitarbeitern im Sinne der Verwaltungsreform
    impliziert weiterhin, dass nicht parteipolitische Kriterien für die Beförde-
    rung (Patronage) ausschlaggebend sind.
–   Zweitens ist die Definition von Zielen die Voraussetzung dafür, dass die
    inkrementalistische und inputorientierte Haushaltsplanung auf eine eher
    outputorientierte Steuerung umgestellt werden kann. Die outputorientierte
    (und wirkungsorientierte) Steuerung ist die elementare Grundlage für ei-
    ne systematische Aufgabenkritik und den daraus möglicherweise resultie-
    renden Aufgabenabbau.

Die Polity-Ebene spielte bei der Einführung des Neuen Steuerungsmodells
eher eine untergeordnete Rolle, während die Initiative hierfür v.a.von der
Kommunalverwaltung ausging. Durch die Experimentierklausel in den Gemeindeordnungen wurde lediglich die Realisierung einiger Elemente des
Neuen Steuerungsmodells *ermöglicht*.

In zwei der drei untersuchten Städte wurde schon lange Zeit vor der Durchführung der halbstandardisierten Interviews das Neue Steuerungsmodell, basierend auf den Anregungen der KGSt, in dem die neue Arbeitsteilung zwischen Politik und Verwaltung ein zentraler Bestandteil war, eingeführt. Befragt nach den Zielen, die sie bisher nach der Einführung des Neuen Steuerungsmodells definiert haben, gaben zwar einige wenige Kommunalpolitiker der beiden Untersuchungsgemeinden zuversichtlich an, dass sie diese Aufgabe bereits erledigt hätten. Auf weitere Nachfrage stellte sich aber heraus, dass dies nicht Ziele im Sinne der Neuen Steuerungsmodelle waren (z.b. Ziele in den jeweiligen Wahlprogrammen der Parteien!), was darauf hindeutet, dass selbst bei einigen Kommunalpolitikern in *führenden* Positionen lediglich rudimentäre Kenntnisse über die Neuen Steuerungsmodelle vorhanden sind. Die Unkenntnis und die negative Einstellung zum NSM waren in der Untersuchungsgemeinde besonders ausgeprägt, in der die Politik nicht durch dementsprechende Beteiligungsgremien (z.b. Lenkungsgruppen etc.) an der Verwaltungsreform partizipieren konnte.

Resümierend betrachtet wurden, wie auch die Dokumentenanalyse verdeutlichte, noch keine Ziele in diesen beiden Städten definiert. Dahinter könnten u.a. die folgenden Interessen stehen: Die Mehrheitsfraktionen wollen keine klaren Ziele setzen, weil sie, wenn sie diese Ziele nicht erreichen, der Opposition gute Argumente gegen die Regierungspolitik in die Hände spielen. Auch wird die abstrakte Diskussion von Zielen in der Regel von der Lokalpresse nicht durch eine ausführliche Berichterstattung honoriert, so dass es sich in Anbetracht der knappen Zeitressourcen der Kommunalpolitiker eher lohnt, der tagespolitischen Auseinandersetzung über konkret fassbare Projekte in der Lokalzeitung „hinterher zu hecheln".

Ferner wurden die Kommunalpolitiker gefragt, ob die Wähler eher die Steuerung über Ziele oder die Detailintervention honorieren. Fast alle befragten Akteure wiesen darauf hin, dass ihrer Meinung nach die Wähler gerade die Detailintervention vom Kommunalpolitiker für ihre kleinen Anliegen (Parkbank, klappernder Gullydeckel etc.) erwarten, so dass sie zu den *wichtigsten* Aufgaben der Kommunalpolitik gehöre. Würde demnach eine kommunalpolitische Fraktion einseitig auf Detailintervention verzichten, wäre aus Sicht der Akteure zu erwarten, dass sie bei der nächsten Kommunalwahl deutlich schlechter abschneiden könnte. In einer Untersuchungsgemeinde wurde bei der Durchführung eines Workshops mit führenden Verwaltungsmitarbeitern die stetige Detailintervention der Ratsmitglieder ausdrücklich bestätigt. In diesem Workshop wurden die Mitarbeiter gebeten, die Stärken und die Schwächen der Stadt zu benennen. Aus der Dokumentation des Workshops geht hervor, dass die größte Schwäche der Stadt aus Sicht der führenden Verwaltungsmitarbeiter, das angespannte Verhältnis zwischen Politik und Verwaltung war. Unter dieser Sammelrubrik fanden sich u.a. die folgenden Stichworte, die von den Teilnehmern genannt wurden: „Politik hat ‚Rollenverteilung' nicht verstanden; Image-Schädigung der Verwaltung durch Teile der Politik; Beziehungsgeflecht (Klüngel); Einflußnahme der Politik in Kleinigkeiten; zu starke Einflußnahme durch die Politik".[7]

Aber nicht nur die Anreize des politischen Wettbewerbs sprechen für die Detailintervention, sondern auch die begrenzten zeitlichen und kognitiven Ressourcen der Kommunalpolitik. Angesichts der zunehmenden Komplexität kommunalpolitischer Fragestellungen ist es verständlich, dass viele Kommunalpolitiker sich ins Detail flüchten (Dörner 1994). Auf Detailfragen ist die hauptamtliche Kommunalverwaltung in der Regel auch nicht so gut vorbereitet, während die Informationskosten bei der Vorbereitung des ehrenamtlichen Ratsmitglieds auf *eine* dieser Detailfragen relativ gering sind. So kann das einzelne Ratsmitglied relativ unproblematisch gegenüber der Verwaltung öffentlichkeitswirksam die „Muskeln spielen lassen".

Abschließend wurden die Akteure im Rahmen der halbstandardisierten Interviews gefragt, ob ein flächendeckendes Berichtswesen in ihrer Stadt schon aufgebaut wurde und wenn nicht, ob sie es problematisch finden, dass zwar schon die Budgetierung eingeführt wurde, aber für den Rat noch keine adäquaten Kontrollinstrumente zur Verfügung stehen. Alle waren sich in den Interviews darüber einig, dass noch kein flächendeckendes Berichtswesen aufgebaut wurde, aber nur die Vorsitzenden von zwei Oppositionsfraktionen hielten diesen Zustand für problematisch.

An einer ungeschminkten Darstellung der Verwaltungsleistungen im Rahmen des Berichtswesens haben häufig weder die Mehrheitsfraktionen noch die Verwaltungsspitze ein Interesse (siehe auch Bogumil 1997/Bogumil 2002). Dies würde der Opposition nur zusätzliche Munition für die parlamentarische Auseinandersetzung geben. Sie wird sich dann häufig mit den Lokalzeitungen verbünden, die immer mehr der Maxime „bad news are good news" folgen.

Insgesamt kann man also resümieren, dass die neue Arbeitsteilung zwischen Politik und Verwaltung in den beiden Untersuchungsgemeinden nicht mal in Ansätzen implementiert wurde, weil die Kommunalpolitiker in der Detailintervention ihre *wesentliche* Aufgabe im Sinne der Wählerstimmenmaximierung sehen, während die Steuerung über Ziele aus dieser Perspektive für die Kommunalpolitiker wenig attraktiv ist. Aufgrund dieser unveränderten Entscheidungsprozesse konnte die angestrebte neue Arbeitsteilung auch nicht zu Konsolidierungseffekten führen.

4. Der hauptamtliche Bürgermeister

In den 90er Jahren ist eine Konvergenz der unterschiedlichen Gemeindeordnungen in dem Sinne zu verzeichnen, dass in allen Gemeindeordnungen der

---

7   Diese Äußerungen sind einem nicht-öffentlichen Organisationsgutachten für die Stadt Waltrop entnommen. Zu diesem Zeitpunkt war das NSM in der Stadt bereits seit vier Jahren eingeführt.

direktgewählte hauptamtliche Bürgermeister der süddeutschen Ratsverfassung aufgenommen wurde, wobei, wie Naßmacher/Naßmacher (1999, S. 266f.) vollkommen zu Recht betonen, weiterhin erhebliche institutionelle Unterschiede zu konstatieren sind.

Gerhard Banner hat als Erster den möglichen Zusammenhang zwischen Gemeindeordnungen (polity), Entscheidungsprozessen (politics) und Haushaltsergebnissen (policy) deutlich herausgearbeitet und damit auch zum Teil zu dem oben skizzierten Konvergenzprozess beigetragen. Banner (1989) geht davon aus, dass die in der alten GO NW festgelegte Doppelspitze (ehrenamtlicher Bürgermeister und hauptamtlicher Stadtdirektor) zu einem erheblichen Ausgabenwachstum bei den Kommunalhaushalten in NRW geführt hat, während die vom Volk direkt gewählte, hauptamtliche Bürgermeister in Baden-Württemberg aus seiner Sicht fast ein Garant für eine sparsame Haushaltspolitik ist. Er illustriert diese Hypothese mit dem Verweis auf das Nord-Süd-Gefälle der kommunalen Haushalte, ohne den Anteil, den kommunal kaum zu beeinflussende finanzielle Entwicklungen an diesen Disparitäten haben könnten, zu spezifizieren, wie z.b. die im Rahmen der quantitativen Analyse zu Haushaltsicherungskonzepten herausgefilterten wichtigen eher exogenen Variablen „Einwohnerzahl" und „Arbeitslosenquote".

Tab. 1: Kompetenzverteilung in unterschiedlichen Gemeindeordnungen

	Rechtliche Stellung des Stadtdirektors nach der alten GO NW	Rechtliche Stellung des hauptamtlichen Bürgermeisters nach der GO BW	Rechtliche Stellung des hauptamtlichen Bürgermeisters nach der neuen GONW
Stimmrecht bei Rats- und Ausschusssitzungen	Nein	Ja	Ja, bei Rat und Hauptausschuss
Aufstellung der Tagesordnung und Leitung von Rats- und Ausschusssitzungen	Nein	Ja	Ja, bei Rat und Hauptausschuss
Starke Mitbe-stimmung bei Personaleinstellungen	Nein	Ja	Nein
Rückholrecht des Rates	Ja	Nein	Ja
Wird gewählt vom/von der	Rat	Wahlbevölkerung	Wahlbevölkerung (gleichzeitig mit dem Rat)
Abwahl während seiner Amtszeit	Durch 2/3 des Rates	Nicht möglich	2/3 der Ratsmitglieder leiten Abwahlverfahren durch Bürgerentscheid ein
Amtszeit	Acht Jahre	Acht Jahre	Fünf Jahre

Implizit geht das Modell von Banner von den Annahmen der Neuen Politischen Ökonomie (NPÖ) aus, nach denen Politiker versuchen, bei unvollkommenen Informationen ihre Wiederwahl durch Leistungsausweitung zu sichern und Verwaltungen aufgrund anderer ökonomischer Interessen zur Budgetausweitung tendieren. Diese Wachstumsmodelle der NPÖ bezieht er allerdings nur auf die Fachpolitiker, während die Steuerungspolitiker (aus seiner

Sicht die Verwaltungschefs) diesen expansiven Forderungen entgegenwirken. Aufgrund der schlechteren rechtlichen Stellung des Stadtdirektors in NRW im Vergleich zum Bürgermeister in Baden-Württemberg (siehe Tabelle 1) laufen nach Banner die kommunalen Haushalte in NRW aus dem Ruder. Die Konsolidierungsbestrebungen des zentralen Steuerungspolitikers bleiben bei Banner kein normatives Postulat, sondern dieses erwünschte Verhalten wird ganz im Sinne der NPÖ mit einem rationalen Kalkül des Steuerungspolitikers (zumindest des BM in BW) begründet: Er ist Banner zur Folge stark interessiert am Haushaltsausgleich, weil ihm sonst „die Wähler und die Parteien einen aus dem Ruder gelaufenen Etat bei der nächsten Bürgermeisterwahl als fachliche Inkompetenz ankreiden würden" (Banner 1989, S. 48).

Der BM wird nach den Thesen von Banner zum „Motor" des Sparprozesses, wenn in NRW nach der Reform der Gemeindeordnung 1994 zumindest die folgenden Annahmen zutreffen: Der BM muss zukünftig eine deutlich dominantere Machtposition einnehmen als der Stadtdirektor der alten GO NW, um die Haushaltskonsolidierung maßgeblich vorantreiben zu können. Der Wähler muss sich außerdem für die allgemeine Haushaltsituation stark interessieren, damit diese bei der Wahl des BM überhaupt ausschlaggebend sein kann, und er muss darüber hinaus bei der nächsten Wahl auch eine konsequente Sparpolitik dementsprechend honorieren.

Diese Voraussetzungen wurden in den halbstandardisierten Interviews in allen drei Untersuchungsgemeinden überprüft. Dabei bleibt festzuhalten, dass zu diesem Zeitpunkt in den Untersuchungsgemeinden noch kein direktgewählter Bürgermeister im Amt war, so dass keine Konsolidierungseffekte, wie beispielsweise bei den Haushaltsicherungskonzepten gemessen, sondern nur die Plausibilität von Konsolidierungsanreizen geprüft werden konnten. Darüber hinaus wurde aber in zwei Gemeinden bereits ein hauptamtlicher Bürgermeister vom Rat gewählt, mit all den Kompetenzen, die ihm die neue Gemeindeordnung in NRW gibt, so dass eine erste vorsichtige Einschätzung über die nach der ersten Direktwahl zu erwartenden Machtkonstellationen vorgenommen werden konnte.

Die erste Frage, ob die Reform der Gemeindeordnung in NRW zu mehr Machtressourcen des zentralen Steuerungspolitiker führt, wurde von der Mehrheit der befragten Akteure bejaht, wobei immer wieder darauf hingewiesen wurde, dass er bei wichtigen Entscheidungen auf eine Ratsmehrheit angewiesen ist und dass man ihn mit dem weiterhin gegebenen Rückholrecht des Rates disziplinieren kann.

In beiden Untersuchungsgemeinden, in denen ein hauptamtlicher Bürgermeister vom Rat gewählt wurde, konnten sich die Bürgermeister nicht auf eine klare Mehrheit „ihrer" Partei stützen. Nicht zuletzt diese unklaren Mehrheitsverhältnisse führten dazu, dass die hauptamtlichen Bürgermeister in den Entscheidungsprozessen beider Gemeinden keine stark dominante Stellung einnahmen, so dass man die Entscheidungsstrukturen nicht ausschließlich als exekutive Führerschaft einordnen konnte.[8] Die Akteure führten an, dass die Bürgermeister klar einer Partei zuzuordnen sind und dass sie deswegen mit anderen Parteien auch kaum eine Kooperation eingehen können. Bei unterschiedlichen Parteiorientierungen der Ratsmehrheiten und des Bürgermeisters (sog. Kohabitation) und bei unklaren Mehrheitsverhältnissen ist aufgrund der größeren Kompetenzen des Stadtrates in NRW (Rückholrecht, Personalkompetenzen etc.) im Vergleich zu Baden-Württemberg und der stärker ausgeprägten Fraktionsdisziplin[9] auch über die Kommunalwahl 1999 hinaus eher[10] nicht mit einer stark dominierenden Stellung des Bürgermeisters zu rechnen. Die Ratsmehrheiten haben unter den Bedingungen der Kohabitation keine großen Anreize mit dem Bürgermeister zu kooperieren und ihn in die Lage zu versetzen, seine Ziele durchzusetzen. Die Beschneidung des Handlungsspielraums des Bürgermeisters ist unter diesen Bedingungen vielmehr eine gute Startbedingung für den „eigenen" Bürgermeisterkandidaten bei der nächsten Wahl.

Zusammenfassend lässt sich feststellen, dass die weiterhin bestehende schwächere Position der zentralen Steuerungspolitiker in NRW gegenüber ihren Amtskollegen in Baden-Württemberg auf der Politiy-Ebene (v.a.durch die Unterschiede in den Gemeindeordnungen siehe Tabelle 1) sich also v.a.dann in den kommunalen Entscheidungsprozessen bemerkbar macht, wenn sich der Bürgermeister nicht auf eine klare Mehrheit im Rat stützen kann (Politics-Ebene). Es ist also davon auszugehen, dass trotz der Konvergenz aller Gemeindeordnungen erhebliche Unterschiede in den Gemeindeordnungen bestehen blieben, die zu unterschiedlichen kommunalen Entscheidungsprozessen und Politikergebnissen in den Bundesländern beitragen können und dementsprechend mehr von der lokalen Politikforschung beachtet werden sollten.

Unklare Mehrheitsverhältnisse und Kohabitation sind nach den Kommunalwahlen 1999 in NRW eher noch wahrscheinlicher geworden, so dass die skizzierten institutionellen Unterschiede in den Gemeindeordnungen zukünftig noch stärker zum Tragen kommen dürften. Langfristig spricht erstens für die Zunahme unklarer Mehrheitsverhältnisse, dass durch die Aufhebung der 5%-Hürde im Durch-

---

8   In der einen Untersuchungsgemeinde zeichnete sich die wenig dominante Position des BM schon kurz nach seiner Wahl ab. In der anderen Untersuchungsgemeinde hatte der BM erst eine dominante Position, aber nach dem Auseinanderbrechen einer Koalition aus CDU, Grünen und einer Wählergemeinschaft konnte der CDU-BM diese Position nicht mehr behaupten, wie Rainer Bovermann (1999) in seiner Habilitationsschrift, in der er zufällig die Entscheidungsprozesse derselben Untersuchungsgemeinde analysierte, noch deutlicher herausgearbeitet hat.

9   Die starke Fraktionsorientierung der Ratsmitglieder in NRW im Vergleich zu Baden-Württemberg kann auch auf das Kumulieren und Panaschieren zurückgeführt werden (Wehling 1999).

10 Gerade in der Kommunalpolitik spielen aber auch die Eigenschaften und Beziehungen einzelner Persönlichkeiten eine herausragende Rolle. Das kann auch bei ungünstigen Mehrheitsverhältnissen dazu führen, dass ein geschickt taktierender Bürgermeister mit guten persönlichen Beziehungen zu den Fraktionsvorsitzenden die aus diesen Mehrheitsverhältnissen resultierenden Probleme durchaus „überspielen" kann.

schnitt fast eine Fraktion mehr in die nordrhein-westfälischen Räte eingezogen ist, so dass absolute Mehrheiten im Stadtrat für eine Fraktion auf Dauer eher unwahrscheinlicher werden und die Koalitionsbildung sich z.t. erheblich erschwert hat. Des Weiteren wird der Bürgermeister jetzt nicht mehr vom Rat gewählt, mit der Folge, dass ein wichtiger Grund für eine Koalitionsbildung entfallen ist. Eine weitere Folge der Direktwahl ist, dass Bürgermeisterwahl und Ratsmehrheiten nicht mehr in einem so engen Zusammenhang stehen wie noch bei der Wahl des Bürgermeisters durch den Rat, so dass die Kohabitation wahrscheinlicher wird (Bovermann 1999, S. 306).

Bei der Frage nach dem Interesse des Wählers an der Haushaltspolitik wiesen fast alle Akteure übereinstimmend in den drei Untersuchungsgemeinden (zwischen 30.000 und 90.000 Einwohnern) darauf hin, dass das Interesse sehr gering sei und die Wähler teilweise nicht mal über die allgemeine Haushaltslage ihrer Gemeinde informiert sind. Nach Abschluss der Dissertation hatte der Autor im Rahmen eines von Uwe Andersen und Rainer Bovermann geleiteten Forschungsprojekts zur „Erstaufführung" der Bürgermeisterwahl in NRW die Möglichkeit diese Hypothese in vier weiteren Gemeinden intensiv zu überprüfen (Holtkamp 2002/Gehne/Holtkamp 2002).

Im Rahmen der Analyse des Wahlkampfes in den beiden kreisangehörigen Gemeinden unter 20000 Einwohnern wurde bereits deutlich, dass die befragten Bürgermeisterbewerber in den kreisangehörigen Gemeinden persönlich die kommunale Haushaltspolitik für das wichtigste Thema hielten und auch davon ausgingen, dass der Bürger dieses Thema für sehr wichtig hält. In den kreisfreien Städten wird hingegen von den Bürgermeisterkandidaten davon ausgegangen, dass der Wähler die Haushaltspolitik für eher unwichtig[11] hält.

Neben der Wahrnehmung der Präferenzen der Bürger durch die Bürgermeisterkandidaten ist an dieser Stelle natürlich auch die in der Bürgerumfrage in allen vier Gemeinden ermittelte Bürgermeinung von Interesse. Auf die offene Frage nach dem wichtigsten kommunalen Problem gaben die Bürger in den beiden kleinen kreisangehörigen Gemeinden doppelt so häufig Antworten, die der Haushaltspolitik zugeordnet wurden, wie in den kreisfreien Gemeinden (kreisangehörig: 6,95% der Nennungen; kreisfrei: 3,4% der Nennungen). Die Bürger sahen also die Haushaltspolitik in den kreisfreien Städten viel weniger als ein Problem an, obwohl die objektiven Haushaltsprobleme (in Form sich auftürmender Fehlbeträge im Verwaltungshaushalt) in den kreisfreien Städten viel größer waren. Der Bürgermeister dürfte damit v.a.in den kleineren Gemeinden einen erheblichen Anreiz haben, sich mit Haushaltsfragen zu beschäfti-

---

11 Erklärungsvariablen für das abnehmende Interesse der Bürger an der Haushaltspolitik mit zunehmender Gemeindegröße könnten die abnehmende Identifikation mit der Stadt, der geringere Kenntnisstand bei kommunalpolitischen Fragestellungen und der niedrigere Prozentsatz von Hauseigentümern, die die Steuer- und Abgabenlast deutlicher wahrnehmen als die Mieter, sein.

gen[12]. Insgesamt muss man bei diesen neueren Ergebnissen aus dem Kommunalwahlforschungsprojekt aber berücksichtigen, dass in Baden-Württemberg mehr als 90% der Gemeinden unter 20.000 Einwohner haben, während in NRW weniger als 50% der Gemeinden in diese Größenklasse fallen.

Insofern besteht für den BM in vielen Städten in NRW wohl kaum ein Anreiz aus wahlökonomischer Sicht, sich durch eine stringente Konsolidierungspolitik zu profilieren, zumal diese aus Sicht einiger befragten Akteure durch Ausgabenkürzung die Wähler in für sie relevanten Bereichen (z.b. Wohnumfeldverbesserungen, kulturelle Angebote, Zuschüsse an Vereine) negativ treffen könnte, mit dementsprechend negativen Folgen für den BM bei den nächsten Wahlen. Weiterhin ist der BM in nordrhein-westfälischen Fehlbetragsgemeinden nicht in der Lage die Einsparungen teilweise über geringere Steuerhebesätze an die Bürger weiterzugeben, was möglicherweise zu einer positiveren Beurteilung der Konsolidierungspolitik seitens des Bürgers beitragen könnte, weil die Aufsichtsbehörden im Rahmen des HSK auf eine Erhöhung der Hebesätze drängen.

Resümierend bleibt festzuhalten, dass der von Gerhard Banner postulierte Zusammenhang zwischen Direktwahl des BM und positiven Haushaltsergebnissen für viele Gemeinden in NRW eher nicht zu erwarten ist, weil erstens der Bürgermeister in nicht seltenen Fällen (v.a. bei Kohabitation und unklaren Mehrheitsverhältnissen) auch aufgrund unterschiedlicher Polity-Bedingungen keine so dominante Stellung in den kommunalen Entscheidungsprozessen einnimmt wie in Baden-Württemberg. Zweitens ist aufgrund der unterschiedlichen Gemeindegrößenstrukturen in beiden Bundesländern zu erwarten, dass die Bürger in NRW sich weniger für die Haushaltspolitik interessieren. Hinzu kommt drittens, dass es den Bürgern, die sich in NRW für die Haushaltspolitik interessieren, nur schwer zu vermitteln sein dürfte, dass durch die Genehmigungspolitik im Zusammenhang mit Haushaltsicherungskonzepten der Bürgermeister in vielen Gemeinden dazu gezwungen ist, die Steuern zu erhöhen, auch wenn er auf der Ausgabenseite massive Kürzungen vornimmt. Höhere Steuerbelastungen für weniger Leistung ist eine Regierungspolitik, die sicherlich nicht von allen Bürgern durch Wiederwahl honoriert wird.

---

12 Allerdings müssen diese Anreize nicht unbedingt zu einer verstärkten Haushaltskonsolidierung führen, weil ein Teil der Akteure im Rahmen der Haushaltspolitik, wie eine kurze Sichtung der Wahlkampfmaterialien ergab, v.a. den Bürger von Abgaben und Gebühren (Fremdenverkehrsabgabe, Parkgebühren etc.) entlasten will, was zumindest kurzfristig im Gegensatz zur Haushaltskonsolidierung stehen würde.

5. Resümee

Die Untersuchungsergebnisse zu den Haushaltsicherungskonzepten (HSK),
den Neuen Steuerungsmodellen (NSM) und dem hauptamtlichen Bürgermeister (BM) werden in der folgenden Tabelle zusammengefasst.

Tab. 2: Veränderte Entscheidungsprozesse und Konsolidierungseffekte in
nordrhein-westfälischen Gemeinden

	HSK	NSM	BM
Polity	Einführung durch Runderlass des Innenministeriums 1991 und GO-Reform 1994	Ermöglichung einzelner Elemente durch GO-Reform 1994 (Experimentierklausel)	Einführung durch GO-Reform 1994; erste Direktwahl 1999
Politics	Es kommt zu starker Einflussnahme der Aufsichtsbehörden und zu einer Stärkung des Kämmerers unter bestimmten Bedingungen.	Es kommt aufgrund der Interessenlage und der Ressourcen der Ratsmitglieder zu keiner grundlegenden Veränderung der Entscheidungsprozesse.	Es kommt unter bestimmten Konstellationen (klare parteipolitische Mehrheit für BM im Rat) zu einer stark dominierenden Stellung des Verwaltungschefs.
Policy	Es ergeben sich deutliche Konsolidierungseffekte.	Insofern können sich auch keine Konsolidierungseffekte durch die anvisierte neue Arbeitsteilung von Politik und Verwaltung ergeben.	Konsolidierungsanreize entstehen für den BM, wenn überhaupt, in den kleinen Gemeinden. Eine weitere Voraussetzung dafür ist, dass die Aufsichtsbehörden nicht auf eine Erhöhung der Hebesätze drängen. Der BM kann darüber hinaus eine konsequente Konsolidierungspolitik nur in den Gemeinden rea-lisieren, in denen er stark dominiert (siehe politics). Diese Konstellationen treffen insgesamt in NRW nur auf einen kleineren Teil der Gemeinden zu.

Lediglich die Haushaltsicherungskonzepte führten in NRW also durchweg zu
einer Veränderung der Entscheidungsprozesse, die wiederum zur Ausschöpfung endogener Konsolidierungspotentiale in erheblichem Maße beitrugen.
Insgesamt können durch Veränderungen der Polity-Ebene also durchaus Konsolidierungseffekte erzielt werden. Wie sich bereits bei der Analyse von Pla-
nungsinstrumenten in den 70er Jahren zeigte, wurden diese Konsolidierungseffekte von Haushaltsicherungskonzepten aber nicht durch eine „rationalere"
Planung erreicht. Es dominiert weiterhin ein inkrementalistischer, inputorientierter und sehr kurzatmiger Politikstil in der kommunalen Haushaltspolitik,
der im Zuge kommunalen Haushaltskrise eher noch an Bedeutung gewonnen
hat (so auch Fürst 1987). Die Konsolidierungseffekte von Haushaltsicherungskonzepten resultierten also nicht aus einer Veränderung dieses Politik-
stils, sondern der Akteurskonstellationen. Die Position der Aufsichtsbehörden

und der Kämmerer wurden durch die Einführung von Haushaltsicherungskonzepten nachhaltig gestärkt, die sich damit besser gegenüber der eher ausgabenexpansiven Fachpolitik durchsetzen konnten. Im Vergleich zu der Analyse der Position des Kämmerers durch Hiltrud und Karl-Heinz Naßmacher in den 70er Jahren ist also von einer noch größeren Dominanz des Kämmerers durch die Einführung von Haushaltsicherungskonzepten gerade im kreisangehörigen Raum auszugehen, sofern der Kämmerer den skizzierten verwaltungszentrierten Pfad der Haushaltskonsolidierung (Rationalisierung anstelle von Aufgabenabbau) nicht verlässt.

Während die Haushaltsicherungskonzepte aus einer Effizienzperspektive ausschließlich positiv zu bewerten sind, soll abschließend verdeutlicht werden, dass sie aber erhebliche inputseitige Legitimationsdefizite aufweisen:

– Erstens sind die Haushaltsplanberatungen durch die nicht-öffentlichen Verhandlungen zwischen Aufsichtsbehörde und Kämmerer für den Bürger und die überwiegende Mehrzahl der Ratsmitglieder wenig transparent.

– Zweitens ist für den Wähler schwer nachzuvollziehen, wem er die Verantwortung dafür geben kann, dass er beispielsweise höhere Steuern zahlen muss. Für ihn ist vollkommen unklar, ob der Kämmerer durch Haushaltsaufstellung, der Rat durch Haushaltsverabschiedung oder doch die Aufsichtsbehörde durch nicht-öffentliche Verhandlungen für Steuererhöhungen die Verantwortung zu tragen hat, zumal sich dafür die Akteure gegenseitig den „schwarzen Peter" in der Öffentlichkeit zuschieben.

– Drittens wurden die kommunalen Handlungsspielräume empfindlich durch die Auflagen der Aufsichtsbehörde eingeschränkt. Das in der lokalen Politikforschung seit langem thematisierte Problem der sinkenden kommunalen Handlungsspielräume im Zuge einer wachsenden Politikverflechtung erhält durch die Auflagenpolitik im Rahmen von Haushaltsicherungskonzepten eine neue Qualität. So wurde sogar die immerhin *grundgesetzlich* garantierte Hebesatzautonomie der Gemeinden von den Aufsichtsbehörden ausgehöhlt und Gemeinden wurden de facto die Hebesätze „in die Feder diktiert".

Insgesamt kann man resümieren, dass für die Konsolidierungseffekte durch Haushaltsicherungskonzepte die Bürger und die Gemeinden einen sehr hohen Preis zu zahlen haben.

Literaturverzeichnis

Baestlein, Angelika et al. 1980: Der goldene Zügel und die Kommunen, in: Hellmut Wollmann (Hg.), Politik im Dickicht der Bürokratie, Opladen, S. 103-129.

Banner, Gerhard 1984: Kommunale Steuerung zwischen Gemeindeordnung und Parteipolitik, in: Die Öffentliche Verwaltung 9/84, S. 364-372.

Banner, Gerhard 1989: Kommunalverfassungen und Selbstverwaltungsleistungen, in: Schimanke, Dieter (Hg.): Stadtdirektor oder Bürgermeister, Basel, S. 37-61.

Bogumil, Jörg 1997: Das Neue Steuerungsmodell und der Prozeß der politischen Problemverarbeitung – Modell ohne Realitätsbezug? in: Bogumil, Jörg/Kißler, Leo (Hg.): Verwaltungsmodernisierung und lokale Demokratie, Baden-Baden, S. 33-43.

Bogumil, Jörg 2001: Modernisierung lokaler Politik – Kommunale Entscheidungsprozesse im Spannungsfeld zwischen Parteienwettbewerb, Verhandlungszwängen und Ökonomisierung, Habil., Baden-Baden.

Bogumil, Jörg 2002: Die Umgestaltung des Verhältnisses zwischen Rat und Verwaltung – das Grundproblem der Verwaltungsmodernisierung, in: Verwaltungsarchiv/Heft 1, S. 129-148.

Bovermann, Rainer 1999: Die reformierte Kommunalverfassung in Nordrhein-Westfalen – Welchen Unterschied machen institutionelle Arrangements in der Kommunalpolitik? Habil., Bochum, Manuskript .

Deutsches Institut für Urbanistik (Difu) 1996: Budgetierung in deutschen Städten – Stand der Einführung: Ergebnisse einer repräsentativen Umfrage, in: Difu Aktuelle Informationen 1/1996, S. 1-10.

Dörner, Dietrich 1994: Die Logik des Mißlingens, Hamburg .

Fürst, Dietrich 1987: Faktische Änderungen der Budgetierungsprozesse im Gefolge der Haushaltskrise, in: Mäding, Heinrich (Hg.): Haushaltsplanung, Haushaltsvollzug, Haushaltskontrolle, Baden-Baden, S. 113-132.

Gehne, David/Holtkamp, Lars 2002: Wahlkampf: Nicht ohne meine Partei?, in: Andersen, Uwe/Bovermann, Rainer (Hg.): Kommunalwahl 1999 in NRW – Im Westen was Neues, Opladen, S. 89-113.

Held, Friedrich Wilhelm 1995: Zur Rolle der Länder bei der Bewältigung der kommunalen Finanzprobleme – Erfahrungen mit Haushaltskonsolidierungskonzepten in Nordrhein-Westfalen, in: Frischmuth, Birgit (Hg.): Sparstrategien, Difu-Materialien 14/1995, Berlin, S. 58-68.

Hesse, Joachim Jens 1976: Organisation kommunaler Entwicklungsplanung, Stuttgart.

Hoberg, Rolf 1982: Ansätze für planvolles Sparen auf der kommunalen Ebene, in: Archiv für Kommunalwissenschaften 1/82, S. 97-114.

Holtkamp, Lars 1998: Kommunale Haushaltspolitik, in: Andersen, Uwe (Hg.): Kommunalpolitik in Nordrhein-Westfalen im Umbruch, Köln, S. 234-254.

Holtkamp, Lars 2000: Kommunale Haushaltspolitik in NRW – Haushaltslage – Konsolidierungspotentiale – Sparstrategien, Diss., Opladen.

Holtkamp, Lars 2001a: Kommunale Beteiligung an Entscheidungsprozessen der Bundesländer, in: Zeitschrift für Parlamentsfragen 1/2001, S. 19-32.

Holtkamp, Lars 2001b: Den Letzten beißen die Hunde – Das Verhältnis rot-grüner Regierungen zur kommunalen Selbstverwaltung und der Lösungsansatz Kommunalkammer, in: Alternative Kommunalpolitik 4/2001, S. 59-61.

Holtkamp, Lars 2002: Das Verhältnis von Bürgern und Bürgermeistern, in: Andersen, Uwe/Bovermann, Rainer (Hg.): Kommunalwahl 1999 in NRW – Im Westen was Neues, Opladen, S. 209-227.

Innenminister NRW 1991: Änderung des §62 Abs. 3 GO NW – Haushaltssicherungskonzepte – Runderlaß des Innenministeriums vom 29.7.91, in: Ministerialblatt für das Land Nordrhein-Westfalen 62/1991, S. 1190f.

Karrenberg, Hanns/Münstermann, Engelbert 1998: Kommunale Finanzen, in: Wollmann, Hellmut/Roth, Roland (Hg.): Kommunalpolitik – Politisches Handeln in der Gemeinde, zweite erweiterte Auflage, Opladen, S. 437-460.

KGSt 1993: Das Neue Steuerungsmodell – Begründung, Konturen, Umsetzung, KGSt-Bericht 5/1993, Köln.

KGSt 1996: Das Verhältnis von Politik und Verwaltung im Neuen Steuerungsmodell, KGSt-Bericht 10/1996, Köln.

Kunz, Volker 2000: Parteien und kommunale Haushaltspolitik im Städtevergleich, Opladen.

Mäding, Heinrich 1998: Kommunale Haushaltskonsolidierung in Deutschland – die 80er und die 90er Jahre im Vergleich, in: Mäding, Heinrich/Voigt, Rüdiger (Hg.): Kommunalfinanzen im Umbruch, Opladen, S. 97-117.

Naßmacher, Hiltrud/Naßmacher, Karl-Heinz 1979: Kommunalpolitik in der Bundesrepublik: Möglichkeiten und Grenzen, Opladen.

Naßmacher, Hiltrud/Naßmacher, Karl-Heinz 1999: Kommunalpolitik in Deutschland, Opladen.

Naßmacher, Hiltrud 2000: Zwischen Selbstverwaltung und Haushaltssicherungskonzept, in: Bellers, Jürgen et al. (Hg.): Einführung in die Kommunalpolitik, München, S. 93-108.

Oebbecke, Janbernd 1996: Die unterfinanzierte Kommunalverwaltung, in: Die Verwaltung 3/1996, S. 323-339.

Pohlan, Jörg 1996: Finanzen der Städte – Eine Analyse der mittelfristigen Entwicklungsunterschiede, Berlin.

Rehm, Hannes 1991: Sozialstaatsüberwälzungen – Dauerlast der Kommunalfinanzen? in: Archiv für Kommunalwissenschaften 2/1991, S. 213-238.

Schimanke, Dieter 1984: Politikverflechtung, in: Voigt, Rüdiger (Hg.): Handwörterbuch zur Kommunalpolitik, Opladen, S. 343-345.

Schimanke, Dieter (Hg.) 1989: Stadtdirektor oder Bürgermeister, Basel.

Strucke, Nicolas 1998: Die neuen Steuerungsmodelle in den deutschen Städten 1995-1996 – Umfrageergebnisse des DST, in: Wollmann, Hellmut (Hg.): Lokale Verwaltungsreform in Aktion, Basel, S. 179-187.

Voigt, Rüdiger 1998: Kommunale Finanzen im Umbruch, in: Mäding, Heinrich/Voigt, Rüdiger (Hg.): Kommunalfinanzen im Umbruch, Opladen, S. 13-39.

Wehling, Hans-Georg 1999: Kommunale Direktwahl zwischen Persönlichkeitswahl und Parteienentscheidung, Konrad-Adenauer-Stiftung, Sankt-Augustin.

Zielinski, Horst 1999: Lokale Demokratie im subnationalen Kontext – Ein West-Ost-Vergleich, in: Klotz, Johannes/Zielinski, Horst (Hg.): Europa 2000 – Lokale Demokratie im Europa der Regionen, Heilbronn, S. 138-149.

Gerhard Banner

Modernisierung: in Zukunft Tagesgeschäft der Führung

1 Kommunen unter Modernisierungsdruck

Die Kommunen und besonders die mittleren und großen Städte sind in diesen Jahren einschneidenden Veränderungen ausgesetzt. Hier einige der spektakulärsten:

– Die Internationalisierung und die Rechtsentwicklung in der EU haben den Standort- und Leistungswettbewerb zwischen den Kommunen und Regionen erheblich verschärft.

– Die Schwächung des Staates, die unter anderem in der Praxis, den Kommunen ständig neue Aufgaben ohne die entsprechenden Finanzmittel aufzubürden und im schleichenden Verfall der Staatskontrolle über die kommunalen Haushalte zum Ausdruck kommt, zwingt die Kommunen zu stärkerer Selbstverantwortung und lockert ihre Staatsfixierung.

– Unter dem wachsenden Einfluss der Bürger und ihrer Gruppierungen auf die kommunalen Entscheidungen, ausgelöst durch formale Mitspracherechte, direktdemokratische Verfahren und die Direktwahl der Bürgermeister und Landräte nimmt das traditionelle Bild einer Kommunalpolitik *für die Bürger* immer deutlichere Züge einer Politik *mit den Bürgern* an („Bürgerkommune"); viele Kommunalpolitiker empfinden dies als belastend.

– Die anhaltende Geldknappheit bei gleichzeitig steigenden Bürgererwartungen zwingt die Kommunen, über Partnerschaften verschiedenster Art externe Ressourcen zu mobilisieren, also ihr ökonomisches und zivilgesellschaftliches Umfeld viel aktiver zu bearbeiten, als dies in der Vergangenheit erforderlich war.

– Massive Ausgliederungen und die interne Dezentralisierung durch Zusammenführung von Fach- und Ressourcenverantwortung in den nachgeordneten Einheiten haben viele Kommunalverwaltungen in Konglomerate verwandelt, die, weil nur wenige Kommunen die im Neuen Steuerungsmodell erforderliche zentrale Steuerung neuer Art aufgebaut haben, kaum noch aus der kommunalpolitischen Gesamtsicht steuerbar sind.

Zusammengefasst: Das kommunale Umfeld ist turbulenter und schwieriger geworden, die finanziellen und hierarchischen Eingriffsmöglichkeiten der Kommunen sind geschwächt und der Staat hat seine Position als verlässlicher

Aufseher und Retter in der Not verloren. Die veränderten Rahmenbedingungen haben das Geschäft der Kommunalpolitiker und der Verwaltungsführungen erheblich schwieriger gemacht, und alles spricht dafür, dass der Veränderungsdruck erhalten bleibt. Die kommunalen Entscheider, überwiegend noch
am „ordentlichen" (und so nie ganz zutreffenden) Bild einer hierarchiegesteu-
erten Verwaltung und relativ autonomen Kommunalpolitik orientiert, reagieren verunsichert. Auch wenn das „weiter so" noch überwiegende Praxis ist,
verbreitet sich das Gefühl, dass die Kommunen den künftigen Herausforderungen nur mit einem flexibler arbeitenden, besser kooperierenden und mit
größerer Strategie- und Umfeldkompetenz (*Governancekompetenz*) ausgestatteten Verwaltungs- und Politikapparat gewachsen sein werden. Den Er-
werb dieser neuen Fähigkeiten erhofft man sich vom „etablierten" Arsenal der
Modernisierung: Neues Steuerungsmodell, strategisches Management, eGovernment, Bürgerkommune. Unter welchen Voraussetzungen kann diese
Hoffnung in Erfüllung gehen?

2. Modernisierung braucht Führung

Regelgesteuerte, relativ umfeldunabhängige und mehr der Herrschaftsaus-
übung als dem Bürger dienende Verwaltungs"apparate" bedürfen der Führung
ebensowenig wie Maschinen. Es genügt eine Aufsicht, die auf korrekte Abläufe achtet. Das apparative Bild der Verwaltung ist inzwischen eine Karika-
tur, aber es wirkt nach. Wenn personale Führung in der öffentlichen Verwaltung immer noch unterentwickelt ist – selbst das Wort Führung wird am lieb-
sten vermieden – und dort, wo sie stattfindet, wenig Aufmerksamkeit und Anerkennung findet, liegt das am Nachhall des alten Verwaltungsbildes. Nun
entsprach die Kommunalverwaltung aufgrund ihrer spezifisch politischen
Steuerung und ihres hohen Dienstleistungsanteils nie ganz dem bürokratischen Idealtypus Max Webers. Sie war schon immer partiell unternehmen-
sähnlich. Die oben skizzierten Veränderungen verstärken den Druck auf die
Kommunen, sich als (politikgesteuerte) Unternehmen zu begreifen. Der Zweck
eines Unternehmens erschöpft sich niemals in der Ordnungsmäßigkeit seiner
Abläufe. Das Unternehmen Kommune muss über recht- und ordnungsmäßiges
Verwaltungshandeln hinaus seine Kunden und Nutzer mit Dienstleistungen zu-
friedenstellen, mit Partnern in seinem Umfeld kooperieren und die Lebensqualität seiner Bürger und Wähler nachhaltig sichern. Dies alles funktioniert
nicht ohne zielbewußte Führung. Ganz und gar unentbehrlich wird personale
Führung, wenn grundlegende Veränderungen anstehen.
       Das läßt sich eindrucksvoll am Beispiel des Neuen Steuerungsmodells
zeigen. Fragt man nämlich, worin sich die wenigen Spitzenmodernisierer, d.h.
die Kommunen, die eine ganzheitliche Verwaltungsreform erfolgreich umgesetzt haben, vom Gros der Normalleister unterscheiden, so stößt man auf ei-

nen Faktor, der alle anderen in den Schatten stellt: Das persönliche Engagement und aktive Eintreten der Verwaltungsführung, und besonders des Verwaltungschefs, für die Modernisierung. Wenn die Reform ganz oben auf der Agenda der Verwaltungsführung steht, diese ihr einen beträchtlichen Teil ihres Zeitbudgets widmet, bei Schwierigkeiten die Beteiligten sofort an ihren Tisch holt und Lösungen herbeiführt, dann erweisen sich alle Modernisierungshindernisse, auch die oft behauptete Veränderungsunlust der Kommunalpolitiker (nach Christoph Reichard die Sollbruchstelle des Neuen Steuerungsmodells) als überwindbar. Unüberwindlich werden die Hindernisse offensichtlich erst, wenn eine Verwaltungsführung über dem Prozess schwebt und glaubt, einzelne Reformbausteine wie Kosten- und Leistungsrechnung, Berichtswesen, Produkthaushalt usw. letztverantwortlich an die mittlere Ebene oder an Berater delegieren zu können. Genau diese *Führungslücke* ist aber der Normalfall! Zwar sind auch dann Modernisierungsschritte möglich, aber sie reduzieren sich auf die Einführung einzelner Instrumente und sind auf der Arbeitsebene ständig von faulen Kompromissen, Zielreduktion, ja vertuschter Rücknahme bedroht. Das Neue Steuerungsmodell kann aber nur im Zusammenspiel aller seiner Elemente voll wirksam werden. Dazu ist ein ganzheitlicher Reformansatz notwendig, der nach allen bisherigen Erfahrungen nur gelingt, wenn die Verwaltungsführung die Modernisierung zu ihrer eigenen Sache macht.

3. Die Führungslücke

Dass die Führungslücke das Modernisierungshemmnis Nr. 1 ist, springt dem unvoreingenommenen Beobachter der Szene ins Auge. Umso faszinierender ist, dass diese Evidenz in der ständig wachsenden Modernisierungsliteratur kaum je erwähnt wird. Einen spezifischen blinden Fleck in der Wahrnehmung – ein epistemologisches Unvermögen – wird man der Beraterliteratur und dem sozialwissenschaftlichen Begleitschrifttum ebenso wenig unterstellen wie eine heilige Scheu vor dem Thema Führung. Eher dürfte die Überlegung, dass Beraterverträge nun einmal von der Verwaltungsführung vergeben und Forschungsmöglichkeiten von ihr eröffnet werden, Externe zur Verdrängung des Themas veranlassen – eines Themas, das die kommunalen Mitarbeiter in ihren Flur- und Kantinengesprächen übrigens intensiv und durchaus sachverständig erörtern! Da man Probleme nicht löst, indem man sie verdrängt, gilt es, die Führungslücke offiziell diskutierbar zu machen[1]. Das wäre psychologisch nur dann schwierig, wenn es Veranlassung gäbe, dem obersten kommunalen Führungspersonal persönliche Unzulänglichkeit vorzuwerfen. Indessen spricht nichts für die Annahme, diese Gruppe, der in Verwaltung, Politik und

---

1   Dass sie kein Tabu sein muss, zeigen die angelsächsischen Länder. Dort gibt es in den Kommunen eine breite, unbefangene Diskussion über *leaders* und *leadership*.

Öffentlichkeit überwiegend hohe professionelle Kompetenz bescheinigt wird, bestehe in Wirklichkeit aus Versagern. Wenn die Führungslücke aber andere als individualpathologische Ursachen hat, sollte einer offenen und gegenüber den Betroffenen fairen Führungsdiskussion nichts mehr im Weg stehen. Wo sind die Ursachen der Führungslücke zu suchen? Da ist zunächst das traditionelle Bild der Kommunalverwaltung, das sich in der Formel „brave Bürger, folgsamer Rat, Regelsteuerung, funktionierende Hierarchie und genügend Geld, um alle kommunalen Leistungen autonom und ohne externe Hilfe zu produzieren" zusammenfassen lässt. Obwohl jeder weiß, dass diese Formel den heutigen Zustand nicht mehr beschreibt, hat sich noch kein der neuen Wirklichkeit entsprechendes Selbstbild der Kommunalverwaltung mit einem darauf zugeschnittenen Führungsverhalten durchsetzen können. Es überrascht daher nicht, dass die künftigen Führungskräfte immer noch eher dazu erzogen werden, in einem stabilen System auf Normabweichungen zu achten, als in einer turbulenten Verwaltungswelt laufend für die notwendigen Anpassungen zu sorgen. Ihrer meist juristisch-administrativen oder technischen Ausbildung fehlt das managerielle und politische Element fast völlig (und muss daher im „Praxisschock" nachgelernt werden). Das beste Beispiel hierfür ist die immer noch überwiegend juristische Ausbildung des einflußreichen nichttechnischen gehobenen Verwaltungsdienstes.

Andererseits sind unternehmerische Persönlichkeiten an der Spitze deutscher Kommunen keineswegs selten, und die Ausbreitung der Direktwahl dürfte ihren Anteil noch erhöhen. Allerdings hält das politische System kaum Belohnungen für diejenigen bereit, die ihre unternehmerische Energie auf die mühsame, nach außen wenig sichtbare Herausforderung der Verwaltungsmodernisierung konzentrieren. Für die Wiederwahl haben Erfolge auf diesem Terrain kaum Bedeutung. Sichtbarkeit und öffentliche Anerkennung findet ein Bürgermeister viel eher, wenn er spektakuläre Kurzfristerfolge vorweist oder in Krisen als Problemlöser glänzt. Das aber kann ihm bei entsprechendem Talent auch an der Spitze einer mittelmäßigen Verwaltung gelingen.

Die beiden Erklärungsversuche für die geringe Präsenz der Verwaltungsführungen im Modernisierungsprozess, der verwaltungskulturelle und der systemische, sind indessen zu relativieren. Mental hat die Mehrheit der Führungskräfte das traditionelle Bild der Kommunalverwaltung nämlich längst hinter sich gelassen, auch wenn die neue Wirklichkeit noch nicht ausbuchstabiert ist. Was die zweite Erklärung betrifft, so belohnt das politische System Modernisierungsleistungen zwar nicht besonders, bestraft sie aber auch nicht. Auch sehen sich die Verwaltungschefs heute durchaus unter dem Zwang, den Leistungsstand ihrer Verwaltung laufend zu verbessern. Was also hindert sie, sich der kleinen Schar aktiver Modernisierer zuzugesellen? Und was könnte ihnen diesen Schritt erleichtern?

4. Modernisierung ist Dauerauftrag der Führung

Aus den bisherigen Anstrengungen der Kommunen, das Neue Steuerungsmodell zu implementieren, können wir dreierlei lernen:

Glaubt eine Verwaltungsführung, das Neue Steuerungsmodell „nebenbei" einführen zu können und delegiert sie die Prozessherrschaft, dann wird sie bestenfalls Fortschrittsinseln erzeugen, die die Verwaltungsleistung nicht entscheidend verbessern.

Wenn eine Verwaltungsführung den Prozess hingegen ganzheitlich anlegt und eigenhändig steuert, hat sie alle Chancen, erfolgreich zu sein. Die Dauerhaftigkeit des Erfolgs ist jedoch extrem personenabhängig. Fallen die Promotoren weg, droht alsbald Demodernisierung; dafür gibt es inzwischen Beispiele.

Die verbreitete Vorstellung, Verwaltungsmodernisierung sei eine zeitlich begrenzte Kampagne, nach deren Abschluss die Verwaltung wieder in die „Normalität" einer längeren veränderungslosen Periode eintreten werde, ist illusorisch. Die eingangs genannten Veränderungskräfte werden die Verwaltungsmodernisierung weit über die Implementierung des Neuen Steuerungsmodells in seiner ursprünglichen Fassung („NSM classic") hinaus treiben. Alles spricht dafür, dass Verwaltungsmodernisierung eine Daueraufgabe geworden ist.

Nach alledem setzt erfolgreiche Modernisierung – definiert als ständige Anpassung des kommunalen politisch-administrativen Systems an neue Herausforderungen – voraus, dass es gelingt, sie von den Zu- und Anfälligkeiten einer Nebenbei-Reform, der exzessiven Abhängigkeit von einzelnen Promotoren und der Kampagnenvorstellung zu lösen. Dann aber wird es unausweichlich, die Modernisierung als Dauerauftrag der Verwaltungsführungen zu definieren und einen Weg zu finden, diesen Auftrag personenunabhängig, d.h. strukturell im Steuerungssystem der Kommunen zu verankern. Bevor dazu ein Vorschlag gemacht wird, ist zu fragen, weshalb die traditionelle kommunale Führungsstruktur der heutigen kommunalen Problemstruktur nicht mehr adaequat ist.

5. Die Sackgasse der sektoralen Führung

Von einem Rennfahrer erwartet niemand, dass er mit einem technischen Oldtimer einen Formel-Eins-Sieg herausfährt. Vieles spricht dafür, dass unsere kommunalen Führungskräfte mittlerweile im falschen Fahrzeug sitzen, weil sie unter obsoleten institutionellen Rahmenbedingungen arbeiten.

Das traditionelle Organisationsmodell gruppiert die kommunalen Aufgaben nach ihrem fachlich-rechtlichen Zusammenhang in vertikal gegliederte Organisationseinheiten mit durchgängigem Befehlsstrang von der Verwaltungsführung (Bürgermeister und Dezernenten) bis zum Sachbearbeiter. Der zugrunde liegende Gedanke ist, mittels hierarchischer Aufsicht und Kontrolle ein Höchstmaß an rechtlicher Richtigkeit und fachlicher Perfektion zu erreichen. In der Tat liegt eine der Stärken der deutschen Kommunalverwaltung in ihrer hohen rechtlichen und fachlichen Qualität.

In den letzten Jahren machen sich jedoch die Schwächen des traditionellen Modells immer unangenehmer bemerkbar. Da die fachliche Gliederung der Verwaltung bis auf die Ebene der Verwaltungsführung (nachfolgend *Vorstand* genannt) hochgezogen ist – es gibt „Fachdezernenten" für Bauwesen und Planung, Soziales, Kultur und Schule, öffentliche Ordnung usw. – gewinnen fachlich-sektorale Themen auf der Agenda dieser Ebene ein übergroßes Gewicht. Es entsteht der Typus der *sektoralen Führung.* Die Durchschlagskraft sektoraler Gesichtspunkte und Interessen („Dezernatsegoismus") wächst mit der organisatorischen Differenzierung und der Zahl der Fachdezernenten und Fachausschüsse, d.h. im Prinzip mit der Größe der Verwaltung. Aber die Nachteile der sektoralen Führung wirken sich auch in mittleren Städten aus, denn auch dort gehört die Überzeugung vom „natürlichen" Vorrang der Fachziele gegenüber anderen wichtigen Zielen wie Wirtschaftlichkeit oder Bürgernähe zum Selbstverständnis vieler Leitungskräfte. Doch kann ein strategisch denkender, durchsetzungsstarker Bürgermeister sie hier leichter überspielen, weil seine Verwaltung fachlich weniger differenziert ist und die Fachdezernenten, falls überhaupt vorhanden, im Vorstand nicht das Übergewicht haben.

Die sektorale Führungslogik macht es für den Fachdezernenten zu einer lohnenden Strategie, im Vorstand vor allem als Interessenvertreter seines Sektors aufzutreten. Was die Facheinheiten von „ihrem" Dezernenten nämlich vor allem erwarten ist Durchsetzungsfähigkeit im Verteilungskampf um Ressourcen. Dasselbe erwartet der dem Sektor zugeordnete Ratsausschuss, denn auch seine Erfolgserlebnisse und Profilierungschancen hängen vom Umfang der Haushaltsmittel ab, über die er verfügen kann. Dies begünstigt die sprichwörtlichen Fachkoalitionen zwischen Sektor und Ausschuss, die ein schwer kontrollierbarer Ausgabentreiber sind, jedenfalls solange der Haushaltsprozess nicht konsequent auf das Neue Steuerungsmodell umgestellt ist (mit produktorientierten Fachbereichsbudgets im Rahmen strategieabgeleiteter Eckwerte). Der immer sinnlosere interne Verteilungskampf um nicht vermehrbares Geld bindet enorme Kräfte. Vor allem aber lenkt er den Vorstand von seinem eigentlichen Auftrag ab, das Gesamtinteresse der Kommune im Auge zu behalten und die für seine Durchsetzung notwendige politische Unterstützung zu mobilisieren.

Gegenüber den Vertretern der Sektorinteressen im Vorstand sind, vor allem in den größeren Städten, die auf Gesamtverantwortung angelegten Kräfte in der schwächeren Position. Der (Ober)Bürgermeister hat alle Hände voll zu tun, zwischen den widerstreitenden Interessen ein Mindestmaß an Koordination und Ausgleich herbeizuführen und die erzielten Kompromisse dem Rat und der Öffentlichkeit plausibel zu machen. Unterstützung findet er bei den „Querschnittsdezernenten" (Kämmerer und Personal- und Organisationsdezernent), die im Interesse des Haushaltsausgleichs versuchen, die Geld- und Personalausstattung knapp zu halten. Doch dieser mehr pragmatische als strategische Steuerungsbeitrag ist dauernd in Gefahr, von durchsetzungsstarken politisch-administrativen Fachkoalitionen ausgehebelt zu werden. Das Bild der schwach organisierten Gesamtverantwortung kehrt parallel auf der Ratsseite wieder, wo die zur fachübergreifenden Steuerung berufenen Kräfte oft in einen Haupt-, einen Entwicklungs-, einen Finanz- und einen Personalausschuss aufgesplittert sind.

Die im Vorstand institutionalisierte Dominanz des Fachlichen drängt langfristig-strategische Anliegen an den Rand. Alles, was mit der Beobachtung und Pflege der Leistungsfähigkeit des Systems zu tun hat, wird tendenziell zweitrangig und läuft Gefahr, „durch den Rost zu fallen". Um sich davon zu überzeugen, braucht man nur einen kurzen Blick auf die Tagesordnungen von Vorstandssitzungen zu werfen. Strategieschwäche ist der sektoralen Führung immanent. Ihre Stärke ist die korrekte „Verwaltung von Geschäftsbereichen".

Die fachlich-sektoral geprägte Organisation erschwert es den Kommunen aber auch, ihre Sensibilität für die Probleme der Bürger zu schärfen und behindert ihre Weiterentwicklung zur Bürgerkommune. Der Umstand, dass die Kommunalverwaltung nicht nur nach oben, sondern auch nach unten, bis zum Sachbearbeiter vor Ort, fachlich versäult ist, fördert bei den Mitarbeitern den Blick nach innen. Sobald ein Bürger mit einem nur mäßig komplexen Anliegen an die fachlich verkapselte Verwaltung herantritt, wird er wie selbstverständlich von Pontius zu Pilatus geschickt. Es wird erwartet, dass er die Verwaltung koordiniert, denn diese beharrt darauf, sich selbst an der Schnittstelle zum Bürger nach konventionell fachlichen und nicht nach Bürgerbedürfnissen zu organisieren. Zwar hat die Welle der Bürgerämter und –büros eine erste Bresche in die Mauern der „Fachkommune" geschlagen, doch damit ist der grundlegende Kurswechsel in Richtung Bürgerkommune noch keineswegs geschafft.

Die sektorale Führungslogik wirkt aber auch ganz unmittelbar als Stolperstein für das Neue Steuerungsmodell. Viele Dezernenten, die nicht nur vom unbedingten Primat fachlicher Konventionen und Standards, sondern darüber hinaus von ihrer eigenen fachlichen Überlegenheit überzeugt sind, fürchten funktionslos zu werden, wenn sie ihren Bereich via Kontraktmanagement auf Abstand führen und auf Einzelweisungen möglichst verzichten sollen. Diese Furcht steht der konsequenten Zusammenführung von Fach- und Ressourcenverantwortung in den nachgeordneten Einheiten im Weg und ist eine wesentliche Erklärung für den schleppenden Verlauf der bisherigen Verwaltungsmodernisierung.

Führungsorganisation ist zeitgebunden. Solange die Stadt zu „bauen" war und öffentliches Geld reichlich zur Verfügung stand – dies war in Deutschland bis Ende der sechziger Jahre der Fall –, war das Sektormodell mit schwergewichtigen Fachdezernenten funktional, denn es war wie kein anderes in der Lage, flächendeckend in allen Sektoren ein nachhaltig hohes Ausgabenniveau zu gewährleisten. Seither hat sich die Situation der Kommunen jedoch entscheidend verändert. Heute gilt es, strategische Prioritäten zu setzen, um mit nachhaltig knappen Mitteln die größtmögliche Wirkung zu erzielen und darüber hinaus das kommunale politisch-administrative System für die schnell wechselnden Herausforderungen seines Umfeldes fit zu machen. Diesen Anspruch kann die sektorale Führung nicht erfüllen.

6. Von der sektoralen zur integralen Führung

Die Kommunen brauchen Rahmenbedingungen der Führung, die es für Vorstände und politische Entscheider attraktiv machen, fortwährend und nicht nur gelegentlich in die Evolutionsfähigkeit des örtlichen Politik- und Verwaltungssystems zu investieren, mit anderen Worten: die Modernisierung als Dauerauftrag anzunehmen. Veränderungen sind vor allem in der zentralen Steuerung und an der Schnittstelle zum bürgerschaftlichen Umfeld erforderlich, weil sich hier, gemessen an den heutigen Herausforderungen, der größte Rückstand aufgebaut hat. Das Ergebnis dieser „Umprogrammierung der Führung" wird *integrale Führung* genannt. Das folgende Bild vermittelt idealtypisch die Struktur der integralen Führung und hilft ihre Wirkungsweise zu beschreiben:

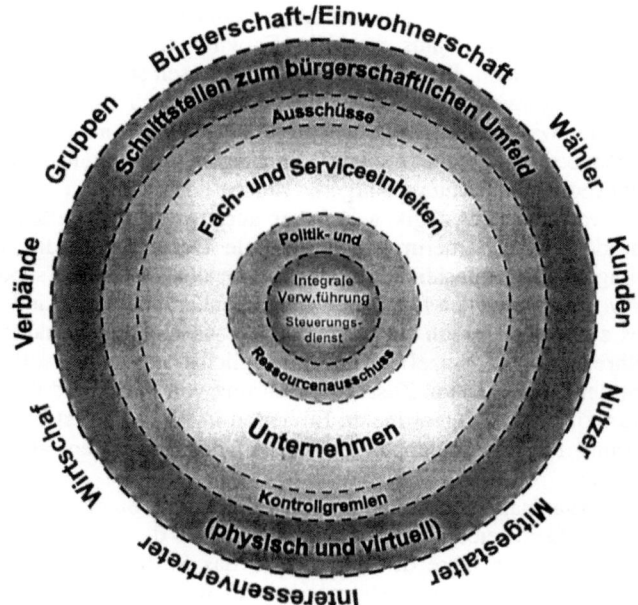

Abbildung 1: Struktur integraler Führung

Von den üblichen Organigrammen unterscheidet sich das Bild vor allem in vier Punkten:

– Der Politik- und Verwaltungsapparat ist in das zivilgesellschaftliche und ökonomische Umfeld, dem er zu dienen hat und mit dem er in ständigem Kontakt steht, eingebettet. In den konventionellen „Spinnen" – Organigrammen führen die Bürger, sofern sie überhaupt vorkommen, eine Randexistenz – entweder oberhalb des Rats als Wähler oder unterhalb der Ämter als Empfänger kommunaler Leistungen. Derartige binnenorientierte Darstellungen vermitteln ein schiefes, weil amputiertes Bild der kommunalen Realität.

– Das Bild unterscheidet klar zwischen dem Organisationskern (*organizational core*, Zentrale), den umfeldbezogenen Aktivitäten (äußerer Ring) sowie den Fach- und internen Serviceeinheiten und kommunalen Unternehmen (mittlerer Ring). Der Vorrang fachlicher Gesichtspunkte, der in der sektoralen Führung auch die Zentrale und die Schnittstelle zur Bürgerschaft prägt, konzentriert sich jetzt in den Facheinheiten, wo er seinen unverzichtbaren Platz hat.

– Die integrale Führung trennt die Organisationseinheiten (nachstehend *Geschäftseinheiten* genannt) nicht von den ihnen zugeordneten Ausschüssen und Kontrollgremien (Aufsichtsräten), sondern sieht beide zusammen. Das entspricht dem Ziel des Neuen Steuerungsmodells, das in den Geschäftseinheiten integrale Managementverantwortung schaffen will, indem es der Dyade Einheit-Ausschuss ein mit Leistungszielen versehenes Budget zur eigenverantwortlichen Bewirtschaftung zuweist. Der Politik- und Ressourcenausschuss als zentrales Steuerungsgremium unterscheidet sich in seiner Funktion allerdings grundlegend von den übrigen Ausschüssen, die eher Orte der kritischen Leistungsbeobachtung (über Umfragen, aktives Beschwerdemanagement oder interkommunale Leistungsvergleiche), der Vertretung von Bürger- und Nutzerinteressen und des gesellschaftlichen Dialogs als der politischen Entscheidung sind.

– Der vierte Unterschied verweist auf die Organisationskultur. Das Fehlen von Trennlinien im Innern des Bildes bzw. deren Durchlässigkeit soll andeuten, dass die einzelnen Instanzen, bei aller Notwendigkeit der Arbeitsteilung, im Sinne eines *seamless government* zur Zusammenarbeit und nicht zur gegenseitigen bürokratischen Abgrenzung bestimmt und verpflichtet sind. Nun zur Struktur und Wirkungsweise der integralen Führung im Einzelnen.

6.1 Die Zentrale

Die Innovation besteht in einem dezidiert auf strategische Gesamtverantwortung und operative Leistungsverbesserung programmierten Vorstand[2] und einem ihm zugeordneten Ratsausschuss, dem *Politik- und Ressourcenausschuss* (oder *Strategie- und Ressourcenausschuss*)[3]. Auf der Verwaltungsseite wird auf den Typus des Fachdezernenten, der die hierarchische Spitze eines vertikal strukturierten Sektors (Dezernat) bildet, verzichtet. Stattdessen übernimmt jedes Vorstandsmitglied aus dem Blickwinkel bestimmter Entwicklungsaufgaben *Verantwortung für die Gesamtverwaltung*. Diese Entwicklungsaufgaben werden nach Kompetenz und Neigung verteilt. Ihr Querschnittscharakter bringt es mit sich, dass sie nicht streng trennbar, sondern vielfältig miteinander verflochten und voneinander abhängig sind. Das fördert die Zusammenarbeit innerhalb des Vorstands und ist daher kein Nachteil, sondern ein Vorteil. Zum Aufgabenfeld des Vorstands zählen insbesondere:

– Kommunale Entwicklungsziele, Lebensqualität, Standortpolitik, Leitbild;
– Zusammenarbeit mit und Vernetzung von öffentlichen, privaten und Drittsektorpartnern, „Bürgerpolitik";
– Verbesserung der Zusammenarbeit – verwaltungsintern und mit der Politik;
– Personalentwicklung, Verbesserung der Führungsqualität auf allen Ebenen;
– Nachhaltiges Finanz- und Vermögensmanagement;
– Beobachtung und Steuerung der kommunalen Leistungen (Kontraktmanagement, Berichtswesen, *Make or Buy*-Entscheidungen);
– Informationsmanagement, eGovernment;
– Steuerung der Unternehmen und Beteiligungen.

Der Vorstand entwickelt hierzu gemeinsam mit dem Politik- und Ressourcenausschuss die Rahmenvorgaben und sorgt für deren Durchsetzung, beides in engem Dialog und Kontakt mit den Geschäftseinheiten. Dem Vorstand steht der *Steuerungsdienst* als gemeinsame Assistenzeinheit (Vorstandsstab, *Corporate Office)* zur Verfügung. Er hat eine Teamstruktur, kennt keine internen, die Zusammenarbeit erschwerenden Abgrenzungen und wird so klein wie möglich gehalten. Ein Vorstand, der weitgehend eigenverantwortliche Geschäftseinheiten (sprich: das Neue Steuerungsmodell) will, muss Zentralisierungsreflexen widerstehen und sich strikt auf die Aufgaben beschränken, die nur die Zentrale wirksam erledigen kann.

---

2 Die neuseeländische Stadt Christchurch (300.000 Einwohner) hat diese Form der Führung 1995 umgesetzt, soweit erkennbar weltweit erstmals. Die Reform erwies sich als so überzeugend, dass inzwischen alle größeren neuseeländischen Kommunen den gesamtverantwortlichen Vorstand (integrale Führung) übernommen haben.
3 In England, Neuseeland und Australien ist ein solcher Ausschuss Standard.

Weisungen an die Verwaltung gehen entweder vom Vorstand kollektiv oder von einzelnen Vorstandsmitgliedern aus. In Detmold, das sich ähnlich wie Herten dem Konzept der integralen Führung angenähert hat, ist jedes Vorstandsmitglied gegenüber allen Geschäftseinheiten weisungsbefugt, jedoch gilt folgende Regelung: „Handeln oder entscheiden Vorstandsmitglieder einzeln, so geschieht dies in Verantwortung gegenüber dem Gesamtvorstand und mit dem Ziel der Unterstützung anderer gegebenenfalls befasster Vorstandsmitglieder". Umgekehrt sind die Leiter der Geschäftseinheiten gegenüber dem Vorstand als Ganzem verantwortlich.

Im Politik- und Ressourcenausschuss, dem führende Mitglieder der Ratsfraktionen angehören, sind die Zuständigkeiten der heutigen Querschnittsausschüsse (Haupt-, Finanz-, Personal- und Entwicklungsausschuss) zusammengefasst. Gemeinsam mit dem Vorstand entwickelt er die politische Gesamtstrategie, die dem Konglomerat Kommunalverwaltung Kohärenz und Richtung gibt. Seine besondere Aufmerksamkeit gilt dem zentralen Politikprogramm der Kommune, dem Haushaltsplan. Er führt den Ratsbeschluss über die aus der Gesamtstrategie abgeleiteten Leistungs- und Finanz-Eckwerte herbei, in deren Rahmen die Geschäftseinheiten ihre detaillierten produktorientierten Budgets erstellen. Dieses Top-down-Verfahren dämmt den der sektoralen Führung innewohnenden finanziellen Expansionsdrang ein und begünstigt eine nachhaltige, Politikspielräume offen haltenden Haushaltswirtschaft.

Die Grundentscheidung für die integrale Führung hat tiefgreifende Wirkungen. So fällt es einer Führung, für die die Leistungsverbesserung des politisch-administrativen Systems ein Primärziel ist, leichter als einer konventionell strukturierten Führung, aus den Umfeld-Herausforderungen und den besonderen Stärken der Kommune eine Zukunftsstrategie zu entwickeln und Rat und Öffentlichkeit von ihr zu überzeugen. Dies ist die Voraussetzung dafür, dass die politischen Richtungsentscheidungen aus dem Gesamtinteresse der Kommune getroffen und nicht fallweise von partikularen Interessenkoalitionen präjudiziert werden. Im politischen Kontext der Kommunalverwaltung ist das ein hoher Anspruch, dessen Durchsetzung in der konkreten Situation oft umkämpft sein wird.

Der Wegfall der Fachdezernate, aber auch ihr strategischer Vorlauf befähigen die Zentrale, die Verwaltungsaktivitäten sicherer zu steuern. Entscheidungen über Zielkonflikte, Mittelumschichtungen (sprich: veränderte Prioritäten) und Organisationsänderungen (sprich: Machtverschiebungen) erfordern weniger Machteinsatz und Kraftaufwand (anders ausgedrückt: weniger Beschäftigung des Systems mit sich selbst) als bei sektoraler Führung. Das Rathaus kann seine Energien stärker auf sein Umfeld konzentrieren.

Für die Führung bedeutet das eine wesentliche, wenngleich keineswegs vollständige Entlastung von Tageskonflikten. Sie erhält die Möglichkeit, ihren Schwerpunkt auf die Orchestrierung der Zusammenarbeit der an der Produktion von Kommunalpolitik beteiligten Kräfte zu verlagern. Auch die verwaltungsinterne Wirkung ist positiv. Da alle Vorstandsmitglieder – aus ihrem je spezifischen Blickwinkel – für die Gesamtorganisation verantwortlich sind, können sie nur in der Zusammenarbeit erfolgreich sein. Ein Beispiel: Das für die Beobachtung und Steuerung der kommunalen Leistungen verantwortliche Vorstandsmitglied ist auf kooperations- und leistungsmotivierte Mitarbeiter und Mitarbeiterinnen und auf ein Grundvertrauen zwischen der Verwaltung und den politischen Gremien angewiesen, mit anderen Worten: auf den persönlichen Erfolg der für diese Bereiche verantwortlichen Kollegen. Unter solchen Bedingungen kann aus Rivalität Kollegialität werden und der Vorstand zu einem Team zusammenwachsen. Die Agenda der integralen Führung bringt es mit sich, dass die Tagesordnungspunkte der Vorstandssitzungen in der Regel mehrere und nicht selten alle Kollegen betreffen, während sich im sektoralen System oft nur eine Minderheit von den fachspezifischen Themen angesprochen fühlt und die übrigen „abschalten". So wird ausgerechnet auf der Vorstandsebene Zeit, Geld und Motivation verschwendet.

Mit der Aufwertung der Führung muss synchron eine Aufwertung der Geschäftseinheiten einhergehen. Sie ist nichts anderes als die konsequente Verwirklichung des Neuen Steuerungsmodells: Übertragung der Ressourcenverantwortung, weitgehend aber auch der Verantwortung für ihr politisches, wirtschaftliches und bürgerschaftliches Umfeld auf die Geschäftseinheiten und die ihnen zugeordneten Ausschüsse. Diese Aufwertung sollte bei den Fach-, Service- und Bürgereinheiten einen Motivations- und Qualifizierungsschub auslösen; ihre Leiter werden die eigentlichen „Unternehmer" der Verwaltung. Die davon zu erwartende Dynamisierung der Verwaltung kann jedoch nur im intensiven Kontakt beider Ebenen gelingen. Daher hat man in Christchurch die Leiter der Geschäftseinheiten verpflichtet, 30% ihrer Arbeitszeit in die Lösung von Problemen der Gesamtverwaltung (*corporate issues*) einzubringen, eine Verpflichtung, die ihren Horizont erweitert und den Zusammenhalt der gesamten Führungsmannschaft der Stadt festigt. Bei der Besetzung von Führungspositionen stehen Sozialkompetenz und Führungseignung an erster Stelle, Fachkompetenz wird als selbstverständlich vorausgesetzt – eine Veränderung der Rekrutierungskriterien, die mittelfristig die Führungsqualität in der Verwaltung verbessern dürfte.

Gegen das Konzept der integralen Führung wird gelegentlich eingewandt, der Vorstand gerate in Gefahr „abzuheben" und seinen Steuerungseinfluss auf die Verwaltung zu verlieren. Diese Bedenken sind nicht auf die leichte Schulter zu nehmen. Wenn die Mitglieder des Vorstands jedoch das tun, was oben als ihr Geschäft umschrieben wurde, bringt sie das in so intensiven täglichen Kontakt mit den Geschäftseinheiten, dass sie kaum die Bodenhaftung verlieren können. Das Risiko kann weiter gemindert werden, wenn jedes Vorstandsmitglied zum „Kümmerer" eines Leistungsbereichs bestellt wird, der so im Vorstand einen Ansprechpartner für seine spezifischen Probleme gewinnt.

6.2 Die Schnittstelle zum bürgerschaftlichen Umfeld

Die von der durchgehenden Weisungshierarchie geprägte vertikale Dimension der Kommunalverwaltung tritt in ihrer Bedeutung immer mehr hinter die horizontale Dimension zurück, deren Kennzeichen eine qualifizierte verwaltungsinterne und -externe Zusammenarbeit ist. Neben der Zentrale zeigt sich diese Entwicklung vor allem an der Schnittstelle der Verwaltung zum bürgerschaftlichen Umfeld (äußerer Ring des Bildes), besonders deutlich in der schnell wachsenden Zahl der Bürgerämter und -büros, deren Angebot oft weit über den ursprünglichen Kern des Melde-, Pass- und Ausweiswesens hinaus gewachsen ist und laufend erweitert wird. Immer mehr Kommunen schneiden Aufgaben neu zu und optimieren Prozesse, um ihren Bürgern die „Ämterrallye" zu ersparen. So entstehen physische und zunehmend auch virtuelle *Bürgereinheiten* (eine vorläufige, die differenzierte Realität nur unzureichend wiedergebende Bezeichnung), deren Angebotspalette sich an Problemfeldern, Zielgruppen, Lebenslagen oder Stadtteilen orientiert und laufend an Nachfrageveränderungen angepasst wird. Ziel ist die integrierte Dienstleistung: die Bürgereinheit soll Vorgänge möglichst abschließend bearbeiten und die Zahl der notwendigen Weiterverweisungen in Grenzen halten. Dies führt zu einer Neuabgrenzung der Verantwortlichkeiten zwischen der Bürgereinheit (*Front Office*) und den mit ihr aufgabenmäßig verbundenen Facheinheiten (*Back Offices*), deren Routine-Kundenkontakte zur Abwanderung in die Bürgereinheiten tendieren. Eine planvolle Nutzung der Informationstechnik mit ihrer durchgängigen Einsetzbarkeit und Vernetzbarkeit macht es möglich, den bürgerzugewandten Teil der Verwaltung konsequent von der Nachfrage her zu planen, aber auch die Zusammenarbeit zwischen Front Office und Facheinheit wirkungsvoll zu unterstützen. Die fortschrittlichsten Kommunen scheinen sich schrittweise auf eine einheitliche „Benutzeroberfläche" im Sinne des *seamless government* hinzubewegen.

6.3 Die fachliche Mitte der kommunalen Organisation

Sie besteht aus den Fach- und Serviceeinheiten und den mit ihnen zusammenarbeitenden Ausschüssen sowie den kommunalen Unternehmen und ihren Kontrollgremien. Während sich die Arbeitsweise der Zentrale und der Schnittstellen zum bürgerschaftlichen Umfeld im System der integralen Führung grundlegend verändert, ist der Veränderungsbedarf bei den fachlich professionalisierten Geschäftseinheiten geringer. Der Wegfall des hierarchisch übergeordneten Fachdezernenten und die konsequente Übertragung der Ressourcenverantwortung weist aber auch ihnen eine erhöhte Verantwortung gegenüber Politik und Öffentlichkeit zu. Wo früher der Fachdezernent im Ausschuss und in der Öffentlichkeit auftrat, wird das jetzt in der Regel der Leiter der Facheinheit tun. Ämterabstimmungen, die bisher vom Fachdezernenten herbeigeführt wurden, werden jetzt von der unaufgeforderten – und von dem dafür verantwortlichen Vorstandsmitglied aufmerksam beobachteten – Zusammenarbeit der betroffenen Einheiten erwartet. Nur die politik- und strategierelevanten Fälle gehören auf den Tisch des Vorstands, der auch dann noch genug Koordinationsarbeit zu leisten hat. An dieser Stelle wird deutlich, wie sehr die neue Arbeitsweise von einer Kultur der Zusammenarbeit abhängt. Diese fällt nicht vom Himmel, sondern muss vom Vorstand gemeinsam mit den leitenden Mitarbeitern der Geschäftseinheiten Schritt für Schritt aufgebaut und lebendig gehalten werden.

Die Sorge mancher, die integrale Führung werde zu einem fachlichen Qualitätsverlust der Verwaltung führen, ist unbegründet. Die höchste Konzentration an Fachkunde findet sich von jeher in den Facheinheiten, und daran wird sich auch in Zukunft nichts ändern. Eine Steigerung der fachlichen Kompetenz auf der Vorstandsebene ist weder möglich – schon immer war die Leitung des Tiefbauamts, des Theaters oder der Krankenanstalten fachkundiger als der zuständige Dezernent – noch wünschenswert, denn die Funktion des Vorstands ist eine steuernde und strategische und nicht die des Oberfachmanns.

Das Konzept der integralen Führung markiert den Übergang vom primär hierarchiegeprägten *Government* zur strategie- und umfeldaktiven *Governance*. Es bringt die Steuerungsmodi Hierarchie, Markt und Netzwerke in eine neue Balance. Führung „regiert" in diesem Modell nicht einseitig von oben, sondern „pulsiert" zwischen oben und unten, außen und innen: kommunizierend, moderierend, Hindernisse beseitigend, Zusammenarbeit stiftend, vernetzend.

7. Und die Umsetzung?

Das Plädoyer für die integrale Führung löst verständlicherweise eine Reihe von Einwänden aus:

– Auch Fachdezernenten, so wird gesagt, seien fähig, ihre fachlichen Interessen zurückzustellen, wenn das Gesamtinteresse es gebietet. Das stimmt, allerdings geraten sie dabei in einen Konflikt, in dem ihre fachlichen Reflexe im Zweifel durchschlagen.

– Kommunalpolitiker und Fraktionen, die sektoral in „Parteidezernaten" denken, könnten befürchten, dass der Wegfall der Fachdezernenten ihren Einfluss auf die Verwaltung mindert. Das Gegenteil ist wahrscheinlicher. Politische Einflussnahme setzt nämlich voraus, dass der Gesprächspartner in der Verwaltung seinerseits Einfluss auf den Gang der Dinge hat. In der sektoralen Führung ist der reale Einfluss der Fachdezernenten und Fachamtsleiter jedoch gering, weil im wesentlichen auf fachliche Fragen eingeengt. Erst die integrale Führung auf der Grundlage des Neuen Steuerungsmodells stellt der Politik entscheidungs- und veränderungskompetente Partner zur Verfügung: auf der Arbeitsebene Leiter der Geschäftseinheiten mit Fach-, Personal- und Finanzverantwortung, d.h. mit dem vollen Führungseinfluss auf ihren Bereich und auf der obersten Ebene eine Zentrale, die tatsächlich Kursänderungen vornehmen und anachronistische, von der Politik latent kritisierte Zustände wie Reaktionsträgheit, Selbstbezogenheit oder Bürgerferne der Verwaltung schrittweise abstellen kann. Der heute oft beiderseits als frustrierend erlebte Kontakt zwischen Politik und Verwaltung verspricht dadurch konstruktiver zu werden.

– In einigen Gemeindeordnungen stößt die integrale Führung auf rechtliche Hürden. Sie können im Rahmen erweiterter Experimentierklauseln übersprungen werden, und im übrigen kann jeder Landtag seine Gemeindeordnung ändern.

– Vielleicht das mächtigste, instinktive Abwehrreaktionen auslösende Hindernis ist die enge fachdisziplinäre Ausbildung der meisten Leitungskräfte. Da viele Studiengänge jedoch inzwischen breiter angelegt sind, dürfte die Zeit für das Konzept der integralen Führung arbeiten.

Diesen Einwänden stehen Faktoren gegenüber, die eine eher günstige Prognose erlauben:

– Wie zu Beginn ausgeführt, wächst der von außen kommende Modernisierungsdruck.

– Der Glaube, dass die Probleme der Kommunen mit dem heutigen Führungssystem lösbar sind, ist angeschlagen. Immer mehr Insider halten eine grundlegende Erneuerung für notwendig. Daher wächst das Interesse an der eingangs zitierten Angebotspalette der Modernisierung.

– Es gibt erste Pionierkommunen, deren Erfahrungen von anderen Kommunen mit wachsendem Interesse beobachtet werden.

– Die Einführung der integralen Führung ist auch schrittweise möglich, was die Entscheidung erleichtert. Meistens wird es im Hinblick auf das vorhandene Vorstandspersonal gar keinen anderen Weg geben. Die generell zu beobachtende Verringerung der Wahlbeamtenstellen kann ein erster Schritt sein, denn sie führt zu einer gewissen Entfachlichung und Horizonterweiterung der verbleibenden Dezernenten, die jetzt in einem breiteren und damit konfliktreicheren Verantwortungsbereich Interessen berücksichtigen und Prioritäten setzen müssen.

– Zwar bedeutet die formale Einführung der integralen Führung noch nicht, dass Politiker und Verwaltungsmitarbeiter sie spontan praktizieren. Verhaltensänderungen müssen eingeübt werden. Aber die Einrichtung der beiden Strukturelemente gesamtverantwortlicher Vorstand und Politik- und Ressourcenausschuss wird Eigendynamik entwickeln und im Rat, in der Verwaltung und in der Öffentlichkeit Erwartungen wecken, welche die Verantwortlichen in Zugzwang setzen.

Eine breite fachöffentliche Diskussion würde sehr schnell zeigen, dass es schwierig geworden ist, Argumente für das Festhalten an der sektoralen Führung zu finden. Die Zeit für eine solche Diskussion ist reif.

Scott Gissendanner

Die Bedeutung des Bürgermeisters für die strategische Entscheidungsfähigkeit deutscher Großstädte[1]

1. Fragestellung und Überblick

Die politische Steuerungsfähigkeit (*governance capacity*) von Städten wird in der nordamerikanischen Literatur über *urban regimes* als die Fähigkeit lokaler Akteure definiert, institutionelle Barrieren zu überwinden, um die Lösung bestimmter Probleme voranzubringen. Autoren wie David Elkin (1987) und Clarence Stone (1989) betonen, dass in der kommunalpolitischen Praxis institutionelle Barrieren zu einer Machtteilung zwischen staatlichen und Marktakteuren, verschiedenen Regierungsebenen sowie zwischen Stadtparlament und -verwaltung tendieren. Untersuchungen zu *urban regimes* zeigen, dass solche institutionellen Barrieren üblicherweise dadurch überwunden werden, dass lokale Eliten unter Nutzung ihrer je spezifischen Einflussmöglichkeiten Netzwerke von Akteuren mit unterschiedlicher institutioneller Basis bilden, ihre Handlungen koordinieren und auf diese Weise die politische Steuerungsfähigkeit der kommunaler Ebene erweitern.

Die jüngere Literatur zu *urban regimes* ist allerdings stark auf die Frage der Steuerungskapazität fokussiert und vernachlässigt dabei die Qualität der politischen Koordination. Während empirische Studien zeigen, wie Städte mit fähigen Eliten und effektiven Netzwerken Koordinationshandeln lernen können, wissen wir noch immer sehr wenig über die Bedingungen, unter denen städtische Führungskräfte lernen, gut zu regieren. „*Good governance*" ist gleichbedeutend mit strategischer Kapazität bzw. der Fähigkeit, fachpolitische Maßnahmen entsprechend einer Kosten-Nutzen-Abwägung von Alternativen zu selektieren, dabei den besonderen lokalen Problemen, Marktopportunitäten und Ressourcen Rechnung zu tragen und in der Folge Schritte zur Evaluation und Anpassung der getroffenen Maßnahmen vorzunehmen.

In diesem Aufsatz untersuche ich den Zusammenhang zwischen der strategischen Kapazität deutscher Städte und einem potentiell wichtigen Faktor – der Führung durch den Bürgermeister. In der populären Wahrnehmung werden „starke" lokale Führungspersönlichkeiten, und insbesondere Bürgermeister, mit Aktivität und Innovation assoziiert. Wissenschaftliche Untersuchungen zu kommunalpolitischen Systemen in Deutschland betonen ebenfalls die

---

1 Für die Übersetzung aus dem Amerikanischen sei Jan Wielgohs gedankt.

zentrale Rolle von sog. Vorentscheidern und insbesondere des Bürgermeisters
für die Erzeugung und Reproduktion von Steuerungsfähigkeit.

Der Einfluss des Bürgermeisters auf die Steuerungsfähigkeit und die
strategische Kapazität einer Stadt hängt zu einem Teil ganz klar von seiner
Stellung innerhalb des kommunalpolitischen Institutionensystems ab. Aber
die institutionelle Stellung ist nur einer von vielen Faktoren, die zur Einflussstärke des Bürgermeisters beitragen. Selbst institutionell „schwache" Bürgermeister werden von anderen Entscheidungsträgern gemeinhin zu den einfluss-
stärksten lokalen Akteuren gezählt. *Urban regime*-Studien verweisen mit Nach-
druck darauf, dass die Macht des Bürgermeisters von einem breiten Spektrum
unterschiedlicher Ressourcen abhängt, die er einsetzen kann, um andere Akteure von bestimmten Anliegen zu überzeugen. Diese Ressourcen schließen
die formale institutionelle Stellung ein, sind aber nicht darauf begrenzt.

Bürgermeister erlangen Einfluss, indem sie institutionelle und nicht-
institutionelle Ressourcen in einem Kontext ausspielen, in welchem die Bildung und Erhaltung von Koalitionen die primäre Quelle von Macht ist. Geht
man davon aus, dass Bürgermeistermacht sowohl institutionelle als auch
nicht-institutionelle Komponenten hat, dann bieten sich zwei empirische Erklärungen für den Einfluss des Bürgermeisters auf die strategische Kapazität
der Stadt an. Die derzeit vorherrschende institutionalistische Erklärung geht
davon aus, dass die institutionelle Stellung des Bürgermeisters, wie sie in der
jeweiligen Kommunalverfassung definiert ist, von ausschlaggebender Bedeutung dafür ist. Kommunalverfassungen, die die Macht in den Händen eines gewählten Oberhaupts der Exekutive zentralisieren, maximieren Kohärenz und Rationalität im politischen Entscheidungs- und Implementationspro-
zess. Systeme mit einer diffusen Machtverteilung, wie man sie besonders in
den norddeutschen Kommunalverfassungen vorfindet, zeichnen sich durch einen Mangel an Kohärenz aus, der strategisches Handeln schwieriger, wenn
nicht gar unmöglich macht (Cusack 1999: 9). Eine Gegenposition, die vom
„*urban regime*-Ansatz" ausgeht und die seit den 70er Jahren in Deutschland
vor allem von Gerhard Banner entwickelt wurde, würde argumentieren, dass
alle Formen deutscher kommunalpolitischer Institutionensysteme dazu tendieren, strategisches Handeln zu blockieren, unabhängig davon, wie viel Macht
sie dem Oberhaupt der Exekutive einräumen. Das zentrale Problem der deutschen Kommunalverfassungen besteht nach dieser Auffassung darin, dass sie
den Prozess der Entscheidungsproduktion in autonome, aber interdependente
Domänen des Stadtrats und der Verwaltung aufbrechen. Unter dieser Voraussetzung erfordern Politikinnovationen übergroße parlamentarische Mehrheiten, wie sie normalerweise nie Zustande kommen. Um diese institutionelle
Hürde zu umgehen, sind Koalitionen von Akteuren mit unterschiedlicher institutioneller Basis erforderlich. Empirisch lässt sich beobachten, dass gewisse Typen von Entscheidungsträgern immer involviert sind, wenn es darum
geht, besondere kooperative Vereinbarungen herzustellen und kollektive Entscheidungen vorzustrukturieren. Diese informelle Umgebung des deutschen

urban regime bildet den Kontext, in dem Führungspersonen agieren müssen, wenn sie die strategische Kapazität ihrer Stadt maximieren wollen. Um den Zusammenhang zwischen Institutionen, Regimes und Führungspersonen auf einen Seite und der strategischen Kapazität kommunaler Politiksysteme auf der anderen aufzuhellen, präsentiere ich im folgenden Daten einer Studie zu Dortmund und Augsburg, zwei deutschen Großstädten, die in den 80er Jahren mit ähnlichen Deindustrialisierungsproblemen konfrontiert waren. Ausgehend von den Erfahrungen dieser Untersuchung werde ich anschließend folgende Thesen zur Rolle des Bürgermeisters für die Ausbildung von Steuerungsfähigkeit und strategischer Kapazität diskutieren:

– *Erstens*, hängt die Steuerungsfähigkeit deutscher Städte nicht von der institutionellen oder „positionalen" Macht des Bürgermeisters ab – Augsburg, die Stadt, in der der Bürgermeister über mehr formale Macht verfügt, demonstrierte in den 80er Jahren im Bereich der Wirtschaftsförderung ein vergleichsweise geringes Maß an Steuerungsfähigkeit. Die Steuerungsfähigkeit deutscher Städte kann auch nicht allein von der faktischen Einflussstärke des Bürgermeisters abhängen – die anderen Entscheidungsträger der beiden Städte haben ihren jeweiligen Bürgermeister als gleichermaßen einflussstark im Bereich der kommunalen Wirtschaftsförderungspolitik eingeschätzt. Die Steuerungsfähigkeit deutscher Städte scheint eher von der Fähigkeit des Führungspersonals, einschließlich des Bürgermeisters, abzuhängen, im Prozess der Politikinnovation verschiedenen Ressourcen zu erzeugen und einzusetzen.

– *Zweitens*, informelle Ressourcen, die allein dem Bürgermeister zur Verfügung stehen und die aus seiner symbolischen Rolle als Stadtoberhaupt herrühren, ermöglichen es ihm, wichtige und vermutlich unikale Beiträge zur Ausbildung kommunalpolitischer Steuerungsfähigkeit zu erbringen. Die Fähigkeit des Bürgermeisters, Steuerungsfähigkeit zu erzeugen, entspricht auch seinem Eigeninteresse. Gerade aufgrund seiner prominenten symbolischen Position kann der Bürgermeister unter allen lokalen Akteuren aus dem Wachstum lokaler Steuerungsfähigkeit den größten persönlichen Gewinn erzielen.

– *Drittens*, der Zusammenhang zwischen Bürgermeister und Steuerungsfähigkeit hat einen unintendierten Effekt hinsichtlich der strategischen Kapazität der Stadt. Ein Bürgermeister, der in der Lage ist, zunehmende Resonanz auf seine Initiativen zu erzeugen, tendiert – bewusst oder unbewusst – dazu, das kommunale Politiksystem so zu organisieren, dass es in zunehmendem Maße strategisch handelt. Neue politische Initiativen, die sich als erfolgreich erweisen, haben zur Folge, dass die Zahl der Individuen, die sich am kommunalpolitischen Prozess beteiligen, wächst, und lösen so in dem zuvor eher routinisierten Politiksystem eine Eigendynamik aus, die zu einem kurzfristigen Wachstum an strategischer Kapazität führt. Strukturelle Eigenheiten in der Interessenlage des Bürgermeisters bedingen jedoch zugleich die Entwicklung eines dauerhaften Interesses an strategischem Handeln; sie fördern die Tendenz, schlechte Nachrichten über die Performanz der einmal präferierten Maßnahmen zu ignorieren.

2. Die Macht des Bürgermeisters. Ein Literaturüberblick

Während *urban regimes* in den USA als Resultat der Interdependenz von gewählten Amtsträgern und Managern privater Unternehmen gelten (Elkin 1987: 33), werden *urban regimes* in Deutschland als Ergebnis der Interdependenz von Stadtrat und Stadtverwaltung interpretiert (Banner 1982: 43). Als das zentrale Problem kommunaler Politikkoordination in Deutschland gilt der Umstand, dass es keine klar definierten Mechanismen dafür gibt, kooperative Interaktionen zwischen dem Rat und der Verwaltung in Gang zu setzen. In der Praxis wird koordiniertes Handeln zwischen den beiden Körperschaften in ungeregelter Weise durch sog. „Vorentscheider" initiiert. Dem starken Tenor der lokalen Politikforschung zufolge ist die Entscheidungsproduktion auf lokaler Ebene durch einen „Elitenpluralismus" charakterisiert, wobei die Eliten als Vorentscheider zu bezeichnen sind (Frey 1989: 129).

Als Vorentscheider gelten solche Mitglieder des Stadtrats und der Stadtverwaltung, die aufgrund der formalen Interdependenz der beiden Körperschaften in unterschiedlichen Situationen und unterschiedlichen Politikfeldern konstant zusammenarbeiten (Banner 1982: 34). Es sind Akteure, die institutionelle oder finanzielle Schlüsselressourcen kontrollieren und über die Autorität verfügen, den Einsatz dieser Ressourcen auf übergreifende Politikziele zu richten. Vorentscheider haben größere Ressourcen als andere Akteure des Entscheidungsprozesses (Simon 1988); Vorentscheider in der Stadtregierung beispielsweise sind Berufspolitiker oder -bürokraten, im Gegensatz zu regulären Ratsmitgliedern, die in dieser Funktion ehrenamtlich tätig sind. Dank ihrer Ressourcenvorteile können Vorentscheider in deutschen Städten den Entscheidungsprozeß vorstrukturieren und unerwünschte Themen von der Agenda fernhalten. Der Prozess der Entscheidungsproduktion erhält dadurch weitaus stärkere oligarchische Züge, als von den Urhebern der Kommunalverfassungen intendiert (Banner 1972: 167).

Im großen und ganzen fungieren als Vorentscheider in allen Städten die gleichen Akteurtypen. Typische Vorentscheider im Rat sind der Ratsvorsitzende, Ausschussvorsitzende und die Führungskräfte der Mehrheitsfraktion. Typische Vorentscheider in der Verwaltung sind der Verwaltungschef, Referenten bzw. Dezernenten und die Amtsleiter (Naßmacher/Naßmacher 1999: 318). Die Gruppe der Vorentscheider kann auch Repräsentanten von Unternehmerverbänden und anderer Interessengruppen einschließen (Laumann/Pappi 1977; Naßmacher/Naßmacher 1999: 318, 328). Zusammen bilden diese Akteure das, was man in angelsächsischer Tradition als das „deutsche *urban regime*" bezeichnen würde.

Die formale Stellung des deutschen Bürgermeisters im *urban regime* ist definiert durch die Kommunalverfassung, die von Bundesland zu Bundesland variiert. Traditionell unterscheidet man zwischen der Norddeutschen Ratsverfassung, der Magistratsverfassung, der Bürgermeisterratsverfassung und der Süddeutschen Ratsverfassung (Gunlicks 1986). Von allen Modellen stattet das süddeutsche den Bürgermeister mit den stärksten Befugnissen aus; es vereint alle vier Hauptfunktionen der lokalen Exekutive in der Hand des gewählten Stadtoberhaupts. Der Bürgermeister des süddeutschen Modells ist stimmberechtigter Vorsitzender des Rats und aller seiner Ausschüsse. Es bestimmt die Tagesordnung der Ratssitzungen, er ist Verwaltungschef und repräsentatives Stadtoberhaupt. Und er vertritt die Stadt in Vertragsverhandlungen, regionalen Körperschaften etc. (Gunlicks 1986). In allen anderen Systemen muss der Bürgermeister diese vier Zuständigkeitsfelder mit einem Verwaltungsleiter, einem oder mehreren Fraktionsvorsitzenden und/oder einem Magistrat teilen. Am schwächsten ausgestattet sind die Bürgermeister der Magistratsverfassung und der Norddeutschen Ratsverfassung (Cusack 1999).

Die informelle Einflussposition des Bürgermeisters hängt dagegen von der Interaktion zwischen den diversen Vorentscheidern im kommunalen Regime ab. Diese Interaktion kann sich nach unterschiedlichen Mustern gestalten, die erstmals von Robert Dahl in seiner Studie über New Haven, Connecticut, beschrieben wurden. Dahl hat beobachtet, dass die am kommunalpolitischen Entscheidungssystem New Havens beteiligten Akteure nach Politikfeldern getrennt waren (Dahl 1961: 169). Jede Politikfeldgruppe hatte ihre eigenen spezialisierten *Subleader*, die außerhalb ihres Politikfeldes ohne Einfluss waren. Nur eine sehr kleine Gruppe von Personen war in mehreren Politikfeldern aktiv und einflussreich; Dahl nannte sie *Leader*. In den 50er Jahren gab es in New Haven nur drei solche *Leader*, und zwei davon waren Bürgermeister. In den Jahren, als New Haven keinen dominanten Bürgermeister hatte, drohte das Regierungshandeln in zahlreiche politikfeldbezogene Pfründen zu zerfallen, von denen jede durch ihre eigenen *Subleader* kontrolliert wurde, die Dahl auch als *Chieftans* (Häuptlinge) bezeichnete. Die Tendenz zur ressortbezogenen Fragmentierung (*compartmentalization*) und Spezialisierung in sich selbst abschließende Politikfelder (auch „Ressortpolitik" oder „sektorale Führung" genannt) kennzeichnet auch deutsche Städte (Banner 2001: 204, 1982: 30f.).

Vor dem Hintergrund dieser Akteurstruktur hat Dahl (1961: 184-189) drei Führungs- bzw. Steuerungsmuster identifiziert, in denen neue Politikmaßnahmen formuliert und implementiert werden können.

– Das erste Muster ist die „Koalition der Häuptlinge ohne Möglichkeit zur zentralisierten Koordination". Es ist durch unkoordinierte Kooperation gekennzeichnet: Die *Subleader* und ihre Gruppen verzichten darauf, die Initiativen anderer *Subleader* zu blockieren und bemühen sich um kooperative, parteiübergreifende Problemlösungen. Diese Form von Kooperation, so Dahl, beruht auf kultureller Ähnlichkeit und Eintracht. Eine solche

Kooperation kann allerdings nicht strategisch angelegt sein, weil gruppenübergreifende Prioritätensetzung hier unmöglich ist.

– Das zweite Muster, „rivalisierende Souveränitäten" genannt, entsteht, wenn die „Koalition der Häuptlinge" aufgrund intensiver (parteipolitischer) Konkurrenz und der Abwesenheit einer starken integrativen Führungsfigur zerfällt. Bei starker Konkurrenz verteidigen die *Subleader* ihre Autonomie und tendieren dazu, politische Initiativen anderer Gruppen zu blokkieren. In der deutschen Forschungstradition wird dieses Muster als „Konkordanzdemokratie" bezeichnet, die daran leidet, dass die betreffenden Netzwerke zu Mehrheitsentscheidungen unfähig und daher dem *status quo* verhaftet sind.

– Das dritte Muster, die „in der Exekutive zentrierte Koalition von Koalitionen" ist das einzige Muster, das strategische Steuerung ermöglicht. In New Haven bildete es sich heraus, als sich die *Subleader* und ihre Gruppen freiwillig dazu entschlossen, die politischen Initiativen einer starken Führungspersönlichkeit zu unterstützen; in diesem Fall war das Bürgermeister Richard Lee.

Alle drei Steuerungsmuster, die Dahl für New Haven konstatiert hat, sind auch in deutschen Städten zu beobachten (vgl. Ellwein/Zoll 1982). Allerdings wissen wir noch wenig über die Faktoren, die Bürgermeister oder andere Führungsfiguren bei der Entwicklung strategisch orientierter „exekutiv-zentrierter Koalitionen von Koalitionen" unterstützen. Wie in den USA hängt auch in deutschen Städten die Frage, welches Muster sich jeweils herausbildet, partiell von der Fähigkeit des Chefs der zentralen Exekutivinstanz ab, die Akteure in den verschiedenen *Sovereignties* des Politiksystems zu motivieren, ihre eigenen Ziele mit seinen zu verknüpfen. Dies ist wohl die wesentlichste Herausforderung für politische Führungskräfte.

Die Fähigkeit lokaler Exekutivakteure, andere Entscheidungsträger zu vereinen und zu überzeugen, hängt maßgeblich von ihrem Zugang zu bestimmten Ressourcen ab. Vorentscheider mit größeren Ressourcen im Hintergrund haben daher tendenziell mehr Einflusskraft als andere. Im deutschen Kontext sind die folgenden Ressourcenquellen besonders wichtig:

– *Erstens*, die einflussreichsten Vorentscheider sind in der Regel auch „Grenzgänger", Individuen, deren Position es ihnen ermöglicht, sowohl im Stadtrat als auch in der Verwaltung Informationen zu sammeln und zu verbreiten und die Reputation, die sie in der einen Körperschaft erworben haben, dazu zu nutzen, ihren Stand in der anderen zu verbessern (Banner 1982: 38).

– *Zweitens*, einflussreiche Vorentscheider neigen zur Ämterhäufung – in öffentlichen Gremien, Aufsichtsräten, Interessenverbänden, Bürgervereinen, Kirchen etc. (Banner 1982: 39).

– *Drittens*, einflussreiche Vorentscheider sind in der Lage, durch ihr persönliches Engagement die Trennlinien zwischen dem Stadtrat auf der ei-

nen Seite und der Stadtverwaltung, anderen staatlichen Institutionen sowie der Öffentlichkeit auf der anderen zu überbrücken, was nicht zuletzt
durch die Ämterhäufung erleichtert wird.

– *Viertens*, einflussreiche Vorentscheider mobilisieren zusätzliche Ressourcen, insbesondere von höheren Regierungsebenen und aus der privaten
Wirtschaft.

Schließlich sind für die Erlangung und den Erhalt von Macht im Kontext des
deutschen *urban regime* auch zwei persönliche Eigenschaften nicht zu unterschätzen – politisches Geschick und Ambition. Politische Führungsfiguren
müssen in der Lage sein, ihre Ressourcen im politischen Prozess geschickt
einzusetzen, um Spitzenbürokraten, Fraktionsführer, Parteichefs und die Öffentlichkeit zu überzeugen, im Interesse allgemeiner Projekte zusammenzuar-
beiten oder diese zumindest zu akzeptieren. Und sie müssen entsprechend
ambitioniert sein.

Weitere Faktoren kommunalpolitischer Führungsfähigkeit in Deutschland
sind eng mit dem lokalen Parteiensystem verknüpft. Der Einfluss von Partei-
führern ist formal verankert in den Institutionen des parteienzentrierten Wahl-
systems und der parteipolitischen Formierung der Ratsfraktionen. Die Interdependenz von Rat und Verwaltung fördert die parteipolitische Orientierung
bzw. Bindung des örtlichen Verwaltungspersonals, wodurch wiederum der
Einfluss der Parteien im Rat gestärkt wird. Örtliche Parteiführer nehmen, unabhängig davon, ob sie selbst Regierungsmitglied sind oder nicht, Einfluss auf
die Nominierung von Ratsmitgliedern und, in Abhängigkeit von der jeweiligen Kommunalverfassung und kommunalpolitischen Praxis, auch auf die
Auswahl von Referenten bzw. Dezernenten, Bürgermeistern, Verwaltungschefs und mitunter sogar auf die von Abteilungsleitern, die keine politischen
Beamten sind. Darüber hinaus stell(t)en die Parteien, zumindest in der Vergangenheit, einen wichtigen Kanal zur Öffentlichkeit her – über ihre mittleren
und unteren Funktionärsebenen. Zudem spielen sie eine wichtige Rolle für die
Kontakte zwischen den verschiedenen Regierungsebenen – Parteifreunde in
der Landes- und Bundesregierung sowie in der EU-Kommission bilden für
Kommunalpolitiker, die nach finanzieller Unterstützung für bestimmte kommunale Projekte suchen, wichtige Ressourcenquellen.

Eine wichtiger Faktor, der in der amerikanischen wie in der deutschen
Literatur noch weitgehend unterbelichtet ist, ist die Eigendynamik politischer
Entscheidungen, oder der Prozess, in dem Einfluss und Macht über die Zeit
aufgebaut werden. Starke Führung ist niemals konstant und erstreckt sich nie
auf alle Politikfelder gleichzeitig (Judd/Parkinson 1990: 296). Macht entwik-
kelt sich vielmehr über die Zeit, und sie hängt von der Fähigkeit der jeweiligen Führungsperson ab, auf zuvor erworbene Erfahrungen und Erfolge der
Aktivitäten ihrer Stadt aufzubauen. Hier geht es um einen teilweisen selbst-
tragenden Dynamik, einen iterativen Prozess, in dem ein Individuum seine
früheren Handlungen und Erfahrungen nutzt, um seinen Einfluss in einem

späteren Zusammenhang zu steigern. Mit der Zeit verringert diese Eigendynamik für Führungskräfte den Aufwand, Unterstützung für ihre Ziele zu gewinnen, und sie bildet einen wichtigen Aspekt exekutiver Macht.

In Deutschland gibt es nur drei Akteurtypen, die über ihre institutionelle
Stellung hinaus Zugang zu all den hier genannten informellen Ressourcenquellen haben: Der Vorsitzende der Mehrheitsfraktion im Stadtrat, der Leiter
der Stadtverwaltung und der Bürgermeister. Dies sind vermutlich die einzigen
Akteure, die starke zentrale Exekutivmacht auszuüben vermögen. Da die
Verwaltungsreformen in Deutschland dazu tendieren, die Kommunalverfassungen zu vereinheitlichen und sich dabei am süddeutschen Modell orientieren, ist damit zu rechnen, dass Fraktionsvorsitzende und Verwaltungschefs in
der Zukunft nur noch selten als zentrale Steuerungsakteure fungieren werden.
Schon vor den gegenwärtigen Reformen deuteten empirische Untersuchungen
darauf hin, dass in der Regel immer der Bürgermeister als der zentrale Steue-
rungsakteur agiert (Naßmacher/Naßmacher 1999: 323; Frey 1989: 130; Simon
1988: 80). Der Machtvorteil des Bürgermeisters geht auf zusätzliche Ressourcen zurück, über die nur er verfügt. Der Bürgermeister, als das symbolische
Stadtoberhaupt, ist der einzige Akteur in der Stadt, der sich legitimerweise in
die Geschäfte eines jeden anderen einmischen kann. Im Rahmen der süddeutschen Kommunalverfassung verfügt er zudem noch über den Vorteil einer
starken institutionellen Position.

3. Fallauswahl und Daten

Die Daten, die im folgenden präsentiert werden, entstammen einer Ver-
gleichsuntersuchung zu kommunalpolitischen Entscheidungsprozessen im Bereich der Wirtschaftsförderungspolitik in Deutschland und den USA. Für diese Untersuchung wurden Städte ausgewählt, die in den 80er Jahren mit ähnlichen Problemen des Strukturwandels konfrontiert wurden. Pro Land wurde je
eine Stadt ausgesucht, die auf Deindustrialisierung und wirtschaftlichen Niedergang mit einem hohen Maß an strategischer Orientierung reagierte, und
mit einer solchen verglichen, deren Umgang mit diesen Problemen kaum von
strategischen Erwägungen geleitet war (Gissendanner 2001).

Für den deutschen Untersuchungsteil wurden zunächst 22 Großstädte in
Betracht gezogen, die in den 70er und frühen 80er Jahren von signifikanter
Deindustrialisierung betroffen waren. Im Ergebnis der Exploration von Basis-
informationen über das jeweilige Niveau der Wirtschaftsförderungsaktivitä-
ten und der Förderprioritäten in den 80er und 90er Jahren mittels einer Befragung eines für Wirtschaftsförderung zuständigen Beamten in allen 22 Städten
wurden schließlich Dortmund und Augsburg als Untersuchungsfälle ausgewählt. Die Daten für beide Städte wurden in der Zeit von Mai bis Dezember
1999 erhoben. Ein Vergleich der Reaktionen, der Entscheidungsprozesse und

der Regimestruktur ermöglichte es, zu beschreiben, auf welche Weise es dem exekutiven Führungspersonal im Falle Dortmunds gelungen ist, ein höheres Maß an strategischen Kapazität zu erzeugen. Der Vergleich mit der strategieabstinenten Stadt Augsburg dient der Kontrolle: keinem der Faktoren, die in beiden Städten in ähnlich starker Ausprägung anzutreffen sind, kann ein Beitrag zum strategischen Charakter der Reaktion von Dortmund zugeschrieben werden.

Mit dem Ziel, Fallevaluationen auf der Basis von Konzepten zu ermöglichen, wie sie aus der Tradition der Kommunalplanung bekannt sind (Kaufman/Jacobs 1993: 13; Honadle 1981: 577), wurde der Begriff „strategische Kapazität" in vier messbare Komponenten aufgebrochen: (1) die Anzahl von Feldern, in denen die betreffende Stadt eine aktive Wirtschaftsförderungspolitik betrieben hat, (2) die Spezifik der förderpolitischen Ziele, (3) die Anzahl von Trägerorganisationen der Wirtschaftsförderung, die von lokalen Akteuren als wichtig eingestuft werden, und (4) das Ausmaß, in dem diese Organisationen ihre Aktivitäten untereinander koordiniert haben. Jede Stadt wurde hinsichtlich jeder der vier Komponenten auf einer Vierstufenskala verortet.

Um die Einflussverteilung im kommunalpolitischen Regime zu ermitteln, wurden für jeden Fall entsprechende Interviews durchgeführt. Der Leitfaden enthielt Fragen über Akteure, Institutionen und förderpolitische Maßnahmen. Die Interviewpartner wurden aus einer Liste einflussreicher Akteure ausgewählt, die von zwei lokalen Experten zusammengestellt wurden. In einem „Schneeballverfahren" wurde jeder Interviewpartner gebeten, andere einflussreiche Personen zu benennen; anschließend wurden dann Interviews mit jenen Personen angestrebt, die besonders häufig genannt wurden. In Dortmund waren das vierzehn, in Augsburg zehn. Diese Gesprächspartner wurden wiederum gebeten, eine Liste derjenigen Personen zusammenzustellen, die sie als die wichtigsten Akteure der Wirtschaftsförderungspolitik ihrer Stadt ansehen. Diese Informationen gestatteten es, für jede Stadt ein Reputations-*Ranking* aufzustellen, das auf der Anzahl der Benennungen der jeweiligen Person durch einen anderen wichtigen Akteur basiert. Auf der Basis von Interviewdaten, Sekundärliteratur, Zeitungsartikeln, amtlichen Dokumenten, Gesprächen mit Experten aus dem akademischen Bereich, Journalisten und höheren Regierungsbeamten wurden dann die Akteursstruktur und die strategische Kapazität jeder Stadt bewertet.

4. Der ökonomische und institutionelle Kontext des Strukturwandels in Dortmund und Augsburg

Der Strukturwandel vollzog sich in Dortmund und Augsburg in unterschiedlichen Richtungen, hinterließ aber in den frühen 80er Jahren beide Städte in ähnlich schwachen Wettbewerbspositionen. In Dortmund war die Beschäftigungslage 1970 in außergewöhnlich hohem Maße von schrumpfenden Branchen bestimmt; 46 Prozent aller in der Privatwirtschaft beschäftigten Einwohner arbeiteten in der verarbeitenden Industrie oder im Kohlebergbau. Von 1970 bis 1982 ging die Gesamtbeschäftigung in der Stadt um 11 Prozent zurück, die Beschäftigtenzahl in der Industrie um 27 Prozent. Zwischen 1976 und 1986 verlor die Stadt 34.000 Arbeitsplätze in Industrie und Bergbau, d.h. nahezu ein Drittel. Das Wachstum des Dienstleistungssektors lag in dieser Periode unter dem nationalen Durchschnitt. Die letzte große Schlacht um die Rettung des Industriestandorts im traditionellen Muster ging 1981 verloren, als der Stahlhersteller Hoesch ungeachtet massiven gewerkschaftlichen Widerstands einen erheblichen Abbau seiner Produktionskapazitäten in Dortmund ankündigte. Dieses Ereignis, das als „die Hoesch-Krise" in die Stadtgeschichte einging, gilt im allgemeinen als ein Wendepunkt in der Entwicklung Dortmunds (Gerszewski/Thull 1998; Heinz/Scholz 1996).

Augsburg, das etwa halb so viel Einwohner hat wie Dortmund, hat sich zwischen den 30er und 60er Jahren zu einem diversifizierten Industriezentrum entwickelt. Der Niedergang der Industrie setze in den 60er Jahren ein, als aufgrund verschärfter Umweltbestimmungen die Kosten für die lokalen Textilfabriken anstiegen während gleichzeitig preisgünstigere ausländische Textilien auf den deutschen Markt drängten. Der Niedergang vollzog sich allmählich, ohne eine spektakuläre Einzelkrise wie sie für Dortmund beschrieben wurde. Gleichwohl verlor die Stadt zwischen 1970 und 1982 23.000 Industriearbeitsplätze, 1983/84 folgten noch einmal 3.300 Entlassungen (Stadt Augsburg 1984). Die Konkurrenz durch das nur 70 km entfernte München behinderte das Wachstum des Dienstleistungssektors; hier entstanden von 1970 bis 1982 nur 10.000 neue Arbeitsplätze. In den späten 80er Jahren erfuhr Augsburg wieder einen moderaten Zuwachs an Arbeitsplätzen im Produktionsbereich, obwohl viele expandierende Fabriken in die Umgebung abwanderten.

Die institutionellen Rahmenbedingungen der Kommunalpolitik unterscheiden sich zwischen beiden Städten erheblich. In Dortmund gilt die Norddeutsche Städteverfassung, die nur einen sehr schwachen Bürgermeister kennt. Augsburg dagegen hat eine Verfassung nach dem süddeutschen Modell, die dem Bürgermeister eine starke institutionelle Stellung einräumt.

Die nach dem oben beschriebenen Verfahren geführten Interviews ergaben, dass das Dortmunder Regime in den 80er Jahren aus achtzehn Mitgliedern bestand, das von Augsburg aus zwölf. Die dominanten Akteure waren in beiden Städten gewählte Mitglieder der Stadtregierung und der Landesregierung, politische Beamten der Stadt- und der Landesverwaltung und Repräsentanten des privaten Sektors. Dieses Muster entspricht voll und ganz den Erwartungen der *state of the art* der *urban regime*-Forschung.

Die Dortmunder Interviewpartner nannten drei erfolgreiche Projektfelder: das Dortmunder Technologiezentrum (TZ) mit den daran angekoppelten Projekten (1985-86), laufende Arbeitsmarktprogramme und direkte Hilfen für entlassene Fabrikarbeiter, und die Sanierung des städtischen Binnenhafens

(1980-1987). Die Augsburger Gesprächspartner nannten zwei Projekte: einen örtlichen *Venture Capital*-Fonds, eine Initiative aus dem Privatsektor, und das *Convention Center*, eine öffentliche Initiative.

5. Das Dortmunder Regime der Wirtschaftsförderung und seine zentralen Akteure

Das Dortmunder Regime bestand im wesentlichen aus drei Gruppen: lokalen Spitzenpolitikern der „alten Garde", älteren Spezialisten, die schon vor der Hoesch-Krise in der Wirtschaftsförderung aktiv waren, und neuen Spezialisten, die erst nach der Krise dazugekommen sind. Die erste Gruppe umfasste Personen, deren Einfluss weit über das Politikfeld Wirtschaftsförderung hinausreicht – den Oberbürgermeister (OB) Gunter Samtlebe, den SPD-Fraktionsvorsitzenden Horst Zeidler, den Chef der Stadtverwaltung (Oberstadtdirektor) Harald Heinze, und den SPD-Landtagsabgeordneten Hermann Heinemann. Sie alle hatten ihre jeweilige Position schon vor der Hoesch-Krise 1981 inne. Darüber hinaus übten sie eine oder mehrere Funktionen in den wichtigsten Organisationen des Ruhrgebiets aus – in der SPD, den Gewerkschaften, und/oder in Aufsichtsgremien örtlicher Industriegiganten (in diesem Falle bei Hoesch). Die in Dortmund vorgefundene Konstellation der institutionellen Akteure und ihre Biographien entsprechen dem für Ruhrgebietsstädte typischen Muster (Grabher 1993).

Alle anderen Akteure, die im Dortmunder *Policy*-Netzwerk als einflussreich gelten, sind *subleader* im Sinne Dahls, d.h. Spezialisten, deren Beteiligung an der Entwicklung und Implementation von kommunalpolitischen Ideen sich auf den Bereich der Wirtschaftsförderung beschränkt. Eine Gruppe von Spezialisten wurde bereits vor der Hoesch-Krise gebildet, sie bestand aus Vertretern der IG-Metall, der IHK und des Amtes für Wirtschafts- und Beschäftigungsförderung. Die übrigen zehn Akteure waren Spezialisten, die in den 80er Jahren neu in das Netzwerk kamen.

Kennzeichnend für den Entscheidungsprozeß in Dortmund ist, dass keine Person die alleinige Kontrolle über ihn hat und dass die politischen Maßnahmen strategischer angelegt waren als in anderen vergleichbaren deutschen Städten. Der *Policy*-Prozess vollzog sich über eine Serie von *ad hoc*-Schritten im Resultat von Interaktionen zwischen den Spitzenpolitikern und anderen Mitgliedern des Regimes:

- Schritt 1: OB Günther Samtlebe kritisiert die Wirtschaftsförderungspraxis der Stadt in der Öffentlichkeit.
- Schritt 2: OB Samtlebe ruft Vertreter relevanter Institutionen zum „Runden Tisch". Ein Politikprogramm für eine neue Wirtschaftsförderungspolitik wird entworfen.

- Schritt 3: Die „alte Garde" der SPD-nahen Vorentscheider laden „neue" Spezialisten ein, innovative Politikmaßnahmen zu entwerfen.
- Schritt 4: Die „alte Garde" mobilisiert finanzielle Ressourcen aus unterschiedlichen Quellen. Die neue Maßnahmen werden mit diesen Mitteln implementiert.
- Schritt 5: Die neuen Politikmaßnahmen werden von OB Samtlebe gegenüber verschiedenen Zielgruppen als erfolgreich „verkauft".
- Schritt 6: Die Schritte 3 bis 5 werden wiederholt. Den Akteuren gelingt es immer besser, zusätzliche finanzielle Ressourcen zu mobilisieren, weil ihre Wirtschaftsförderungspolitik zunehmend als erfolgreich angesehen wird.
- Schritt 7: Die „alte Garde" zieht sich aus der Wirtschaftsförderung zurück. Keiner der übrigen Akteure hat genügend Ressourcen, den neuen *status quo* zu ändern. In den 90er Jahren droht die Wirtschaftsförderungspolitik, zu veralten.

Vor der Hoesch-Krise war das System der Wirtschaftsförderung in Dortmund finanziell gut ausgestattet, aber sehr konventionell, d.h. auf „harte" Infrastrukturmaßnahmen und eine Reihe von Rekultivierungsprojekten für Bergbaulandschaften konzentriert, die hauptsächlich durch die Landesregierung finanziert wurden. Das Engagement der „alten Garde" war noch nicht auf das Politikfeld Wirtschaftsförderung fokussiert. Vertreter der IHK und der Gewerkschaften waren im Netzwerk präsent, aber sie trugen nicht zu innovativen Ansätzen bei. Das Politikfeld wurde eher von professionellen Spezialisten aus der Stadtverwaltung und dem Stadtrat dirigiert, die sich strikt an den Bedürfnissen der traditionellen Industriezweige orientierten. Zwischen 1981 und 1985 öffnete sich das Netzwerk dann überraschend schnell für neue Ideen und neue Akteure, mobilisierte in großem Umfang neue Fördermittel und dehnte die Förderaktivitäten der Stadt auf neue wichtige Problemfelder aus.

Die ersten innovativen Schritte wurden schon bald, nachdem Hoesch 1981 seine Entlassungspläne angekündigt hatte, unternommen. OB Samtlebe interpretierte die Hoesch-Pläne umgehend als Krisensymptome und lud Vertreter zahlreicher staatlicher Institutionen, gesellschaftlicher Organisationen sowie der privaten Wirtschaft ein, gemeinsam eine angemessene Antwort zu entwickeln. Diese Treffen wurden als „Hoesch -Konferenz" bekannt und für kurze Zeit in Form einer Arbeitsgruppe verfestigt. Im zweiten Schritt wurde einen „Plan" entwickelt, der im wesentlichen aus einigen allgemeinen Leitlinien bestand, die darauf zielten, die künftigen Aktivitäten der Stadt im Bereich der Wirtschaftsförderung zu koordinieren. Der dritte Schritt bestand darin, das Netzwerk auszudehnen, um neuen Spezialisten die Möglichkeit zu geben, ihre Ideen für politische Maßnahmen zur Geltung zu bringen. Das Problem der führenden Kommunalpolitiker Dortmunds bestand in dieser Phase vor allem darin, die angestammten Experten der Wirtschaftsförderung zu überzeugen, den Geist des Plans der Hoesch-Konferenz zu akzeptieren und gezielt in politische Initiativen umzusetzen. Sie „lösten" dieses Problem durch die Öffnung des Netzwerks für neue *Policy*-Spezialisten, die dann entsprechende Maßnahmen entlang der Richtlinien des Plans entwickelten. Es war vermutlich keine bewusste Strategie der kommunalpolitischen Führungskräfte, die Zuständigkeit für die Formulierung von Politikmaßnahmen zu delegieren. Eher scheint es, dass die neuen Akteure die Gelegenheit erkannten, neue Politikmaßnahmen zu formulieren, von denen einige dann von der „alten Garde" akzeptiert wurden. Im vierten Schritt aktivierten die „alte Garde" latente Ressourcen aus dem öffentlichen Sektor, um die neuen Politikideen, die die Spezialisten entwickelt hatten, zu finanzieren. 1985 wurden politische Maßnahmen implementiert, die dem Geist der generellen Leitlinien der Wirtschaftsförderung, die von der Hoesch-Konferenz vereinbart worden waren, entsprachen. Der Prozess fand seine Fortsetzung, indem der OB die ersten Projektideen bei zahlreichen öffentlichen Auftritten als „erfolgreich" deklarierte. Als die Figur, die in der öffentlichen Wahrnehmung am engsten mit der Stadt assoziiert wird, hatte Samtlebe unter allen führenden Kommunalpolitikern das größte persönliche Interesse daran, Dortmunds Erfolge zu „verkaufen", und er war zugleich derjenige, der über die besten Gelegenheiten dafür verfügte. Die allgemeine Wahrnehmung einer Aufwärtsentwicklung erleichterte es den Dortmunder Akteuren im weiteren, neue Fördermittel für ähnliche Nachfolgeprojekte zu akquirieren. Von in der Landesregierung für Wirtschaftsförderung zuständigen Politikern und Beamten beispielsweise wurde „Dortmunds Erfolg" deutlich registriert. Im sechsten und siebten Schritt übertrug die „alte Garde" faktisch die Zuständigkeit für die Wirtschaftsförderung an die neu etablierten Spezialisten. Als der von allen Seiten als sehr Kompetent geschätze Burkhard Dreher 1985 in das Netzwerk eintrat, führte er eine Reihe von Maßnahmen aus, die auf früheren Erfolgen in etablierten Politikfeldern basierten. So erwarb er sich die Reputation der einflussreichsten Person im Netzwerk. Auf diese Weise war er in der Lage, den früher gebahnten Weg innovativer Politik fortzusetzen.

Aufgrund verschiedener Probleme begann Dortmunds Wirtschaftsförderungspolitik in den späten 80er Jahren, ihren innovativem Charakter einzubüßen. Zum einen wurde die Förderpolitik der Stadt zur Gefangenen ihres eigenen Erfolgs, insofern neue Maßnahmen auf Themen konzentriert blieben, die eng mit dem TZ verknüpft waren. Zum anderen wurden die Aktivitäten in neuen Förderfeldern zunehmend zur Routine und von Anfang an ausschließlich von professionellen Verwaltungskadern kontrolliert. Des weiteren kehrten die Initiativen der 90er Jahren wieder zu den Standardpraktiken zurück, die für Dortmunds Wirtschaftsförderung in den 70er Jahren typisch waren. Mit der deutschen Vereinigung und der zunehmenden europäischen Integration sind die Leitlinien der 80er Jahre obsolet geworden. In der Folgezeit haben es die politischen Akteure versäumt, neue Organisationsformen und Mechanismen für die Evaluierung von Fördermaßnahmen zu entwickeln und einen neuen Konsens über geeignete *Policy*-Leitlinien herzustellen.

Fazit: Mindestens drei Dortmunder Führungspersonen (OBM Samtlebe, Fraktionsvorsitzender Zeidler und Oberstadtdirektor Heinze) haben kooperiert, um ein Politiksystem zu etablieren, das Dahls „executive-centered coalition of coalitions" nahe kam. Sie waren in der Lage, *Subleader* aus verschiedenen Netzwerken zu motivieren, sich an einer koordinierten Maßnahmepolitik in Reaktion auf den wirtschaftlichen Niedergang zu beteiligen. Ihr Beitrag zur Entwicklung von Steuerungsfähigkeit und strategischer Kapazität war nicht intentional in dem Sinne, dass sie die einzelnen Schritte der Reaktion auf Deindustrialisierung geplant hätten. Nichts desto weniger war ihr Einfluss konsistent und maßgeblich, insofern jeder Schritt von ihren Aktionen und ihrer Unterstützung abhängig war.

6. Das Augsburger Regime der Wirtschaftsförderung und seine zentralen Akteure

Das Augsburger Regime bestand aus derselben Art von Akteuren wie das Dortmunder. Bei näherer Betrachtung stellt man jedoch fest, dass es im wesentlichen von zwei Netzwerken dominiert wurde. Das eine hatte sein Zentrum in der IHK, das andere im Stadtrat. Die Hälfte der als einflussreich anerkannten Mitglieder des Regimes waren Geschäftsleute, die in der IHK aktiv waren, oder IHK-Funktionäre. Das entspricht der oftmals behaupteten Dominanz der Kammer in der Wirtschaftsförderungspolitik der Stadt. Alle anderen Mitglieder des Regimes besetzten wichtige Positionen in kommunalen Regierungs- bzw. Verwaltungseinrichtungen.

Die beiden einzigen Akteure, die sowohl von den Geschäftsleuten als auch von den Regierungsvertretern als einflussreich anerkannt wurden, waren Oberbürgermeister Hans Breuer und Hannes Buss, der Leiter des Amts für Wirtschaftsförderung. Doch weder Buss noch Breuer waren in der Lage, Akteure aus beiden Netzwerken zu motivieren, im Interesse der Entwicklung eines gemeinsamen Maßnahmeplans, wie er in Dortmund unter Samtlebe Zustande gekommen war, zu kooperieren. Die Stadt Augsburg hat es niemals geschafft, ein erfolgreiches Projekt zu organisieren, das der Kooperation zwischen dem privaten und dem öffentlichen Sektor zuzuschreiben wäre. Zwar gab es riskante und komplexe politische Initiativen, doch alle scheiterten letztlich auf die ein oder andere Weise.

Zwei Konfliktfelder in der lokalen politischen Kultur erschwerten die Kooperation zwischen den verschiedenen Netzwerken in besonderem Maße. Zum einen waren in Augsburg die Interessen von Einwohnergruppen wesentlich besser organisiert als in Dortmund. Weil Einwohnerinteressen oft stark auf Umwelt- und Lärmschutz orientiert waren, verlief die Entwicklung von infrastrukturorientierter Wirtschaftsförderung hier weitaus konfliktreicher. Zudem ist in Augsburg der Parteienwettstreit von einer weitaus stärkeren Konkurrenzkultur geprägt. Obwohl die SPD über die stärkste Fraktion im Rathaus verfügt und mit Hans Breuer auch über die gesamte Zeit von 1972 bis 1990 den Bürgermeister stellte, dominierte sie die andere wichtige Partei, die CSU, niemals in dem Maße, wie das für Dortmund typisch war. Von zusätzlichem Nachteil war, dass SPD und CSU auch hinsichtlich der Wirtschaftsförderung besonders gegensätzliche Positionen vertraten. Während die SPD interventionistisch orientiert war, plädierte die CSU dafür, der IHK die führende Rolle in der Wirtschaftsförderung zu übertragen.

Augsburgs Bürgermeister Hans Breuer verfügte über weniger Ressourcen als sein Dortmunder Kollege, um solche Barrieren für kollektives Handeln zu überwinden. Anders als in Dortmund gab es keine markante Krise, die einen entsprechenden Konsens hätte befördern können. Die bayrische Landesregierung wird seit Jahrzehnten von der Konkurrenzpartei CSU gestellt, und deren Förderprogramme sind weit weniger generös als die der NRW-Regierung. Das städtische Budget für Wirtschaftsförderung war eng begrenzt, und die Zahl der damit befassten Verwaltungsmitarbeiter sehr klein. *Last but not least*, der einzige Fall, in dem eine große Gruppe von öffentlichen und privaten Akteuren ihre Ressourcen für ein gemeinsames Projekt vereinigt hatten, die Rettung der Textilfirma SWA, ist klar gescheitert, wodurch eine „negative Dynamik" einsetzte, die dem *laissez faire*-Ansatz der Opposition zusätzlichen Auftrieb verschaffte. Im Result verblieb die Wirtschaftsförderungspolitik in Augsburg in einem Muster, das Dahls „Koalition von Häuptlingen ohne die Möglichkeit zu zentralisierter Koordination" ähnlich ist, wobei die beiden wichtigsten Akteurnetzwerke – das um die IHK auf der einen Seite und das um den Stadtrat auf der anderen – unabhängig voneinander auf den wirtschaftlichen Niedergang reagierten.

7. Befunde

Die Städte Dortmund und Augsburg unterscheiden sich deutlich in dem Maß, in dem sie in der Lage waren, in Reaktion auf ähnliche Probleme der Deindustrialisierung in den 80er Jahren strategische Steuerungskapazitäten aufzubauen. Daher können alle Faktoren, die potentiell für strategische Kapazität von Belang sein können und in beiden Fällen präsent sind, als irrelevant vernachlässigt werden. Mehr noch, da sich die Fälle auch hinsichtlich ihrer Kommunalverfassung, der Regimestruktur und der den Führungskräften zugänglichen Ressourcen unterscheiden, lässt ihr Vergleich einige tentative Generalisierungen hinsichtlich der Zusammenhänge zwischen Institutionen, Regimes und Führungsfiguren auf der einen Seite und strategischer Kapazität auf der anderen zu. Von den wichtigsten Faktoren, die in Dortmund, aber nicht in Augsburg anzutreffen sind, sind drei hervorzuheben. Die folgenden Argumente sind als Hypothesen zu verstehen, die weiterer Überprüfung bedürfen.

Argument 1: Der Aufbau von Steuerungskapazität hängt nicht von institutionellen Ressourcen ab. In Dortmund waren informelle Ressourcen viel wichtiger als institutionelle. Die exekutiven Führungskräfte der Stadt bildeten eine geschlossene Front, bestehend aus dem Oberbürgermeister, dem Vorsitzenden der stärksten Fraktion im Stadtrat (SPD), und dem Oberstadtdirektor. Diese Personen haben vier Arten von Ressourcen eingesetzt, um die Steuerungskapazität ihrer Stadt zu erhöhen: (1) eine Situationsdeutung als Krise, (2) Elemente der politischen Kultur wie Solidarität und Freundschaft, (3) die informelle Einheit unter der Führungstroika OB, Fraktionschef, Oberstadtdirektor, die wiederum durch ihre gemeinsame Parteizugehörigkeit erleichtert wurde, und (4) die Eigendynamik politischer Entscheidungen, die sich als eine vorwärtsdrängende Kraft des eigenen Erfolgs erwies. Wichtig ist, dass all diese Ressourcen nicht unabhängig von den Akteuren wirken, sondern zunächst erzeugt und dann gezielt eingesetzt werden mussten. In Augsburg waren solche Ressourcen Mangelware. Obwohl der Augsburger OB Breuer eine weitaus stärkere institutionelle Stellung genoss, war es ihm nicht möglich, die Wirtschaftsförderung in der Stadt in ähnlichem Maße wie in Dortmund zu bewegen.

Die Eigendynamik der politischen Entscheidungen, die in Dortmund eine sehr wichtige Rolle spielte, ist ein Faktor, der bislang in der Literatur überraschend unterbelichtet ist. Dortmunds Führung profitierte in erheblichem Maße von der Eigendynamik, die durch die Fertigstellung des TZ ausgelöst wurde. Allerdings entsteht eine solche Eigendynamik, ähnlich wie eine Krise, nicht einfach so – sie muss durch Deutungsleistungen von Führungskräften erzeugt werden. Eine Methode der Erzeugung von Eigendynamik besteht in der Verkettung von Maßnahmen, d.h. darin, neue Initiativen auf zuvor erfolgreiche Maßnahmen aufzubauen und sie als deren logische Fortsetzung zu deklarieren. Es ist einfacher, Unterstützung für ein Programm zu gewinnen, das auf bekanntem Erfolg aufbaut, als für experimentelle Maßnahmen. Die entsprechende Taktik haben die Mitglieder der Dortmunder Regimes intensiv betrieben. In Augsburg dagegen hat sich das erste Projekt, das durch koordiniertes Handeln unterschiedlicher institutioneller Akteure auf den Weg gebracht wurde, als ein Flop erwiesen. Die Chance für eine positive Eigendynamik war damit vergeben.

Argument 2: In seiner Funktion als symbolischer Repräsentant der Stadt genießt der Bürgermeister Zugang zu Ressourcen, über die kein anderer Akteur verfügt. Dies gilt vor allem dann, wenn es darum geht, Erfolge der Stadtpolitik zu „verkaufen". Aufgrund seiner prominenten symbolischen Position profitiert der Bürgermeister mehr als jeder andere Akteur von einer Zunahme an Steuerungskapazität. Aus diesem Grund eignen sich Bürgermeister bestens für die Position der zentralen exekutiven Führungskraft und sie haben auch am meisten zu einem Ausbau der Steuerungskapazität beigetragen.

Argument 3: Wenn eine Stadt in der Lage ist, innovative Politikmaßnahmen durchzusetzen, wird der Bürgermeister zumindest beiläufig einen Beitrag zu ihrer strategischen Kapazität leisten. Um die Steuerungskapazität der Stadt zu erhöhen, muss er neue Spezialisten aktivieren und integrieren, neue Brükken schlagen zu Organisationen oder Institutionen, die zuvor nicht in das betreffende Politikfeld involviert waren. Ist er dabei erfolgreich, wird die Mitgliederstruktur des Entscheidungssystems automatisch pluralisiert. Die Präsens von mehr Individuen macht das Entscheidungssystem des Politikfeldes empfänglicher für externe Informationen und Ideen. Das System wird dann später in einer besseren Lage sein, strategisch zu handeln, weil es mehr Information verarbeiten, mehr Alternativen wahrnehmen kann. Der Beitrag des Bürgermeisters ist jedoch kurzfristiger Natur und durch zwei Faktoren limitiert. Zum einen muss der Bürgermeister in der Lage sein, ein geeignetes Politikfeld zu identifizieren, auf das er seine innovativen Bemühungen konzentrieren soll. Nur so kann er seinen Einfluss optimieren. Zum anderen tendieren Bürgermeister dazu, ihre eigene innovative Kraft zu kapern. Sie forcieren die „vorwärtsdrängende Kraft des eigenen Erfolgs" und neigen gleichzeitig dazu, schlechte Nachrichten hinsichtlich der Effektivität ihrer Politikmaßnahmen zu ignorieren, da sie ihnen kaum von Nutzen sind.

Fazit: Die strategische Kapazität einer Stadt, die auf Veränderungen in den Umweltbedingungen zu reagieren sucht, entwickelt sich normalerweise gemäß einer umgekehrten U-Kurve. Sowohl ihr anfänglicher Anstieg wie auch ihr späterer Rückgang sind in hohem Maße von der Motivation und den Fähigkeiten der lokalen exekutiven Führungskräfte abhängig. Der Bürgermeister spielt eine maßgebliche Rolle für den Anstieg, aber er hat auch den späteren Rückgang zu verantworten.

8. Ausblick

Die Beobachtungen, die hier in sehr vereinfachter Weise präsentiert wurden, zeigen, dass strategische Kapazität aus dem Zusammenspiel von Führungskräften und Institutionen in einem Kontext entsteht, in dem die Formierung und Reproduktion von Koalitionen die primäre Machtressource bildet. Ist diese Beobachtung verallgemeinerbar, dann ergeben sich daraus einige wichtige Implikationen für die deutsche Art, kommunale Steuerungsinstitutionen zu thematisieren, ebenso wie für die amerikanische Art, *urban regimes* zu konzeptualisieren. Sie deuten darauf hin, dass die deutsche Forschungstradition dazu tendiert, den Einfluss von Institutionen überzubetonen und die Bedeutung individueller Macht zu unterschätzen. Die deutsche Tradition der lokalen Politikforschung scheint durchdrungen von dem Versuch, effiziente Steuerungsinstitutionen zu entwerfen. Sie ist auf die Kreation der „richtigen" Institutionen für eine Strukturierung von Entscheidungsprozessen fokussiert, die strategisches Handeln begünstigen. Die deutschen Institutionalisten neigen dazu, institutionenbedingte Barrieren für strategisches Handelns als ein Problem zu interpretieren, das durch „bessere" Institutionen zu lösen wäre, anstatt sie als eine zwangsläufige Konsequenz jeglicher Institutionalisierung zu interpretieren. Die vielleicht unbequeme, aber doch unumgängliche Schlussfolgerung dieser Studie läuft jedoch darauf hinaus, dass strategische Kapazität von der Präsenz einer einflussstarken individuellen Führungspersönlichkeit abhängt, die gewillt ist, Institutionen „gefügig zu machen" oder sie zu umgehen. Die Befunde dieser Studien deuten des weiteren darauf hin, dass amerikanische *urban Regime*-Ansätze die Bedeutung herkömmlicher Bürgermeistermacht und der Dynamik der Entscheidungsproduktion gewöhnlich übersehen. Weitere Forschungen zur Dynamik von Führung und zur Generierung von Macht in Koalitionen könnten dazu beitragen, eine allgemeingültigere Regimetheorie zu entwickeln, die auf unterschiedliche Kontexte anwendbar wäre.

Literaturverzeichnis

Banner, Gerhard 2001: Reform braucht Führung – die Modernisierung der kommunalen Verwaltung, in: Thomas Middelhoff, Gerd Schulte-Hillen, Gunter Thielen (Hg.): Reinhard Mohn – Unternehmer Stifter Bürger, Gütersloh.

Banner, Gerhard 1982: Zur politisch-administrativen Steuerung der Kommunen, in: Archiv für Kommunalwissenschaften, Heft 21, S. 26-47.

Banner, Gerhard 1972: Politische Willensbildung und Führung in Großstädten der Oberstadtdirektor-Verfassung, in: Rolf-Richard Grauhan (Hg.): Großstadt-Politik, Gütersloh.

Cusack, Thomas R. 1999: Social Capital, Institutional Structures, and Democratic Performance: A Comparative Study of German Local Governments, in: European Journal of Political Research, Heft 35, S. 1-34.

Dahl, Robert 1961: Who Governs?, New Haven.

Elkin, Stephen 1987: City and Regime in the American Republic, Chicago.

Ellwein, Thomas/Ralf Zoll 1982: Wertheim – Politik und Machtstruktur einer deutschen Stadt, München.

Ferman, Barbara 1996: Challenging the Growth Machine – Neighborhood Politics, in: Chicago and Pittsburgh, Lawrence.

Frey, Rainer 1989: Das institutionelle Feld der politischen Entscheidungen auf der Kommunalebene, in Dieter Schimanke (Hg.): Stadtdirektor oder Bürgermeister – Beiträge zu einer aktuellen Kontroverse, Basel.

Gerszewski, Stefanie/Michael Thull 1998: Unternehmerische Stadt vs. Regionalwirtschaftliche Moderation, Diplomarbeit, Universität Dortmund.

Gissendanner, Scott 2001: Strategic Action in Hard Times: Local Responses to Deindustrialization in the United States and Germany, unveröffentlichte Dissertation, University of Georgia, Athens.

Grabher, Gernot 1993: The Weakness of Strong Ties – The Lock-In of Regional Development in the Ruhr Area, in: Gernot Grabher (Hg.): The Embedded Firm: On the Socioeconomics of Industrial Networks, London.

Gunlicks, Arthur 1986: Local Government in the German Federal System, Durham.

Heinz, Werner/Carola Scholz 1996: Public Private Partnership im Städtebau – Erfahrungen aus der kommunalen Praxis, Berlin.

Helmke, Werner/Karl-Heinz Naßmacher 1976: Organisierte und nicht organisierte Öffentlichkeit in der Kommunalpolitik, in: Rainer Frey (Hg.): Kommunale Demokratie, Bonn-Bad Godesberg.

Honadle, Beth Walter 1981: A Capacity-Building Framework – A Search for Concept and Purpose, in: Public Administration Review, Heft 41, S. 575-89.

Judd, Denis/Michael Parkinson 1990: Leadership and Urban Regeneration, Newbury Park.

Kaufman, Jerome L./Harvey M. Jacobs 1993: A Public Planning Perspective on Strategic Planning, in: Roger L. Kemp (Hg.): Strategic Planning for Local Government – A Handbook for Officials and Citizens, Jefferson.

Laumann, Edward/Franz Urban Pappi 1977: Neue Ansätze zur Erforschung kommunaler Eliten, in: Paul Kevenhörster (Hg.): Lokale Politik unter exekutiver Führerschaft, Meisenheim am Glan.

Logan, John/Harvey Molotch 1987: Urban Fortunes – The Political Economy of Place, Berkeley.

Naßmacher, Hiltrud/Karl-Heinz Naßmacher 1999: Kommunalpolitik in Deutschland. Opladen.

Simon, Klaus 1988: Repräsentative Demokratie in großen Städten, Melle.

Stadt Augsburg 1984: Bericht des Amtes für Wirtschaftsförderung, Manuskript.

Stone, Clarence 1989: Regime Politics – Governing Atlanta 1946-1988, Lawrence.

Wehling, Hans-Georg 2001: Kommunale Direktwahl zwischen Persönlichkeitswahl und Parteientscheidung, Materialien für die Arbeit vor Ort, Konrad Adenauer Stiftung.

Michael Haus/Hubert Heinelt

Modernisierungstrends in lokaler Politik und Verwaltung aus der Sicht leitender Kommunalbediensteter. Eine vergleichende Analyse

1. Vorbemerkung

Die zentrale Fragestellung dieses Buches – nämlich die nach den Auswirkungen verschiedener „Modernisierungsstränge" (Durchsetzung des süddeutschen Modells der Kommunalverfassung, um sich greifende Verwaltungsmodernisierung nach dem „New Public Management"-Modell und Verbreitung partizipativer Politikformen) – soll im folgenden Beitrag unter den Gesichtspunkten aufgegriffen werden, wie leitende Kommunalbedienstete die fraglichen Veränderungen thematisieren, sich zu ihnen verhalten und ihr Rollenverständnis definieren.

Dabei wird zum einen möglichen Unterschieden zwischen deutschen Bundesländern bzw. Typen der Kommunalverfassungen nachgegangen, zum anderen aber auch den Merkmalsausprägungen im internationalen Vergleich. Empirische Grundlage des Beitrages ist eine unter Leitung von Poul Erik Mouritzen in der Zeit von November 1995 bis zum Mai 1997 von nationalen Forschungsteams in zwölf westeuropäischen Ländern sowie in Australien und den USA durchgeführte Umfrage unter leitenden abhängig beschäftigten bzw. ernannten Kommunalbediensteten („chief executive officers"). Eine zentrale Frage der Untersuchung war, welche Rolle diese Verwaltungsbediensteten – formell oder informell – in der Kommunalpolitik (entwickelter) westlicher Länder spielen. Damit in Verbindung stehend, aber auch zum Teil darüber hinausgehend, ging es um Rollenverständnisse, tätigkeitsbezogene Wertvorstellungen und kulturelle Wertorientierungen, Beziehungen zwischen administrativem und politischem Führungspersonal (besonders zum gewählten Bürgermeister), Beziehungen und Einfluß im Netz kommunaler Entscheidungsträger, Führungsstile, Karriere- und Mobilitätsmuster, die Haltung und Beziehung zu Verwaltungsreformen sowie schließlich soziale Merkmale (vgl. Mouritzen 1998: 8).[1]

In der ursprünglichen Befragung fehlte Deutschland. Eine Befragung mit dem gleichen, an einigen Stellen ergänzten Fragebogen ist dann unter Leitung von Hubert Heinelt und Oscar W. Gabriel erst im ersten Halbjahr 2000

---

[1] Eine erste Buchveröffentlichung von Ergebnissen ist bereits von Kurt Klaudi Klausen und Annick Magnier (1998a) vorgelegt worden, weitere sind in Vorbereitung.

durchgeführt worden, und zwar mit Unterstützung des Deutschen Städtetages und des Deutschen Städte- und Gemeindebundes.

Im Rahmen einer internationalen Befragung wie dieser ist die Festlegung des Adressatenkreises nicht einfach (vgl. dazu Mouritzen 1998: 8). Um in Deutschland an die „highest ranking appointed administrative officials in municipalities" (Mouritzen 1998: 8) heranzukommen, wurde der Fragebogen an die Bürgermeisterinnen und Bürgermeister mit der Bitte geschickt, sie an den „ranghöchsten" Vertreter innerhalb der Verwaltung weiterzuleiten, der formal abhängig beschäftigt war. In den meisten Städten handelte es sich dabei um eine Person aus dem Kreis der Wahlbeamten, die zwar vom Rat für eine bestimmte Zeit (aus-)gewählt werden, aber gleichwohl formal abhängig beschäftigt sind. In Städten, in denen es keine Wahlbeamte gab, sollte der Fragebogen an „normal" beamtete oder angestellte Vertreter der Bürgermeisterin oder des Bürgermeisters innerhalb der Verwaltung weitergereicht werden. In den Fällen, in denen die Vertretung der Bürgermeisterin oder des Bürgermeisters innerhalb der Verwaltung nicht allgemein geregelt war, gelangte der Fragebogen an den Dienstältesten unter den „ranghöchsten" Kommunalbediensteten.

Versandt wurden der Fragebogen in Deutschland an alle Städte und Gemeinden mit mehr als 15.000 Einwohnern (ohne die drei Stadtstaaten, aber mit Bremerhaven). Eine Versendung an alle Städte und Gemeinden war aufgrund ihrer großen Zahl nicht möglich.[2]

2. Rollenmuster im Dreieck von kommunaler Verwaltung, Bürgermeister und lokaler Politik

Den politischen Hintergrund der folgenden Ausführungen zur Wahrnehmung des Akteursfeldes im Bereich der lokalen Verwaltung und Politik durch die leitenden Kommunalbediensteten bilden einerseits die *Reform der Kommunalverfassungen* durch die Bundesländer, andererseits die Neubestimmung der Rollen von Verwaltungs- und politischen Akteuren, wie sie im Rahmen der Verbreitung des *Neuen Steuerungsmodells* diskutiert worden ist.

---

2   Bei 942 versandten und 413 zurückgesandten auswertbaren Fragebögen ergibt sich eine Rücklaufquote von 43,8 %. Um der Vergleichbarkeit der Daten willen sind bei den folgenden Auswertungen alle Städte unter 15.000 Einwohner aus dem internationalen Datensatz herausgefiltert worden.

2.1 Die Bürgermeister im internationalen und Bundesländervergleich

2.1.1 Deutschland als Heimstätte der „exekutiven Führerschaft"

Im internationalen Vergleich kommt den deutschen Bürgermeistern nach den Reformen im Bereich der Kommunalverfassungen insgesamt eine ungewöhnlich starke institutionelle Stellung zu. Dieser viel zitierte „Siegeszug" der süddeutschen Ratsverfassung (von Arnim 1995: 351) brachte den Bürgermeistern nicht nur die Position des Hauptverwaltungsbeamten, sondern (und hierin besteht ein Unterschied etwa zu der „starken Bügermeisterverfassung" in Frankreich[3]) auch eine extra-parlamentarische plebiszitäre Legitimation aufgrund ihrer direkten Wahl durch die örtliche Bürgerschaft. Steuerungstheoretisch kann von einem Triumph des Modells „exekutiver Führerschaft" über jenes einer „legislatorischen Programmsteuerung" (Voigt 1992 im Anschluß an Grauhan, Wehling 1999: 93) gesprochen werden.

Dabei handelt es sich freilich zunächst um formale Bestimmungen und idealtypische Unterscheidungen. Die Daten der U.DI.T.E.-Studie vermögen jedoch einigen Aufschluß darüber zu geben, inwiefern die Praxis in den deutschen Gemeinden mit den institutionellen Vorgaben und steuerungstheoretischen Idealen korrespondiert. Der internationale Vergleich der Auskünfte der leitenden Kommunalbediensteten zu den Bürgermeistern ihrer Gemeinden fördert dabei einige erstaunliche Befunde im Hinblick auf die deutschen Bürgermeister zutage, welche die Erwartung, dass es sich bei ihnen um exeptionelle Lokalpolitiker handelt, weitgehend bestätigen.

Zu *Stellung* und *Einfluß* der deutschen Bürgermeister kann zunächst festgehalten werden, dass ihnen im internationalen Vergleich die besten Chancen auf eine erfolgreiche *Wiederwahl* bestätigt werden. 57% der deutschen leitenden Kommunalbediensteten behaupten, es sei „fast sicher", dass der Bürgermeister im Amt bleiben werde, falls er sich entschließt, nochmals zu kandidieren. Die zweitplazierten irischen Bürgermeister erreichen schon vier Prozentpunkte weniger, die norwegischen Bürgermeister kommen als Schlußlicht gerade einmal auf 23,4%. In den meisten Ländern wird dem Bürgermeister allerdings zumindest bescheinigt, die „besten Chancen aller Kandidaten" zu haben. Dass der Bürgermeister sein Amt bei der nächsten Wahl „wahrscheinlich verliert", glauben in Deutschland nur 4,8%, ein Wert, der von vier anderen Ländern noch unterboten wird. Alles in allem kann man von einem ausgesprochen wirkungsvollen Amtsbonus des Bürgermeisters in den deutschen Kommunen sprechen. Dementsprechend (aber wohl auch aufgrund günstiger Bestimmungen in den Gemeindeordnungen) erreichen die deutschen Bürgermeister die zweithöchste bisherige *Amtsdauer*. Sie werden nach Auskunft der

---

3   Zu Typologisierungsmöglichkeiten von politisch-administrativen Systemen auf lokaler Ebene im internationalen Vergleich s. Mouritzen/Svara 2002: Kap. 3, Bennett 1993.

leitenden Kommunalbediensteten mit einer durchschnittlichen bisherigen Amtsdauer von ca. siebeneinhalb Jahren nur von den französischen Bürger-meistern (ca. neuneinhalb Jahre) übertroffen.

In seiner *Partei* hat der deutsche Bürgermeister hingegen eine im inter-nationalen Vergleich nur leicht überdurchschnittlich ausgeprägte Machtposi-tion. 53,1% der leitenden Kommunalbediensteten in Deutschland bescheini-gen ihrem Bürgermeister, der „unangefochtene Parteiführer" zu sein, 29,3% geben an, dass er/sie in seiner/ihrer Position als Parteiführer „gefährdet" sei, aber weiter in dieser Position verbleiben würde, und 10,6% sehen ihn/sie in ei-ner „ziemlich schwachen Position innerhalb seiner/ihrer Partei", wobei ein noch höherer Anteil von über 20% sich nicht imstande sieht, eine Einschätzung vor-zunehmen. Auch wenn die Daten kaum vergleichbar erscheinen, weil in einigen Ländern die Zahl der Unwissenden noch höher ist[4], so läßt sich doch festhalten, dass in einigen Ländern ein höherer Anteil der Bürgermeister als in Deutschland als unangefochtene Parteiführer betrachtet wird (Belgien, Norwegen, Schwe-den und vor allem Dänemark) und in anderen ein geringerer (Finnland, Irland, Italien, Spanien, Portugal und vor allem die USA), während Großbritannien und Australien in etwa gleich hohe Werte wie Deutschland aufweisen.

Betrachtet man die Einschätzung des *Verhaltens* der Bürgermeister durch die leitenden Kommunalbediensteten, dann tritt die Exeptionalität der deut-schen Bürgermeister noch deutlicher hervor. So stimmen hier nicht nur 72,8% der leitenden Kommunalbediensteten der Aussage „voll zu", dass ihr Bür-germeister „ausgezeichnete Beziehungen zur Öffentlichkeit (hat) und weiß, was die Bürger beschäftigt", womit Deutschland nur knapp hinter Spanien den zweiten Platz belegt; auch hinsichtlich der Aussage, dass der Bürgermei-ster „ein visionärer Mensch (ist), der neue Projekte und Politik in der Ge-meinde initiiert", *und* der Aussage, dass der Bürgermeister sich „sehr stark mit den Einzelheiten der täglichen Verwaltungsarbeit (beschäftigt)", wird der zweite Platz erreicht (jeweils hinter Italien). An *letzter* Stelle finden sich die deutschen Bürgermeister hingegen bei der Beantwortung der Fragen, ob der Bürgermeister „nur auf die Sachlage (reagiert), wenn neue Politiken formu-liert werden", *und* ob er „v.a. ein Politiker ist, der sich eher im Politikprozess engagiert als sich mit Verwaltungsdetails zu beschäftigen". Schließlich wurde auch nach der Bedeutung des Parteiprogramms für das politische Handeln der Bürgermeister gefragt. Einzig bei dieser Frage nimmt Deutschland keinen Rang an der Spitze oder am Ende, sondern im Mittelfeld ein.

Folgt man diesen Einschätzungen, dann verkörpern die deutschen Bür-germeister eine recht merkwüdige Mixtur von Eigenschaften: Es handelt sich bei ihnen um vergleichsweise hoch responsive und populäre, äußerst aktive

---

4   In Irland gaben rd. 64% der Befragten an, sie wüßten nicht, wie die Stellung des Bür-
     germeisters innerhalb seiner Partei zu beurteilen sei, in den USA waren es rd. 50%,
     obwohl hier die zusätzliche Antwortmöglichkeit bestand, daß der Bürgermeister gar
     nicht als Parteiführer wahrgenommen werde.

und visionäre Verwaltungsexperten. Dass es möglich sein soll, sich zugleich relativ intensiv um Verwaltungsdetails zu kümmern und hohe Beliebtheit in der Öffentlichkeit zu genießen sowie Visionen für die Kommune zu hegen, läßt sich zunächst als Indiz dafür werten, dass das traditionelle Bild von der „unpolitischen" kommunalen Selbstverwaltung fortwirkt. Darauf wird unten zurückzukommen sein. Die Erwartung, dass der Hauptverwaltungsbeamte aufgrund seiner Direktwahl eine besonders „bürgernahe" Politik und Verwaltung praktizieren werde, bestätigt sich gleichwohl auf beeindruckende Weise. Aus der Sicht der leitenden Kommunalbediensteten entsprechen die deutschen Bürgermeister jedenfalls weitgehend dem „zentralen Steuerungspolitiker" gehegten Hoffnungen (vgl. Banner 1982, 1984, 1989).[5] Stellt man die hohen Einflußmöglichkeiten und Chancen auf eine Belohnung bei den Direktwahlen in Rücksicht, dann kann von starken mit dem Bürgermeisteramt verbundenen Gratifikationsaussichten gesprochen werden. Die Hoffnung, dass Amt mit der Reform der Kommunalverfassungen hinreichend „attraktiv" für „geeignete" Kandidaten zu machen (vgl. Wehling 1984: 36), dürfte sich damit erfüllt haben.

2.1.2 Bürgermeister im Bundesländervergleich: Das politische Fortwirken der alten Kommunalverfassungen

Den internationalen Befunden soll nun der differenzierende Blick nach innen folgen. Leitende Frage ist dabei, inwiefern sich regionale Unterschiede in Deutschland zeigen und worauf diese zurückgeführt werden können, wobei die jeweilige Kommunalverfassung besondere Berücksichtigung finden wird. Um zu ermitteln, inwiefern Unterschiede im Bereich der Kommunalverfassungen ins Gewicht fallen, sollen zunächst die Befunde für die einzelnen Bundesländer präsentiert werden. Dadurch läßt sich nämlich die Frage beantworten, ob Unterschiede bzw. Ähnlichkeiten eher auf das Fortwirken vergangener institutioneller Vorgaben und von ihnen geprägten Verhaltensweisen oder aber auf die aktuell gültigen Kommunalverfassungen zurückzuführen sind – oder vielleicht gar nichts mit der jeweiligen Kommunalverfassung zu tun haben. Im Hinblick auf das Fortwirken vergangener kommunalverfassungsrechtlicher Bestimmungen wird im folgenden die bis in die neunziger Jahre gängige Unterscheidung zwischen vier Typen von Kommunalverfas-

---

5 Eine kritische politikwissenschaftliche Perspektive darf sich mit diesem affirmativen Befund freilich nicht zufrieden geben. Zu fragen wäre, was „Bürgernähe" in der Praxis tatsächlich bedeutet, inwiefern der durch die leitenden Kommunalbediensteten wahrgenommenen Responsivität eine reflektierte Zufriedenheit bei unterschiedlichen Gruppen der örtlichen Bürgerschaft entspricht und wie hoch die Performanz der Bürgermeister tatsächlich ist – im Unterschied zu manipulatorischer Rhetorik und symbolischer Politik.

sungen zugrundegelegt.[6] Für eine Typologisierung der neuen Kommunalverfassungen wird auf den Vorschlag von Knemeyer (1998) zurückgegriffen, der
hinsichtlich der Breite der heute gültigen Kommunalverfassungen für die
„Ein-" bzw. „Zweiköpfigkeit" (also die Frage, ob der Bürgermeister auch
Vorsitzender des Vertretungsorgans ist) als Unterscheidungskriterium plädiert
und das modifizierte hessische Magistratsmodell als Sonderfall abgrenzt.[7]

Die *Position des Bürgermeisters innerhalb seiner Partei* ist nach der Einschätzung der leitenden Kommunalbediensteten am schwächsten in vier der
fünf ostdeutschen Länder, wobei Thüringen hier die große Ausnahme mit
dem im Vergleich aller Bundesländer höchsten Anteil von Bürgermeistern
mit einer dominanten Position in seiner Partei darstellt (s. Tabelle 1). Die beiden Länder in der Tradition der *süddeutschen Ratsverfassung*, Baden-Württemberg und Bayern, weisen deutlich unterschiedliche Werte auf. In Bayern
ist der Anteil jener Bürgermeister, die zugleich unangefochtene Parteiführer
sind, mit über 70% relativ hoch, in Baden-Württemberg mit rd. 46% relativ
niedrig. Hinzu kommt ein hoher Wert von Enthaltungen, die wahrscheinlich
daher rühren, dass viele Bürgermeister in Baden-Württemberg noch nicht einmal Mitglied in einer Partei sind. Im Gegensatz zu Baden-Württemberg müssen
die Bürgermeister-Kandidaten in Bayern laut Kommunalwahlgesetz von Parteien und Wählervereinigungen nominiert werden (Art. 45 bzw. 24 GLKrWG).
Die Länder in der Tradition der *norddeutschen Ratsverfassung* liegen im Bereich des Befundes für Baden-Württemberg und damit deutlich unter dem
bayerischen Wert. Bürgermeister als relativ starke Parteiführer gibt es im
Vergleich hierzu ebenfalls in Hessen und Rheinland-Pfalz. Damit kann festgehalten werden, dass zum einen für die Rolle des Bürgermeisters innerhalb

---

6   Das heißt, unterschieden werden (1) die *norddeutsche Ratsverfassung* (Niedersach-
     sen, Nordrhein-Westfalen), bei der der Rat „monistisch" für den gesamten Bereich
     der kommunalen Selbstverwaltung formal verantwortlich zeichnet, sowohl der ehren-
     amtliche Bürgermeister und Ratsvorsitzende als auch der die Verwaltung leitende
     Gemeinde/Stadtdirektor vom Rat gewählt werden, (2) die *süddeutsche Ratsverfassung*
     (Baden-Württemberg, Bayern) mit einem direkt gewählten Bürgermeister, der zu-
     gleich Chef der lokalen Verwaltung ist, wobei Rat und Verwaltung in „dualistischer"
     Weise gleichermaßen über genuine Kompetenzen verfügen, (3) die *starke Bürgermei-
     sterverfassung* (Rheinland-Pfalz, Saarland) mit Wahl eines der Verwaltung vorste-
     henden Bürgermeisters durch den Rat sowie „dualistischer" Kompetenzverteilung
     und schließlich (4) die *unechte Magistratsverfassung* (Hessen, Schleswig-Holstein),
     bei der die Verwaltung kollegial und unter Einschluß Ehrenamtlicher geleitet wird,
     wobei sowohl das kollegiale Gremien als auch der Bürgermeister als *primus inter pa-
     res* und der unabhängige Ratsvorsitzende vom Rat gewählt werden.

7   Daraus folgt die Zusammenfassung (1) der Länder Baden-Württemberg, Bayern,
     Nordrhein-Westfalen, Rheinland-Pfalz, Saarland, Sachsen und Thüringen unter den
     Typus der „*Rat-Bürgermeister-Verfassung mit einer Spitze*" und (2) der Länder Bran-
     denburg, Mecklenburg-Vorpommern, Niedersachsen (mit Option für eine Spitze),
     Sachsen-Anhalt und Schleswig-Holstein unter den Typus der „*Rat-Bürgermeister-
     Verfassung mit zwei Spitzen*".

seiner Partei politics-Faktoren und Aspekten der politischen Kultur eine mindestens ebenso wichtige Erklärungskraft besitzen wie der polity-Dimension zugehörige Größen; zum anderen scheint im Bereich der polity-Faktoren anderen Bestimmungen der Gemeindeordnungen und Kommunalwahlgesetze als den üblicherweise zur Beschreibung verschiedener Kommunalverfassungstypen herangezogenen eine signifikante Bedeutung zuzukommen (z.B. dem Modus der Kandidatennominierung).

Tab. 1: Die Position des Bürgermeisters innerhalb seiner Partei

	„Der Bürger-meister ist der unangefochtene Parteiführer"	„Die Position des Bürgermeisters als Parteiführer ist ge-fährdet, aber er bleibt weiter in die-ser Position"	„Der Bürgermeister hat eine ziemlich schwache Position innerhalb seiner Partei"	„Weiß nicht"	n
Schleswig-Holstein	25,0%		25,0%	50,0%	8
Meckl.-Vorp.	33,3%	16,7%	33,3%	16,7%	6
Niedersachsen	54,3%	25,7%	11,4%	8,6%	35
Brandenburg	30,0%	30,0%	20,0%	20,0%	10
Sachsen-Anhalt	33,3%	20,0%	13,3%	33,3%	15
Nordrh.-Westfalen	43,5%	18,5%	9,8%	28,3%	92
Thüringen	83,3%	8,3%		8,3%	12
Sachsen	22,2%	22,2%	11,1%	44,4%	9
Hessen	69,0%	7,1%	9,5%	14,3%	42
Rheinland-Pfalz	66,7%	20,0%		13,3%	15
Saarland	76,9%	7,7%		15,4%	13
Baden-Württemberg	46,3%	4,9%	17,1%	31,7%	41
Bayern	70,8%	8,3%	4,2%	16,7%	48
gesamt	53,6%	14,1%	10,1%	22,2%	347

Die besten *Aussichten auf eine Bestätigung im Amt* haben die Bürgermeister laut der Auskunft der leitenden Kommunalbediensteten in Bayern, Saarland und Thüringen, während die höchste Abwahlwahrscheinlichkeit in Mecklenburg-Vorpommern, Rheinland-Pfalz, Sachsen und Hessen besteht (s. Tab 2). In Niedersachsen und Nordrhein-Westfalen werden von den leitenden Kommunalbediensteten keine überragenden, aber insgesamt doch gute Aussichten in Rechnung gestellt. Damit kann cum grano salis festgestellt werden, dass die Stellung innerhalb der eigenen Partei immer noch mit den Aussichten auf den Gewinn von Bürgermeisterwahlen in signifikanter Weise korreliert. Für Baden-Württemberg gilt freilich wiederum als Ausnahme, dass die Bürgermeister auch dann recht günstige Aussichten auf eine Bestätigung im Amt haben, wenn sie nicht unangefochtene Parteiführer sind.[8]

---

8   In Baden-Württemberg schätzen 76,5% derjenigen, welche den Bürgermeister als unangefochtenen Parteiführer betrachten, daß er sichere Wiederwahlaussichten hat. Von denjenigen, welche seine parteipolitische Stellung gefährdet sehen, behaupten dies 50% und 57,1% sind es unter denjenigen, welche seine Parteiposition als schwach einschätzen. In den anderen Ländern wird den parteipolitisch starken Bürgermeistern

Tab. 2: Die Aussichten des Bürgermeisters auf Wiederwahl im Falle einer
neuerlichen Kandidatur

	fast sicher, dass der Bürgermeister in seiner Position bleibt	hat die besten Chancen aller Kandidaten, aber nicht sicher, dass er wiedergewählt wird	verliert wahrscheinlich seine Stellung bei der nächsten Wahl	weiß nicht	n
Schleswig-Holstein	60,0%	30,0%	10,0%		10
Meckl.-Vorp.	50,0%	16,7%	16,7%	16,7%	6
Niedersachsen	41,0%	46,2%	2,6%	10,3%	39
Brandenburg	45,5%	36,4%	9,1%	9,1%	11
Sachsen-Anhalt	31,3%	56,3%	6,3%	6,3%	16
Nordrhein-Westfalen	48,5%	35,0%	4,9%	11,7%	103
Thüringen	69,2%	30,8%			13
Sachsen	46,2%	38,5%	7,7%	7,7%	13
Hessen	70,5%	18,2%	6,8%	4,5%	44
Rheinland-Pfalz	66,7%	20,0%	13,3%		15
Saarland	75,0%	16,7%		8,3%	12
Baden-Württemberg	58,8%	27,5%	2,0%	11,8%	51
Bayern	77,1%	16,7%		6,3%	48
gesamt	57,1%	30,1%	4,5%	8,4%	382

Welche Einsichten ergeben sich in diesem Zusammenhang im Hinblick auf
die von den leitenden Kommunalbediensteten wahrgenommenen *Verhaltensweisen* der Bürgermeister?

Ein deutliches Fortwirken von durch die verschiedenen Kommunalverfassungstypen gekennzeichneten politischen Traditionen zeigt sich bei der
Frage, ob der Bürgermeister Wert auf die *Beförderung von Parteiprogramm
und -interessen* legt (vgl. Tab. 3). Hier wird den baden-württembergischen
Bürgermeistern zugesprochen, am wenigsten von diesem Anliegen geleitet zu
werden, während für die nordrhein-westfälischen genau das Gegenteil zutrifft,
wenn auch festgehalten werden muß, dass auch in Nordrhein-Westfalen die
mehrheitliche Auffassung dahingeht, dass der Bürgermeister eher in modera-
ter Weise als Parteipolitiker auftritt. Hessen (Magistratsverfassung) weist ein
noch ausgeprägteres parteipolitisches Profil der Bürgermeister auf als Niedersachsen. Bayern wiederum liegt deutlich hinter Baden-Württemberg, was
abermals darauf hindeutet, dass die Bedeutung parteipolitischer Bindungen
nicht nur auf Merkmale der Kommunalverfassungen zurückgeführt werden
kann. Ebenso sind die parteipolitischen Ambitionen des Bürgermeisters in
Niedersachsen weit weniger hervorstechend als in Nordrhein-Westfalen.

durchschnittlich zu 66,9%, den parteipolitisch gefährdeten zu 44,4% und den parteipolitisch schwachen nur noch zu 28,6% eine sichere Aussicht auf Bestätigung im Amt
zugesprochen.

Tab. 3: „Der/die Bürgermeister(in) legt Wert auf die Beförderung des Parteiprogramms und die Interessen seiner Parteifreunde"

Antwort: „trifft ... zu"	voll	stark	teilweise	im geringen Maße	überhaupt nicht	Mittelwert	σ	n
Nordrhein-Westfalen	2,9%	18,3%	35,6%	26,9%	16,3%	3,36	1,05	104
Sachsen-Anhalt		15,4%	23,1%	53,8%	7,7%	3,54	,88	13
Hessen		2,3%	52,3%	27,3%	18,2%	3,61	,81	44
Niedersachsen	2,6%	10,5%	26,3%	39,5%	21,1%	3,66	1,02	38
Rheinland-Pfalz		12,5%	18,8%	50,0%	18,8%	3,75	,93	16
Meckl.-Vorp.			16,7%	83,3%		3,83	,41	6
Schleswig-Holstein		11,1%	22,2%	33,3%	33,3%	3,89	1,05	9
Bayern		2,0%	24,0%	50,0%	24,0%	3,96	,75	50
Thüringen			23,1%	53,8%	23,1%	4,00	,71	13
Sachsen			30,8%	38,5%	30,8%	4,00	,82	13
Saarland			15,4%	53,8%	30,8%	4,15	,69	13
Brandenburg			18,2%	45,5%	36,4%	4,18	,75	11
Baden-Württemberg		3,9%	11,8%	39,2%	45,1%	4,25	,82	51
gesamt	1,0%	8,4%	28,5%	38,5%	23,6%	3,75	,94	382

Tritt die parteipolitische Rolle der Bürgermeister in den Ländern mit der Tradition der norddeutschen Ratsverfassung, vor allem in Nordrhein-Westfalen,
also immer noch deutlich pointierter zutage als in den süddeutschen Ländern,
so kann in einem zweiten Schritt gefragt werden, ob die leitenden Kommunalbediensteten meinen, dass damit eine unterschiedlich hohe Responsivität
der Bürgermeister gegenüber den Bedürfnissen der lokalen Bürgerschaft einhergeht. Wie der internationale Vergleich bereits deutlich machte, schätzen
die leitenden Kommunalbediensteten in Deutschland die Responsivität ihrer
Bürgermeister insgesamt relativ hoch ein. Im Bundesländervergleich zeigt
sich, dass sich die Unterschiede in dieser Frage deutlich in Grenzen halten.
Gemessen am arithmetischen Mittel liegen die Länder mit ehemals norddeutscher Ratsverfassung nicht nennenswert hinter jenen mit einer langjährigen
Tradition des süddeutschen Ratsmodells (s. Tab. 4).

Dass die Bürgermeister in Niedersachsen und stärker noch in Nordrhein-
Westfalen eher Wert auf die Beförderung der Parteiziele legen, steht zumindest in den Augen der leitenden Kommunalbediensteten nicht in einem Gegensatz zu ihrer Responsivität gegenüber der örtlichen Bürgerschaft insgesamt. Dies deutet darauf hin, dass in diesen beiden Ländern von den leitenden
Kommunalbediensteten Parteipolitik und Gemeinwohl nicht als in einem widersprüchlichen, sondern eher komplementären Verhältnis zueinander stehend
begriffen werden. Auch darin kann freilich ein Fortwirken von kommunalver-
fassungsrechtlich geprägten Traditionen gesehen werden. Denn die Einstellungsmuster in diesen beiden Ländern können als Akzeptanz des (partei-
)politischen Charakters der Kommunalpolitik interpretiert werden. In den
süddeutschen Ländern wird gemeinwohlorientierte Politik stärker an einem
„überparteilichen" Verhalten des Bürgermeisters festgemacht.

Tab. 4: „Der/die Bürgermeister(in) hat ausgezeichnete Beziehungen zur Öffentlichkeit und weiß, was die Bürger beschäftigt"

Antwort: „trifft ... zu"	voll	stark	teilweise	im geringen Maße	überhaupt nicht	Mittel-wert	n
Thüringen	46,2%	46,2%	7,7%			1,62	13
Schleswig-Holstein	55,6%	22,2%	22,2%			1,67	9
Brandenburg	27,3%	63,6%	9,1%			1,82	11
Bayern	40,0%	34,0%	22,0%	4,0%		1,90	50
Saarland	30,8%	46,2%	23,1%			1,92	13
Sachsen	30,8%	38,5%	30,8%			2,00	13
Baden-Württemberg	26,4%	49,1%	20,8%	3,8%		2,02	53
Niedersachsen	30,8%	41,0%	23,1%	5,1%		2,03	39
Hessen	27,3%	45,5%	22,7%	4,5%		2,05	44
Nordrh.-Westfalen	25,7%	44,8%	25,7%	3,8%		2,08	105
Rheinland-Pfalz	29,4%	35,3%	17,6%	17,6%		2,24	17
Sachsen-Anhalt	7,1%	57,1%	28,6%	7,1%		2,36	14
Meckl.-Vorp.	16,7%	16,7%	50,0%		16,7%	2,83	6
gesamt	29,4%	43,3%	22,9%	4,1%	,3%	2,03	388

Die Angaben zu der Frage, inwiefern der Bürgermeister als „ein visionärer Mensch, der neue Projekte und Politik in der Gemeinde initiiert", betrachtet werden kann, zeigen wieder ein deutlicheres Muster gemäß unterschiedlicher kommunalverfassungsrechtlicher Traditionen. In den Ländern mit süddeutscher Ratsverfassung (Bayern: Mittelwert von 2,2, Baden-Württemberg: 2,0) und ehemals starker Bürgermeisterverfassung (Rheinland-Pfalz: 1,7, Saarland: 2,1) wird diese Frage in deutlich höherem Maße bejaht als in den Ländern mit norddeutscher Tradition (Niedersachsen: 3,2, NRW: 2,7). In Hessen – als Land mit der Tradition des Magistratsmodells – wird der Bürgermeister als nur „leicht" visionärer befunden als in Niedersachsen und Nordrhein-Westfalen (Mittelwert von 2,4), was mit den übrigen Befunden korrespondiert, dass auch unter den Bedingungen des Magistratsmodells die Führungspersönlichkeit des Bürgermeisters nicht in gleichem Ausmaß eine herausragende Stellung einnimmt wie in den süddeutschen Ländern.

Kein eindeutiger Zusammenhang läßt sich hingegen zwischen Kommunalverfassungstradition und dem Verwaltungsstil der Bürgermeister feststellen. Zumindest liegen Baden-Württemberg, Bayern und Nordrhein-Westfalen sehr eng beieinander, wenn es um die Frage geht, ob sich der Bürgermeister „sehr stark mit den Einzelheiten der täglichen Verwaltungsarbeit (beschäftigt)" und ob er „sich eher im Politikprozeß engagiert als sich mit Verwaltungsdetails zu beschäftigen". Auch Rheinland-Pfalz, das Saarland und Hessen weisen keine signifikanten Unterschiede auf. Einzig Niedersachsen zeigt ein eigentümliches Profil: Dort sind die Bürgermeister zum einen im Ländervergleich am stärksten auf das Engagement im Politikprozeß fixiert, zum anderen am wenigsten in die tägliche Verwaltungsarbeit involviert. Die niedersächsischen Bürgermeister scheinen eine etwas reaktivere Amtsführung zu pflegen (vgl. Tab. 5).

Insgesamt spiegelt hier jedoch die Antworten die unterschiedlichen Traditionen von Kommunalverfassungen gut wider: In den Ländern mit der Tradition der süddeutschen Ratsverfassung und der starken Bürgermeisterverfassung werden die Bürgermeister als stärker aktiv empfunden als in den Ländern mit der Tradition des Magistratsmodells und der norddeutschen Ratsverfassung. Am deutlichsten aus Eigeninitiative heraus agierend werden die Bürgermeister im Saarland, Sachsen, Rheinland-Pfalz und Bayern wahrgenommen. Baden-Württemberg fällt freilich etwas dahinter zurück.

Tab. 5: „Der/die Bürgermeister(in) reagiert nur auf die Sachlage, wenn neue Politiken formuliert werden"

Antwort: „trifft ... zu"	voll	stark	Teilweise	im geringen Maße	überhaupt nicht	Mittel- wert	σ	n
Meckl.-Vorp.		33,3%	33,3%	33,3%		3,00	,89	6
Brandenburg	9,1%	27,3%	18,2%	36,4%	9,1%	3,09	1,22	11
Niedersachsen	5,1%	12,8%	41,0%	17,9%	23,1%	3,41	1,14	39
Hessen	2,3%	14,0%	20,9%	37,2%	25,6%	3,70	1,08	43
Sachsen			57,1%	14,3%	28,6%	3,71	,91	14
Nordrhein-Westfalen	1,9%	14,3%	22,9%	31,4%	29,5%	3,72	1,10	105
Schleswig-Holstein	11,1%		22,2%	33,3%	33,3%	3,78	1,30	9
Baden-Württemberg	1,9%	9,4%	22,6%	39,6%	26,4%	3,79	1,01	53
Thüringen		7,7%	23,1%	46,2%	23,1%	3,85	,90	13
Bayern		6,0%	20,0%	46,0%	28,0%	3,96	,86	50
Rheinland-Pfalz		6,3%	12,5%	37,5%	43,8%	4,19	,91	16
Sachsen			7,7%	38,5%	53,8%	4,46	,66	13
Saarland			7,7%	23,1%	69,2%	4,62	,65	13
gesamt	2,1%	10,6%	23,8%	34,2%	29,3%	3,78	1,05	386

Nimmt man eine Gruppierung der Länder nach der Zugehörigkeit zu den vier *vormaligen* Kommunalverfassungstypen vor, dann läßt sich überblicksartig darstellen, in welchen Punkten die spezifischen Unterschiede noch heute nachwirken: In den Ländern mit der Tradition der starken Bürgermeisterverfassung und der süddeutschen Ratsverfassung machen die Bürgermeister auf die leitenden Kommunalbediensteten einen visionäreren und aktiveren sowie einen weniger parteipolitisch motivierten Eindruck. Quer zu allen vier Kommunalverfassungstypen wird den Bürgermeistern hingegen ein gleichermaßen vorzügliches Verhältnis zur Öffentlichkeit und hohe Responsivität bescheinigt.

Tab. 6: Verhalten des Bürgermeisters nach alten Kommunalverfassungen

Kommunalver-fassung alt		„beschäftigt sich sehr stark mit den Einzelheiten der täglichen Verwaltungs-arbeit"	„ist ein visio-närer Mensch, der neue Pro-jekte und Po-litik in der Gemeinde initiiert"	„hat ausge-zeichnete Beziehungen zur Öffent-lichkeit und weiß, was die Bürger be-schäftigt"	„eher im Poli-tikprozeß en-gagiert als mit Verwal-tungsdetails beschäftigt"	„reagiert nur auf die Sachlage, wenn neue Politiken for-muliert wer-den"	„legt Wert auf die Beförde-rung des Parteipro-gramms und der Interes-sen seiner Parteifreun-de"
süddt. Rats-verfassung	Mittel-wert	2,67	2,11	1,96	3,21	3,87	4,11
	σ	1,14	0,88	0,84	1,01	0,94	,80
norddt. Rats-verfassung	Mittel-wert	2,82	2,86	2,06	3,01	3,64	3,44
	σ	1,06	1,06	0,83	1,06	1,11	1,05
starke Bürger-meister-Verfas-sung	Mittel-wert	2,53	1,87	2,10	3,33	4,38	3,93
	σ	1,17	0,90	0,96	1,15	0,82	0,84
Magistratsver-fassung	Mittel-wert	2,66	2,48	1,98	3,24	3,72	3,65
	σ	0,98	1,00	0,84	0,99	1,10	0,85
Fünf neue Länder	Mittel-wert	2,93	2,47	2,05	3,04	3,72	3,91
	σ	1,08	1,20	0,85	0,94	1,03	0,77

(1=„trifft voll zu", 5=„trifft überhaupt nicht zu")

In diesem Zusammenhang verdient es der Hervorhebung, dass die Gruppierung nach *alten* Kommunalverfassungen (unter der Annahme ihres Fortwirkens in die Gegenwart hinein) sehr viel aussagekräftiger ist als eine gemäß der Kommunal-verfassungstypologie, die Knemeyer für die heute gültigen Gemeindeordnungen vorgeschlagen hat. Gruppiert man die Bundesländer gemäß Knemeyers drei Ty-pen gegenwärtiger Kommunalverfassungen (Knemeyer 1998), so zeigt sich, dass sich die beiden Gruppen der „Rat-Bürgermeister"-Verfassung kaum in ih-ren durchschnittlichen Merkmalsausprägungen unterscheiden. Hessen mit seiner Magistratsverfassung hebt sich hingegen deutlich von ihnen ab. Das erweckt nicht nur Zweifel an der Relevanz des Merkmals der „Ein-" oder „Zweiköpfig-keit" im Verhältnis von Rat und Verwaltung. Man könnte auch vorschnell zu der Auffassung kommen, das Fortbestehen der Magistratsverfassung in Hessen (und Bremerhaven) erkläre allein die feststellbaren Unterschiede. Das würde unter Umständen die These vom hessischen „Sonderweg" stärken, wie sie (ne-gativ interpretiert) mit der Kritik an der angeblich inkonsequenten Reformpoli-tik in Hessen verknüpft ist (von Arnim 1997: 323f., Weinmann 1993). Die hier dargestellten Befunde legen den Schluß nahe, dass mit Blick auf die Stellung und die Verhaltensweise der Bürgermeister Hessen den Status des Sonderfalls faktisch nicht einnimmt: Die Abweichungen Hessens von den beiden Länder-gruppen gemäß der Typologie Knemeyers sind geringer als die Differenzen in-nerhalb der beiden Ländergruppen selbst. Ob und inwiefern die neuen institio-nellen Rahmenbedingungen auf längere Sicht zu einer Angleichung im Bereich der „Rat-Bürgermeister-Verfassungen" führen werden, bleibt freilich eine offene Frage. Dass sich der Unterschied zwischen Ein- und Zweiköpfigkeit in relevanter Weise auswirken wird, ist eher zu bezweifeln.

Dieser Befund wird ergänzt durch einen Blick auf die Ergebnisse hinsichtlich der (normativen) *Erwartungshaltung* der leitenden Kommunalbediensteten *gegenüber führenden Kommunalpolitikern*. Größere Unterschiede zwischen den Ländern mit unterschiedlichen Kommunalverfassungstraditionen gibt es hier nur bei der Frage, ob führende Kommunalpolitiker „Sprecher der eigenen Partei sein" sollten. Und auch hier stellt sich das inzwischen vertraute Bild ein: Die kommunalen Verwaltungsführungskräfte jener Länder mit ehemals norddeutschem Ratsmodell finden dies wichtiger als jene in Ländern mit ehemals süddeutschem Ratsmodell. Im Einzugsbereich des Magistratsmodells ist die Parteisprecherfunktion nicht ganz so wichtig wie in Niedersachsen und Nordrhein-Westfalen, in den Ländern mit ehemals starker Bürgermeisterverfassung ist die Abneigung gegenüber Kommunalpolitikern als Parteisprechern nicht ganz so groß wie im süddeutschen Raum (s. Tab. 7).

Tab. 7: Aufgaben von Kommunalpolitikern: „Sprecher der eigenen Partei sein"

	ø	σ	n		ø	σ	n
Nordrhein-Westfalen	2,68	,97	108	Rheinland-Pfalz	2,29	1,16	17
Niedersachsen	2,58	,98	40	Saarland	2,23	,83	13
Hessen	2,49	1,04	45	Sachsen-Anhalt	2,14	1,03	14
Brandenburg	2,45	1,13	11	Baden-Württemberg	2,02	,94	54
Sachsen	2,33	,78	12	Bayern	1,94	,69	49
Thüringen	2,31	,75	13	Meckl.-Vorp.	1,83	,41	6
Schleswig-Holstein	2,30	,95	10	gesamt	2,36	,96	393

1=„ziemlich/ganz unwichtig", 5=„extrem wichtig"

Interessant ist in diesem Zusammenhang nicht zuletzt, dass in allen Bundesländern der Erwartung an führende Politiker „Das Programm, mit dem er/sie gewählt wurde, umsetzen" eine mittlere Bedeutung zugesprochen wird. Das legt nahe, dass auch die süddeutschen Kommunalbediensteten die lokale Politik als programmatisch konstituierten Entscheidungs- und Willensbildungsprozeß betrachten. Allerdings wird den lokalen Parteien ihr Platz in diesem programmatisch ausgeprägten Politikprozeß nicht so ohne weiteres zugestanden.

Zum Schluß sei auf eine Frage eingegangen, die im Rahmen der Diskussion um das *Neue Steuerungsmodell* (NSM) eine zentrale Stellung eingenommen hat. Die von den Fürsprechern des NSM unterstützte Forderung, dass es „die Aufgabe eines Politikers (ist), nur über wichtige Grundsatzprobleme zu entscheiden und nicht über Routinefragen", findet bei den leitenden Kommunalbediensteten aller Länder eine nachdrückliche Unterstützung. Zwischen 77% (Sachsen) und 100% (Rheinland-Pfalz, Niedersachsen Mecklenburg-Vorpommern, Thüringen) der leitenden Kommunalbediensteten stimmten dieser Aussage „voll" oder „teilweise" zu. Interessant ist nun, dass die Zustimmung in Nordrhein-Westfalen und Niedersachsen leicht höher ausfällt als in den anderen alten Ländern. Diese Zahlen müssen in Zusammenhang mit einer weiteren Frage gesehen werden: Die Mehrheit der Kommunalbediensteten ist der Auffassung, dass die Kommunalpolitik heute eher *mehr* Einfluß auf die Verwaltung nimmt als noch vor zehn Jahren. Rund fünf Prozent gaben an, dass dieser Einfluß „stark zugenommen" habe, knapp 45% immerhin, dass er „zugenommen" habe, während nur 13,5% behaupten, er habe abgenommen, und sogar nur ein Prozent eine starke Abnahme konstatiert. In den Ländern mit ehemals norddeutscher Ratsverfassung (und in Hessen) wird jedoch eine *stärkere* Zunahme des Einflusses angegeben als in Baden-Württemberg, Bayern und Rheinland-Pfalz – obwohl doch davon ausgegangen werden sollte, dass die Abschaffung der „Zweigleisigkeit" in Nordrhein-Westfalen und Niedersachsen und die Einführung eines ratsunabhängig gewählten Bürgermeisters in diesen Ländern (wie auch in Hessen) zu einem Rückgang der Einflußnahme der Kommunalpolitik auf die Verwaltung hätte führen müssen. Die Forderung, die Politik solle sich auf Grundsatzentscheidungen beschränken, könnte sich aus dieser Wahrnehmung einer gegenläufigen faktischen Entwicklung erklären.

2.2 Das Rollenverständnis leitender Kommunalbediensteter: Politisches Selbstbewußtsein und bürokratischer Professionalismus

2.2.1 Das Rollenverständnis leitender Kommunalbediensteter im internationalen Vergleich

Im Anschluß an die bislang publizierten Auswertungen der U.DI.T.E.-Studie soll im folgenden das Rollenverständnis der leitenden Kommunalbediensteten im internationalen Vergleich mit Hilfe einer Indexbildung analysiert werden, welche verschiedene Fragen zu der Priorität verschiedener Aufgaben bündelt, um die Ausprägung zweier bürokratischer Handlungstypen zu ermöglichen (s. Tabelle 8).

Tab. 8: Aufgabenprioritäten klassischer/politischer Bürokrat

Klassischer Bürokrat	**Politischer Bürokrat**
Untergebene bei der täglichen Arbeit führen	Ideen und Visionen formulieren
Ökonomische und Haushaltsangelegenheiten regeln	Neue Projekte in der Kommune fördern
Für die Einhaltung von Regeln und Vorschriften sorgen	Bürgermeister/in politische Ratschläge geben
Den Bürgermeister/die Bürgermeisterin in rechtlichen, wirtschaftlichen und technischen Fragen beraten	Über die Ansichten der Bürger informiert sein
	Regeln für den Umgang mit Politikern für die Mitarbeiter der Verwaltung entwickeln
	Entscheidungsprozesse beeinflussen, um vernünftige und effiziente Lösungen sicherzustellen

Vgl. Klausen/Magnier 1998b, 21-25

In diesem Fall ist weniger der Vergleich der Werte der selben Merkmalsausprägungen instruktiv als der Vergleich der Relationen zwischen unterschiedlichen Merkmalsausprägungen, also hier das Verhältnis der gewichteten Rollen von klassischem und politischem Bürokraten. Faßt man die für die einzelnen Indikatoren ermittelten Wert zu je einem einheitlichen Indexwert für das Rollenverständnis des klassischen und des politischen Bürokraten zusammen[9], so zeigt sich im internationalen Vergleich, dass die deutschen leitenden Kommunalbediensteten weder einen so deutlichen Vorsprung der Rolle des politischen Bürokraten gegenüber dem klassischen erreichen, wie dies in den nordeuropäischen und zum Teil in den angelsächsischen Länder der Fall ist, noch wie die südeuropäischen Länder einen mehr oder weniger deutlichen Vorsprung des klassischen Rollenverständnisses aufweisen (s. Abbildung 1). Die Einordnung Deutschland in die gängigen Gruppierungen von Ländern gemäß gemeinsamer Selbstverwaltungstraditionen erweist sich so als schwierig.[10]

Wie in den meisten anderen Ländern[11], so gibt es auch in Deutschland im Bereich der für das Selbstverständnis des politischen Bürokraten einschlägigen Indikatoren eine größere Varianz als bei jenen für den klassischen Bürokraten (s. Tab. 9). Dabei wird in der Regel dem Punkt der politischen Beratung des Bürgermeisters ein deutlich niedrigerer Stellenwert beigemessen.[12] Bei den einzelnen Indikatoren für den politischen Bürokraten zeigt sich, dass die leitenden Kommunalbediensteten in Deutschland offensichtlich die gestalterischen, entscheidungsorientierten und publikumsnahen Aspekte mehr schätzen als die mit Beratungstätigkeit und Regeldefinition verknüpften.

---

9   Dabei wird die von eins („ziemlich/ganz unwichtig") bis fünf („extrem wichtig") verlaufende Ordinalskala in Werte von 0 bis 100 umgewandelt und im Anschluß daran der Gesamtmittelwert errechnet (vgl. Andersen/Mouritzen 1998, 291). Ziel ist eine eingängigere Darstellung der Befunde, wobei dieses Vorgehen natürlich auf Kosten der Differenziertheit geht.

10 Zur weitgehenden Untermauerung solcher Ländergruppierung durch die U.D.IT.E.-Studie vgl. Klausen/Magnier 1998c. Zu der Frage, ob sich die Bedingungen und Strukturen lokaler Selbstverwaltung im internationalen Vergleich einander annähern vgl. Wollmann 2000, Hesse/Sharpe 1990.

11 Vgl. dazu die Länderstudien in Klausen/Magnier 1998a.

12 Angesichts der Tatsache, daß eine relativ zurückhaltend ausfallende Beratungstätigkeit gegenüber dem Bürgermeister in politischen Angelegenheiten auch ein Zeichen für ein ausgeprägtes Autonomiestreben der leitenden Kommunalbediensteten sein kann, erscheint es freilich nicht sonderlich hilfreich, diesen Indikator heranzuziehen, zumal für die Messung der Rolle des politischen Bürokraten insgesamt verhältnismäßig viele Indikatoren zur Verfügung stehen.

Abb. 1: Rollenverständnis der leitenden Kommunalbediensteten

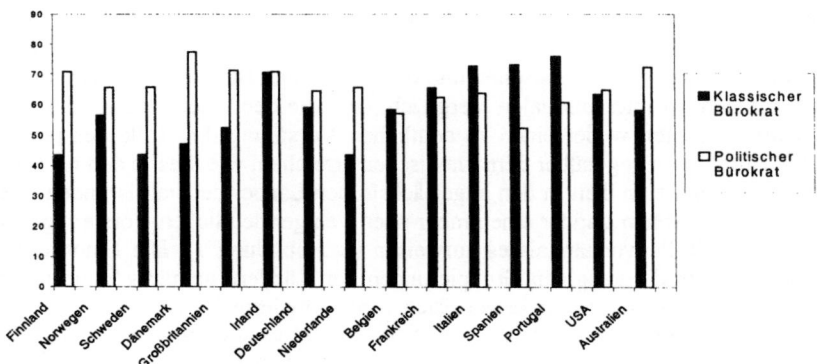

Ein hier nur grob durchzuführender Vergleich der Einstellung zu Aussagen über das Verhältnis von lokaler Verwaltung und Politik macht deutlich, dass es den deutschen leitenden Kommunalbediensteten keineswegs an politischem Selbstbewußtsein mangelt. Die deutschen leitenden Kommunalbediensteten sind Spitzenreiter bei der Unterstützung einer gerechtigkeitsorientierten Verwaltung. Sie unterstützen deutlicher als ihre Kollegen in den anderen Ländern die Aussage, dass „bestimmte gesellschaftliche Gruppen so schwach sind, dass es Pflicht der Verwaltung ist, ihre Interessen zu vertreten".[13] Sie liegen am Ende bei der Frage, ob sie als leitenden Kommunalbedienstete „in erster Linie der politischen Führung verantwortlich sein sollten und nur in zweiter Linie der Bevölkerung", wie auch bei der Frage, ob Vorschläge nur im Einklang mit den Absichten führender Politiker eingebracht werden sollten.[14] Zwar findet die Aussage, dass es von Vorteil sei, wenn leitende Kommunalbedienstete der selben politischen Auffassung wie die Ratsmehrheit sind, relativ große Zustimmung (höhere Zustimmung nur in Finnland, Frankreich und Portugal), aber dies kann auch als Ausdruck des Wunsches nach einer möglichst reibungslosen Zusammenarbeit mit dem Rat verstanden werden. Dieser soll sich offensichtlich weitestgehend auf Grundsatzentscheidungen beschränken – auch in diesem Punkt liegt Deutschland in der Spitzengruppe, wobei die Differenzen geringer ausfallen als bei den anderen Fragen.

---

13   Mittelwert von 2,1 auf einer Skala von 1 („stimme stark zu") bis 5 („stimme überhaupt nicht zu"). Am niedrigsten fällt hier die Zustimmung bei den niederländischen und schwedischen leitenden Kommunalbediensteten aus (Mittelwerte von 3,2).
14   Durchschnittliche Zustimmung von 3,8 bzw. 4,2. Die höchste durchschnittliche Zustimmung findet sich hier in Schweden und Frankreich (1,6) bzw. in Dänemark (2,3).

Tab. 9: Rollenverständnis leitender Kommunalbediensteter in Deutschland

Klassischer Bürokrat	**59,1**
Untergebene bei der täglichen Arbeit führen	59,1
ökonomische und Haushaltsangelegenheiten regeln	62,8
Für die Einhaltung von Regeln und Vorschriften sorgen	48,3
Den Bürgermeister/die Bürgermeisterin in rechtlichen, wirtschaftlichen und technischen Fragen beraten	66,1
Politischer Bürokrat	**64,5**
Ideen und Visionen formulieren	74,0
Neue Projekte in der Kommune fördern	73,4
Bürgermeister/in politische Ratschläge geben	44,8
Über die Ansichten der Bürger informiert sein	70,1
Regeln für den Umgang mit Politikern für die Mitarbeiter der Verwaltung entwickeln	46,1
Entscheidungsprozesse beeinflussen, um vernünftige und effiziente Lösungen sicherzustellen	78,7

Bei der Frage, ob die Verwaltung unparteiisch sein und sich auf Expertenurteile stützen solle, gibt es unter den leitenden Kommunalbediensteten in Deutschland eine relativ deutliche Zustimmung (leicht höhere Zustimmung nur in Belgien, Italien und Spanien). Gleichwohl zeigt sich, dass sie im internationalen Vergleich einen stark überdurchschnittlichen Anteil von *Parteimitgliedern* aufweisen (s. Tab. 10). Nur Finnland kommt hier auf einen höheren Anteil, wobei auch die Niederlande einen etwas geringeren Anteil von leitenden Kommunalbediensteten aufweist, die noch nie Mitglied einer Partei waren. Hinter diesen drei Ländern tut sich eine weite Kluft auf: In den anderen Ländern haben zwischen 62 und 95% der leitenden Kommunalbedienstete noch nie einer Partei angehört. Außerdem ist für fast jedes dieser Länder festzustellen, dass ein beträchtlicher Teil der leitenden Kommunalbediensteten zwar früher Parteimitglied war, diese Mitgliedschaft jedoch zwischenzeitlich aufgegeben hat. Das läßt darauf schließen, dass in diesen Ländern nicht nur Parteilose ebenso gute Karrierechancen haben wie Mitglieder von Parteien, sondern es auch als angemessene Verhaltensweise gilt, seine Mitgliedschaft mit dem Erreichen von Leitungsfunktionen in der kommunalen Verwaltung zu beenden. Gerade die vergleichsweise stark auf eine neutrale, expertisenbasierte Verwaltung pochenden leitenden Kommunalbediensteten in Deutschland teilen diese Auffassung hingegen nicht (bzw. sehen sich nicht derartigen Erwartungshaltungen ausgesetzt).

Tab. 10: Mitgliedschaft in einer politischen Partei nach Ländern

	gegenwärtig Mitglied	früher Mitglied	noch nie Mitglied		gegenwärtig Mitglied	früher Mitglied	noch nie Mitglied
Finnl.	86,3%	3,9%	9,8%	Italien	3,7%	27,8%	68,5%
Niederl.	61,9%	10,6%	27,5%	USA	8,5%	11,4%	80,1%
Deutschl.	64,6%	2,9%	32,4%	Großbr.	3,2%	15,4%	81,4%
Schweden	12,4%	24,8%	62,8%	Spanien	3,6%	8,9%	87,5%
Norwegen	14,9%	21,3%	63,8%	Australien	1,2%	9,6%	89,2%
Frankr.	16,3%	18,6%	65,1%	Irland		4,8%	95,2%
Dänemark	8,7%	24,6%	66,7%				

Sortiert nach „noch nie Mitglied"

2.2.2 Leitende Kommunalbedienstete im Bundesländervergleich

Wirft man nun einen Blick auf die Gewichtung der beiden bürokratischen Handlungstypen innerhalb der Gruppe der deutschen leitenden Kommunalbediensteten, so zeigt sich, dass die Unterschiede sich insgesamt in Grenzen halten, vor allem verglichen mit den Differenzen zwischen verschiedenen Ländermustern im internationalen Vergleich. Eine Zuordnung zu bestimmten Kommunalverfassungstraditionen ist nicht angezeigt. Vergleicht man die Gewichtung von klassischem Bürokraten und politischem Bürokraten in Baden-Württemberg, Bayern, Nordrhein-Westfalen, Niedersachsen und Hessen, so liegen die Werte zum einen nah beieinander, zum anderen nah am gesamtdeutschen Durchschnittswert. Einzige Auffälligkeit ist, dass die Vorstellung des politischen Bürokraten in Bayern etwas weniger Anhängerschaft zu finden scheint. Diese Besonderheit dürfte womöglich mit einer spezifischen Verwaltungstradition im Freistaat zu erklären sein, wohl kaum jedoch mit Unterschieden der Kommunalverfassung. Dieser Befund verdeutlicht erneut die fortdauernde Bedeutung nationaler Einstellungsmuster: Divergenzen sind im internationalen Vergleich insgesamt stärker ausgeprägt als im intranationalen Vergleich. Doch gilt es, zu überprüfen, ob nicht doch Unterschiede zwischen den verschiedenen Bundesländern bzw. Ländern mit unterschiedlichen kommunalverfasssungsrechtlichen Traditionen hervortreten.

Tab. 11: Mitgliedschaft und Amt in einer politischen Partei nach Bundesländern (in %)

	Mitgliedschaft in einer Partei			Amt in einer Partei		
	gegenwärtig Mitglied	früher Mitglied	noch nie Mitglied	kein Amt	auf örtlicher Ebene	auf Landes-/Bundes- ebene
Schl.-Holstein	30,0	10,0	60,0	100,0		
Meckl.-Vorp.	50,0		50,0	66,7	33,3	
Niedersachsen	75,6	2,4	22,0	93,8	6,3	
Brandenburg	50,0		50,0	60,0	40,0	
Sachsen-Anhalt	50,0	12,5	37,5	30,0	50,0	20,0
NRW	75,0	1,9	23,1	82,9	15,9	1,2
Thüringen	76,9		23,1	40,0	60,0	
Sachsen	46,2	15,4	38,5	37,5	62,5	
Hessen	68,9	2,2	28,9	56,3	40,6	3,1
Rheinland-Pfalz	83,3		16,7	60,0	33,3	6,7
Saarland	61,5		38,5	62,5	37,5	
Baden-Württ.	54,5		45,5	61,3	35,5	3,2
Bayern	45,1	5,9	49,0	68,0	24,0	8,0
insgesamt	63,8	3,0	33,3	69,8	27,2	3,1

Im Zusammenhang mit der Analyse von Stellung und Performanz der Bürgermeister ist bereits herausgestellt worden, dass solche Unterschiede hinsichtlich der Wahrnehmung und des Verständnisses der Rolle von Parteien oder des „politischen" Charakters der kommunalen Selbstverwaltung festzustellen sind. Wie steht es nun im Hinblick darauf um die Parteimitgliedschaft der leitenden Kommunalbediensteten? Im Bundesländervergleich zeigt sich, dass der Anteil der Parteimitglieder unter den leitenden Kommunalbediensteten erheblich differiert. Er entspricht den gängigen Erwartungen einer höheren Parteipolitisierung der kommunalen Verwaltungen in den Ländern mit ehemals norddeutscher Ratsverfassung. Erstaunlich ist jedoch der Befund, dass der Anteil leitender Kommunalbediensteter mit einem Parteiamt in den süddeutschen Ländern beträchtlich höher ausfällt (s. Tab. 11). Die Mitgliedschaft in der „richtigen" Partei (bzw. – bei vorherrschender Proporzverteilung – überhaupt in einer etablierten Partei) scheint also in Niedersachsen und Nordrhein-Westfalen als „Eintrittsticket" für eine Führungsposition in der kommunalen Verwaltung einen hohen Stellenwert einzunehmen, nicht jedoch das aktive Engagement und die Übernahme von Leitungsrollen in den Parteien, was im Süden eher Karrierevorteile zu versprechen scheint. Die These von der parteipolitisch neutraleren lokalen Verwaltung in den südlichen Bundesländern wird damit in einer wichtigen Hinsicht relativiert.[15]

Wie bei der Analyse der Rolle der Bürgermeister so wird auch bei der Betrachtung der Parteimitgliedschaft leitender Kommunalbediensteter ersichtlich, dass die von Knemeyer (1998) aus rechtswissenschaftlicher Perspektive vorgeschlagene neue Typologisierung der Kommunalverfassungen nicht aussagekräftig hinsichtlich empirisch beobachtbarer Unterschiede zwischen den Bundesländern ist, der Rückgriff auf die alten Kommunalverfassungen hingegen zumindest teilweise diese Differenzen zu erklären vermag. Alles in allem wirft dies die Frage auf, ob es nicht ein politikwissenschaftliches Desiderat ist, eine empirisch gehaltvollere Typologie von Kommunalverfassungen zu entwickeln. Die verschiedenen Typen müßten dabei in der Wirklichkeit von lokaler Politik und Verwaltung tatsächlich „einen Unterschied machen".

3. Modernisierungstrends – aus der Sicht leitender Kommunalbediensteter

Im folgenden Abschnitt soll es insofern um Verwaltungsmodernisierung in einem weiteren Sinne gehen, als sowohl auf die interne Veränderung des Verwaltungsapparates als auch auf die Beziehung der Verwaltung zu den Bürgerinnen und Bürgern eingegangen werden soll. Dies bedeutet, dass die beiden in diesem Band behandelten Aspekte der Verwaltungsmodernisierung

---

15 Der naheliegende Einwand, hier werde die *Gemeindegröße* als wichtige Kontextvariable vernachlässigt, trägt nicht. Denn die verschiedenen Länder weisen eine ähnliche Gewichtung in bezug auf die Größenklasse der an der Befragung beteiligten Kommunen auf.

nach dem „New Public Management"-Modell und der Verbreitung partizipativer Politikformen zusammen behandelt werden.[16]

Nach den Einschätzungen leitender Kommunalbediensteter hat in
Deutschland *Bürgerbeteiligung* am deutlichsten einen Bedeutungszuwachs in
kommunalen Entscheidungen gefunden (siehe Tabelle 12). Mit etwas Abstand
folgt in der Prioritätenreihung an dritter Stelle *Benutzerbeteiligung*. Dies kann
als Indiz dafür gewertet werden, dass in der Selbstwahrnehmung leitender
Kommunalbediensteter zum einen die kommunale Politik Bürger stärker als
in der Vergangenheit in Entscheidungen einbezieht und zum anderen die
kommunale Verwaltung ihre Klientel an der Dienstleistungserbringung stärker beteiligt. Kontrastiert wird dies mit dem Befund, dass einem *gleichbe-
rechtigten Zugang zu Dienstleistungen* und dem *Schutz von Minderheiteninteressen* eine vergleichsweise geringe Bedeutung beigemessen wird. Bürger-
und Benutzerbeteiligung scheint danach nicht gleichbedeutend mit einer Orientierung auf breitere Inklusion zu sein. Immerhin knapp 10% der Befragten
waren der Einschätzung, dass der Schutz von Minderheiteninteressen weniger
wichtig geworden sei (was den höchsten „Negativwert – ermittelt aus den
Angaben „weniger wichtig" und „sehr viel weniger wichtig" – unter den genannten Aspekten ausmacht).

Tab. 12:   Veränderungen in den Prioritäten kommunaler Entscheidungen
              (in %)

	sehr viel wichtiger	wichtiger	keine Verän-derung	weniger wichtig	sehr viel weniger wichtig	Bedeutungs-zunahme*	Mittel-wert	Stan-dardab-wei-chung
Bürgerbeteiligung	38,3	54,3	7,1	0,2	0,0	92,6	1,69	0,61
effiziente Erfüllung kom-munaler Aufgaben	34,6	54,8	9,8	0,7	0,0	89,5	1,77	0,65
Benutzerbeteiligung	11,7	67,2	20,3	0,7	0,0	79,0	2,10	0,58
angemessene Arbeits-abläufe	8,8	59,0	28,5	3,7	0,0	67,6	2,27	0,67
schnelle Entscheidungs-findung	11,8	54,1	30,7	3,2	0,2	65,9	2,26	0,71
gleichberechtigter Zu-gang zu Dienstleistungen	4,9	40,0	52,1	3,0	0,0	44,8	2,53	0,64
Schutz von Minderhei-teninteressen	2,0	25,7	62,5	9,8	0,0	27,9	2,80	0,63

* Kumulierte Zeilenprozent aus „sehr viel wichtiger" und „sehr wichtig".

Veränderte Prioritäten, die sich auf die interne Verwaltungsmodernisierung
beziehen lassen, werden mit den Aspekten „*effiziente Erfüllung kommunaler
Aufgaben*", „*angemessene Arbeitsabläufe*" und „*schnelle Entscheidungsfindung*" angesprochen. Die Prioritätenreihung ist in sich durchaus schlüssig: Es

---

16 Dies ergibt sich eher aus einem pragmatischen Grund, weil auf die Einschätzung par-
    tizipativer Politikformen in der Befragung kaum eingegangen worden ist.

geht zunächst (nach dem Ziel der Bürgerbeteiligung und vor dem Ziel der Benutzerbeteiligung) um die effiziente(re) Aufgabenerfüllung und es folgen darauf Ziele, die diese vorrangige Priorität bewirken könnten – nämlich „angemessene" Arbeitsabläufe und eine schnelle Entscheidungsfindung.[17] Der internationale Vergleich ergibt, dass die deutschen leitenden Kommunalbediensteten mit der Einschätzung einer deutlichen Zunahme der Priorität von Bürgerbeteiligung den Spitzenplatz einnehmen: 92,2% äußerten sich dahingehend, dass Bürgerbeteiligung „sehr viel wichtiger" oder „wichtiger" geworden sei (bei einem Mittelwert von 1,69). Sie liegen damit noch vor ihren australischen, irischen, britischen und niederländischen Kollegen. Im Unterschied zu diesen Ländern hat in Schweden, Norwegen und Spanien nach den Aussagen der leitenden Kommunalbediensteten Bürgerbeteiligung in der Prioritätensetzung kaum eine Veränderung erfahren (was an einem Mittelwerten von knapp 2,5 deutlich wird).[18] Markant ist, dass in anderen Ländern die effiziente Erfüllung kommunaler Aufgaben wesentlich deutlicher als in Deutschland ins Zentrum kommunaler Entscheidungen gerückt ist. Mit einem Wert von 89,5% bei den Angaben, dass dies „sehr viel wichtiger" oder „wichtiger" geworden sei (bei einem Mittelwert von 1,77) liegt Deutschland eher im Mittelfeld, und es sind Australien, Finnland, Großbritannien, aber auch Irland, in denen dieser Aspekt nach den Einschätzungen der leitenden Kommunalbediensteten wesentlich höhere Priorität gewonnen hat, womit Befunde international vergleichender Analysen zur Verwaltungsmodernisierung bestätigt werden (vgl. u.a. Naschold 1997). Allerdings wird zur Erreichung des Ziels einer effizienten Aufgabenerfüllung in Deutschland im internationalen Vergleich stärker auf „angemessene Arbeitsaufläufe" – und damit auf die Organisation von Verwaltungsvorgängen – gesetzt und weniger auf eine Beschleunigung der Entscheidungsfindung. Bei einer verstärkten Prioritätensetzung im Hinblick auf „angemessene Arbeitsaufläufe" weisen lediglich Portugal und Italien höhere Werte (d.h. die oben auch verwendeten kumulierten Prozentwerte, aber auch Mittelwerte) als Deutschland auf, wogegen sich Deutschland bei der Priorität, die Entscheidungsfindung zu beschleunigen, eher im unteren Mittelfeld befindet (und Australien, Irland und Finnland in der Spitzengruppe).

Im Hinblick auf den in der öffentlichen und politischen Debatte häufig herausgestellte Reformbedarf der kommunalen Ebene stimmt eine Mehrheit der Befragten der Aussage zu, dass der Bedarf an Veränderungen und Reorganisation der kommunalen Ebene stark übertrieben wird. Gleichwohl halten

---

17 Ob eine effizientere Aufgabenerfüllung sowie die Herstellung angemessener Arbeitsabläufe und schnellerer Entscheidungen durch eine Verwaltungsmodernisierung nach dem Neuen Steuerungsmodell bewirkt werden soll, läßt die Befragung offen.

18 Die Reihung verschiebt sich hier wie im folgenden, je nachdem ob kumulierte Prozentzahlen oder Mittelwerte zur Grundlage der Betrachtung gewählt werden, worin ein grundlegendes Problem der Bildung von Kennzahlen auf der Basis von Ordinalskalierung zum Ausdruck kommt (vgl. Bortz 1985, 29f.). Allerdings sind – falls nicht anders angegeben – die Abweichungen nicht gravierend.

leitende Kommunalbedienstete mehrheitlich den privaten Sektor im allgemeinen für effizienter als den öffentlichen Sektor, und eine Mehrheit verspricht
sich von der Auslagerung oder Privatisierung kommunaler Leistungen Vorteile. Anzumerken ist indes, dass der Anteil der leitenden Kommunalbediensteten, die bei den letzten beiden Fragen unentschieden gewesen sind (mit
17,6 bzw. 22,1%), deutlich höher ist, als bei der ersten Frage (bei ihr waren es
nur 7,6%).

Tab.13:   Thesen zum Reformbedarf und zum Verhältnis von öffentlichem
und privaten Sektor (in %)

	stimme stark zu	stimme teilweise zu	unentschieden	stimme nicht zu	stimme überhaupt nicht zu	Differenz zw. Zustimmung und Ablehnung*	Mittelwert	Standardabweichung
Der Bedarf an Veränderungen und Reorganisation der Kommunalebene wird stark übertrieben.	7,8	48,0	7,6	28,5	8,0	19,3	2,81	1,17
Im allgemeinen ist der private Sektor effizienter als der öffentliche Sektor.	8,1	36,9	17,6	33,9	3,7	7,3	2,88	1,08
Aus der Auslagerung oder Privatisierung kommunaler Leistungen ergeben sich sehr wenige Vorteile.	7,8	30,1	22,1	37,4	2,7	-2,2	2,97	1,05

*Dieser Index errechnet sich aus der Differenz der Spalten „stimme stark zu" plus „stimme
teilweise zu" und „stimme nicht zu" plus „stimme überhaupt nicht zu". Ein positiver Index
steht dann für ein Übergewicht der Zustimmungen.

Im internationalen Vergleich hat nur in Spanien und Australien ein größerer
Anteil unter den leitenden Kommunalbediensteten als in Deutschland der Einschätzung zugestimmt, dass der Innovationsbedarf der Kommunalebene stark
übertrieben werde. Für Australien ergibt sich dieses Bild allerdings nur deshalb, weil sich ein großer Teil der Befragten indifferent geäußert hat (was
sich in einem Mittelwert von 3,63 niederschlägt). Dagegen bestreiten jeweils
ein überwiegender Anteil von leitenden Kommunalbediensteten in den skandinavischen Ländern, aber auch in Belgien und Irland, dass der Innovationsbedarf auf kommunaler Ebene stark übertrieben sei. Nur in den südeuropäischen Ländern und Belgien halten leitende Kommunalbedienstete noch stärker als in Deutschland den privaten Sektor im allgemeinen für effizienter als
den öffentlichen Sektor, wogegen sowohl in Irland und Großbritannien als
auch in den skandinavischen Ländern (mit Ausnahme Finnlands) eine höhere
Effizienz des privaten Sektor von leitenden Kommunalbediensteten in Frage
gestellt wird. Letzteres mag zum einen (besonders in Großbritannien) mit in

der Vergangenheit „überzogenen" Privatisierungsbemühungen bzw. -zwängen zusammenhängen und zum anderen (in den skandinavischen Ländern) mit einer Orientierung auf öffentliche Daseinsvorsorge und auf verwaltungsinterne Innovationen (vgl. Naschold 1997).

Nach den Ergebnissen der Befragung sind jedoch Kommunen in Deutschland führend, was die Privatisierung und Auslagerung betrifft: Immerhin 84,8% der leitenden Kommunalbediensteten aus Deutschland gaben an, dass in ihrer Gemeinde privatisiert oder ausgelagert worden sei. Damit nehmen sie einen Spitzenplatz ein, der nur noch von den USA (88,3%), den Niederlande (89,9%) und Australien (93,4%) überschritten wird. Großbritannien liegt hingegen (76,2%) nur im oberen Mittelfeld. Erklärbar ist dieser Befund damit, das die fraglichen Werte darauf basieren, was die leitenden Kommunalbediensteten in den einzelnen Ländern unter Privatisierung und Auslagerung verstanden haben. Für den relativ hohen Wert für Deutschland dürfte neben der Gründung von Eigengesellschaften und Regiebetrieben auch die Auslagerung sowohl im Entsorgungsbereich (Müllabfuhr), aber auch bei sozialen Diensten eine Rolle gespielt haben. Außerdem kommen im Bereich der Wasserversorgung Teilprivatisierungen immer häufiger vor, die zu Public Private Partnerships führen, innerhalb derer die Kommunen aber meist eine Mehrheit an den Betrieben behalten und somit strategische Entscheidungskompetenzen wahren (vgl. BGW 1990ff.).

Privatisierung und Auslagerung von in der Vergangenheit innerhalb der Kommunalverwaltung erbrachter (Dienst-)Leistungen ist zwar nach mehrheitlicher Einschätzung der leitenden Kommunalbediensteten für den Personalabbau wichtig. Eine größere Gruppe (von 31,4%) hält dies aber für „nicht so wichtig" und eine kleinere Gruppe (von 9,9%) sogar für „ziemlich bzw. ganz unwichtig".

Im internationalen Vergleich wird Privatisierung und Auslagerung indes von leitenden Kommunalbediensten einer Reihe von Ländern noch als wesentlich wichtiger erachtet – nämlich (in der Rangfolge) von denen aus Australien, Finnland, Großbritannien, den Niederlanden, den USA und Spanien. (Deutschland belegt danach einen Mittelfeldplatz.)

Deutliche Übereinstimmung herrscht bei den deutschen leitenden Kommunalbediensteten in der Einschätzung, dass die Kommunalverwaltung stärker dezentralisiert worden sei. Dies kann als Zeichen für die Stärkung dezentraler Ressourcen- und Aufgabenzuständigkeit gewertet werden, wie sie mit dem Neuen Steuerungsmodell intendiert ist.

Im internationalen Vergleich ist die Kommunalverwaltung der meisten anderen Länder (nach den Einschätzungen der dortigen leitenden Kommunalbediensteten) allerdings wesentlich stärker dezentralisiert worden. Einen niedrigeren Mittelwert als Deutschland (von 3,35) weisen bei dieser Merkmalsausprägung nur Spanien, Belgien und Irland auf, wogegen in Australien und den skandinavischen Ländern Mittelwerte von über 4 erreicht werden.

Wird im Hinblick auf die Entwicklung innerhalb der Kommunalverwaltung deutlich eine stärkere Dezentralisierung hervorgehoben, so ist mit Bild auf das Verhältnis zwischen Kommunen und staatlichen Instanzen (Bund und Länder) das Bild uneinheitlich. Der Anteil der leitenden Kommunalbediensteten ist zwar größer, der von einer stärkeren „Zentralisierung" (statt einer „Dezentralisierung") ausgeht, der Anteil derjenigen, die keine Veränderungen erkennen, ist allerdings mit gut einem Drittel sehr groß. Zusammengenommen spricht dies dafür, dass die in den letzten Jahren erfolgte Verlagerung bzw. „Abwälzung" von Aufgaben von den leitenden Kommunalbediensteten nicht als Stärkung der kommunalen Ebene, sondern als „unechte Kommunalisierung" (Wollmann 1997) wahrgenommen wird.

Tab. 14:   Einschätzung von Veränderungen

Bedeutung der Privatisierung für den Personalabbau	extrem wichtig	sehr wichtig	ziemlich wichtig	nicht so wichtig	ziem- lich/ganz unwichtig	Differenz wichtig – unwichtig		
	5,9	23,8	28,9	31,4	9,9	17,4		
Zentralisierung der Kommunal- verwaltung	viel stärker zentrali- siert	stark zentrali- siert	keine Verände- rung	stärker dezen- tralisiert	viel stärker dezentrali- siert	Differenz Dezentrali- sierung*	Mittel- wert	Standard- abwei- chung
	1,7	13,9	28,5	48,9	6,9	-40,2	3,45	0,88
Beziehung zwischen Staat und Kommu- nen	sehr viel mehr Zen- tralisierung	mehr Zentra- lisie- rung	keine Verände- rung	mehr De- zentralisie rung	sehr viel mehr Dezen- tralisierung	Differenz Dezentrali- sierung**	Mittel- wert	Standard- abwei- chung
	1,5	37,7	34,5	25,9	0,5	12,8	2,86	0,83

* Viel stärker und stärker zentralisiert minus stärker und viel stärker dezentralisiert.
** Zentralisierung minus Dezentralisierung.

Allerdings ist im internationalen Vergleich (nach Einschätzung der dortigen leitenden Kommunalbediensteten) überhaupt nur in einigen Ländern eine Aufwertung der Stellung der Kommunen gegenüber staatlichen Instanzen festzustellen, nämlich in Belgien, den USA, Irland, Norwegen und Finnland[19], und die deutschen Kommunen liegen nur knapp hinter diesen.

4. Resümee

Die hier präsentierten Ergebnisse einer vergleichenden Analyse der Befragung leitender Kommunalbediensteter vermögen eine Reihe von Einsichten hinsichtlich der Entwicklung von lokaler Politik und Verwaltung in Deutschland zu liefern.

---

19 Für diese Länder ergibt sich bei dieser Merkmalsausprägung ein Mittelwert von 3, bei Finnland sogar von über 4.

Die Analyse der Stellung und des Verhaltens der *Bürgermeister* brachte zum Vorschein, dass die deutschen Bürgermeister aus der Sicht der leitenden Kommunalbediensteten eine äußerst gefestigte Position und einen erheblichen Einfluß auf kommunale Entscheidungen haben, ohne allerdings überall die dominant-abgehobene Stellung der südeuropäischen Bürgermeister erreichen zu können. Ihre Amtsführung wird als relativ verwaltungsorientiert, aber zugleich als stark öffentlichkeits- und bürgerorientiert sowie aktiv und visionär beschrieben. Im Bundesländervergleich zeigte sich, dass die Responsivität der Bürgermeister als gleichermaßen stark ausgeprägt betrachtet wird, dass aber die parteipolitische Eingebundenheit der Bürgermeister wie auch ihre Amtsführung differieren, und zwar entlang der durch die alten Kommunalverfassungen vorgegebenen Linien.

Die leitenden Kommunalbediensteten bringen ein *Selbstverständnis* ihrer eigenen Rolle zum Ausdruck, welches von politischem Selbstbewußtsein zeugt und zugleich die Rolle der (Partei-)Politik in der Kommune kritisch beurteilt (vgl. dazu auch Kodolitsch 2000). Dabei zeigt sich wiederum, dass der Einfluß der alten Kommunalverfassungen fortwirkt. Im internationalen Vergleich ist Deutschland kaum einer der einschlägigen Ländergruppen zuzuordnen. Zusammen mit den institutionellen Spezifika der lokalen Politik und Verwaltung in Deutschland spricht dies für die Beurteilung Deutschlands als „Sonderfall".

In bezug auf die *Verwaltungsmodernisierung* wurde herausgestellt, dass das Ziel der Bürger- und Benutzerbeteiligung eher ohne Berücksichtigung von Minderheiteninteressen verfolgt wird. Aus der Sicht einer deutlichen Mehrheit der leitenden Kommunalbediensteten wird der Modernisierungsbedarf in Deutschland stark übertrieben. Sie stellen sich zudem einen sinnvollen Organisationswandel als deutlich binnenzentrierten und inkrementalen Prozeß vor.

Literaturverzeichnis

Anderson, Lene/Mouritzen, Poul Erik 1998: Technical Appendix, in: Klausen, Kurt Klaudi/Magnier, Annick (Hg.): The Anonymous Leader. Appointed CEOs in Western Local Government, Odense, S. 285-311.

Arnim, Hans Herbert von 1995: Demokratie vor neuen Herausforderungen, in: Zeitschrift für Rechtspolitik, Jg. 9, S. 340-352.

Arnim, Hans Herbert von 1997: Auf dem Weg zur optimalen Gemeindeverfassung?, in: Lüder, Klaus (Hg.): Staat und Verfassung. Fünfzig Jahre Hochschule für Verwaltungswissenschaften Speyer, Berlin, S. 297-339.

Banner, Gerhard 1982: Zur politisch-administrativen Steuerung in der Kommune, in: Archiv für Kommunalwissenschaften, Jg. 21, S. 26-47.

Banner, Gerhard 1984: Kommunale Steuerung zwischen Gemeindeordnung und Parteipolitik am Beispiel der Haushaltspolitik, in: Die öffentliche Verwaltung, Jg. 36, Heft 9, S. 364-372.

Banner, Gerhard 1989: Kommunalverfassungen und Selbstverwaltungsleistung, in: Schimanke, Dieter (Hg.): Stadtdirektor oder Bürgermeister. Beiträge zu einer aktuellen Debatte, Basel-Boston-Berlin, S. 37-61.

Bennett, Robert J. 1993a, Local government in Europe: common directions of change, in: Bennett, Robert J. (Hg.): Local Government in the New Europe, London, S. 1-27.

BGW (Bundesverband der Gas- und Wasserwirtschaft) 1990ff.: Wasserstatistik, Bonn.

Bortz, Jürgen 1985: Lehrbuch der Statistik. Für Sozialwissenschaftler, Berlin/Heidelberg/New York/Tokyo (2. Aufl.)

Hesse, Joachim Jens/Sharpe, Laurence, J. 1990: Local Government in International Perspective: Some Comparative Observations, in: Hesse, Joachim Jens (Hg.): Local Government and Urban Affairs in International Perspective, Baden-Baden, S. 603-621.

Klausen, Kurt Klaudi/Magnier, Annick (Hg.) 1998a: The Anonymous Leader. Appointed CEOs in Western Local Government, Odense.

Klausen, Kurt Klaudi/Magnier, Annick 1998b: The Anonymous Leader, in: Dies. (Hg.): The Anonymous Leader. Appointed CEOs in Western Local Government, Odense, S. 11-30.

Klausen, Kurt Klaudi/Magnier, Annick, 1998c: The New Mandarins of Western Local Government – Contours of a New Professional Identity?, in: Dies. (Hg.): The Anonymous Leader. Appointed CEOs in Western Local Government, Odense, S. 265-284.

Knemeyer, Franz-Ludwig 1998: Gemeindeverfassungen, in: Wollmann, Hellmut/Roth, Roland (Hg.): Kommunalpolitik. Politisches Handeln in den Gemeinden, Bonn, S. 104-122.

Kodolitsch, Paul von 2000: Miteinander oder gegeneinander? Zum Verhältnis von Rat und Verwaltung, in: Archiv für Kommunalwissenschaften, Jg. 39, Nr. 22, S. 199-224.

Mouritzen, Poul Erik 1998: Introduction, in: Klausen, Kurt Klaudi/Magnier, Annick (Hg.): The Anonymous Leader. Appointed CEOs in Western Local Government, Odense, S. 8-10.

Mouritzen, Poul Erik/Svara, James H. 2002: Leadership at the Apex: Politicians and Administrators in Western Local Governments, Pittsburgh (im Erscheinen).

Naschold, Frieder 1997: Binnenmodernisierung, Wettbewerb, Haushaltskonsolidierung. Internationale Erfahrungen zur Verwaltungsreform, in: Heinelt, Hubert/Mayer, Margit (Hg.): Modernisierng der Kommunalpolitik. Neue Wege der Ressourcenmobilisierung, Opladen, S. 89-117.

Voigt, Rüdiger 1992: Kommunalpolitik zwischen exekutiver Führerschaft und legislatorischer Programmsteuerung, in: APuZ, B 22-23/92, S. 3-12.

Wehling, Hans-Georg 1984: Der Bürgermeister und „sein" Rat. Kommunalpolitik in der Bundesrepublik im Vergleich, in: Politische Studien, Jg. 35, Nr. 273, S. 27-36.

Wehling, Hans-Georg 1999: Besonderheiten der Demokratie auf Gemeindeebene, in: Arnim, Hans Herbert von (Hg.): Demokratie vor neuen Herausforderungen, Berlin, S. 91-100.

Weinmann, Gerhard 1993: Kollegiale Formen kommunaler Verwaltungsführung?, Köln.

Wollmann, Hellmut 1997: „Echte Kommunalisierung" und Parlamentarisierung. Überfällige Reformen der kommunalen Politik- und Verwaltungswelt, in: Heinelt, Hubert/Mayer, Margit (Hg.): Modernisierng der Kommunalpolitik. Neue Wege der Ressourcenmobilisierung, Opladen, S. 235-245.

Wollmann, Hellmut 2000: Local Government Systems. From Historic Divergence towards Convergence? Great Britain, France and Germany as (Comparative) Cases in Point, in: Government and Policy, Jg. 18, Nr. 1, S. 33 – 55.

Kapitel 2:
Repräsentative Demokratie

Norbert Kersting

Die Zukunft der Parteien in der Lokalpolitik

1. Einleitung

„Demokratie braucht Parteien" postulieren um das deutsche Parteiensystem besorgte Politiker auf der Bundesebene (Müntefering 2000). Dieses Diktum scheint nicht auf allen politischen Ebenen gleichermaßen anerkannt und ist auf lokaler Ebene in kleinen Gemeinden besonders strittig, wie das Verdikt eines Lokalpolitikers zeigt: „Was braucht man eine Partei, wenn man sich gegenseitig kennt, wozu bedarf es einer Organisation, die Interessen bündelt, wo man doch sowieso von jedem weiß, welche Interessen er und die seinen haben. Abends sitzen wir alle auf den Milchkannen, da wird gesagt, was gesagt werden muss, da brauchen wir keine Parteien" (zitiert nach Mayntz 1955: 66).

Die Lokalparteienforschung hat lange Zeit diese unterschiedlichen regionalen Kontextbedingungen kaum berücksichtigt (s. Banner 1984). Entsprechend der Größe des Ortstypus und der regionalen politischen Kultur nimmt das Ausmaß der Parteipolitisierung in den Gemeinden zu. So zeigen lokale Parteiorganisationen starke Prägungen durch Großstädte, Landgemeinden, Industriezentren bzw. landwirtschaftlich ausgerichtete dörfliche Strukturen. Deutlich wird auch, dass die politische Kultur in den verschiedenen Regionen der Bundesrepublik zu unterschiedlichen Einflussmöglichkeiten der Parteien geführt hat. Verschiedene lokale und regionale Konfliktlinien haben milieubildend das Parteiensystem geprägt und wirken oft bis in die heutige Zeit nach.

Die empirische Demokratietheorie bewertet Parteien und ihren Einfluss unterschiedlich. Die Parteien als intermediäre Organisationen leisten zentrale Integrationsaufgaben. Sie wirken bei der Bildung der öffentlichen Meinung mit, artikulieren politische Wünsche und Interessen, regen Bürger zur politischen Mitarbeit an, treffen politische Entscheidungen, bilden Koalitionen mit anderen Interessengruppen und besetzen politische Ämter (s. Herhaus 1997: 10). Der Volkswille in modernen Demokratien wird demnach durch den Parteiwillen verkörpert. Die Apologeten der Parteiendemokratie sehen den modernen Parteienstaat als Surrogat direkter Demokratie im modernen Flächenstaat. Die Parteienherrschaft wird durch die Funktionen der Parteien bei Interessenartikulationen und -ausgleich als unverzichtbar angesehen, da hierüber eine breite Massenpartizipation ermöglicht wird. So ist der Wille der jeweiligen Parteienmehrheit mit der Volonté générale gleichzusetzen (s. Kevenhörster 1997).

Kritik am repräsentativen, durch die Parteien geprägten lokalen politischen System wurde von praktischer wie wissenschaftlicher Seiten geäußert. Die Kritiker der Parteiendemokratie meinen, dass deren Handlungsspielraum final, konditional, funktional und instrumental beschränkt werden sollte (vgl. Wiesendahl 1980: 59; 1992), da es den Parteien immer seltener gelingt, die Interessen der Bürger zu absorbieren und gleichzeitig Entscheidungen herbeizuführen, die von den Bürgern akzeptiert werden. Die Kritik geht noch weiter.

> „Intermediäre Organe politischer Artikulation, Entscheidungsfindung und Machtkontrolle werden abgelehnt, da die personelle Identität von Regierenden und Regierten durch demokratische Primärartikulation im Sinne der Volonté générale herbeigeführt und durch Mechanismen permanenter politischer Kontrolle gesichert werden soll" (Kevenhörster 1974: 71).

Insbesondere die Responsivität der Parteien wird vielfach bemängelt. So werden die Interessen der Bürger nicht aufgegriffen und zum Teil von den Politikern bewußt nicht öffentlich diskutiert. Die wichtige Funktion der Interessenartikulation konkreter Bedürfnisse scheint an die Bürgerinitiativen verloren, die stärker problembezogen und flexibel agieren.

Um die Parteiendominanz zu brechen forderte z.b. der Verfassungsrechtler Hans Herbert von Arnim (1993) bereits Ende der siebziger Jahre die Einführung der Direktwahl der Bürgermeister und deren institutionelle Stärkung, Bürgerbegehren und Bürgerentscheide sowie die Möglichkeit des Panaschierens und Kumulierens in allen deutschen Bundesländern. Diese auf unitaritische Strukturen zielenden Forderungen scheinen am Anfang des 21. Jahrhunderts umgesetzt, da die aus der baden-württembergischen und bayrischen Gemeindeordnung entlehnten Instrumente in fast allen Bundesländern installiert wurden.

Im folgenden wird zunächst untersucht wie es zu der wichtigen Rolle der Parteien in der Kommunalpolitik kam. Hierauf baut eine Analyse der Parteienverdrossenheit auf. Daran anschließend werden die Instrumente aufgezeigt, die zur Modernisierung lokaler Politik umgesetzt wurden. Die Modernisierungsansätze zielen oft auch auf Veränderungen der faktischen und institutionellen Machtstruktur in den Gemeinden und auf einen Abbau der Parteiendominanz. Sie stoßen in den Bundesländern und den jeweiligen politischen Kulturen auf unterschiedliche Resonanz. Die Frage ist, wie die Parteien auf diese Veränderungen reagieren. Dabei werden Aspekte der Entwicklung des Parteiensystem wie der Binnenstruktur angesprochen. Fragen der Parteifinanzierung sollen hier nicht untersucht werden. Der Schwerpunkt der Analyse liegt auf Mittel- und Großstädten.

2. Entwicklung des lokalen Parteiensystems

In Deutschland war die politische Kultur im lokalen Bereich lange Zeit durch eine „Sachlichkeitsideologie" geprägt. Die lokale Politik wird demnach eher als unpolitisch betrachtet und Sachpolitik überwiegt. Daraus läßt sich die Hypothese ableiten, dass als Resultat dieses „unpolitischen" Charakters der lokalen Politik eine Tendenz zur Entwicklung von Volksparteien auf der lokalen Ebene existiert, da ideologisierte Konflikte und Interessenparteien dem lokalen Konsensprinzip widersprächen. Hieraus folgt die Hypothese, dass die traditionale kommunale Selbstverwaltung vor allem dem Gesetz der großen Koalition unterliegt (s.a. Grauhan 1971; Kevenhörster 1979).

Lokalpolitik in der Bundesrepublik Deutschland war in den fünfziger Jahren vor allem durch eine starke Dominanz der kommunalen Honoratioren geprägt. Kommunalpolitik wurde zu diesem Zeitpunkt als reine Sachpolitik gesehen, in der Interessenkonflikte fremd sind. Die kommunale Friedensformel lautete dabei nach den Jahren des Wiederaufbaus: „Arbeitsplätze, Wohnraum und autogerechte Stadt". Eine stärkere Beteiligung der Bürger wurde oft nicht gewünscht, da man diese als egoistisch und nicht gemeinwohlorientiert ansah und zudem einen Kompetenzmangel attestierte.

In den sechziger und siebziger Jahren drängten die Parteien stärker in die Kommunalpolitik. Die Parteipolitisierung im Rathaus läßt sich dabei „bestimmen als das Ausmaß, in welchem es den lokalpolitischen Parteien gelingt, die Kommunalpolitik personell, inhaltlich und prozedural zu monopolisieren" (Wehling 1991: 150). Eine häufiger anzutreffende prozedurale Monopolisierung durch die Parteien wird dann deutlich, wenn konkurrenzdemokratische Verhaltensmuster im Gegensatz zu konkordanzdemokratischen Verfahren durchsetzen. Ein Beleg hierfür sind geschlossenes Abstimmungsverhalten von Fraktionen sowie auch die Einstimmigkeit von Ratsabschlüssen, die ebenfalls klassische Vorentscheidungsmechanismen aufzeigen. Eine seltener attestierte inhaltliche Monopolisierung wird dann offensichtlich, wenn Konfliktlinien der Bundesparteien auf die lokale Ebene übertragen werden und Themen der nationalen Parteien auch im lokalen Bereich dominieren, obwohl sie hier kaum Relevanz besitzen.

Seit den sechziger Jahren zeigt sich auch eine starke exekutive Führerschaft, d.h. die Dominanz der vorentscheidenden Verwaltung gegenüber dem durch die Parteien geprägten Rat (s.a. Ueltzhöfer 1975; Voigt 1992; Koetz 1999). Deutlich wurde dabei ein technokratischer Entscheidungsstil. Auch wenn die Räte die wichtigen Entscheidungen treffen sollten, wurden diese im wesentlichen von der Verwaltungsspitze, wie z.B. dem Magistrat und dem Bürgermeister, vorentschieden. Die Parteien strebten danach, wichtige Positionen in der Kommunalverwaltung durch Parteimitglieder zu besetzen, um somit einen Informationsvorsprung zu gewinnen. So versuchten die Parteien durch Ämterpatronage, die eher als Macht-, denn als Versorgungspatronage zu sehen ist, und einen starken Einfluss der Fraktionsvorsitzenden bereits relativ früh in die Verwaltungen einzuwirken, auch um relativ früh Informationen über die Planung zu gewinnen.

„Mit der Präsenz von Parteien nahm deren Einfluss auf die Auswahl des kommunalpolitischen Führungspersonals zu, was teilweise zu einer Auflockerung traditioneller Rekrutierungsprozesse führte. Die Dominanz von Honoratioren in den vormals sehr kleinen Gemeinden wurde zurückgedrängt." (s. Kaack 1971).

Ziebill (1964) sieht dagegen in der Bürokratisierung der Gemeindeverwaltung einen Schutzmechanismus und Reflex gegenüber starkem Parteieneinfluß. So geht es darum, die starke Parteipolitisierung mit der kommunalpolitisch notwendigen Sachpolitik zu vereinbaren. Mit der Dominanz der Parteien und der Verwaltung entwickelten sich quasi als Reaktion unkonventionelles politisches Verhalten und neue soziale Bewegungen. Das Aufbrechen der Partizipationskanäle seit den Siebzigern bewirkte zudem, dass neben den neuen ökologischen Interessen auch andere Partikularinteressen (z.b. ökonomische, architektonische, verkehrliche) stärker und zum Teil neu artikuliert und organisiert vorgetragen wurden.

2.1 Parteienverdrossenheit

Politische Apathie wird auch im lokalen Bereich häufig auf eine Parteienverdrossenheit zurückgeführt. Insbesondere von den Verwaltungsrechtlern wird häufig über eine zu starke Parteipolitisierung in den Kommunen geklagt. Der Antiparteienaffekt wird dabei mit Parteibuchwirtschaft, Postenjägerei und Cliquenwirtschaft beschrieben.

Zum Teil lassen sich die Ursachen für die negative Bewertung der Parteien historisch begründen. Die Parteiverdrossenheit basiert zum teil auf eine seit dem 19. Jahrhundert stark auf den Staat bezogenen etatistischen Orientierung. Sie ist weiterhin Reaktion der Zerschlagung des noch in der Weimarer Republik bestehenden parteipolitisch fragmentierten Vereinswesens durch die NSDAP im Nationalsozialismus (s. dazu Herhaus 1997). Hieraus resultierte auch in der in der Wiederaufbauzeit nach dem 2. Weltkrieg einen starke Orientierung auf zivilgesellschaftliche Organisationen und eine Entfremdung von den Parteien. Weite Bevölkerungsgruppen insbesondere in kleinen und mittleren Gemeinden sahen es als gefährlich an, sich einer politischen Partei anzuschließen (Herhaus 1997).

Auch die seit den siebziger Jahren oft konstatierte wachsende Politikverdrossenheit, die durch sinkende politischen Beteiligung nicht nur bei Wahlen deutlich zu Tage tritt, wird vielfach mit einem Unmut über Parteien gleichgesetzt. Auch in den Verwaltungen ist oft eine Parteienphobie eklatant. Vor allem in Württemberg zeigt sich, dass eine starke Distanz zu den kommunalen Parteien bei der Wahl förderlich sein kann. In nahezu allen Bundesländern betonen die Verwaltungsspitzen einheitlich, ihre parteipolitischen Interessen beim Gang in das Rathaus hinter sich zu lassen, um dann gemeinwohlorientiert zu entscheiden.

Der Hauptgrund für eine derartige Unzufriedenheit mit der Kommunalpolitik und die Hauptursache für die Entwicklung der Bürgerinitiativbewe-
gung waren oft nicht durch die Parteien verschuldet. Sie entstanden aufgrund
einer Kritik an der Abwurfplanung der kommunalen Verwaltungen, die wesentliche Interessen nicht rechtzeitig miteinbezogen hat. Auch das negative
Image der lokalen Politiker und der Parteien beruht eher auf den Defekten der
nationalen Ebene und weniger auf den Defiziten der ehrenamtlich tätigen Lokalpolitiker (s.a. Aberbach u.a. 1981). Dennoch zeigen sich auch hier Verfil-
zungstendenzen, mangelnde Offenheit, Parteibuchwirtschaft sowie Diskussion
von oft konfliktfreien Problemen, die aufgrund des Dualismus von Opposition
und Regierung unnötig politisiert werden (s.u.). Auf der Suche nach den Ursachen der Unzufriedenheit mit den lokalen Parteien werden vier Kritikpunkte
deutlich:

– die mangelnde Offenheit oder deren Probleme in bezug auf eine Kandi-
  datenrekrutierung bzw. eine Elitenblockade, d.h. der Abwehr aufstreben-
  der innerparteilicher Gruppen durch die Parteioligarchie.
– die Unzufriedenheit mit einer frühen Reduzierung der Interessen auf dichotome Konflikte, d. h. dem systembedingten Dualismus von Regierung
  und Opposition, ohne dass von der Sache her derartige Konflikte nötig
  wären.
– die Angst vor der Ämterpatronage, die aber wohl eher ein Resultat der
  Dominanz und mangelnden Transparenz der Verwaltung ist.
– die zum Teil anzutreffenden Dominanz übergeordneter Vorgaben der
  Bundespartei, die gegen den lokalen Willen der „Ortsverbände" umgesetzt werden müssen.

2.2 Parteiensystem

Die Typologisierungen der Parteien anhand organisatorischer Gesichtspunkte
(zentralistische Partei, Massenpartei, Honoratiorenpartei), ihrer sozialen Basis
(Bauernpartei, Volkspartei, Wählerpartei) sowie ihrer Funktion (Interessenpar-
tei, Massenlegitimationspartei, Staatspartei) sind vielfältig und besitzen eine
lange Tradition (s. z.B. Ostrogorski 1920; Duverger 1951; s.a. Stöss/Nieder-
mayer 1993). Waren die Parteien bis zum Ende des 19. Jahrhunderts vor allem
klassische Elite- und Kaderparteien, so entwickelten sie sich seit 1880 bis etwa
1960 zur Massen- und Massenintegrationspartei, die bestimmte Bevölkerungs-
segmente und –milieus an sich binden konnten (Decker 1999). Nach Lehmbruch
(1975) fungierten die Parteien in der Kommunalpolitik lange Zeit als Vereine
unter Vereinen. In der „Nestwärme" der sozialen Milieus hat sich der politische
Willensbildungsprozess weitgehend reibungslos abwickeln lassen.
    Nach den wegweisenden Studien von Lipset und Rokkan orientieren sich
die Parteiensysteme an den klassischen soziostrukturellen Spannungslinien
(cleavages), die sich anhand der Konflikte der zwanziger Jahre gestalten und

seither „eingefroren" sind. Auch die Entwicklung der ökologischen Parteien und der rechtspopulistischen Parteien widerlegte nach Ansicht der Anhänger der Cleavage-Theorie diese Persistenzthese nicht, da die Parteisysteme auch hier grundsätzliche gesellschaftliche Konfliktlinien reflektieren (Decker 1999). Im lokalen Bereich ist die Fragmentierung des Parteiensystems auch aufgrund der Existenz der freien Wählergemeinschaften höher und die klassischen cleavages werden nur bedingt deutlich (s.u.).

Der seit den Sechzigern verstärkt einsetzende Trend zur Volks- und Allerweltspartei bringt eine programmatische Angleichung und die Abkehr der sozialen Identität der Partei mit sich (Decker 1999). Mit der Entwicklung der Interessenparteien zu milieuübergreifenden Volksparteien geht dieser Mechanismus verloren. Dabei stellt sich die Frage, ob anstelle der integrativen Kraft der Milieus andere Motivations- und Legitimationsmuster deren Verlust an Bindung kompensieren können (Engel 1988: 77).

Auch nach der Auflösung der Milieus besitzen die Parteien auf der lokalen Ebene Subsysteme, die zu ihren Mitgliedern besonders intensive informelle Kontakte pflegen (s.a. Saiz/Geser 1999). Lokalparteien werden in der Terminologie von Samuel Eldersveld eher dem Typus der „amateur associations of diealists" zugerechnet. Im Gegensatz zur „candidate centered aggregation" und zur „political machine" stehen hier sachbezogene gesinnungsmäßige Motive und Ziele im Vordergrund (Eldersveld 1982; s.a. Geser 2001). Innerhalb der Lokalparteien wird ein Schwergewicht auf Sozialaktivitäten wie z.B. Weihnachtsfeiern, Kegelabende etc. gelegt, um die Gruppenkohäsion zu stärken. Dies ist besonders wichtig, da eine materialistische Motivation zur Parteiarbeit in den kleinen Gemeinden auf Grund fehlender attraktiver Versorgungsmöglichkeiten zumeist fehlt (s.a. Saiz/Geser 1999).

Die Möglichkeit der direkten Kontakte zwischen Politikern und Bürgern, die insbesondere in der Lokalpolitik zum Aufbau einer Vertrauensbeziehung und zur politischen Legitimation des lokalen politischen Systems beitragen, geraten mit dem Aufbrechen des sozialen Milieus und der Individualisierung in den Hintergrund. Soziale Kontakte zwischen Politikern und Bürgern beschränken sich zunehmend auf die Wahlkampfphase (Kühr/Simon 1982). Da die Stimmenmaximierung auch auf der kommunalen Ebene Grundbedingung des politischen Wettbewerbs ist, müssen die Parteipolitiker in der Regel den Spagat zwischen Stammwählern und parteiungebundenen Wählern umsetzen (Holtmann 1992). Da ihre Mitgliederbasis schwindet, gelten Parteien als nicht mehr so wichtig. Die Abkehr von festen organisatorischen Bindungen spielt hier genauso eine wichtige Rolle, wie die schwindende Funktion der Parteien als wichtige Interessenvertreter und Wegmarkierungen im politischen System (Immerfall 1998).

Insbesondere innerhalb der lokalen Parteiorganisation wird Michels (1990) „ehernes" Gesetz der Oligarchisierung von Eldersveld (1964) kritisch gesehen. Er sieht hier innerparteilich Tendenzen einer vertikalen gegenseitigen Rücksichtnahme, die auf der Heterogenität der Mitgliedschaft, der Abhängigkeit der Oligarchien von ehrenamtliche freiwillige Parteiarbeit sowie dem Mangel effektiver Sanktionen innerhalb der Partei beruht (Mühleisen 1973). Da das Rekrutierungsreservoir der lokalen Parteien gering ist, kommt es schnell zur Bildung von Oligarchien innerhalb der Parteien (Naßmacher 1997).

Die Parteien reagieren auf diese Interessenlosigkeit und Unverständnis mit einem Modernisierungsprozess, der zusätzlich wichtige aber marginalisierte Gruppen nicht mehr integriert (Immerfall 1998). Ohnehin besteht das Problem der Negativauslese in Mitgliederparteien. So engagieren sich nach Pfeiffer (1997) in der lokalen Mitgliederpartei lediglich Menschen, die zu den Zeitreichen und Immobilen (middle class bias) gezählt werden können. Die Krise der Parteien wird nicht durch die Wiederentdeckung der Mitgliederpartei und neuen Mitwirkungsmöglichkeiten gelöst, sondern durch eine stärkere Oligarchisierung mit der Tendenz zum professionellen Politiker. Diese Oligarchisierung wird hingenommen, wobei den Mitgliedern die Möglichkeit zur Beteiligung zwar offen gehalten wird, aber die Fraktionsmitglieder oder andere Gruppen die Entscheidungen dominieren (Nickig 1999).

Der Trend scheint also von der Mitgliederpartei zur Partei ohne Mitglieder zu gehen. Dies gilt erstmalig auch für die Volksparteien und nicht nur für ohnehin mitgliederarme Kleinparteien wie B90/Die Grünen und die FDP. Neue Konzepte wie die Fraktionspartei oder die Netzwerkpartei basieren auf den Überlegungen Raschkes (1993), der bereits in den achtziger Jahren den Grünen Charakteristika einer professionellen Rahmenpartei attestierte (Naßmacher 1996, 1997). Diese konzentriert sich nicht auf die Mitglieder, die nur in geringem Maße vorhanden sind und zudem immer weniger werden, sondern setzt auf einen aktiven professionellen Kern aus Abgeordneten, Hauptamtlichen, Ehrenamtlichen sowie einem Reservat Aktiver, die die Funktionsträger erneuern. In den weiteren drei angelagerten Kreisen sind zunächst die inaktiven Parteimitglieder zu finden, weiterhin die Nichtmitglieder, aus den zum Teil verflochtenen sozialen Milieus und letztendlich die breite Wählerschaft. In diesem professionellen führungszentrierten Parteikonstrukt gerät die Partei zur widersprüchlichen Einheit geprägt durch Gefolgschaft, Mobilisierung und Diskurs (Leif/Raschke 1994; s.a. von Alemann 2000).

Lehmbruch (1975) schätzt die Rolle der Parteien in kleinen Gemeinden mit stärker agrarischer Wirtschaftsstruktur als eher gering ein. Hier werden sie weniger als Orientierungshilfe benötigt. Dagegen dominieren hier unabhängige und freie Wählergemeinschaften. Mit der Gebietsreform kam es zu einer Vergrößerung der kommunalen Einheiten, die die Etablierung der Parteien zu Lasten der freien Wählergemeinschaften auf der lokalen Ebene beschleunigte.

Mit dem Auftreten der Grünen hat die Fraktionalisierung des lokalen Parteiensystems erneut zugenommen. Dies galt auch dann, wenn der Erfolg der Grünen z. T. mit dem Scheitern der FDP bzw. freier Wählergruppen verbunden war. Die Freien Wählergemeinschaften des alten Typs, die zum Teil kaum von den „echten" Parteien zu unterscheiden und häufig lediglich Tarnlisten für politische Parteien waren, nahmen ab. In den achtziger Jahren haben sich freie Wählergemeinschaften vor allem in stadtnahen kleinen Gemeinden organisiert, die über politische Selbstaktivierung zumeist zeitlich befristete problembezogene und vor allem ökologische Politikfelder besetzen und sich kurzfristig organisieren. Dabei wurde für Hessen auch eine generelle Abnahme der Freien Wählergemeinschaften prognostiziert (s.u). „Es ist anzunehmen, dass den hessischen Wahlgemeinschaften in den achtziger Jahren nur mehr eine regionale Bedeutung zukommen wird" (Möller 1981: 97).

3. Lokale Modernisierung und Parteien

Seit den neunziger Jahren zeigen sich zwei Modernisierungspfade in den Kommunen, die sich wechselseitig beeinflussen. Sie umfassen eine Verwaltungsreform, die den gesamten öffentlichen Sektor betrifft, wobei die Kommunen eine Vorreiterrolle spielen. So haben in den neunziger Jahren etwa 95% aller Großstädte mit der grundlegenden Umstrukturierung ihrer Verwaltung begonnen. Unter dem Stichwort „Neues Steuerungsmodell" orientiert man sich an den aus dem angelsächsischen Bereich stammenden Modernisierungsstrategien des New Public Managements. Hier wird die neue Steuerungsfunktion des Rates, aber auch die neue Rolle der Verwaltungsspitze, d.h. der Bürgermeister diskutiert (KGSt 1998). Zum anderen kam es mit der Einführung der Direktwahl der Bürgermeister zu einer Erweiterung des lokalen politischen Handlungsrepertoires der Verwaltungsspitze. Neben diesem Verwaltungsmodernisierungsprozess wird ein politischer Reformprozess deutlich, der im Rahmen verhandlungsdemokratischer Strategien auch neue Formen der Inklusion und der Partizipation von organisierten und individuellen Interessen in das politische System erbringen soll (s.a. Bogumil 2001).

3.1. Politikreform

Die Instrumente der Politikreform beinhalten neben der Direktwahl der Bürgermeister, auf die später eingegangen werden soll, neue Wahlverfahren, die Einführung lokaler Bürgerbegehren und –entscheide, die Schaffung sowie die Neugestaltung von Beiräten für Partikularinteressen (Ortsbeiräte, Ausländerbeiräte, Seniorenbeiräte etc.) sowie die Installation von Foren und Runden Tischen. Diese neuen Beteiligungsmöglichkeiten haben zum Teil starken Einfluss auf die Rolle der Parteien in der Kommunalpolitik.

3.1.1 Neues Wahlrecht

Die Veränderungen im Wahlrecht betrafen neben den Abschaffung der 5% Klausel (Hessen, Nordrhein-Westfalen) die Einführung der Möglichkeit des

Panaschierens und Kumulierens in vielen Bundesländern. In Bayern und Baden-Württemberg wurden bereits lange Erfahrungen mit den Instrumenten des Panaschierens und des Kumulierens gesammelt. Rheinland-Pfalz und einige neue Bundesländer hatten bereits zu Beginn der neunziger Jahre diese Instrumente eingeführt. Hessen besaß bis 2000 als einziges Bundesland keine personenbezogenen Elemente bei der Kommunalwahl und führte das Panaschieren und Kumulieren im Jahr 2000 ein. In Nordrhein-Westfalen, dem Saarland und Schleswig Holstein diskutiert man die Einführung dieser Instrumente. Die Frage ist, ob das Panaschieren und Kumulieren in Verbindung mit der Abschaffung der 5% Klausel Auswirkungen auf das Parteiensystem hat und wie sich die Instrumente auf die Auswahl der Kandidaten auswirkt?

Im klassischen Verfahren, das in Hessen und Rheinland-Pfalz eingeführt wurde, besitzt der Wähler so viele Stimmen, wie Mandate zu vergeben sind. Beim Kumulieren erhalten die Wahlbürger dann die Möglichkeit jedem Kandidaten i.d.R. bis zu drei Stimmen zu geben. Beim Panaschieren kann der Wähler über die Listen springen und somit Kandidaten unterschiedlicher Listen seine Stimme geben. Bayern und Rheinland-Pfalz besitzen dabei die Möglichkeit des Vorkumulierens. Das Vorkumulieren, d.h. die Mehrfachnennung eines Kandidaten auf dem Wahlzettel, ermöglicht es den Parteien ihre Spitzenkandidaten zu begünstigen. Jeder Kandidat kann zwar nur maximal drei Stimmen erlangen. Wird ein Kandidat aber dreifach genannt, so erlangt er, z.B. bei unveränderten Listenstimmen, automatisch drei Stimmen. Auch das klassische Verfahren besitzt somit wichtige Unterschiede. Der z.B. in Hessen gewählte Auszählungsmodus berücksichtigt zunächst die Zahl der Parteistimmen und führt in Kombination mit dem Hare/Niemeyer- Sitzzuteilungsverfahren zu einer Bevorzugung kleiner Parteien.

Grundsätzlich scheint das Element des Panaschierens und Kumulierens zu einer stärkeren Orientierung auf Personen, die stark in der lokalen Öffentlichkeit stehen, zu führen. Städtische Honoratioren treten dabei häufig in den Vordergrund. Den Parteien wird die Einflussmöglichkeit genommen, in internen Diskussionsprozessen eine endgültige Wahlliste zu erstellen, die z.B. alle Stadtteile oder bestimmte Interessengruppen repräsentieren. Junge- über die Parteigrenzen hinweg unbekannte- Lokalpolitiker haben geringe Chancen. Die Parteien werden auf der anderen Seite Wert darauf legen, dass publikumswirksame Kandidaten nominiert werden, die wiederum oft einen eigenen Wahlkampf führen. Zum anderen ist es für die Parteien schwieriger, unliebsame aber populäre Kandidaten von den Parteilisten zu eliminieren.

Insbesondere auf die „Listenmacher" innerhalb der Parteien kommen neue Herausforderungen zu. So geht es darum, publikumswirksame Kandidaten zu suchen, die möglicherweise nicht parteinah sind, aber als wichtige Ankerperson der Partei eine große Anzahl Wähler beschert. Die hessischen Erfahrung zeigt, dass parteiferne Honoratioren kaum zur Kandidatur bewogen werden konnten. Sie finden sich eher den freien Wählergemeinschaften. So werden in den Parteien vor allem alte bekannte Parteihonoratioren zur erneuten Kandidatur überredet

und oft vom Wähler „hochgehäufelt". Diese Ankerpersonen werden im Gegensatz zu früher, als sie auf die „unsicheren" Plätze am Ende der Liste plaziert und
letztlich nicht berücksichtigt wurden, nun in die Räte gewählt und können letztendlich von dieser Personenwahl oft kaum zurücktreten (s. Kersting 2002).

Die „Listenmacher" müßten weiterhin damit rechnen, dass auch unliebsame Kandidaten die Chance besitzen, auf der Liste aufzutauchen. Es wird
wesentlich schwieriger, diese aus den Parlamenten herauszudrängen, wenn sie
eine hohe Akzeptanz in der Bevölkerung besitzen. Auch parteiinterne Minderheiten setzen sich dann durch, wenn die Bevölkerung diese vertritt, da damit zu rechnen ist, dass nahezu alle Personen auf die Listen kommen.

Interessant ist in diesem Zusammenhang, dass das Panaschieren und Ku-
mulieren als letztes Votum des Bürgers über parteiinterne Fraktionen und
Oligarchien gesehen wird. Insofern kann es friedensstiftend innerhalb der
Parteien wirken, da der Wähler hier der einen oder anderen Richtung seine
Präferenz gibt. Die Praxis in Hessen zeigt aber, dass unliebsame Kandidaten
oft erst gar nicht auf der Liste vertreten sind, was vielfach zur Bildung neuer
unabhängiger Wählergemeinschaften führte. Diese Tendenz wurde durch die
Abschaffung der 5% Klausel noch verstärkt (s. Kersting 2002).

In der Bundesrepublik zeigt sich ein breites Auftreten Freier Wählergemeinschaften, die z.T. bewußt antiparteilich agieren. Mit der Gebietsreform in
den siebziger Jahren verloren sie an Einfluss, da eine Vielzahl der ländlichen
Kleingemeinden sich auflösten und zudem die Organisationsdichte der politischen Parteien zunahm. Am Ende der neunziger Jahren scheinen die Parteien
ihre Bindungskraft verloren zu haben. Die Wähler orientieren sich stärker an
den jeweiligen Problemlösungskapazitäten und den Leistungen der Parteien
und gehen keine feste Parteibindung ein. Möglich ist insbesondere auf der
kommunalen Ebene eine stärkere Zersplitterung, d.h. eine Loslösung von den
großen Volksparteien. Dies kann tendenziell zu einer stärkeren Zersplitterung
des Parteiensystems vor allem auf der kommunalen Ebene führen, die durch
die Abschaffung der 5% Klausel mittelfristig forciert wird. So entwickeln
sich mit der Beseitigung der Zugangsquoren in vielen Bundesländern neue
Freie Wählergemeinschaften oft als Resultat einer Elitenblockade in den etablierten Parteien und seltener als Institutionalisierung von Bürgerinitiativen.
Insofern scheint Ellweins These von der „langen Überlebenschance der
Wählergemeinschaften" in den Kommunen zuzutreffen (Ellwein/Zoll 1982).
Die Fraktionalisierung der kommunalen Parteienlandschaft hat sich nach den
Kommunalwahlen in Hessen 2001 verstärkt.

3.1.2 Bürgerbegehren und -entscheid

Häufig wird mit dem Einzug der direktdemokratischen Verfahren ein Abschied von der Parteiendemokratie verknüpft. Diese traditionelle Sichtweise
sieht eine Einschränkung der Parteiendominanz durch direktdemokratische
Verfahren. In kassierenden Begehren, die dem Beschluß der politischen Gre-

mien entgegenstehen, aber auch in initiierenden Begehren, die neue Themen aufgreifen, werden Parteien in ihrer lokalen Machtposition eingeschränkt.

In der lokalpolitischen Realität zeigt sich der Einfluss direktdemokratischer Verfahren als ambivalent. „Die historische Erfahrung zeigt, dass direktdemokratische Einrichtung für die politischen Parteien sowohl Chancen wie Gefahren bergen" (Möckli 1994: 233). Parteien reagieren flexibel auf die direktdemokratischen Instrumente. Dabei muss differenziert werden zwischen Mehrheits- und Minderheits- bzw. außerparlamentarischen Parteien, die zusätzliche politische Handlungsoptionen erlangen. So erhalten die oppositionellen Parteien die Möglichkeit Entscheidungen zu korrigieren. Auch Mehrheitsparteien nutzen Bürgerbegehren und Bürgerentscheide zur Erhöhung der Legitimation ihrer eigenen Entscheidungen, zur Lösung von strittigen Angelegenheiten und zur Friedenstiftung innerhalb der eigenen Fraktion sowie zur Prävention gegenüber extern initiierten Bürgerbegehren.

Bei Bürgerbegehren und -entscheiden nehmen die Parteien wichtige Rollen ein, die entsprechend regionaler, politisch kultureller Charakteristika unterschiedlich ausgeprägt sind. „Die Vormachtstellung der Parteien in der Bundesrepublik spiegelt sich – allerdings in abgeschwächter Form – auch in der direkten Demokratie. Bei der Mehrzahl der ganz oder teilweise erfolgreichen Begehren traten Oppositionsparteien als Initiatoren, vor allem aber als Bündnispartner auf" (Kampwirth 1999: 28). In Baden-Württemberg gehen ein Drittel der Bürgerentscheide auf Ratsbegehren zurück. In Sachsen-Anhalt waren 31 der 33 Bürgerentscheide durch den Rat initiiert (Paust 2001). In Hessen zeigt sich, dass es häufiger neu gegründete Bürgerinitiativen sind, die Bürgerbegehren und Bürgerentscheide in die Wege leiten. In Hessen und Bayern -ähnliches gilt für Nordrhein-Westfalen- wurden nur etwa 25% der Bürgerbegehren von Parteien initiiert. Insbesondere in den größeren Kommunen sind häufiger die Parteien involviert. Untersuchungen zeigen, dass in 70% aller Bürgerentscheide in Nordrhein-Westfalen die lokalen Parteien miteinbezogen (Kost 1999) wurden. In den verschiedenen direktdemokratischen Phasen, wie der parlamentarischen Meinungsfindung und Sachentscheidung, der Initiierung und Qualifizierung im Bürgerbegehren, der parlamentarischen Interaktion und letztendlich der öffentlichen Meinungsbildung und dem Abstimmungskampf treten die Parteien in unterschiedlicher Intensität auf. Sie geben organisatorische wie rechtliche Unterstützung und sind aufgrund der hohen Quoren und institutionellen Hürden oft für den Erfolg von Bürgerbegehren und Bürgerentscheiden maßgeblich. Die Parteien nutzen das zivilgesellschaftliche Engagement und greifen zum Teil die hier vorgebrachten Ideen und Probleme auf. Dabei bietet sich ihnen die Möglichkeit, neue aktive Bürger als Parteimitglieder zu rekrutieren.

Politische Parteien spielen insbesondere bei diesem Entscheidungsfindungsprozess wichtige Vermittler- und Öffentlichkeitsrollen. Parteien besitzen zum einen die organisatorische Infrastruktur, zum anderen haben sie die Kommunikationszusammenhänge etabliert bzw. in der Hand und können hierüber gemeinsam mit Initiatoren von Bürgerentscheiden über Bevölkerungsnetzwerke Einfluss nehmen. Die Initiierung und die Durchführung eines Bürgerentscheides verursacht hohe Kosten für die durchführende Organisation. Der enorme Bedarf an Helfern sowohl im Prozess des Begehrens als auch im „Wahlkampf" zum Bürgerentscheid wurde in der bisherigen Praxis deutlich. Die Opposition wie auch kleinere Parteien besitzen in den neuen Formen der direkten Demokratie Chancen der Profilierung.

> „Bürgerbegehren, die von Parteimitgliedern mit initiiert werden, haben weitaus bessere Erfolgsaussichten, dass der Bürgerentscheid zustande kommt als Bürgerbegehren, die von parteipolitisch inaktiven Mitgliedern getragen werden" (Lackner 1999:100).

Bürgerbegehren und Bürgerentscheide werden zudem häufig von Parteien und Wählervereinigungen benutzt, um die Entscheidungsfindung von der „offiziellen Ebene auf eine zweite Ebene zu ziehen" (Knemeyer 1997: 29). Die Kritik gegenüber den Parteien, die die „Flucht aus der Verantwortung" betreiben und sich den populären Stimmungen im Volke verschreiben, kann kaum der Realität standhalten.

Das oft konstatierte Monopol der Partei in bezug auf die Phase des Agendasettings im kommunalen Bereich wird durch die direktdemokratischen Verfahren abgebaut und zivilgesellschaftliche Gruppen werden dadurch gestärkt. Auch wenn die Mehrzahl der Bürgerbegehren sich auf Bereiche bezieht, die bereits in den politischen Gremien aufgegriffen und entschieden worden sind, so wird das Spektrum der non-decisions-Bereiche reduziert. Aufgrund der vielfältigen indirekten Wirkungen von Bürgerbegehren und Bürgerentscheiden kommt es dabei zu einer stärkeren Responsivität innerhalb der Parteien, die befürchten müssen, dass unliebsame Themen aufgegriffen werden.

3.1.3 Beiräte und Kommissionen

Auf die Ausdifferenzierung der Interessen reagierte die Politik mit Dezentralisierungsstrategien und der Installierung bzw. Aufwertung von Beiräten und Kommissionen, die diese Partikularinteressen aufgreifen. Im Rahmen der Gebietsreform der siebziger Jahre wurden in vielen Bundesländern Ortsbeiräte und Ortsbezirksvertretungen gebildet und mit unterschiedlichen Kompetenzen und Mitsprachemöglichkeiten versehen (Kersting 1997a). Seit geraumer Zeit stehen diese Ortsbeiräte in der Kritik. Vielfach sind endgültige Entscheidungsrechte nicht oder nur symbolisch übertragen worden. Die Ortsbeiräte sind zwar zumeist Spielgelbilder des lokalen Parteiensystems, dennoch gelingt eine überparteiliche Kooperation im engen lokalen Bereich leichter.

In den neunziger Jahren wurden zudem vielfach Ausländerbeiräte als politisches Vertretungsorgan in den Gemeindeordnungen installiert. Diese stehen mit der Einführung des kommunalen Wahlrechts für EU-Ausländer vor der Spaltung. Sie kämpfen auch in den eigene Reihen mit dem Problem lokaler politischer Apathie bzw. Zynismus und einem oft höheren Interesse der Ausländer an sozialer Beratung als an politischer Lobby-Arbeit (s. Kersting 1997b). Das ebenfalls oft geringe gesellschaftliche Interesse an diesen Gremien, hat dazu geführt, dass diese auch von der Verwaltung und den Parteien oft vernachlässigt werden. So werden häufig Forderungen laut, die politischen Parteien stärker in der Entscheidungsfindungsprozess des Ausländerbeiräte einzubinden, um diese so aufzuwerten. Die vielfach installierten Senioren- und Behindertenbeiräte sowie die Kinder und Jugendparlamente wurden auf Druck der Interessengruppen gebildet und sind zumeist rechtlich nicht in den Gemeindeordnungen verankert (Kersting 1997a). In diesen Quasi-Kommissionen sitzen i.d.R. Vertreter der Verwaltung und der Parteien mit den Interessengruppen zusammen.

Gemeinsam ist den Beiräten und Kommissionen zumeist der Wunsch Antragsrechte, Rederechte in der Gemeindevertretung, endgültige Entscheidungsrechte und damit zusammenhängend eigene Budgets zu erhalten. Von den Parteimitgliedern im Rat werden die neuen Gremien oft skeptisch als „Ersatzparlament" gesehen. In neuen Beiräten sieht man die Gefahr, dass eine „St. Florianspolitik" verstärkt wird, da hiermit Partikularinteressen gefördert werden und die nötige Gemeinwohlorientierung übersehen wird. Die Förderung von diesen schwachen Interessengruppen kann demnach leicht zu einer Inflation von nicht gemeinwohlorientierten Interessen und zu einem „Forderungen overkill" führen. Die Beiräte stehen zudem oft in Konkurrenz mit politisch nicht legitimierten Interessengruppen, wie z.B. Stadtteilvereinen, Selbsthilfegruppen etc.. Als gewählte Interessenvertretungen sind sie aber, insbesondere wenn es um die Verteilung öffentlicher Mittel geht, wohl die einzig legitimierten Ansprechpartner für Rat und Verwaltung.

3.1.4 Diskursive dialogische Verfahren : Foren und Runde Tische

Die Kritik am lokalen politischen System basiert auf der Abwurfplanung durch die Verwaltung und die mangelnde Inklusion des repräsentativen lokalen Parteiensystems. Eine frühzeitige Integration unterschiedlicher Interessen verzögert nach Würtenberger (1993) nicht die Verwaltungsentscheidungen, sondern beschleunigt diese. Die Forderungen nach integrativem Verwaltungshandeln und nach neuen Beteiligungsmöglichkeiten nehmen zu. Wollmann postulierte

> „ (...) einen Beitrag zur Erneuerung staatlichen Politik- und Verwaltungshandelns könnten die Kommunen dadurch leisten, dass sie (...) neue, eher kommunikative und persuasive Interaktions-, Organisationsformen und Handlungsmuster wählen" (Wollmann 1990: 103).

Seit den Neunzigern konnten sich mit der Wiedervereinigung und dem Lokalen Agenda 21 Prozess neue dialogische Verfahren in Form von Runden Tischen und Foren etablieren, die verhandlungsdemokratische Beteiligungskonzepte umsetzen (s.a. Feindt 1996; Schneider 1997). Dialogische Verfahren unterscheiden sie sich in ihrer stärkeren Ausrichtung auf ein Konfliktschlichtungsinstrument (Mediation) oder ein Planungsinstrument. Die Integration von organisierten Interessen oder die (Zufalls-)Auswahl von Bürgern ist ein zentrales Problem und Unterscheidungskriterium bei diesen dialogischen Verfahren. Runde Tische werden hier als dialogische Verfahren definiert, die vor allem die Interessen der organisierten Vereins- und Verbandsvertreter aufgreifen. Foren werden hier als prinzipiell offenere Verfahren verstanden, die (auch) nicht organisierte Interessen integrieren (Zukunftswerkstatt etc.) oder auf repräsentative Zufallsauswahlen der Akteure zurückgreifen (Planungszelle etc.). Dialogische Verfahren, in Form von Zukunftswerkstätten etc. eignen sich grundsätzlich vor allem für kleine Gruppen. (Repräsentative) Großgruppen sind nur über besondere Verfahren, wie z.b. die Perspektivenwerkstatt, die zumeist einer parallelen Durchführung mehrerer Zukunftwerkstätten entspricht, integrierbar.

Strategische Ziele der Bürgerbeteiligung sind die Definition von öffentlichen Interessen und Wertvorstellungen, Schaffung von Vertrauen und Glaubwürdigkeit unter den Betroffenen, die Schaffung eines weitgehenden Konsenses zwischen den betroffenen Parteien und die Entwicklung von „besseren Entscheidungen". Der Partizipationsprozess muss insofern die Sachkenntnisse aufdecken, Normen und Gesetze deutlich machen, Werte und Interessen fair und repräsentativ einbinden und alle Argumente integrieren. Die Kooperation zwischen Bürger und Staat basiert dabei nicht allein auf dem Austausch von Informationen in Anhörungen und Beratungen, sondern will neben der Qualität auch die Akzeptanz der Entscheidung erhöhen, indem Verhandlungen geführt, Kompromisse geschlossen und Absprachen getätigt werden. Dabei wird Bürgerbeteiligung weniger als Möglichkeit der Selbstverwirklichung und Selbstbestimmung des Bürgers gesehen, sondern vielmehr als Optimierung der Entscheidungsinputs, die durch eine breite Inklusion und die Möglichkeit der vergleichenden Bewertung von Handlungsoptionen und -konsequenzen geprägt ist. So soll eine stärkere Solidarität, Rücksichtnahme und soziales Lernen ermöglicht werden.

Im konsensorientierten Diskurs sollen die Kurzfristigkeit und Querschnittigkeit konkurrenzdemokratischer Verfahren überwunden werden und über eine Einbindung von Parteien und Verwaltung die Kompetenzen gesellschaftlicher Akteure besser genutzt werden. In den dialogischen Verfahren, wie z.B. den Foren, die die Akteure nach dem Zufallsprinzip auswählen, werden partei- und verbandspolitische Machtpositionen völlig neutralisiert. Ansonsten ist der Einfluss der Parteien in den Foren und in den Runden Tischen eher gering. Hier sind sie ein Interessenvertreter unter vielen und parteipolitisches Kalkül gerät im Diskurs in den Hintergrund (Entscheidungslogik).

> „In vielen deutschen Kommunen liefen und laufen die Lokalen Agenda 21-Prozesse in diversen extra dafür eingerichteten Arbeitsgruppen und Runden Tischen oft außerhalb des eigentlichen politischen Prozesses der jeweiligen Kommunen ab" (Gesänger 2000: 115).

Sie werden weder von der lokalen Öffentlichkeit noch von Parteien wahrgenommen (s. Kersting 2002).

3.2 Verwaltungsreform

Die Verwaltungsreforminitiativen und hierbei insbesondere das Neue Steuerungsmodell setzen auf ein neues Verhältnis zwischen dem oft von Parteien dominierten Rat und der Verwaltung. Der Rat soll nur noch im Rahmen eines Kontraktmanagements auf Abstand lenken. Die Schnittstelle zu den Steuerungseinheiten, z.B. zum Gemeinderat, erfolgt im Rahmen eines Auftraggeber – Auftragnehmerverhältnisses, unterjährige Soll-Ist-Vergleiche und ein transparentes, an Produkten orientiertes Berichtswesen. So werden die Ergebnisse (Outcome, Impact) und Leistungen (Output) dem Ressourcenverbrauch (Kosten) und der Versorgungsform gegenübergestellt (s.a. Reichard 1994).

Die Gefahr, mit Detailfragen die Kontrolle über die Verwaltung und somit wesentliche Steuerungsmöglichkeiten zu verlieren, ist evident. So tut sich in diesem Prinzipal-Agent Verhältnis ein Informationsgefälle zuungunsten des Prinzipals auf, das zu einer De-Parlamentarisierung führen kann (s.a. Strünck 1997: 155). Durch das Know-how der Verwaltung wird diese in der Formulierungsphase von Kontrakten federführend wirken. Es wird deutlich, dass das „Wie" in das „Was" hineinragt und Teile davon in seine Sphäre zieht.

Der geplante Rollenwechsel der Politiker wird den Einfluss der Parteien im Rat möglicherweise stark schwächen. So fehlen z.B. noch die notwendigen Indikatoren zur Messung von Outcome, Output und Impact. Aber auch wenn diese existieren, kann trotz verbesserter Transparenz der kommunalen Haushaltsführung die Kontrolle über Leistungsindikatoren kaum eine umfassende Steuerung gewährleisten. Damit verliert der Rat an Steuerungsmöglichkeiten, während die Exekutive im Machtgefüge hinzugewinnt.

Ein Rückzug der Politiker aus dem Tagesgeschäft und eine Konzentration ihres Engagements auf strategische Rahmenvorgaben widerspricht zudem den politikwissenschaftlichen Erfahrungen zur Rolle der Kommunalpolitiker im Policy-Prozess (s. Kersting 1998). Die Befassung mit Detailfragen ist zudem aufgrund der hier liegenden Kompetenzen vieler ehrenamtlicher Politiker ein wichtiges Wiederwahlmoment, obwohl der Lokalpolitiker oft nur begrenzt eine Rolle als Ansprechpartner für die Bürger bei Detailproblemen einnehmen kann. Die Parteien und ihre Repräsentanten verlieren somit eine wichtige Basis ihrer Legitimationsbeschaffung.

Verlieren die Parteien mit dem Rat an Einfluss, so ließe sich dies möglicherweise über die Einflussnahme in der Verwaltung kompensieren. Die Verwaltungsreform will aber gerade hier die Parteidominanz in Form von Ämterpatronage brechen. Bezüglich der Stellenbesetzung soll der Rat nach dem New Public Management-Konzept auf Einzeleingriffe, wie z.B. Personalentscheidungen verzichten (Abbau der Parteibuchwirtschaft). So wird postuliert, dass die Rekrutierung des Verwaltungspersonals nach fachlichen und weniger nach parteipolitischen Kalkül ablaufen soll (Wehling 1999). Dies führt möglicherweise zur Behinderung der häufig anzutreffenden „Fachbruderschaften", zu einem Kontrollverlust für die Politiker im Rat. Diese Parteipolitisierung der Verwaltung ist auch systembedingt durch de facto exekutive Führerschaft entstanden (Holtmann 1992). Ämterpatronage und Fachbruderschaften sind nicht immer vor dem Hintergrund einer Versorgungspatronage, d.h. einer Alimentierung verdienter Parteimitglieder zu betrachten, sondern sie sind als Machtpatronage eine wichtige Strategie zur Sicherstellung des Parteieneinflusses in der Verwaltung (s.o.). Eine Verschlechterung beider Kanäle der Einflussnahme beinhaltet somit einen Verlust der Parteien in der kommunalen Machtstruktur.

3.3 Direktwahl der Bürgermeister

Die Direktwahl der Bürgermeister wurde, nachdem sie in Bayern und Baden-Württemberg bereits seit den fünfziger Jahren bestand, in den neunziger Jahren in allen Bundesländern eingeführt. Im Gegensatz zu den beiden Vorreitern wurden dabei Abwahlreferenden ermöglicht, die im Vergleich zu den Bürgerbegehren an noch höhere Quoren gekoppelt sind. In Brandenburg wurde aufgrund der relativen Häufigkeit der Recall-Verfahren die Quoren der Abwahl-Begehren von 10 auf 25% erhöht (Wollmann 2001).

Die Direktwahl hat direkte Auswirkungen auf die Mandatsausübung und die Beziehungen des gewählten Repräsentanten zu den Parteien. Sie bewirkt aber auch eine Veränderungen bei der Rekrutierung der Kandidaten durch die politischen Parteien. Hier besaßen die Parteien i.d.R. ein Nominierungsmonopol. Insbesondere in Ländern ohne Direktwahl wurde oft über die regionale Parteizentrale, d.h. über entsprechende Kandidatenbörsen ein qualifizierter Kandidat vermittelt (s. Wehling 1989).

Nach Wehling (1998, 1999) führt die Nominierung der Kandidaten zur Bürgermeisterwahl durch die Partei zu einem Qualitätsverlust. So geht er grundsätzlich davon aus, dass die Wähler sich sehr stark an fachlichen Qualifikationen orientieren. Die Rekrutierung der Kandidaten sollte nach Banner (1994) vor allem auf fachlichen Qualitätskriterien basieren. Populistische „Freibierkandidaten" haben demnach auch keine Chance, bzw. werden nach Ende ihrer Legislaturperiode abgewählt. Andere Autoren sehen dagegen zukünftig die Gefahr eines stärkerem Populismus im Wahlkampf (s.a. Kersting 2001).

Das Wahlverhalten bei Direktwahlen der Bürgermeisters ist stark von der regionalen politischen Kultur abhängig. In Baden-Württemberg ist eine Parteimitgliedschaft stärker eine Hypothek als ein Bonus für Bürgermeisterkandidaten. Parteilosigkeit bzw. Parteidistanz (siehe Manfred Rommel) werden bewußt demonstriert, um die eigene Unabhängigkeit deutlich zu machen. Um gewählt zu werden, muss der Bürgermeister oft eine deutliche Distanz zur Partei aufweisen. Dennoch wächst aufgrund des hohen organisatorischen und finanziellen Aufwandes im Bürgermeisterwahlkampf der Einfluss der Parteien stark an. Wie stark sich die politische Kultur einer Region auf die Direktwahlen, aber auch auf die Amtsauffassung der Bürgermeister auswirkt, zeigt sich in dem sogenannten Badener Profil. Trotz ähnlicher Rahmenbedingungen wie in Württemberg, wird in Baden wesentlich stärker die Dominanz der Parteien akzeptiert. In Baden-Württemberg werden die Kandidaten nicht durch die Parteien nominiert. Dabei zeigt sich auch im Rat kein starkes Parteidenken. Die Räte sind eher Versammlungen honoriger Bürger. Die Möglichkeiten zum Panaschieren und Kumulieren führen dazu, dass die Räte stärker durch bekannte, angesehene, unabhängige Personen bestellt werden und schwerer parteipolitisch gesteuert werden können. Hier ist es für die Bürgermeister einfacher, Mehrheiten über Parteigrenzen hinweg zu schaffen.

In Bayern dagegen sind die Bürgermeister, um aufgestellt und wiedergewählt zu werden, auf den Vorschlag einer Partei angewiesen (Nominierungsmonopol). Häufig zeigen sich hier Zerwürfnisse mit der eigenen Partei. Minderheitenbürgermeistern fehlt in der Regel der „natürliche Rückenwind", aber auch hier wird bei Wiederwahlen ein Bürgermeisterbonus und eine akklamatorische Mehrheit deutlich.

Die Zugehörigkeit zu Parteien erleichtert z.B. in Hessen die Nominierung für übergeordnete Parlamente (Kreistag) und ermöglicht es, überregionale Kontakte zu knüpfen. Im Rahmen der kommunalen Gebietsreform der siebziger Jahre trat eine Vielzahl der Bürgermeister in eine Partei ein. Auch in Rheinland-Pfalz zeigt sich eine Zunahme der Parteimitgliedschaft infolge der kommunalen Gebietsreform (s. Gabriel 1991). Diese vollzieht sich vor allem zugunsten der Volksparteien CDU und SPD. Im Gegensatz zu Württemberg sind in Rheinland-Pfalz mehr als die Hälfte der Bürgermeister vorab Ratsmitglieder gewesen. Dennoch zeigt sich auch hier, dass in den achtziger Jahren etwa 60% der Bürgermeister ohne Gegenkandidaten ins Amt gewählt wurden und 12% sogar einstimmig gewählt wurden. Dabei stellt sich die Frage, inwieweit es sich hierbei um intensive Personalabsprachen und entsprechende Vorverhandlungen handelt oder inwieweit die Bewerber auch überparteilich Anerkennung gefunden haben.

Mit der Einführung der Direktwahl der Bürgermeister in Hessen werden Unterschiede im Vergleich zu Baden-Württemberg offensichtlich. In Hessen wie auch in Bayern werden vor allem engagierte Kommunalpolitiker als Kandidaten für die Bürgermeisterwahl rekrutiert. Hier scheint kommunalpolitische Erfahrung sowohl für den Wähler, wie möglicherweise auch für die Partei wichtig zu sein. Dabei spielen in Bayern die freien Wählergemeinschaften, die eine wichtige Rolle in der Kommunalpolitik besitzen, in bezug auf die Bürgermeisterwahlen ihren hohen Einfluss aus. Zudem besitzen in Bayern und in Hessen die Parteien und im Rat vertretene Wählervereinigungen Vorteile in bezug auf die Nominierung der Bürgermeisterkandidaten (s.a. Scarrow 1997).

Die Verwaltungsreform tendiert zur Stärkung der Rechte der Verwaltungsspitze. Die Veränderungen in den Gemeindeordnungen sehen neben der

Direktwahl (s.u.) auch eine Stärkung der Kompetenzen der Bürgermeister vor. Mit dem Siegeszug der süddeutschen Bürgermeisterverfassung zeigt sich einen Trend hin zum exekutive Bürgermeister, der sich an die „strong mayor" Verfassung in vielen Gemeinden der USA anlehnt und auch in anderen europäischen Ländern (Großbritannien, Italien, Belgien etc.) diskutiert bzw. eingeführt wurde (s. Kersting 2001). Hier wird der Einfluss der Parteien in den Räten reduziert und die Machtbalance zwischen Rat und Verwaltungsspitze zugunsten der Bürgermeister verändert. In Hessen wurden auch nach der Einführung der Direktwahl des Bürgermeisters zunächst kaum weitere Kompetenzen eingeräumt. Da man an dem kollegialen Magistrat formal festhielt, wurde mit der Direktwahl 1991 dem Bürgermeister zunächst nur zugestanden, offiziell dem Magistratsbeschluß zu widersprechen. Mit dem Gesetz „Gesetz zur Stärkung der kommunalen Bürgerbeteiligung und der kommunalen Selbstverwaltung" der Hessischen Landesregierung 1999 wurden diese Vetorechte z.b. durch ein Dezernatsverteilungsrecht entscheidend zugunsten des Bürgermeisters erweitert. Es stellt sich dabei die Frage, ob dieser starke Mann eher einen Kontrapunkt gegen die Tendenz zu einer offenen, demokratisch engagierten Bürgergesellschaft darstellt (s. Kersting 1999).

Selbst nach der Gesetzesänderung von 2000 und der Stärkung der Bürgermeister (s.o.) ist er „de jure" noch immer im Grunde ein Hilfsorgan des Rates. „De facto" besitzt der Bürgermeister aber eine wichtige Rolle als kommunaler Vorentscheider. Die „Salbung durch das Volk" führt zu einer höheren Legitimation die in bezug auf die geringen Kompetenzen oft mißverstanden wird. In Hessen wurde die Direktwahl bislang in den meisten Kommunen nicht zu einer reinen Personenwahl, da die Bürgermeister weiterhin stark parteibezogen auftraten. Es zeigt sich aber häufig, dass sie, um gewählt zu werden, Kompromisse eingehen müssen und auch auf Sympathisanten anderer Parteien zugehen müssen. Hieraus ergeben sich häufig Konflikte mit der eigenen Partei. Für den Bürgermeisterwahlkampf erscheint aber die politische Maschinerie der Parteien mit deren personeller und technischer Infrastruktur sowie deren Wahlkampf-Know how dringend erforderlich.

4. Zusammenfassung

Auf dem lokalen Feld scheinen konsensuale Konfliktregelungsmechanismen insbesondere in Württemberg und in den kleinen Gemeinden weiterhin dominierend. Ursachen hierfür sieht Gabriel (1991) in den deutschen Verständnis von lokaler Selbstverwaltung sowie in der Existenz lokaler Milieuparteien.

> „Im Interesse einer Begrenzung lokalpolitischer Konflikte verständigten sich die politischen Akteure häufig auf die Bildung großer Koalitionen, die Anwendung des Proportionalprinzips bei der Vergabe von Führungspositionen, den Kompromiß statt Mehrheitsentscheides und die Entpolitisierung lokaler Streitfragen. Im

lokalen Parteiensystem dominieren nach vorherrschender Auffassung konsensuale Prinzipien" (Gabriel 1991: 375).

Dabei kann dieses traditionelle Verständnis das politische Desinteresse und die Apathie fördern.

> „Das Verständnis von Kommunalpolitik als einer im Grunde unpolitischen Sache stellt ein gravierendes Partizipationshindernis dar – sowohl für eine aktive Mitarbeit der Parteimitglieder in der lokalen Parteiorganisation als auch für die Beteiligung an Kommunalwahlen. Die Eingrenzung der Politik auf gouvermentale Entscheidungen und administratives Ausführungshandeln im Bewußtsein der kommunalen Öffentlichkeit entzieht der Bereitschaft der Wähler zur Partizipation und kommunalpolitischer Willensbildung die Grundlage" (Kevenhörster 1976: 251).

In der Mehrzahl der deutschen Städte haben sich mehrheits- und verhandlungsdemokratische Verfahren vermischt. Auch in den Kommunen werden konkordanzdemokratische und parteienstaatlich konkurrenzdemokratische Stile miteinander verbunden. Das traditionelle Selbstverständnis parteifreier sachbezogener Kommunalpolitik wird zunehmend in Frage gestellt (s. Gabriel 1991; Holtmann 1992).

Die Reaktion der Parteien auf die neuen Instrumente der Politikreform schwankt zwischen Nutzung und Ignoranz. Das Panaschieren und Kumulieren schwächt das Nominierungsmonopol der Parteien. Dabei zeigt sich, dass die Wähler primär dazu übergehen, Honoratioren nach Herkunft und Geltung in der Gemeinde zu wählen. Prinzipiell führt das Kumulieren und Panaschieren dabei zu einem stärkeren Druck auf die „Listenmacher" parteidistanzierte, angesehene Persönlichkeiten aus der Öffentlichkeit als Stimmenbringer zu gewinnen. Nach der Einführung reagieren die Volksparteien zunächst indifferent, auch da es nicht gelingt sozial anerkannte Persönlichkeiten zur Nominierung zu bewegen. Da der durch die Listenmacher erarbeitete Proporz hinfällig werden kann und wird, reagieren diese mit einer Diskriminierung von parteiinternen Minderheiten. Das Instrument wirkt somit nicht friedensstiftend bei parteiinterner Oligarchisierung. Vielmehr führt es in Kombination mit der Abschaffung der 5% Klausel verstärkt zu Abspaltungen vor allem in den Volksparteien. Beides nutzte vor allem den Kleinparteien (FDP) und den Freien Wählergemeinschaften.

Eine Zähmung der Parteienherrschaft durch die Einführung direkter Formen der Demokratie wird kaum konstatiert. Von einem pauschalen Bedeutungsverlust der Parteien im lokalen politischen System durch Bürgerbegehren und -entscheid wird nicht ausgegangen. Negative Auswirkungen zeigen sich insbesondere für die Mehrheitspartei, während die oppositionellen Parteien ihr Handlungsrepertoire erweitern können. Die Monopolstellung in bezug auf das Agenda-Setting schwächt sich zugunsten der zivilgesellschaftliche Gruppen ab und eine höhere Responsivität der Parteien gegenüber diesen Gruppen ist die Folge. Dabei gelingt es den Parteien diese Bürgerinitiativen zu kooptieren. Die Ortsbeiräte sind wie die neuen Ausländerbeiräte, Behinderten- und Seniorenbeiräte und Kommission vor dem Hintergrund einer De-

zentralisierung der Entscheidungsfindung und einer Integration von Partikularinteressen entstanden. Den Parteien gelingt es, in den Beiräten präsent zu
sein. Weitgehende Entscheidungsrechte werden ihnen zumeist vor dem Hintergrund zu geringer Gemeinwohlorientierung und der Ratsvorherrschaft ver-
weigert. Zumeist werden die Beiräte und Kommissionen, die auch in der Öffentlichkeit kaum wahrgenommen werden, auch von den Parteien kaum berücksichtigt. Die organisierten Interessengruppen in den Runden Tischen und
die eher offenen Foren dienen der Inklusion zivilgesellschaftlichen Interessen,
der Konsensfindung und der Akzeptanz. Sie besitzen die Möglichkeit Vorschläge zu entwickeln. Durch die Mitarbeit können die Parteien neue Netzwerke und die Kooptation von Bürgergruppen erreichen. Vielfach werden sie
aber misstrauisch als konkurrierende Ersatzparlamente beäugt und als politisch nicht legitimierte Gremien eher ignoriert.

Während die Politikreform sich kaum entscheidend auf das kommunale
Machtgefüge auswirken wird und die Parteien die neuen Instrumente nutzen,
sind die Auswirkungen der Verwaltungsreform und die Stärkung der Bürgermeister gravierender. Wesentliche Teile der Verwaltungsreform wie z.B. das
Kontraktmanagement sind eine Dekade nach Beginn der Reformphase kaum
umgesetzt. Man begnügte sich mit den Reorganisationsmaßnahmen sowie der
Einführung einer Budgetierung und der Kosten- und Leistungsrechnung. Bei
der Implementation einer neuen Steuerung ist aber mit dem Widerstand der
Lokalpolitiker zu rechnen. Die bereits umgesetzten Maßnahmen zur Stärkung
der Exekutive stärkt deren Rolle als Vorentscheider und ihre de facto Dominanz zu Lasten des zumeist immer noch de iure dominierenden parteipolitisch
geprägten Rates.

Die Reformmaßnahmen scheinen die negativen Auswirkungen der lokalen Parteienherrschaft nicht zu beseitigen. Da die parlamentarische Politik
Parteien braucht, sind Demokratisierungs- und Reformmaßnahmen in den
Parteien notwendig. Neue innerparteiliche Mitwirkungsmöglichkeiten, Möglichkeiten der Gastmitgliedschaft, Begrenzung der Ämterhäufung, Quoten für
junge Parteimitglieder und Frauen etc. sind hier sinnvoll. Die Entwicklung-
stendenz auch der Volksparteien zur professionellen Rahmenpartei ohne Mitglieder sieht eher eine Professionalisierung der bestehenden oligarchischen
Strukturen vor. Dieses Konzept gerät aber in ein Modernisierungsdilemma.
Ohne Spenden lassen sich die Instrumente nicht umsetzen. So verlangt der lokale politische Wettbewerb, wie auch der Wahlkampf für Bundes- und Land-
tagswahlen eine lokale Parteiorganisation, die nur durch finanzielle Ressourcen oder auf ehrenamtliches Engagement funktionieren kann. Die geringen
finanziellen Mittel der Bundesparteien nach dem Parteispendenskandal 2000
bewirken somit eine Renaissance der Mitgliederpartei. Nur über eine breite
Mitgliederbasis ist ein effektiver Straßenwahlkampf zu ermöglichen. Diese ist
aber nur mir einer Öffnung und Demokratisierung in den Parteien zu erreichen und nicht mir einer stärkeren Zentralisierung und Oligarchisierung. Da
es sich um ehrenamtliches Engagement handelt, gelingt nur über die klassi-

schen Instrumente wie z.b. biographische Passung, Mitbestimmung etc. die Motivation zur Mitarbeit in den Parteien.

> „In einer Situation, in der selbst nach Meinung der Funktionsträger in den Parteien die Beziehung zwischen Parteiakteuren und Bürgern als zunehmend gestört angesehen wird, wird den lokalen Parteiorganisationen die Aufgabe übertragen, durch eine intensivere Kontaktpflege mit den Bürgern die Defizite der Parteien als Interessenvermittlungsagenturen zu korrigieren" (Engel 1988: 47).

Nach Art. 21 des GG sowie nach dem Parteiengesetz stehen de jure unterschiedliche Kontrollmechanismen für die Mitglieder zur Verfügung. Diese de jure innerparteiliche demokratische Willensbildung wird sowohl durch die Apathie der Mitglieder als auch durch Oligarchisierungstendenzen gehemmt. Da die großen Volksparteien aufgrund ihrer soziostrukturellen Heterogenität ein permanentes „Geschlossenheitsproblem" besitzen, kann über eine „Regionalisierung des Politikvermittlungsprozesses", d.h. eine stärkere Identifikation mit den lokalen Parteiorganisationen, die Legitimationsbasis verbreitert werden (Engel 1988: 47). Diese „Zurückwendung zu den lokalen Instanzen" (Naschold 1998) bedeutet aber auch, dass die Interessen der lokalen Parteigruppen stärker berücksichtigt werden und die Parteien sich deutlicher öffnen müssen, um sich nicht zu „leeren Bahnhöfen" zu entwickeln.

Literaturverzeichnis

von Alemann, Ulrich 2000: Das Parteiensystem der Bundesrepublik Deutschland. Bonn.

von Arnim, Hans Herbert 1993: Demokratie ohne Volk, München.

Banner, Gerhard 1984: Kommunale Steuerung zwischen Gemeindeordnung und Parteipolitik, in: Die öffentliche Verwaltung, (1984), S. 64ff.

Bogumil, Jörg 2001: Modernisierung lokaler Politik. Kommunale Entscheidungsprozesse im Spannungsfeld zwischen Parteienwettbewerb, Verhandlungszwängen und Ökonomisierung. Baden Baden.

Decker, Frank 1999: Parteien und Parteiensysteme im Wandel, in: Zeitschrift für Parlamentsfragen, 2 (1999) S. 345-361.

Duverger, Maurice 1951: Die politischen Parteien. Tübingen.

Eldersveld, Samuel 1982: Political Parties in American Societies. New York

Ellwein, Thomas/Zoll, Ralf 1982: Wertheim. Politik und Machtstruktur einer deutschen Stadt, München.

Engel, Andreas 1988: Wahlen und Parteien im lokalen Kontext. Eine vergleichende Untersuchung des Basisbezugs lokaler Akteure in 24 nordhessischen Kreisparteiorganisationen von CDU, FDP und SPD. Frankfurt.

Feindt, Peter 1996: Rationalität oder Partizipation? Das Mehrstufige Dialogische Verfahren als Antwort auf gesellschaftliche Differenzierung, in: Feindt, Peter u.a. (Hg.) 1996: Konfliktregelungen in der offenen Bürgergesellschaft. Dettelbach, S. 169-189.

Gabriel, Oscar W. 1991 Das lokale Parteiensystem zwischen Wettbewerbs- und Konsensdemokratie: Eine empirische Analyse am Beispiel von 49 Städten in Rheinland-Pfalz, in: Oberndörfer, Dieter/Schmitt, Karl (Hg.): Parteien und regionale politische Traditionen in der Bundesrepublik Deutschland. Berlin, S. 371-396.

Gesänger, Matthias 2000: Politisches Handeln und politischer Prozess, in: Heinelt, H./Mühlich, E. (Hg.) 2000: Lokale Agenda 21 Prozesse. Opladen.

Geser, Hans 2001: Lokalparteien als kommunalpolitischer Akteur. http:\\socio.ch/movpar/ t_hgeser1.htm.11.9.2001.

Grauhan, Rolf-Richard 1971: Der politische Willensbildungsprozess in der Gemeinde, in: Der Bürger im Staat 3, S.

Herhaus, Werner 1997: Parteien auf der lokalen Ebene. Gemeinsamkeiten mit und Unterschiede zu höheren Ebenen. Hannover: Forschungsbericht.

Holtmann, Everhard 1992: Politisierung der Kommunalpolitik und Wandlungen im lokalen Parteiensystem, in: Aus Politik und Zeitgeschichte B 22-23 (1992) S. 13-22.

Immerfall, Stefan 1998: Strukturwandel und Strukturschwächen der Deutschen Mitgliederparteien, in: Aus Politik und Zeitgeschichte B 1-2 (1998). S. 3-12.

Kaack, Heino 1971: Geschichte und Struktur des deutschen Parteiensystems. Opladen: Westdeutscher Verlag.

Kampwirth, Ralph 1999: Volksentscheid und Öffentlichkeit. Anstöße zu einer kommunikativen Theorie der direkten Demokratie, in: Schiller, Theo (Hg.) 1999: Direkte Demokratie in Theorie und kommunaler Praxis. Frankfurt: Campus, S. 17-68.

Kersting, Norbert (Hg.) 1997a: Beiräte in der Kommunalpolitik. Teil 1: Ortsbeiräte, Senioren- und Behindertenbeirat. Marburg.

Kersting, Norbert (Hg.) 1997b: Beiräte in der Kommunalpolitik. Teil 2: Ausländerbeirat. Marburg.

Kersting, Norbert 1998: Machtstrukturen in der Gemeinde: Alte Theorien – Neue Befunde, in: Imbusch, Peter (Hg.) 1998: Macht und Herrschaft. Sozialwissenschaftliche Konzeptionen und Theorien. Opladen, S. 149-165.

Kersting, Norbert 1999: Stärkung der kommunalen Bürgerbeteiligung oder der exekutiven Vorherrschaft. Schriftliche Stellungnahme zum Gesetzentwurf der hessischen Landesregierung zum „Gesetz zur Stärkung der kommunalen Bürgerbeteiligung und der kommunalen Selbstverwaltung". Anhörung des Innenausschusses am 1. Dez. 1999.

Kersting, Norbert 2001: New Public Management and the trend to executive mayors in Germany. ECPR Konferenz in Canterbury, September 2001 .

Kersting, Norbert 2002: Qualifizierung lokaler Demokratie. Habilitation. Marburg: Institut für Politikwissenschaft.

Kevenhörster, Paul (Hg.) 1974: Das Rätesystem als Instrument zur Kontrolle politischer und wirtschaftlicher Macht. Opladen.

Kevenhörster, Paul 1976: Kommunales Wahlverhalten, Bonn.

Kevenhörster, Paul 1979: Politik ohne Parteien? Kommunalpolitische Funktionen politischer Parteien in amerikanischen Städten. in: Kühr, Herbert (Hg.) 1979: Vom Milieu zur Volkspartei. Funktion und Wandlung der Parteien in kommunal und regionalem Bereich. Meisenheim: Hein. S. 279-340.

KGSt (Kommunale Gemeinschaftsstelle für Verwaltungsvereinfachung) 1998: Führungsstrukturen im neuen Steuerungsmodell. Bericht 9 (1998) Köln.

Knemeyer, Franz-Ludwig 1997: Bürgerbeteiligung und Kommunalpolitik. München.

Koetz, Axel G. 1999: Politik und Verwaltung: Vernunftehe, Dauerkonflikt oder neue Vertrauenskultur, in: Klimecki, Rüdiger/Müller, Werner R. (Hg.) 1999: Verwaltung im Aufbruch. Modernisierung als Lernprozess. Zürich, S. 155-168.

Kost, Andreas 1999: Bürgerbegehren und Bürgerentscheid. Genese, Programm und Wirkung am Beispiel Nordrhein-Westfalen. Schwalbach.

Kühr, Herbert/Simon, Klaus 1982: Lokalpartei und vorpolitischer Raum. St. Augustin.

Lackner, Stefanie 1999: Willensbildungsprozesse im Rahmen von Bürgerentscheiden, in: Schiller, Theo (Hg.) 1999: Direkte Demokratie in Theorie und kommunaler Praxis. Frankfurt, S. 69 – 113.

Lehmbruch, Gerhard 1975: Der Januskopf der Ortsparteien: Kommunalpolitik und das lokale Parteiensystem, in: Der Bürger im Staat 1 (1975) S. 3-8.

Leif, Thomas/Raschke, Joachim 1994: Rudolf Scharping, Die SPD und die Macht. Reinbek.

Lipset, Seymour Martin/Rokkan, Stein (Hg.) 1967: Party Systems and Voter Alignments, New York.

Mayntz, Renate 1955: Lokale Parteigruppen in der kleinen Gemeinde, in: Zeitschrift für Politik (1955) 2, S. 59-74.

Michels, Robert 1990 (erste Auflage 1910): Zur Soziologie des Parteiwesens in der modernen Demokratie. Untersuchungen über die oligarchischen Tendenzen des Gruppenlebens. Stuttgart.

Möckli, Silvano 1994: Direkte Demokratie. Stuttgart.

Möller, Thomas 1981: Die kommunalen Wählergemeinschaften in Hessen, München, S. 82ff.

Mühleisen, Hans-Otto 1973: Theoretische Einsätze der Parteienforschung, in: Jäger, Wolfgang (Hg.) 1973: Partei und System. Eine kritische Einführung in die Parteienforschung. Stuttgart, S. 9-27.

Müntefering 2000: Politik braucht Partei; in: Zeitschrift für Parlamentsfragen, Heft 2 (2000) S. 337-342.

Naßmacher, Hiltrud/Naßmacher, Karl Heinz 1979: Kommunalpolitik in der Bundesrepublik. Opladen.

Naßmacher, Hiltrud 1996: Rathausparteien in den neuen Bundesländern, in: Niedermayer, Oskar (Hg.) 1996: Intermediäre Strukturen in Ostdeutschland. Opladen. S. 173-191.

Naßmacher, Hiltrud 1997: Parteien und Wählergruppen in der Kommunalpolitik, in: Gabriel Oscar W. u.a. (Hg.) 1997: Parteiendemokratie in Deutschland. Opladen, S. 427-442.

Nickig, Eckhard 1999: Von den Mitgliedern zur Fraktionspartei. Abschied von einer Fiktion, in: Zeitschrift für Parlamentsfragen 2 (1999), S. 383-389.

Niedermayer, Oskar 1997: Das gesamtdeutsche Parteiensystem, in: Gabriel, Oskar u.a. (Hg.) 1997: Parteiendemokratie im Wandel. Opladen, S. 106-130.

Ostrogorski, Moisey 1922: Democracy and the Organisation of Political Parties. New York: Macmillan.

Paust, Andreas 2001: Wirkungen der direkten Demokratie auf das kommunale Parteiensystem. Vortrag zur Tagung „Direkte Demokratie – Forschungsstand und Perspektiven in Marburg.

Pfeiffer, Ulrich 1997: Eine Partei der Zeitreichen und Immobilen, in: Die neue Gesellschaft, Frankfurter Hefte 5 (1997) S. 392-394.

Raschke, Joachim 1993: Die Grünen. Wie sie wurden was sie sind. Köln.

Saiz, Martin/Geser, Hans 1999: Local parties in political and organizational perspective. Boulder.

Scarrow, Susan 1999: Local parties and electioneering in Germany, in: Saiz, Martin/Geser, Hans 1999: Local parties in political and organizational perspective. Boulder, S. 151-170.

Schneider, Herbert 1999: Local parties in German countryside, in: Saiz, Martin/Geser, Hans 1999: Local parties in political and organizational perspective. Boulder, S. 151-170.

Stöss, Richard/Niedermayer, Oskar 1993: Stand und Perspektiven der Parteienforschung in Deutschland. (Hg.). Opladen: Westdeutscher Verlag.

Strünck, Christoph 1997: Kontraktmanagement und kommunale Demokratie, in: Heinelt, H. Mayer,M. (Hg.) 1997: Modernisierung der Kommunalpolitik. Opladen, S. 153-170.

Ueltzhöffer, Jörg 1975: Die kommunale Machtelite und der politische Willensbildungsprozess in der Gemeinde, in: Wehling, Hans Georg (Hg.) 1975: Kommunalpolitik. Hamburg, S. 95-130.

Voigt, Rüdiger 1992: Kommunalpolitik zwischen exekutiver Führerschaft und legislatorischer Programmsteuerung, in: Aus Politik und Zeitgeschichte B 22-23 (1992) S. 3-12.

Wehling, Hans-Georg 1989: Rechtstellung, Rolle und Sozialprofil der Bürgermeister, in:
Gabriel, Oscar W. (Hg.) 1989: Kommunale Demokratie zwischen Politik und Verwaltung. München, S. 221-235.

Wehling, Hans-Georg 1991: Parteipolitisierung von lokaler Politik und Verwaltung? Zur
Rolle der Parteien in der Kommunalpolitik, in: Heinelt, Hubert/Wollmann, Hellmut
(Hg.) 1991: Brennpunkt Stadt. Basel, S. 149-166.

Wehling, Hans-Georg 1998: Das Kandidatenangebot bei Bürgermeisterwahlen und die Zukunft der kommunalen Selbstverwaltung, in: Roth, Norbert/Zellner, Hans 1998: Position und Situation der Bürgermeister in Baden-Württemberg. Stuttgart, S. 40-60.

Wehling, Hans-Georg 1999: Besonderheiten der Demokratie auf Gemeindeebene, in:
Arnim, Hans H. von (Hg.) 1999: Demokratie vor neuen Herausforderungen. Berlin, S.
91-100.

Wiesendahl, Elmar 1980: Parteien und Demokratie. Eine soziologische Analyse paradig-
matischer Ansätze der Parteienforschung. Heft 18. Opladen.

Wiesendahl, Elmar 1992: Volksparteien im Abstieg. Nachruf auf eine zwiespältige Volks-
geschichte, in: Aus Politik und Zeitgeschichte B 34-35 (1992), S. 3-14.

Wollmann, Hellmut 1990: Politik- und Verwaltungsinnovation in den Kommunen?, in:
Ellwein, Thomas u.a. (Hg.) 1990: Jahrbuch zur Staats- und Verwaltungswissenschaft.
Baden-Baden, S. 69-112.

Wollmann, Hellmut 2001: Direkte Demokratie in den ostdeutschen Kommunen. Regelungsschub und Anwendungspraxis, in: Derlien, Hans-Ulrich (ed.) 2001: 10 Jahre deutsche Einheit. Baden Baden.

Würtenberger, Thomas 1993: Konfliktlösung durch Akzeptanzmanagement, in: Zilleßen,
Horst u.a. (Hg.) 1993: Die Modernisierung der Demokratie. Internationale Aufsätze.
Opladen: Westdeutscher Verlag, S. 73-85.

Ziebill, Otto 1964: Politische Parteien und kommunale Selbstverwaltung. Stuttgart.

Klaus Schulenburg

Die Reform der nordrhein-westfälischen Kreisordnung aus Sicht der Kreistagsmitglieder[1]

1. Fragestellung

Im Mittelpunkt der Kommunalverfassungsreform in Nordrhein-Westfalen 1994 stand die Abschaffung der Doppelspitze aus ehrenamtlichem Vorsitzenden der Vertretungskörperschaft (ehrenamtlicher Bürgermeister bzw. Landrat) und hauptamtlichem Verwaltungsleiter (Gemeinde- bzw. Oberkreisdirektor). Daneben wurden sowohl in die Gemeindeordnung als auch in die Kreisordnung des Landes erstmals verschiedene plebiszitäre Elemente[2] eingeführt. Die vorher streng repräsentativ ausgestaltete Kommunalverfassung bekam durch die Etablierung der Direktwahl des Verwaltungsleiters sowie von Einwohnerantrag, Bürgerbegehren und Bürgerentscheid eine betont „unmittelbar-plebiszitäre Ausformung" (Oebbecke 1995: 705; vgl. Roth 1997: 420ff.; Schliesky 1998). Für die Frage, wie Bürgermeister und Gemeindedirektoren als unmittelbar von der Reform Betroffene auf diese institutionellen Veränderungen reagiert haben, liegen bereits empirische Daten vor (vgl. Schulenburg 1999, 2000, 2001). Im folgenden geht es um die Frage, wie die Mitglieder der Kreistage als Vertreter der Bürger auf der Kreisebene (§ 25 Abs. 1 KrO[3]) die Reform bewerten.

Von der Abschaffung der Doppelspitze aus ehrenamtlichem Landrat und Oberkreisdirektor sind die Mitglieder der Kreistage in mehrfacher Hinsicht betroffen. Durch die Einführung der Direktwahl des hauptamtlichen Landrats verliert der Kreistag mit der Wahl seines Vorsitzenden und des Hauptverwaltungsbeamten eine seiner wichtigsten Funktionen. Dies ist nicht nur gleichbedeutend mit einem Kompetenzverlust des Kreistags, sondern wirkt sich auch unmittelbar auf das Kräfteverhältnis zwischen Vertretungskörper-

---

1   Bei der Abhandlung handelt es sich um eine überarbeitete Zusammenfassung der Gliederungspunkte 9.1 und 9.2 der Untersuchung „Die Kommunalpolitik in den Kreisen Nordrhein-Westfalens: Eine empirische Bestandsaufnahme", Bd. 37 der Schriftenreihe des Freiherr-vom-Stein-Instituts Münster, Köln u.a. 2001.

2   Zum Begriff „plebiszitäre Elemente" vgl. von Arnim (1990: 88), Knemeyer (1995: 5ff.), Püttner/Jacoby (1982).

3   Kreisordnung Nordrhein-Westfalen vom 14. Juli 1994 (GV. NRW. S. 646) in der Fassung vom 17.12.1997 (GV. NRW. 458). Soweit nicht anders genannt, beziehen sich alle Paragraphen-Nennungen auf diese Fassung der Kreisordnung.

schaft und Verwaltungsspitze aus. Faktisch hinzugewonnen an Kompetenzen hat der hauptamtliche Landrat gegenüber dem Oberkreisdirektor nur die Aufgaben des ehrenamtlichen Landrats.[4] Allerdings verleiht die Kombination aus dieser Kompetenzfülle[5] und der eigenen demokratischen Legitimation (§ 44 Abs. 1 KrO) dem hauptamtlichen Landrat eine Unabhängigkeit und Machtfülle, die in der psychologischen Dimension über diejenige des Oberkreisdirektors noch hinausgeht.[6]

Von besonderer Bedeutung für den Kreistag ist der Verlust der abschließenden Entscheidung über die Abwahl des Hauptverwaltungsbeamten. Unter der alten Kreisordnung wurde von der Möglichkeit des Kreistags, den Oberkreisdirektor mit einer Zweidrittelmehrheit nach § 38 Abs. 5 KrO a.f. abzuberufen, zwar insgesamt nur zweimal – im selben Kreis – Gebrauch gemacht (vgl. Oebbecke 1997: 243/266ff.), jedoch stellt die Abwahlmöglichkeit als solche ein wichtiges machtpolitisches Instrument der Vertretungskörperschaft im Konfliktfall dar (vgl. Derlien 1995: 233). Unter der neuen Kreisordnung obliegt dem Kreistag nach § 45 Abs. 1 Satz 2 KrO nur noch die Einleitung des Abwahlverfahrens. Die eigentliche Entscheidung über die Abwahl des hauptamtlichen Landrats wird von den Bürgern selbst getroffen (§ 45 Abs. 1 Satz 1 KrO). Natürlich stellt schon die Einleitung des Abwahlverfahrens durch den Kreistag ein öffentlichkeitswirksames und damit machtpolitisches Instrument dar. Es ist in seiner psychologischen Bedeutung aber geringer einzuschätzen als die abschließende Abberufung, zumal der hauptamtliche Landrat durch seine eigene demokratische Legitimation andere Abwehrmöglichkeiten besitzt als der Oberkreisdirektor. Bezieht man den im Vergleich zum Rat in den Gemeinden von vorne herein geringeren Kompetenzbereich des Kreistages in die Betrachtung mit ein, ist die Bedeutung des Verlusts der wichtigsten Personalentscheidung deutlich größer als auf der Gemeindeebene.

---

4   Auf der Kreisebene hatte die Abschaffung der Doppelspitze verfassungsrechtlich aufgrund der klareren Kompetenzabgrenzung zwischen Vertretungskörperschaft, ihrem Vorsitzenden und dem Verwaltungsleiter eine geringere Reichweite als auf der Gemeindeebene. Die klarere Kompetenzabgrenzung resultiert insbesondere aus der Übertragung der Zuständigkeit für die Geschäfte der laufenden Verwaltung als eigene Aufgabe auf den Verwaltungsleiter. Alte wie neue Gemeindeordnung sehen dagegen eine Übertragungsfiktion der (einfachen) Geschäfte der laufenden Verwaltung auf den Verwaltungsleiter vor (vgl. Oebbecke 1995, Schulenburg 1999: 120ff., 2000: 57ff.).

5   Vom ehrenamtlichen Landrat übernimmt der hauptamtliche Landrat den Vorsitz im Kreistag (§ 25 Abs. 2 KrO) und im Kreisausschuss (§ 51 Abs. 3 KrO) sowie die repräsentative Vertretung des Kreises (§ 25 Abs. 2 KrO), vom Oberkreisdirektor die Aufgaben der gesetzlichen Vertretung des Kreises (§ 42 Buchst. e KrO), der Verwaltungsleitung (§ 42 KrO) und der Wahrnehmung der Aufgaben der unteren staatlichen Verwaltungsbehörde (§§ 58f. KrO). Zur neuen Kreisordnung vgl. Kirchhof/Kreher (1994: passim).

6   Lediglich die Verkürzung der Wahlzeit des Hauptverwaltungsbeamten von acht (§ 38 Abs. 1 KrO a.F.) auf fünf Jahre (§ 44 Abs. 1 KrO) stellt eine Einschränkung dar.

Neben der Direktwahl des hauptamtlichen Landrats hat der Gesetzgeber mit der Einführung des Einwohnerantrags (§ 22 KrO), von Bürgerbegehren und Bürgerentscheid (§ 23 KrO) zudem die Möglichkeit geschaffen, dass die Bürger selbst Sachentscheidungen anstoßen oder sogar selbst abschließend treffen können, wodurch die Entscheidungsfreiheit der Repräsentanten in den Vertretungskörperschaften berührt wird.[7] Der Einwohnerantrag stellt lediglich ein Initiativrecht der Einwohner dar, das den Kreistag in seiner Entscheidungsfreiheit nicht unmittelbar berührt. Nach § 22 Abs. 1 KrO können die Einwohner beantragen, dass der Kreistag über eine Angelegenheit berät und entscheidet. Zwar muss sich die Vertretungskörperschaft nach einem zulässigen Einwohnerantrag mit der Angelegenheit befassen, jedoch steht es den Mitgliedern frei, wie sie über die Angelegenheit inhaltlich entscheiden. Anders verhält es sich mit dem Bürgerbegehren. Nach § 23 Abs. 1 KrO können die Bürger der kreisangehörigen Gemeinden beantragen (Bürgerbegehren), dass sie anstelle des Kreistags über eine Angelegenheit selbst entscheiden (Bürgerentscheid). Ist das Bürgerbegehren zulässig, muss der Kreistag darüber entscheiden, ob er dem Begehren entspricht oder nicht. Im zuletzt genannten Fall ist ein Bürgerentscheid durchzuführen. Im Unterschied zum Einwohnerantrag können die Bürger demnach eine bestimmte Entscheidung im Kreistag durchsetzen oder sie sogar gegen den Willen des Kreistags selbst treffen.

Aufgrund der schwächeren Stellung des Kreistags im Entscheidungssystem der Kommunalverfassung und dem geringeren Aufgabenbestand ist die Vertretungskörperschaft in den Kreisen von der Einführung plebiszitärer Elemente in die Kommunalverfassung stärker betroffen als der Rat in den Gemeinden. Er verliert nicht nur die Entscheidung über die wichtigste Personalentscheidung, sondern hat auch bei Sachentscheidungen das Votum der Bürger zu akzeptieren. Bislang gibt es keine empirischen Erkenntnisse über die Frage, wie Mitglieder von Vertretungskörperschaften selbst auf diesen Eingriff in ihre Entscheidungsfreiheit durch institutionelle Reformen reagieren.[8] Am Beispiel der Kreistagsmitglieder in Nordrhein-Westfalen wird dieser

---

7 Auch bei den plebiszitären Elementen ist der Gesetzgeber vom Grundsatz der einheitlichen Kommunalverfassung ausgegangen. Die Regelungen der Kreisordnung (§§ 22f. KrO) entsprechen von kreisspezifischen Besonderheiten abgesehen (z.B. notwendige Anzahl an Unterstützungsunterschriften, Wegfall der Bauleitpläne im Negativkatalog für das Bürgerbegehren) den Bestimmungen in der Gemeindeordnung (§§ 25f. GO). Zur rechtlichen Ausgestaltung der Instrumente in der Gemeindeordnung (vom 14. Juli 1994, GV. NRW. S. 666) und der Intention des Gesetzgebers vgl. von Danwitz (1996), Fischer (1995), Held/Wilmbusse (1994: 26ff.), Hofmann (1997), Krell/Wesseler (1994: 53ff.). Zu den Regelungen in der Kreisordnung vgl. Kirchhof/Kehler (1994: Erl. zu §§ 22f.). Zu den Veränderungen durch das „Gesetz zur weiteren Stärkung der Bürgerbeteiligung in den Kommunen" (GV. NRW. 2000 S. 245ff.) vgl. Hofmann (2000). Zur allgemeinen Weiterentwicklung von Bürgerbegehren und Bürgerentscheid vgl. Schliesky (1999).

8 Lediglich bei Patzelt (1996: 195f.) findet man Daten zur Einstellung von Parlamentariern auf Landes-, Bundes- und europäischer Ebene zur Bewertung der Möglichkeit der Einführung von Volksbegehren und Volksentscheid auf Landes- oder Bundesebe-

Frage erstmals auf der Grundlage von Befragungsdaten nachgegangen. Im nächsten Gliederungspunkt wird untersucht, wie die Kreistagsmitglieder die Abschaffung der Doppelspitze bzw. die Einführung des direktgewählten hauptamtlichen Landrats beurteilen. Im Anschluss daran wird die Einführung von Bürgerbegehren und Bürgerentscheid behandelt.[9]

2. Abschaffung der Doppelspitze

Die Kreistagsmitglieder sollten bei der schriftlichen Befragung die Abschaffung der Doppelspitze auf der Kreisebene bzw. die Einführung des direktgewählten, hauptamtlichen Landrats auf einer fünfstufigen Skala von positiv bis negativ einschätzen und anschließend in eigenen Worten die wesentlichen Gründe für diese Einschätzung angeben. Die Bewertung der Reform durch die Kreistagsmitglieder zeigt eine stärkere Tendenz zur negativen Seite. Während 15% der Befragten die Abschaffung der Doppelspitze als positiv und 21,9% als eher positiv bezeichneten (zusammen 36,9%), antworteten 25,2% von ihnen mit eher negativ und 19,8% mit negativ (zusammen 45%). 18,1% der Kreistagsmitglieder wollten sich bei der Einschätzung nicht festlegen und antworteten mit teils/teils. Gemessen an diesen Zahlen stimmen die Kreistagsmitglieder hinsichtlich der Abschaffung der Doppelspitze auf der Kreisebene mit den Landräten und Oberkreisdirektoren weitgehend überein, die im Rahmen mündlicher Interviews ebenfalls um eine Bewertung der Reform gebeten wurden. Auch bei ihnen ist der Anteil der Reformgegner mit 50% etwas höher als derjenige der Befürworter mit 43,8%. 6,2% der Interviewpartner antworteten mit unentschieden. Damit fällt das Urteil über die Kommunalverfassungsreform auf der Kreisebene etwas schlechter aus als auf der Gemeindeebene. Unter den Bürgermeistern und Gemeindedirektoren war der Anteil der Reformbefürworter mit 47,8% etwas höher als derjenige der Gegner mit 43,1%. Der Anteil der Unentschiedenen lag bei 10,1% (vgl. Schulenburg 1999: 147ff.).

---

ne. Zur Einstellung der mittelbar betroffenen Bürgermeister und Gemeindedirektoren in Nordrhein-Westfalen vgl. Schulenburg (2001).

9   Die folgenden Analysen basieren auf Befragungsdaten, die im Rahmen des Forschungsprojekts „Die Kommunalpolitik in den Kreisen Nordrhein-Westfalens: Eine empirische Bestandsaufnahme" gewonnen wurden, das zwischen 1998 und 2000 am Freiherr-vom-Stein-Institut in Münster mit Autor durchgeführt wurde. An einer als Gesamterhebung angestrebten schriftlichen Befragung im Herbst 1998 beteiligten sich 44,1% der insgesamt 1.807 Kreistagsmitglieder im Land (N = 796). Zusätzlich wurde in den Kreisen mit nahezu allen ehrenamtlichen und hauptamtlichen Landräten und Oberkreisdirektoren mündliche Interviews geführt (N = 49). Zu Vergleichszwekken wird daneben auf Daten aus der wissenschaftlichen Begleituntersuchung zur Einführung der neuen Kommunalverfassung in Nordrhein-Westfalen zurückgegriffen (vgl. Schulenburg 1999, 2000, 2001), bei der Bürgermeister und Gemeindedirektoren zur selben Thematik schriftlich und mündlich befragt wurden.

In allen drei Befragtengruppen ist das Urteil über die Reform in Abhängigkeit von der jeweiligen Perspektive zu sehen. Sowohl auf der Gemeinde- als auch auf der Kreisebene ist der Anteil der Reformbefürworter unter den hauptamtlichen Bürgermeistern und Landräten mit 89,5% bzw. 84,6% beträchtlich höher als unter den ehrenamtlichen Bürgermeistern und Landräten (41,3% bzw. 35,3%) sowie unter den Gemeindedirektoren und insbesondere den Oberkreisdirektoren (41,2% bzw. 22,3%). Bei den Kreistagsmitgliedern macht es hingegen auf den ersten Blick so gut wie keinen Unterschied, ob in ihrem Kreis noch die alte oder bereits die neue Kreisordnung galt (Tau-c = -.026).[10] Erst wenn man die Kreistagsmitglieder nach alter und neuer Kreisordnung unterscheidet und darin jeweils die Reformbewertung in Abhängigkeit von der Zugehörigkeit zur Kreistagsmehrheit betrachtet, wird ein klarer Unterschied erkennbar. Unter der alten Kreisordnung haben die Angehörigen der Minderheiten in den Kreistagen die Reform geringfügig besser eingeschätzt als die Angehörigen der Mehrheiten (Tau-c = -.051).[11] Unter der neuen Kreisordnung überwiegt dagegen der Anteil der Reformbefürworter bei den Mehrheiten eindeutig (Tau-c = .246).

Zieht man bei der Analyse der Antworten der Kreistagsmitglieder auch noch das Vorliegen einer absoluten Mehrheit im Kreistag mit ein, werden die Intentionen der Befragten bei der Reformbewertung deutlich. Liegt unter der alten Kreisordnung keine absolute Mehrheit im Kreistag vor, bestehen zwischen den Angehörigen der Mehrheits- und der Minderheitsfraktionen nur geringfügige Unterschiede bei der Reformbewertung (Tau-c = .030). Liegt dagegen eine absolute Mehrheit vor, sehen die Angehörigen der Minderheitsfraktionen in der Einführung des direktgewählten hauptamtlichen Landrats augenscheinlich eine Möglichkeit, die in vielen Fällen langjährige Dominanz einer der beiden großen politischen Parteien[12] durchbrechen zu können, was sich in ihrer deutlich positiveren Einschätzung der Reform ausdrückt

---

10 Sowohl bei der wissenschaftlichen Begleituntersuchung zur neuen Kommunalverfassung als auch beim Forschungsprojekt des Freiherr-vom-Stein-Instituts wurde die Datenerhebung noch in der Phase des gleitenden Übergangs auf die neue Gemeindeordnung bzw. Kreisordnung durchgeführt. Bis zur ersten Direktwahl der Bürgermeister und Landräte am 12. September 1999 oblag den Räten und Kreistagen die Entscheidung, ob die neue Gemeindeordnung bzw. Kreisordnung schon vorher eingeführt werden sollte (Art. VII KommVerfÄG vom 17. Mai 1994, GV. NRW. S. 270). Notwendig war dazu die Wahl eines Bürgermeisters bzw. Landrats durch den Rat bzw. den Kreistag. Auf beiden Ebenen bestanden demnach zwischen 1994 und 1999 alte und neue Kommunalverfassung parallel.

11 Obwohl es sich beim Merkmal „Zugehörigkeit zur Kreistagsmehrheit" um eine dichotome Variable handelt, wird Tau-c als statistisches Zusammenhangsmaß verwendet, um die Richtung der statistischen Beziehung abbilden zu können. Codiert wurde die Variable mit 1 = Mehrheit, 2 = Minderheit.

12 In den ländlich geprägten Kreisen Nordrhein-Westfalens dominiert z.T. seit Jahrzehnten die CDU als politische Kraft. In den Kreisen in Ballungsrandgebieten ist es dagegen häufiger die SPD, die die Kreistagsmehrheit stellt.

(Tau-c = -.160). Ihre Bestätigung findet diese Interpretation bei der Analyse unter der neuen Kreisordnung. In den Fällen, in denen keine absolute Mehrheit im Kreistag vorliegt und man daher von instabileren Mehrheitsverhältnissen ausgehen kann, sehen die Angehörigen der Kreistagsmehrheiten die Reform als Möglichkeit des Machterhalts. Ihre positivere Einschätzung der Reform gegenüber den entsprechenden Angehörigen der Minderheitsfraktionen ist offenkundig (Tau-c = .350). Anders wiederum verhält es sich, wenn unter der neuen Kreisordnung eine absolute Mehrheit im Kreistag besteht (Tau-c = .157). Dann gibt es zwar kaum Unterschiede zwischen den Mehrheits- und den Minderheitsfraktionen beim Anteil der Reformbefürworter (38,3% bzw. 35%), jedoch ist der Anteil der „Zweifler" (Unentschiedenen) unter den Mehrheitsfraktionen mit 28,7% beträchtlich höher als unter den Minderheitsfraktionen mit 11,2%, woraus sich ein entsprechend niedrigerer Anteil an Reformgegnern bei den Mehrheitsfraktionen erklärt (33% i.Vgl.z. 53,8%). In dieser Gruppe waren die Mehrheitsangehörigen offensichtlich von Vorteilen der vorzeitigen Wahl eines hauptamtlichen Landrats nicht restlos überzeugt.

Auf eine offene Nachfrage zur Reformbewertung nach den Gründen für ihre Einschätzung haben die Kreistagsmitglieder sehr zahlreich geantwortet. Da die Antworten je nach Reformbewertung deutlich positiv oder deutlich negativ formuliert wurden, werden sie im folgenden getrennt behandelt. Die positiven Begründungen für die Abschaffung der Doppelspitze sind in Tabelle 1 zusammengestellt. Obwohl bei der Befragung der Kreistagsmitglieder eine andere Fragestellung gewählt wurde,[13] ähneln ihre Antworten inhaltlich sehr stark denjenigen der Bürgermeister und Gemeindedirektoren (vgl. Schulenburg 1999: S. 151ff.). Etwas unterschiedlich fallen hingegen die Häufigkeiten der Nennungen aus.

Mit deutlichem Abstand am häufigsten gaben die Kreistagsmitglieder die Direktwahl des hauptamtlichen Landrats (28,7% der Antwortenden) und die Entscheidungskonzentration in der Spitze auf eine Person (22,2%) als positive Begründung für ihre Einschätzung an. Auf der Gemeindeebene stand die Entscheidungskonzentration zwar ebenfalls an der Spitze der Nennungen, jedoch lag die Direktwahl nach der Häufigkeit der Antworten eher im Mittelfeld. Während die Bürgermeister und Gemeindedirektoren die von der Diskussion über die neuen Kommunalverfassung auf Landesebene her bekannten Vorteile, wie „keine Konflikte mehr" (im Sinne von weniger Reibungsverlusten) und „größeres Gewicht des neuen Amtes", in den Vordergrund stellten, wurden diese von den Kreistagsmitgliedern eher selten genannt (10% bzw. 6,1%). Im übrigen lassen die Antworten der Kreistagsmitglieder eine große Streuung

---

13   Bei der Untersuchung zur Gemeindeordnung hatte die offene Nachfrage zur Reformbewertung nur Auffangcharakter. Die von den Befragten erwarteten Vor- und Nachteile der Reform, auf die hier zu Vergleichszwecken Bezug genommen wird, wurden mit einer vorangestellten, speziellen Fragestellung erhoben (vgl. Schulenburg 1999: S. 150f.).

erkennen, die eine eingehende Behandlung der einzelnen Kategorien in der Gesamtbetrachtung unzweckmäßig erscheinen lässt.

Tab. 1: Positive Begründungen für die Bewertung der Abschaffung der Doppelspitze (Mehrfachnennungen)

	Antworten	% von Antwortenden
Direktwahl ist positiv	75	28,7
Entscheidungskonzentration auf eine Person	58	22,2
altes System hat nicht funktioniert	36	13,8
höhere Effizienz	32	12,3
keine Konflikte mehr	26	10,0
bessere Verwaltungskontrolle	24	9,2
Billiger	23	8,8
Verzahnung von Politik und Verwaltung	19	7,3
bessere Bürgernähe (Repräsentation)	17	6,5
größeres Gewicht des neuen Amtes	16	6,1
Wegfall der Qualifikationsvoraussetzungen	10	3,8
Sonstiges	18	6,9
Gesamt: Antworten	354	
Gesamt: Antwortende	261	

Interessanter sind hingegen einige Unterschiede im Antwortverhalten in Abhängigkeit von anderen Merkmalen der Befragten. Betrachtet man die Nennungen der Kategorien für die politischen Parteien getrennt, wird beispielsweise erkennbar, dass die Entscheidungskonzentration auf eine Person von SPD-Mitgliedern (20,5%) und CDU-Mitgliedern (25,8%) deutlich häufiger genannt wurde als von den Grünen (11,8%). Erscheint dies angesichts der höheren Präferenz der Grünen für Basisdemokratie und Gewaltenteilung noch einsichtig, überrascht vor dem gleichen Hintergrund, dass von ihnen die Direktwahl seltener genannt wurde (23,5%) als von den CDU-Mitgliedern (25,8%) und insbesondere von den SPD-Mitgliedern (31,6%). Gerade für kleinere Parteien hat die Direktwahl meist eine höhere Attraktivität, da sie größere Chancen bietet, auch gegen stabile Mehrheiten von großen Parteien Kandidaten durchsetzen zu können (vgl. Schulenburg 1999: 110 m.w.N.). Offenbar überwiegt aber bei den Mitgliedern der Grünen die Präferenz für eine „Gewaltenteilung" zwischen Vorsitzendem der Vertretungskörperschaft und dem Verwaltungsleiter.

Daneben gibt es bei den Antworten auch Unterschiede zwischen den Kreisgruppen nach der Einwohnerdichte.[14] In ländlichen Kreisen wurde die

---

14 Während die Kommunalpolitik auf der Gemeindeebene in vielen Aspekten mit der Einwohnergröße der Städte und Gemeinden variiert, ist auf der Kreisebene die Einwohnerdichte das entscheidende Kriterium. In vergleichsweise dünn besiedelten Regionen bestehen die Kreise häufig aus kleineren Gemeinden und müssen daher mehr Aufgaben wahrnehmen (vgl. § 4 GO). In höher verdichteten Regionen in Ballungsrandzonen bestehen die Kreise überwiegend aus größeren Städten, die eine ganze Reihe von Aufgaben selbst wahrnehmen können. Unterschieden wird zwischen

Direktwahl mit 37,5% deutlich häufiger als positive Begründung angegeben als in Mischkreisen (27%) und städtischen Kreisen (22,8%). Dies ist allerdings nicht – wie man zunächst vermuten könnte – auf ein größeres Vertrauen der Befragten in die Kompetenz der Wähler bei der Rekrutierung des Hauptverwaltungsbeamten in ländlichen Gebieten zurückzuführen, sondern auf den Umstand, dass die Direktwahl in den ländlichen Kreisen vor allem von Angehörigen der SPD angeführt wurden, die sich dort bereits seit Jahren in der Minderheit befinden. Unmittelbar einsichtig ist hingegen, warum die bessere Verwaltungskontrolle unter der neuen Kreisordnung aus Sicht der Kreistagsmitglieder in ländlichen Kreisen (13,8%) und in Mischkreisen (14,6%) eine, wenn auch geringe, Rolle spielt, in den städtischen Kreisen aber von keinem Befragten angeführt wurde. Dies ist sicher auf die stärkere Stellung der Verwaltung in den weniger verdichteten Kreisen zurückzuführen.

Schließlich bestehen bei den Antworten auch Unterschiede zwischen alter und neuer Kreisordnung. Eher historisch-psychologische Bedeutung hat dabei die häufigere Nennung der These, dass das alte System der Kreisordnung in der Praxis nicht funktioniert habe, unter der alten Kommunalverfassung (17,3%) als unter der neuen (7,5%). Eher für die Zukunft bedeutsam ist, dass die Kreistagsmitglieder im alten System von der Verzahnung von Politik und Verwaltung unter dem hauptamtlichen Landrat häufiger überzeugt waren (10,1%) als dort, wo diese bereits praktiziert wurde (2,2%). Im Gegenzug führten Befragte unter der neuen Kreisordnung häufiger die Entscheidungskonzentration auf eine Person (26,9% i.Vgl.z. 19,6%) und die Direktwahl (34,4% i.Vgl.z. 25,6%) als positive Begründung an. Diese Abweichungen zeigen, dass auch bei den Kreistagsmitgliedern zwischen Erwartungshaltungen unter der alten Kreisordnung und konkreten Erfahrungen mit dem neuen System zu unterscheiden ist (vgl. Schulenburg 1999: 146ff.).

In Tabelle 2 sind die negativen Begründungen der Kreistagsmitglieder zusammengestellt. Ein Vergleich mit Tabelle 1 zeigt zunächst, dass viel mehr Befragte negative Begründungen angeführt hatten als positive (N = 431 i.Vgl.z. 261). Auch sie ähneln inhaltlich sehr stark den von den Bürgermeistern und Gemeindedirektoren erwarteten Nachteilen der Reform (vgl. Schulenburg 1999: S. 153ff.), wobei wieder Unterschiede hinsichtlich der Häufigkeit der Nennungen bestehen. Besonders auffällig ist dies bei der Frage der Qualifikationsanforderungen an den Hauptverwaltungsbeamten. Auf der Gemeindeebene hatten damit die Gemeindedirektoren weitaus größere Probleme (33,3% der Antwortenden) als die ehrenamtlichen und hauptamtlichen Bürgermeister (13,6% bzw. 3%). Dieses Ergebnis war angesichts des eigenständigen Berufsbilds der Gemeindedirektoren, das sich aufgrund der langen Tradition der alten Gemeindeordnung herausbildete (vgl. Schulenburg 1999: S. 163ff.), wenig überraschend. Um so erstaunlicher ist, dass die Kreistagsmit-

---

„ländlichen Kreisen" (< 250 Ew/Qkm), „Mischkreisen" (250-500 Ew/Qkm) und „städtischen Kreisen" (500 und mehr Ew/Qkm).

glieder, die im Vergleich zu den Inhabern der Spitzenpositionen auf der Gemeindeebene eine sicherlich geringere Affinität zum neuen Amt besitzen, den Wegfall der Qualifikationsanforderungen mit 30,4% annähernd so häufig als negative Begründung nannten wie die Gemeindedirektoren. Dies stellt einen eindrucksvollen Beleg für die höhere Bedeutung der Qualifikationsanforderungen an die Oberkreisdirektoren im Vergleich zu denjenigen an die Gemeindedirektoren dar,[15] was zusätzlich durch den deutlichen Abstand der Kategorie gegenüber den übrigen unterstrichen wird.

Tab. 2: Negative Begründungen für die Bewertung der Abschaffung der Doppelspitze (Mehrfachnennungen)

	Antworten	% von Antwortenden
Qualifikationsanforderungen fehlen	131	30,4
zu starke Machtkonzentration auf eine Person	59	13,7
(zeitliche) Überforderung des Positionsinhabers	58	13,5
eine Spitze für Politik und Verwaltung nicht möglich	50	11,6
Kreistag verliert an Einfluss	50	11,6
altes System hat sich bewährt	49	11,4
Politisierung der Verwaltung	39	9,0
Bürgernähe (Repräsentation) leidet	30	7,0
Verwaltungsführung leidet	24	5,6
höhere Abhängigkeit des hauptamtlichen Landrats von den Parteien	23	5,3
Teurer	19	4,4
Populismus, Stimmenfängerei	15	3,5
Ehrenamt geht verloren	14	3,2
Direktwahl ist negativ	14	3,2
Sonstiges	30	7,0
Gesamt: Antworten	605	
Gesamt: Antwortende	431	

Häufiger angeführt wurden von den Kreistagsmitgliedern als negative Begründungen noch die zu starke Machtkonzentration auf eine Person (13,7%), die (zeitliche) Überforderung des Inhabers der neuen Position (13,5%), die These, dass sich die Spitzenämter von Politik und Verwaltung nicht zusammen legen lassen, der Einflussverlust des Kreistags (jeweils 11,6%) sowie die Bewährung des früheren Kommunalverfassungssystems (11,4%). Von der letzten Kategorie abgesehen, die auf der Gemeindeebene in dieser Pauschali-

---

15 Aufgrund der Wahrnehmung von staatlichen Aufgaben waren an den Oberkreisdirektor höhere Qualifikationsanforderungen gestellt als an die meisten Gemeindedirektoren. Musste ein Gemeindedirektor nach § 49 Abs. 1 GO a.F. lediglich die (im Gesetz nicht weiter konkretisierten) fachlichen Voraussetzungen und eine ausreichende Erfahrung für dieses Amt nachweisen, musste ein Oberkreisdirektor nach § 38 Abs. 1 KrO a.F. die Befähigung zum Richteramt oder zum höheren Verwaltungsdienst besitzen. Letzteres galt auf der Gemeindeebene nur für die Oberstadtdirektoren in kreisfreien Städten. Zu den Auswirkungen der Qualifikationsanforderungen beim Oberkreisdirektor auf das Amt vgl. Oebbecke (1997).

tät keine Rolle spielte, entsprechen diese Häufigkeiten noch am ehesten denjenigen bei den ehrenamtlichen Bürgermeistern (vgl. Schulenburg 1999: S. 154). Nur die zeitliche Überlastung beim neuen Amt wurde von ihnen mit 27,1% deutlich häufiger genannt. Umgekehrt stand aus ehrenamtlicher Perspektive auf der Gemeindeebene der Verlust an Bürgernähe viel stärker im Vordergrund (35,6%) in den Kreisen (7%), was weniger auf die indirekte Betroffenheit der Kreistagsmitglieder als vielmehr auf die geringere Bedeutung der Bürgernähe auf der Kreisebene zurückzuführen sein dürfte.

Wie bei den positiven Begründungen wird der Teilgruppenanalyse gegenüber der ausführlichen Erläuterung der schwächer besetzten Kategorien in der Gesamtbetrachtung der Vorzug gegeben, denn auch hier bestehen interessante Abweichungen. In Abhängigkeit von der Parteimitgliedschaft werden bei zwei Kategorien wieder die unterschiedlichen Grundpositionen der Parteien erkennbar. Mit der zu starken Machtkonzentration auf eine Person und dem Einflussverlust des Kreistags hatten die Grünen deutlich mehr Probleme (jeweils 25,8%) als die Mitglieder der SPD (17,6% bzw. 13,6%) und insbesondere der CDU (9% bzw. 8,1%). Eine ganz andere Konstellation zeigt sich beim Wegfall der Qualifikationsanforderungen, der von den Mitgliedern der SPD mit 22,7% deutlich seltener genannt wurde als von den Mitgliedern der CDU (36,5%) und den Grünen (32,3%). Dies ist insofern auffällig, als die SPD auf der Landesebene schon bei der Einführung der alten Kreisordnung in den fünfziger Jahren gegen die Qualifikationsanforderungen für den Oberkreisdirektor eintrat, die damals in hohem Maße umstritten waren (vgl. Oebbecke 1984: 34).

Die Abweichungen zwischen neuer und alter Kreisordnung bei den negativen Begründungen ähneln sehr stark dem Ergebnis bei den positiven Begründungen. So wurden die Thesen zur „Verteidigung" des alten Kommunalverfassungssystems ("altes System hat sich bewährt", „eine Spitze für Politik und Verwaltung nicht möglich") unter der alten Kreisordnung häufiger genannt (13,4% bzw. 15,3%) als unter der neuen (8,2% bzw. 5,9%). Auch die ersten Erfahrungen vermitteln einen ähnlichen Eindruck. Wenig überraschend aus Sicht der Kreistagsmitglieder ist dabei die etwas häufigere Nennung der Kategorie „Einflussverlust des Kreistags" unter der neuen Kreisordnung (14,1% i.Vgl.z. 10%). Auffällig ist hingegen, dass der Wegfall der Qualifikationsanforderungen von den Befragten im neuen System häufiger genannt wurde (33,5%) als im alten System (28,4%). Von der Qualifikation mancher hauptamtlicher Landräte scheinen einige Kreistagsmitglieder offenbar nicht überzeugt gewesen zu sein. Eine eindeutige Sprache sprechen die Anteilswerte bei der Kategorie „zu starke Machtkonzentration auf eine Person". Wurden solche Antworten in der Erwartungshaltung unter der alten Kreisordnung von 9,6% der entsprechenden Befragten gegeben, haben deutlich mehr Kollegen von ihnen unter der neuen Kreisordnung offensichtlich schon negative Erfahrungen damit gemacht. Bei ihnen liegt der Anteil mit 20% mehr als doppelt so hoch.

Die Sichtweise der Kreistagsmitglieder bestätigen insgesamt das aus den Antworten der Bürgermeister und Gemeindedirektoren gewonnene Bild für die Gemeindeebene (vgl. Schulenburg 1999: 131ff.). Hier wie dort war die vorzeitige Wahl eines hauptamtlichen Landrats bzw. Bürgermeisters in hohem Maße von taktischen Überlegungen im Hinblick auf die erste Direktwahl geprägt. Der unbestreitbare Vorteil des bei der Kandidatur für die erste Direktwahl bereits im Amt befindlichen Landrats bzw. Bürgermeisters (Amtsbonus) machte die neue Position vor allem für die Mehrheiten in den Vertretungskörperschaften attraktiv. Aber auch für die jeweilige Minderheit bot das neue Amt in Abhängigkeit von den Mehrheitsverhältnissen eine mehr oder weniger große Chance, sich im Wettbewerb um die Wählerstimmen neu zu positionieren (vgl. Schulenburg 1999: 355ff.). Wie groß allerdings dabei der Unsicherheitsfaktor ist, wurde bei der von der CDU gewonnenen Kommunalwahl am 12. September 1999 mehr als deutlich. Von den zehn SPD-Spitzenkanndidaten, die im Rahmen der Untersuchung an den mündlichen Interviews teilnahmen, davon immerhin sechs mit dem Amtsbonus als amtierender hauptamtlicher Landrat, war nur einer erfolgreich.[16]

Hebt man von den Abweichungen zwischen Mehrheiten und Minderheiten in den Kreistagen ab, vermitteln die Antworten der Befragten eine gewisse Skepsis gegenüber der institutionellen Veränderung der Verwaltungsspitze auf der Kreisebene durch die Kommunalverfassungsreform. Offenbar resultiert diese Skepsis aber weniger aus der Schwächung der Vertretungskörperschaft, als vielmehr aus der Präferenz für das bisherige System der Doppelspitze aus ehrenamtlichem Landrat und Oberkreisdirektor, das auf der Kreisebene aufgrund der klareren Kompetenzverteilung reibungsloser funktionierte als auf der Gemeindeebene.

3. Einführung von Bürgerbegehren und Bürgerentscheid

Wie bei der Bewertung der Abschaffung der Doppelspitze sollten die Kreistagsmitglieder die Einführung der plebiszitären Elemente auf einer fünfstufigen Skala von positiv bis negativ einschätzen und anschließend mit eigenen Worten Gründe für die Einschätzung nennen. Bei der Darstellung der Antworten ist zu berücksichtigen, dass die Kreistagsmitglieder zum Zeitpunkt der Befragung nur in Ausnahmefällen praktische Erfahrungen mit Bürgerbegehren auf der Kreisebene hatten. Aus einem Bericht des Innenministeriums des Landes Nordrhein-Westfalen (1999: 5) geht hervor, dass von Oktober 1994 bis zum August 1999 in den Städten und Gemeinden des Landes bereits 143 Verfahren zu einem Bürgerbegehren durchgeführt worden waren, auf Kreisebene dagegen nur zwei (beide unzulässig).

---

16 Zu den Ergebnissen der ersten Direktwahl der hauptamtlichen Landräte vgl. Eildienst LKT NRW (1999: 446). Vgl. auch die Analyse der Wahlergebnisse bei Andersen/ Bovermann (1999).

Bezüglich der Einführung plebiszitärer Elemente in die Kreisordnung überwiegt unter den Kreistagsmitgliedern die Befürwortung (11% positiv, 26,1% eher positiv) knapp gegenüber der Ablehnung (24,7% eher negativ, 6,6% negativ), wobei der Anteil der Unentschiedenen mit 31,5% beträchtlich höher ist als bei der Bewertung der Abschaffung der Doppelspitze. Trotz des leichten Übergewichts der positiven Einschätzungen fällt das Urteil der Kreistagsmitglieder damit etwas skeptischer aus als dasjenige der Bürgermeister und Gemeindedirektoren für die Gemeindeebene. Dort waren 45% der Befragten voll oder eher für die Einführung direktdemokratischer Elemente in die Gemeindeordnung, während sie von 28,4% voll oder eher abgelehnt wurde. Der Anteil der Unentschiedenen lag bei 26,6% (vgl. Schulenburg 2001: 78). Für beide Ebenen ist demnach im Vergleich zur Bewertung der Abschaffung der Doppelspitze ein hoher Anteil an Unentschiedenen festzustellen. Könnte man auf der Kreisebene diesen Anteil noch mit den seltenen Erfahrungen mit direktdemokratischen Instrumenten begründen, zeigen die Daten für die Gemeindeebene in eine andere Richtung. Bei den Bürgermeistern und Gemeindedirektoren beeinflusste die konkrete Erfahrung mit Bürgerbegehren und Bürgerentscheiden deren Einschätzung kaum (vgl. Schulenburg 2001: 77f.). Insofern kann man davon ausgehen, dass die unentschiedenen Befragten aus eigener Werthaltung heraus zu einer neutralen Einschätzung gekommen sind.

Bei der Analyse der Einschätzung der Einführung plebiszitärer Elemente in die Kreisordnung durch alle Befragte rücken zunächst drei Merkmale in den Mittelpunkt des Interesses, die Kreisgruppen nach der Einwohnerdichte, die Parteimitgliedschaft und die Zugehörigkeit zur Mehrheit. In der Gesamtbetrachtung bestehen bei der Einschätzung nur geringfügige Abweichungen zwischen den Kreisgruppen nach der Einwohnerdichte (V = .063), die sich im einstelligen Prozentbereich bewegen. Dies deckt sich mit den Ergebnissen für die Gemeindeebene, wo die Einwohnergröße der Städte und Gemeinde ebenfalls nur geringen Einfluss auf die Einschätzung der Bürgermeister und Gemeindedirektoren hatte (vgl. Schulenburg 2001: 77). Ebenfalls analog zur Gemeindeebene gibt es allerdings beträchtliche Unterschiede zwischen den politischen Parteien (V = .362). Während nur 20,8% der CDU-Mitglieder die Einführung plebiszitärer Elemente positiv oder eher positiv beurteilten, liegt der entsprechende Anteil unter den SPD-Mitgliedern bei 47,5%. Fast ausnahmslos positiv bewerteten die Grünen die Einführung direktdemokratischer Instrumente (97,9%). Der Einfluss der parteipolitischen Grundpositionen bei dieser Frage ist offenkundig. Hinzu kommt die Zugehörigkeit zur Kreistagsmehrheit. Es überrascht wenig, wenn die Gruppe der Befürworter unter den Angehörigen von Minderheitsfraktionen deutlich größer ist (44,9%) als unter den Angehörigen von Mehrheitsfraktionen (31,4%; Tau-c = -.168). Die Begründung dürfte die gleiche sein wie bei der Direktwahl des hauptamtlichen Landrats. Die plebiszitären Elemente bieten der Minderheit im Kreistag die Chance, ihre eigenen Standpunkte durchzusetzen, mit denen sie im Normalfall der politischen Mehrheit unterliegt (vgl. Holtmann 1996: 216ff.).

Ebenfalls ein ähnliches Bild wie bei der Bewertung der Abschaffung der Doppelspitze zeigt sich bei den Antworten der Befragten auf die Frage nach den Gründen für die Einschätzung der Einführung plebiszitärer Elemente. Auch hier fielen die Antworten entweder deutlich positiv oder klar negativ aus, weshalb sie wieder getrennt behandelt werden.[17] Die positiven Begründungen sind in Tabelle 3 zusammengestellt. Mit Abstand am häufigsten verwiesen die Kreistagsmitglieder in eher pauschaler Weise auf den (Mehr-)Wert der direkten Demokratie bzw. der größeren Bürgerbeteiligung (67,7% der Antwortenden). Eine etwas konkretere Stoßrichtung hatten die Antworten der am zweitstärksten besetzten Kategorie „Korrektiv zu repräsentativen Entscheidungen" (16,1%). Stärkeres Gewicht auf die Außenwirkung von plebiszitären Elementen gelegt wurde bei den Kategorien „Bürgerinteresse an der Politik wird erhöht" (10,1%) und „mehr Transparenz/mehr Diskussion" (6,9%), wobei die zuletzt genannte Kategorie schon schwächer besetzt ist. Gleiches gilt für die Nennungen, die auf ein Vertrauen in die Sachkompetenz der Bürger (6%) und auf die Feststellung, dass plebiszitäre Elemente vor allem bei wichtigen politischen Entscheidungen angebracht seien (4%), hinauslaufen. Diese Begründungen zeigen – wenn auch in etwas vereinfachter Weise aufgrund des bei einer schriftlichen Befragung beschränkten Rahmens – eine hohe Ähnlichkeit zu den in der Literatur diskutierten Argumenten für direktdemokratische Instrumente.[18]

Die positiven Begründungen variieren nach ihrer Häufigkeit nur in Ausnahmefällen in Abhängigkeit von relevanten Merkmalen der Befragten. Während bei den Kreisgruppen die Häufigkeit der Nennungen bei der Kategorie „(Mehr-)Wert der direkten Demokratie, der größeren Bürgerbeteiligung" mit zunehmender Einwohnerdichte deutlich abnimmt (von 74,2% in ländlichen Kreisen auf 56,2% in städtischen Kreisen), ist die Kategorie „Korrektiv zu repräsentativen Entscheidungen" zunehmend stärker besetzt (12,4% in ländlichen Kreisen i.Vgl.z. 20,5% in städtischen Kreisen). Hat demnach in ländlichen Kreisen die Wertschätzung der direkten Demokratie um ihrer selbst Willen größere Bedeutung, werden die plebiszitären Elemente in den höher verdichteten Gebieten eher als Alternative zur Entscheidung durch die Kommunalpolitiker gesehen. Die beiden Kategorien sind auch in den politischen Parteien recht unterschiedlich besetzt. Konzentrierten sich die CDU-Mitglieder stärker auf die allgemeine Bedeutung der direkten Demokratie (72,5%) und stellten dagegen seltener ihre Funktion als Korrektiv zu repräsen-

---

17 Hierzu können keine Vergleichsdaten von der Gemeindeebene vorgelegt werden, da die Bürgermeister und Gemeindedirektoren nur nach der Zufriedenheit mit der rechtlichen Ausgestaltung der plebiszitären Elemente in der Gemeindeordnung befragt wurden. Vgl. dazu Schulenburg (2001: 78ff.).

18 Zu den Argumenten für die direkte Demokratie und teilweise ihrer Entkräftung vgl. jeweils m.w.N. Abromeit (1995), von Arnim (1990), Böckenförde (1987), Erbguth (1995), Jung (1990, 1995), Knemeyer (1995), Krause (1987), Luthardt/Waschkuhn (1997), Oberreuter (1996), Schieren (1996), Schmitt-Glaeser (1998), Stern (1984: 583ff./939ff.).

tativen Entscheidungen in den Vordergrund (8,7%), ist das Verhältnis bei den SPD-Mitgliedern genau umgekehrt (63,2% bzw. 16,5%). Am stärksten sind die beiden Kategorien allerdings bei den Grünen besetzt (74,4% bzw. 28,2%).

Tab. 3: Positive Begründungen für die Einschätzung der Einführung plebiszitärer Elemente in die Kreisordnung (Mehrfachnennungen)

	Antworten	% von Antwortenden
(Mehr-)Wert der direkten Demokratie, der größeren Bürgerbeteiligung	168	67,7
Korrektiv zu repräsentativen Entscheidungen	40	16,1
Bürgerinteresse an der Politik wird erhöht	25	10,1
mehr Transparenz/mehr Diskussion	17	6,9
Bürger sind mündig und sachkompetent	15	6,0
vor allem bei wichtigen Entscheidungen gut	10	4,0
Sonstiges	4	1,6
Gesamt: Antworten	279	
Gesamt: Antwortende	248	

Bei den negativen Begründungen der Einschätzung der Einführung plebiszitärer Elemente, die in Tabelle 4 dargestellt sind, zeigen sich ebenfalls starke Ähnlichkeiten zu den in der Literatur diskutierten Argumenten. Am häufigsten führten die Gegner in knapper oder ausführlicher Weise die geradezu klassische These an, dass die Instrumente der direkten Demokratie nur von aktiven Minderheiten dazu genutzt würden, um ihre Eigeninteressen durchzusetzen, was die stille Mehrheit und das Gemeinwohl gefährden könnte (29,2% der Antwortenden).[19] Ebenfalls bekannt ist das Argument, dass plebiszitäre Elemente zu einer Emotionalisierung der Diskussion beitragen würden, die der notwendigen Sachlichkeit nicht gerecht würde (21,7%). Weitere 20,6% verwiesen pauschal auf den Grundsatz der repräsentativen Demokratie, der die Kommunalverfassung bislang prägte. Daneben hielten 14,7% der Antwortenden die Institution „Kreis" häufig im direkten Vergleich zu den Städten und Gemeinden als nicht geeignet für Instrumente der direkten Demokratie, teilweise in Überschneidung mit den Antworten der Kategorie „Aufgaben sind zu komplex" (vgl. Schmidt 1997), die allerdings mit 6,7% nur von geringer Bedeutung ist. Mehr oder weniger offen bezweifelten 13,3% der Gegner die Entscheidungskompetenz der Bürger (vgl. Münkler 1997), weitere 12,8% verwiesen auf die hohen Kosten der Durchführung plebiszitärer Elemente.[20]

Die Zugehörigkeit der Befragten zu einer der drei Kreisgruppen nach der Einwohnerdichte variiert nur in seltenen Fällen die Besetzung einzelner Kategorien. Während die Kategorien „repräsentative Demokratie" und „Emotionalisierung vor Sachlichkeit" in den städtischen Kreisen schwächer besetzt

---

19 Zur Bestimmung dessen, was bei plebiszitären Elementen als „Mehrheit" anzusehen ist, vgl. ausführlich Horn (1999) m.w.N.
20 Zu den Kostenfolgen der Bürgerbeteiligung in den Kommunen vgl. die Überlegungen bei Hofmann (2000: 217f.).

sind (16,7% bzw. 18,3%) als in den Mischkreisen (beidemale 23,4%) und in
den ländlichen Kreisen (21,4% bzw. 23,3%), kamen die Antworten der Kategorien „Kreis ist nicht geeignet" und „zu teuer" etwas häufiger aus Kreisen in
Ballungsrandzonen (20% bzw. 14,2%). In den Mischkreisen (10,9% bzw.
13,9%) und in den ländlichen Kreisen (13,6% bzw. 9,7%) haben diese Antworten geringeres Gewicht. Inwieweit sich diese Unterschiede auf eine stärkere
Gewöhnung an parteipolitische Konflikte in den städtischen Kreisen und auf
die Überschaubarkeit der politischen Verhältnisse in den übrigen Kreisen zurückführen lassen, kann anhand der Mehrfachantworten nicht geklärt werden.

Tab. 4: Negative Begründungen für die Einschätzung der Einführung plebiszitärer Elemente in die Kreisordnung (Mehrfachantworten)

	Antworten	% von Antwortenden
Eigeninteressen/Minderheiten gefährden Gemeiwohl/Mehrheit	105	29,2
Emotionalisierung vor Sachlichkeit	78	21,7
Repräsentative Demokratie	74	20,6
Kreis ist nicht geeignet	53	14,7
Bürger haben nur geringe Entscheidungskompetenz	48	13,3
zu teuer	46	12,8
Aufgaben sind zu komplex	24	6,7
Sonstiges	6	1,7
Gesamt: Antworten	434	
Gesamt: Antwortende	360	

In Abhängigkeit von der Parteimitgliedschaft lassen sich Abweichungen nur
zwischen der SPD und der CDU darstellen, da von den Grünen so gut wie
keine negativen Begründungen angeführt wurden. Von den CDU-Mitgliedern
wurden die repräsentative Demokratie (23,7%) und die These, dass die Bürger eine zu geringe Entscheidungskompetenz besitzen würden (16,5%), deutlich häufiger angeführt als von den SPD-Mitgliedern (13,3% bzw. 7,8%). Die
in konservativen Kreisen stärker verbreitete Überzeugung von der Überlegenheit der repräsentativen gegenüber der direkten Demokratie (vgl. Stern 1984:
583ff./939ff.) wird demnach auch vor Ort erkennbar. Die Zugehörigkeit zur
Kreistagsmehrheit wirkt sich nur bei einer Antwortkategorie merklich aus.
Die Angehörigen von Minderheitsfraktionen führten etwas häufiger das Argument an, dass Instrumente direkter Demokratie zu teuer seien (17,3%), als
die Angehörigen von Mehrheitsfraktionen (10%), was vor dem Hintergrund
der stärkeren Befürwortung der Einführung plebiszitärer Elemente durch die
Minderheiten etwas überrascht.

Die Antworten der Kreistagsmitglieder zeigen eine von parteipolitischen
Orientierungen und der Zugehörigkeit zur Kreistagsmehrheit geprägte zu-
rückhaltende Bewertung der Einführung plebiszitärer Elemente in die Kreisordnung. Die im Vergleich zu den Bürgermeistern und Gemeindedirektoren
größere Skepsis der Befragten deutet auf ein Spezifikum der Institution
„Kreis" hin. Im Unterschied zu den Städten und Gemeinden stellen die Kreise

bereits sehr große und wenig überschaubare politische Systeme dar. Hinzu kommt die höhere Komplexität der überörtlichen Aufgaben, die von den Kreisen wahrgenommen werden, und sich – auch nach Aussage der Mehrheit der interviewten Landräte und Oberkreisdirektoren – wenig für Bürgerbegehren und Bürgerentscheide eignen. Die faktisch deutlich seltenere Anwendung plebiszitärer Elemente auf der Kreisebene im Vergleich zu den Städten und Gemeinden im Land spricht für diese Interpretation.

4. Zusammenfassung

Schon die bisherigen Untersuchungen zu den Auswirkungen der Kommunalverfassungsreform in Nordrhein-Westfalen auf der Gemeindeebene haben die große Bedeutung der Mehrheitsverhältnisse vor Ort erkennen lassen. Da diese Untersuchungen aber im wesentlichen auf Befragungen von Bürgermeistern und Gemeindedirektoren zurückgehen, die in der Regel der Ratsmehrheit angehören, wurde die Bedeutung der Mehrheitsverhältnisse nur mittelbar deutlich. Mit der Befragung der Kreistagsmitglieder konnte nun erstmals die Bewertung der Reform durch Mitglieder von Vertretungskörperschaften erfasst werden, die von den institutionellen Veränderungen in der Verwaltungsführung und der Einführung von Bürgerbegehren und Bürgerentscheid ebenfalls unmittelbar betroffen sind. Die Analyse der Antworten zeigen, dass die Bewertung dieser Reformaspekte im wesentlich von der Zugehörigkeit zur Mehrheit im Kreistag geprägt ist. Je nach dem, ob die Kreistagsmitglieder aus der Mehrheitsposition oder der Minderheitsposition heraus von der Reform Nachteile oder Vorteile zu erwarten haben, fiel ihr Urteil positiver oder negativer aus. Insbesondere bei der Einführung von plebiszitären Elementen war die Bewertung auch stark von parteipolitischen Grundpositionen beeinflusst. Das im Vergleich zur Gemeindeebene skeptischere Fazit für die Kreisebene hat in beiden Fällen etwas mit Besonderheiten der Institution „Kreis" zu tun, bei der zum einen das alte Kommunalverfassungssystem reibungsloser funktionierte als in den Städten und Gemeinden und bei der zum anderen schwierigere Bedingungen für die Anwendung plebiszitärer Elemente vorliegen.

Literaturverzeichnis

Abromeit, Heidrun 1995: Volkssouveränität, Parlamentssouveränität, Verfassungssouveränität: Drei Realmodelle der Legitimation staatlichen Handelns, in: PVS, 49. Jg., S. 49-66.

Andersen, Uwe/Bovermann, Rainer 1999: Wahlsystem und Wahlverhalten zeigen deutlichen Wandel, in: StuGr, 53. Jg., Heft 12, S. 17-19.

von Arnim, Hans Herbert 1990: Möglichkeiten unmittelbarer Demokratie auf Gemeindeebene, in: DÖV, 43. Jg., S. 85-97.

Böckenförde, Ernst-Wolfgang 1987: Demokratische Willensbildung und Repräsentation, in: Isensee, Josef/Kirchof, Paul (Hg.), Handbuch des Staatsrechts der Bundesrepublik

Deutschland, Bd. II: Demokratische Willensbildung – Die Staatsorgane des Bundes, Heidelberg, S. 29-48.

von Danwitz, Thomas 1996: Bürgerbegehren in der kommunalen Willensbildung, in: DVBl., 111. Jg., S. 134-142.

Derlien, Hans-Ulrich 1995: Über Beurteilungskriterien der Gestaltung von Kommunalverfassungen, in: Der Landkreis, 65. Jg., S. 232-234.

Erbguth, Wilfried 1995: Verstärkung der Elemente unmittelbarer Bürgerbeteiligung auf kommunaler Ebene – Praktische Erfahrungen mit der bisherigen Handhabung, in: DÖV, 48. Jg., S. 793-802.

Fischer, Hans Georg 1995: Bürgerbegehren und Bürgerentscheid – ein neues Element unmittelbarer Demokratie in der Kommunalverfassung von Nordrhein-Westfalen, in: NWVBl., 9. Jg., S. 366-372.

Held, Friedrich Wilhelm/Wilmbusse, Reinhard 1994: Das neue Kommunalverfassungsrecht Nordrhein-Westfalen: Darstellung für die Praxis, Wiesbaden.

Hofmann, Harald 1997: Bürgerbegehren und Bürgerentscheid in der kommunalen Praxis, in: VR, 43. Jg., S. 156-163.

Hofmann, Harald 2000: Stärkung der Bürgerbeteiligung in den Kommunen, in: VR, 46. Jg., S. 217-223.

Holtmann, Everhard 1996: Zwischen Repräsentation und Plebiszit: Bürger und Parteien in der Kommunalpolitik, in: Rüther, Günter (Hg.), Repräsentative oder plebiszitäre Elemente – eine Alternative? Grundlagen, Vergleiche, Perspektiven, Reihe: Grundlagen der politischen Bildung, hg. v. Konrad-Adenauer-Stiftung, Bd. 3, Baden-Baden, S. 201-219.

Horn, Hans-Detlev 1999: Mehrheit im Plebiszit: Zur Voraussetzung eines Zustimmungsquorums bei Volks- und Bürgerentscheiden, in: Der Staat, 38. Jg., S. 399-422.

Innenministerium Nordrhein-Westfalen 1999: Bürgerbegehren und Bürgerentscheid in Nordrhein-Westfalen: Bericht Oktober 1994 – August 1999, Düsseldorf.

Jung, Otmar 1990: Direkte Demokratie: Forschungsstand und -aufgaben, in: ZParl, 21. Jg., S. 491-504.

Jung, Otmar 1995: Direkte Demokratie: Forschungsstand und -aufgaben 1995, in: ZParl, 26. Jg., S. 658-676.

Kirchhof, Roland/Kehler, Christiane 1994: Kreisordnung für das Land Nordrhein-Westfalen: Kommentar, in: Held, Friedrich Wilhelm/Becker, Ernst/Decker, Heinrich/Kirchhof, Roland/Krämer, Franz/Wansleben, Rudolf (Hg.), Kommunalverfassungsrecht Nordrhein-Westfalen (Loseblattsammlung), Wiesbaden.

Kneymeyer, Franz-Ludwig 1995: Bürgerbeteiligung und Kommunalpolitik: Eine Einführung in die Mitwirkungsrechte von Bürgern auf kommunaler Ebene, München.

Krause, Peter 1987: Verfassungsrechtliche Möglichkeiten unmittelbarer Demokratie, in: Isensee, Josef/Kirchof, Paul (Hg.), Handbuch des Staatsrechts der Bundesrepublik Deutschland, Bd. II: Demokratische Willensbildung – Die Staatsorgane des Bundes, Heidelberg, S. 313-337.

Krell, Dieter/Wesseler, Norbert 1994: Das neue kommunale Verfassungsrecht in Nordrhein-Westfalen: Das neue Recht und seine Hintergründe – Eine systematische Darstellung für Verwaltung und Politik, Köln.

Landesamt für Datenverarbeitung und Statistik Nordrhein-Westfalen 1994: Kommunalwahlen in Nordrhein-Westfalen 1994, Heft 4: Ergebnisse nach Gemeinden, Düsseldorf.

Luthardt, Wolfgang/Waschkuhn, Arno 1997: Plebiszitäre Komponenten in der repräsentativen Demokratie: Entwicklungsstand und Perspektiven, in: Klein, Ansgar/Schmalz-Bruns, Rainer (Hg.), Politische Beteiligung und Bürgerengagement in Deutschland: Möglichkeiten und Grenzen, Schriftenreihe für politische Bildung der Bundeszentrale für politische Bildung, Bd. 347, Bonn, S. 59-87.

Münkler, Herfried 1997: Der kompetente Bürger, in: Klein, Ansgar/Schmalz-Bruns, Rainer (Hg.), Politische Beteiligung und Bürgerengagement in Deutschland: Möglichkeiten und Grenzen, Schriftenreihe der Bundeszentrale für politische Bildung, Bd. 347, Bonn, S. 153-172.

Oberreuter, Heinrich 1996: Repräsentative und plebiszitäre Elemente als sich ergänzende politische Prinzipien, in: Rüther, Günter (Hg.), Repräsentative oder plebiszitäre Elemente – eine Alternative? Grundlagen, Vergleiche, Perspektiven, Reihe: Grundlagen der politischen Bildung, Hg. v. Konrad-Adenauer-Stiftung, Bd. 3, Baden-Baden, S. 261-274.

Oebbecke, Janbernd 1995: Die neue Kommunalverfassung in Nordrhein-Westfalen, in: DÖV, 48. Jg., S. 701-709.

Oebbecke, Janbernd 1997: Die nordrhein-westfälischen Oberkreisdirektoren, in: Möller, Franz/Bauer, Joachim (Hg.), Der Landkreistag Nordrhein-Westfalen 1947-1997, Berlin u.a., S. 233-298.

Patzelt, Werner J. 1996: Imperatives Mandat und plebiszitäre Elemente: Nötige Schranken der Abgeordnetenherrlichkeit?, in: Rüther, Günter (Hg.), Repräsentative oder plebiszitäre Elemente – eine Alternative? Grundlagen, Vergleiche, Perspektiven, Reihe: Grundlagen der politischen Bildung, Hg. v. Konrad-Adenauer-Stiftung, Bd. 3, Baden-Baden, S. 183-200.

Püttner, Günter/Jacoby, Peter 1982: Formen und Arten der Bürgermitwirkung in Gemeinden und Kreisen, in: Püttner, Günter (Hg.), Handbuch der kommunalen Wissenschaft und Praxis, Bd.2: Kommunalverfassung, Berlin u.a. (2. Aufl.), S. 26-36.

Roth, Roland 1997: Die Kommune als Ort der Bürgerbeteiligung, in: Klein, Ansgar/Schmalz-Bruns, Rainer (Hg.), Politische Beteiligung und Bürgerengagement in Deutschland: Möglichkeiten und Grenzen, Schriftenreihe der Bundeszentrale für politische Bildung, Bd. 347, Bonn, S. 404-447.

Schieren, Stefan 1996: Plebiszitäre Elemente in der parlamentarischen Demokratie. Einige theoretische Überlegungen zu den Verfahrensproblemen, in: Staatswissenschaften und Staatpraxis, 7. Jg., S. 63-86.

Schliesky, Utz 1998: Unmittelbar-demokratische Elemente in den Kommunalverfassungen Deutschlands, in: AfK, 37. Jg., S. 308-335.

Schliesky, Utz 1999: Die Weiterentwicklung von Bürgerbegehren und Bürgerentscheid, in: ZG, 14. Jg., S. 91-122.

Schmidt, Manfred G. 1997: Komplexität und Demokratie: Ergebnisse älterer und neuerer Debatten, in: Klein, Ansgar/Schmalz-Bruns, Rainer (Hg.), Politische Beteiligung und Bürgerengagement in Deutschland: Möglichkeiten und Grenzen, Schriftenreihe der Bundeszentrale für politische Bildung, Bd. 347, Bonn, S. 41-58.

Schmitt-Glaeser, Walter 1998: Grenzen des Plebiszits auf kommunaler Ebene, in: DÖV, 51. Jg., S. 824-831.

Schulenburg, Klaus 1999: Direktwahl und kommunalpolitische Führung: Der Übergang zur neuen Gemeindeordnung in Nordrhein-Westfalen, Reihe: Stadtforschung aktuell, Bd. 74, hg. v. Wollmann, Hellmut, Basel u.a.

Schulenburg, Klaus 2000: Die neue Gemeindeordnung in Nordrhein-Westfalen, in: Kleinfeld, Ralf/Schwanholz, Martin/Wortmann, Rolf (Hg.), Kommunale Demokratie im Wandel, Osnabrücker Studien, Bd. 17, Osnabrück, S. 49-75.

Schulenburg, Klaus 2001: Plebiszitäre Elemente der neuen Gemeindeordnung in Nordrhein-Westfalen aus Sicht der Bürgermeister und Gemeindedirektoren, in: ZParl, 32. Jg., S. 72-93.

Stern, Klaus 1984: Das Staatsrecht der Bundesrepublik, Bd. 1: Grundbegriffe und Grundlagen des Staatsrechts, Strukturprinzipien der Verfassung, München (2. Aufl.).

Kapitel 3:
Direkte Demokratien

Uwe Andersen/Rainer Bovermann/David H. Gehne

Die Uraufführung – Analyse der ersten Direktwahl der Bürgermeister in Nordrhein-Westfalen 1999

1. Einführung

Die folgende Analyse konzentriert sich auf ausgewählte Aspekte der ersten Direktwahl von Bürgermeistern in Nordrhein-Westfalen. Sie stützt sich dabei auf ein *Forschungsprojekt* zur Kommunalwahl in Nordrhein-Westfalen 1999, das mit Unterstützung des Innenministeriums Nordrhein-Westfalen in Kooperation mit den Städten Duisburg, Essen, Xanten und der Gemeinde Hünxe durchgeführt wurde. Die ausführlichen Ergebnisse sind in einem unveröffentlichten Endbericht (Andersen/Bovermann 2000) und mit erweiterter Fragestellung sowie unter Einbeziehung zusätzlichen Materials in einem jüngst erschienenen Sammelband (Andersen/Bovermann 2002) dokumentiert worden.

Übersicht 1: Untersuchungsebenen und -instrumente

Fallstudien	Landesweite Ergänzungskomponente
Telefonische Bürgerbefragungen	(Telefonische Bürgerbefragung)
Vertiefende Analyse:	
Leitfadengestützte Intensivinterviews mit Bürgermeisterkandidaten und ausgewählten kommunalen Akteuren	Schriftliche Befragung der Bürgermeisterkandidaten
Ergänzende Auswertung der lokalen Medien	Ergänzende Expertenbefragung
Kleinräumige Analyse der Wahlergebnisse (Aggregatdaten)	Gesamtwahlanalyse der 396 Städte und Gemeinden (Aggregatdaten)

Quelle: Eigene Darstellung.

Wie Übersicht 1 ausweist, handelt es sich um ein empirisches Forschungsprojekt mit Schwerpunkt bei den Fallstudien in den bereits genannten Kommunen. Für die Auswahl der „Fälle" waren zwei Gesichtspunkte maßgeblich. Zum einen handelt es sich um zwei Großstädte und zwei kleinere Gemeinden mit unter bzw. um 20.000 Einwohner. Zum anderen praktizierten Duisburg und Hünxe die Übergangslösung der Einheitsspitze in Form des hauptamtlichen, aber noch vom Rat gewählten Bürgermeisters, während Essen und Xanten bis 1999 an der traditionellen Doppelspitze aus ehrenamtlichem Bürgermeister als dem Vorsitzenden des Rates und hauptamtlichen Verwaltungschef festhielten. Ein wichtiges, auf der kommunalen Ebene aus Kostengründen leider sehr selten genutztes Instrument stellen repräsentative Bürgerbefragungen[1] in den Fallstädten dar (jeweils 2000 Befragte in den großen, 1000 Befragte in den kleineren Kommunen). Mittel für eine „symmetrische" landesweite Bürgerbefragung standen leider nicht zur Verfügung. Eine Auswahl unseres Fragesets ist aber glücklicherweise im Rahmen einer anderen Befragung auf der Landesebene eingesetzt worden, so dass partiell auch landesweite Befragungsdaten als Kontrollinstrument zur Verfügung stehen. Bei der schriftlichen Befragung der Bürgermeisterkandidaten[2] handelt es sich um eine Vollerhebung mit einer beeindruckenden Rücklaufquote von 75%, die wir insbesondere auf die von der „Uraufführung" ausgehende besondere Motivation auch der Kandidaten zurückführen.

Die Kommunalwahl 1999 war die erste nach der kommunalen Verfassungs„revolution" in Nordrhein-Westfalen 1994 und fand daher unter grundlegend veränderten *Rahmenbedingungen* statt. Wie auch Niedersachsen hat Nordrhein-Westfalen die von der britischen Besatzungsmacht eingeführte norddeutsche Ratsverfassung mit ihrer dominanten Stellung des Rates und der Doppelspitze aufgegeben, die seit ihrer Einführung mit allerdings wechselnder Intensität insbesondere wegen der ausgeprägten Diskrepanz zwischen Verfassungsnorm und -wirklichkeit kritisiert worden war.[3] Damit hat sich schließlich auch Nordrhein-Westfalen in den bundesweiten Trend zu vermehrter kommunaler Bürgerpartizipation – Direktwahl des Bürgermeisters sowie Einführung von Bürgerbegehren und -entscheid – in Richtung süddeutscher Ratsverfassung eingereiht. Allerdings ist die neue Kommunalverfassung von Nordrhein-Westfalen keineswegs eine volle Übernahme des süddeutschen Verfassungsmodells. Vielmehr enthält sie Besonderheiten, wie die stärkere Kompetenzstellung des Rates (insbesondere Rückholrecht sowie Organisations- und Personalkompetenz) und eine entsprechend schwächere Rolle des Bürgermeisters (fehlender Vorsitz in allen Ratsausschüssen) sowie die zeitlich verbundene Wahl von Bürgermeister und Rat. Daraus ergibt sich die noch nicht zu beantwortende Frage, ob sich in Verbindung auch mit der großstädtisch geprägten Landesstruktur und einer möglicherweise spezifischen regionalen politischen Kultur dauerhaft ein wiederum eigener normativer und realer Typus von Kommunalverfassung etabliert.

---

1   Zu den wenigen Beispielen empirischer Untersuchungen mit repräsentativen Bürgerumfragen zu Kommunalwahlen zählen: Biege u.a. 1978; Gabriel/Brettscheider/Vetter 1997; Löffler/Rogg 1985; Marcinkowski 2001.

2   Beispiele für empirische Studien unter Rückgriff auf Akteursbefragungen sind die Untersuchungen von Hans-Georg Wehling zu den Bürgermeistern in Baden-Württemberg (Wehling/Siewert 1984; Wehling 1998) sowie das von Janbernd Oebbecke geleitete Forschungsprojekt zu den hauptamtlichen Bürgermeistern in NRW während der Übergangszeit 1994-99 (Lingk 1999, Schulenburg 1999).

3   Zur Kommunalverfassungsreform in NRW vgl. Andersen 1998 und Lingk 1999.

Für die Kommunalwahl setzten insbesondere die Direktwahl der neuen hauptamtlichen Bürgermeister und ihr Verbund mit den zeitgleichen Ratswahlen neue Rahmenbedingungen. Hinzu kamen wichtige Veränderungen des Wahlrechts, die zu einer deutlichen Erweiterung des Kreises der Wahlberechtigten führten und darüber hinaus die Chancen kleiner Parteien/Wählergruppen auf Repräsentanz im Rat verbesserten.[4] Zum einen wurde die Altersgrenze für das aktive Wahlrecht von 18 auf 16 Jahre abgesenkt und damit vom Zeitpunkt der rechtlichen Mündigkeit getrennt. Zum anderen wurde als Folge des Maastricht-Vertrages auf der Ebene der Europäischen Union (EU) das aktive und passive kommunale Wahlrecht über den Kreis der deutschen Staatsbürger hinaus auch auf die in Deutschland lebenden Bürger anderer EU-Mitgliedsländer ausgedehnt. Beide Neuerungen zusammen bedingten eine Vergrößerung der Zahl der Wahlberechtigten um fast 6% (2,5% plus 3,3%). Hinzu kam der Fall der Fünf-Prozent-Hürde für den Einzug in den Rat durch ein Urteil des Verfassungsgerichtshofes Nordrhein-Westfalen drei Monate vor der Kommunalwahl. Der Landesgesetzgeber reagierte schnell und verzichtete durch einstimmigen Beschluss des Landtages auf jegliche prozentuale Sperrklausel, obwohl das Gericht die Möglichkeit einer gut begründeten niedrigeren Hürde durchaus offen gelassen hatte. Als Konsequenz haben sich die Chancen auch für sehr kleine Parteien und Wählergruppen deutlich verbessert, wozu bei den „Grenzmandaten" auch die Verteilung der Mandate nach dem Proportionalverfahren Hare/Niemeyer beigetragen hat. Der für eine Repräsentanz im Rat erforderliche Mindestprozentsatz an Wählerstimmen ergibt sich nunmehr im Wesentlichen aus der Zahl der Ratsmandate (zwischen 20 und 90 entsprechend der Größe der Gemeinden).

Um die folgende Analyse besser verorten zu können, wird zuerst ein knapper Überblick über die *Ergebnisse* der Kommunalwahl 1999 gegeben.[5] Dabei wird eine landesweite Perspektive eingenommen, auch wenn die Gefahr zu berücksichtigen ist, dass damit der der kommunalen Ebene angemessene Blick auf jede einzelne Kommune und ihre Spezifika vernachlässigt wird.

Wie Übersicht 2 zeigt, errang die CDU bei der Kommunalwahl 1999 einen auch in seinen Ausmaßen beeindruckenden Wahlsieg, und die SPD wie auch – gemessen am Anteil verlorener Wähler – die Grünen mussten eine entsprechende Niederlage hinnehmen. Bei dem Landesergebnis auf der Grundlage der Wahlergebnisse in den 396 Kommunen ist für die kleinen Parteien/Wählergruppen allerdings zu berücksichtigen, dass diese nicht in allen Kommunen antraten. Der große Wahlerfolg der CDU führte dazu, dass der langfristige Trend zum Abbau absoluter Mehrheiten (1975 noch 302, 1994: 186, 1999: 194) unterbrochen wurde. Die CDU steigerte die Zahl ihrer absoluten Mehrheiten in den Räten etwa um die Hälfte (von 129 auf 192), während die SPD bis auf zwei Ausnahmen ihre absoluten Mehrheiten einbüßte

---

4   Zum nordrhein-westfälischen Kommunalwahlsystem vgl. Bovermann 1998.
5   Vgl. auch die Kurzanalysen von Andersen/Bovermann 1999 und Naßmacher 2000.

(1994: 57). Ein weiterer wichtiger Trend war eine wachsende Fraktionierung in den Räten. Die durchschnittliche Zahl der im Rat vertretenen Parteien/Wählergruppen ist von 3,68 auf 4,51 angestiegen, vor allem aufgrund des Wegfalls der Fünf-Prozent-Klausel. Dabei hat sich der Schwerpunkt (gut drei Viertel der Räte) auf die Kommunen mit vier oder fünf Parteien/Wählergruppen verschoben. Am stärksten profitiert hat die FDP, die 1994 nur in 142 Räten vertreten war, 1999 aber in 314 Räte einzog. An Repräsentanz stark zugenommen haben aber auch Wählergruppen (von 1994: 211 auf 1999: 299), darüber hinaus PDS (1999: 17) und Republikaner (1999: 10).

Übersicht 2: Ratswahl 1999 (% der gültigen Stimmen und Gewinne/Verluste in Prozentpunkten)

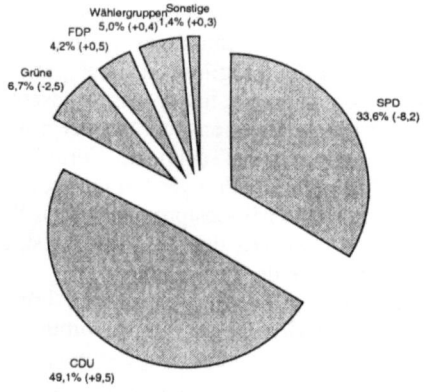

Quelle: Eigene Berechnung auf der Grundlage der Wahldaten des LDS NRW.

Diese Ergebnisse sind vor dem Hintergrund einer extrem geringen landesweiten Wahlbeteiligung von 55% zu bewerten, der niedrigsten bei einer Kommunalwahl seit Bestehen des Landes. Zu beachten sind dabei aber wiederum die erheblichen Unterschiede zwischen den einzelnen Kommunen. Vor allem in den sehr kleinen Kommunen lag die Wahlbeteiligung teilweise über 70%, während vor allem in den Großstädten häufiger nur eine Wahlbeteiligung von deutlich unter 50% erreicht wurde. Landesweite Ursachen der geringen Wahlbeteiligung dürften in einem allgemeinen Trend langfristig sinkender Wahlbereitschaft, besonders niedriger Wahlbeteiligung bei den „neuen" Wahlberechtigtengruppen – den 16- bis 18-Jährigen und den EU-Ausländern – sowie kommunalen Mobilisierungsdefiziten von Regierungsparteien auf Bundesebene kombiniert mit einer ausgeprägten Schwächeperiode der amtierenden Bundesregierung zu suchen sein. Unter den Nichtwählern war offenbar die Teilgruppe der der SPD zuneigenden „Denkzettel-Nichtwähler" diesmal besonders stark. Die SPD-geführte Bundesregierung befand sich zum Zeitpunkt der Kommunalwahl nach Meinungsumfragen ungefähr am bisherigen Tiefpunkt ihrer Popularität, und eine beachtliche Teilgruppe zur SPD neigender Wähler hat ihren Ärger über die Partei auf Bundesebene anscheinend auf der kommunalen Ebene abgeladen, zwar überwiegend nicht durch die Wahl einer anderen Partei, aber durch Wahlabstinenz. Diese anscheinend asymmetrische Dependenz unterschiedlicher politischer Ebenen mag aus kommunaler Sicht unerfreulich und ungerecht sein, dieser „Außen"einfluss war aber 1999 besonders ausgeprägt.

Die Negativfaktoren für die Wahlbeteiligung konnten offensichtlich auch nicht durch den potenziellen Anreiz der erstmaligen gleichzeitigen Direktwahl der Bürgermeister kompensiert werden. Dabei fiel der Erfolg der CDU noch deutlicher aus, die in zwei Drittel der Kommunen die Bürgermeister stellt.

2. Kenntnisnahme, Bewertungen, Erwartungen

Da es sich um die Uraufführung der Bürgermeisterwahl in NRW handelt, ist es von besonderem Interesse, zunächst die Faktoren zu analysieren, die das wahlbezogene Handlungspotential der Bürgerschaft mitbestimmen. Daher haben wir die *Kenntnisnahme* der neuen Rahmenbedingungen in unsere Befragung einbezogen. Im Ergebnis erwies sich diese als sehr bescheiden, wobei bei der Interpretation methodische Probleme, der Informationshintergrund und in Verbindung damit die Frage eines sinnvollen Erwartungsmaßstabes zu berücksichtigen sind.

Die telefonische Befragung erfolgte im Wesentlichen im August 1999, als die erste Informationswelle zur Kommunalwahl von Seiten der Akteure und insbesondere der Medien bereits gelaufen war, ohne dass die Wahlentscheidung unmittelbar bevorstand. Zu diesem Zeitpunkt lag die kommunale Verfassungs"revolution" von 1994 bereits etwa fünf Jahre zurück. An ihrer Diskussion hatten sich selbst die Ratsmitglieder als Kern der aktiven Kommunalpolitiker kaum beteiligt, und sie war ohne starke öffentliche Resonanz geblieben. Vor diesem Hintergrund wurde schon die „weiche" Frage, ob man von der Geltung einer „neuen Kommunalverfassung bzw. Gemeindeordnung" gehört habe, nur von einer Minderheit von gut einem Drittel (ungewichteter Durchschnitt der vier Fallstudien 36%) bejaht. Die „aktiven" Kenntnisse der Befragten erwiesen sich als ausgesprochen dürftig. Bei der offenen Frage nach wichtigen Veränderungen ergab sich folgende Rangordnung: Direktwahl des Bürgermeisters (11%), Änderung des Wahlrechts (Fünf-Prozent-Klausel: 8%), Einheitsspitze (8%) und Bürgerbegehren/-entscheid (1%). Die überraschend ge-

ringe Nennung von Bürgerbegehren/-entscheid unabhängig von der Nutzung
dieses Instruments mag mit dem generellen methodischen Problem zusammenhängen, dass bei den Befragten die Veränderungen teilweise nicht mit
den Begriffen Kommunalverfassung bzw. Gemeindeordnung verbunden wurden.

Bei der Kenntnisnahme ergaben sich in den kleineren Gemeinden höhere
Werte, während der Faktor Erfahrung mit der Übergangsregelung der vom
Rat gewählten Einheitsspitze sich überraschend weder bei den einschlägigen
Kenntnissen noch bei der Bewertung der Einheitsspitze nachweisbar aus-
wirkte. Sozialstrukturell ergaben sich erwartungsgemäß geringere Kenntnisse
bei den Frauen, bei den jüngsten und ältesten Altersgruppen, sowie bei nied-
rigem formalem Bildungsgrad. Bessere Kenntnisse korrelieren stark mit hohem politischen Interesse und bei den kleineren Kommunen auch mit der
subjektiven Gemeindebindung. Deutlich bessere Kenntnisse gingen einher mit
Vereinsmitgliedschaft – je mehr desto besser – als objektivem Indikator für
Gemeindebindung. Da Vereinsmitgliedschaften in kleineren Kommunen ver-
breiteter und gehäufter auftreten, liegt hier eine wichtige Ursache besserer
Kenntnisse in den kleineren Kommunen.

Im nächsten Schritt haben wir nach der *Bewertung* der dann direkt genannten Veränderungen gefragt. Dabei ergaben sich hohe Zustimmungswerte
für die Direktwahl (87%) und das Bürgerbegehren (80%). An der Bewertung
der Einheitsspitze (47% gut, 21% schlecht) schieden sich bereits die Geister,
und die Abschaffung der Fünf-Prozent-Hürde wurde in einer umgekehrten
Zwei zu Eins-Bewertung (23% gut, 44%% schlecht) überwiegend abgelehnt.

Bei den Bewertungen ist die Zustimmung zur Einheitsspitze in den kleineren Kommunen am größten – ein interessanter Befund, weil in der Re-
formdebatte die stärkste Kritik an der Doppelspitze aus den Großstädten kam.
Auch bei der Zustimmung zur Direktwahl der Bürgermeister liegen die kleineren Gemeinden vorn, anders als bei Bürgerbegehren/-entscheid. Eine Erklä-
rungshypothese wäre, dass die Personenkenntnis als wichtiger Faktor der Direktwahl in kleineren Kommunen ebenso als besser eingeschätzt wird wie die
Basisanbindung der Parteien, so dass Bürgerbegehren/-entscheid als Korrek-
turinstrument für weniger notwendig gehalten werden.

Die Direktwahl der Bürgermeister ermöglicht der Bürgerschaft prinzipiell, ihre Erwartungen unmittelbar in den Wahlakt umzusetzen, wenn auch das
konkrete Kandidatenangebot und die Kenntnisse der Kandidaten als Filter
wirken. Um ein abstraktes *Erwartungsprofil* im Hinblick auf den Wunschbür-
germeister zu erhalten, sind in der Befragung 13 aufgrund von Literaturaus-
wertung und Expertengesprächen als potenziell wichtig eingestufte Eigenschaften vorgegeben und auf einer Fünferskala nach Wichtigkeit bewertet
worden. In diesem Fall stehen zusätzlich die Ergebnisse einer repräsentativen
landesweiten Befragung mit identischer Fragestellung zur Verfügung.

Die Resultate sind sehr ähnlich, was dafür spricht, dass die Ergebnisse
unserer vier Fallstudien zusammengenommen als guter Indikator für die lan-

desweite Einschätzung dienen können. Bei einem rechnerischen Mittelwert von 3 (Fünferskala „sehr wichtig" =1, „überhaupt nicht wichtig" = 5) werden alle 13 Eigenschaften des Bürgermeisters als relativ wichtig eingestuft, allerdings mit bemerkenswerten Differenzierungen. Die in den Fallstudien durchgängig etwas stärkere Wichtigkeitseinstufung gegenüber der landesweiten Befragung (einzige Ausnahme „eigene politische Konzeption") dürfte auf die statistische Überrepräsentation der kleineren Kommunen bei den Fallstudien verglichen mit der Bevölkerungsverteilung auf Landesebene zurückgehen, da in den kleineren Gemeinden die Eigenschaften durchschnittlich als etwas wichtiger eingestuft wurden.

Bei den Rangplätzen ergibt sich ein hohes Maß an Übereinstimmung, auf den vorderen Rangplätzen sogar Identität. Glaubwürdigkeit wird eindeutig auf Platz 1 gesetzt und bildet zusammen mit Führungsqualitäten und Bürgernähe das Spitzentrio. Auch Vertretung der Gemeinde nach außen, Konfliktbereitschaft mit der eigenen Partei und Neutralität gegenüber allen Parteien belegen noch Plätze im vorderen Mittelfeld. Einsatz für Minderheiten besetzt mit Platz 7 die beachtliche mittlere Position. Dagegen fallen Verwaltungserfahrung, Erfahrung außerhalb von Politik und Verwaltung, aber auch die direkt politikbezogenen Kategorien Spezialkenntnisse in der Kommunalpolitik und eigene politische Konzeption schon deutlich ab. Gemeindeverbundenheit und Sympathieträger landen in beiden Befragungen ziemlich am Ende. Insgesamt ergibt sich daraus ein Wunschprofil der Bürgermeister aus Sicht der Bürgerschaft, das keineswegs durch eher „unpolitische" Eigenschaften bestimmt wird.

Im Rahmen der Befragung der politischen Akteure (hier eingeengt auf die Bürgermeisterkandidaten) in den vier Fallgemeinden und der Expertenbefragung ist auch die perzipierte Bürgerschaftsmeinung zum Bürgermeisterprofil erhoben worden.

Politische Akteure wie Experten gehen in der Regel von einer geringeren Wichtigkeitseinstufung auf Seiten der Bürgerschaft aus. Die „Trefferquote" der Experten ist größer, insofern sie bei acht Eigenschaften die Bürgerschaftsmeinung zutreffender eingeschätzt haben als die politischen Akteure (eine Kategorie unentschieden).[6] Bei den vier Kategorien, bei denen die politischen Akteure zutreffender urteilten, ergeben sich aber auch die stärksten Abweichungen zwischen Expertenperzeption und tatsächlicher Bürgerschaftsbewertung. Die Experten vermuteten, dass die Bürger insbesondere folgende Eigenschaften als weniger wichtig erachten: 1. Einsatz für Minderheiten, 2./3. Neutralität gegenüber allen Parteien und Spezialkenntnisse in der Kommunalpolitik sowie 4. Erfahrung außerhalb von Politik und Verwaltung. Die stärksten Abweichungen zwischen Perzeption der politischen Akteure

---

6   Bei einem Vergleich mit den Ergebnissen der landesweiten Umfrage wäre die Differenz zwischen Perzeption und Bürgerschaftsmeinung quantitativ etwas geringer, die Ergebnisse des Vergleiches zwischen Perzeption der Experten und Perzeption der politischen Akteure bleiben aber unverändert.

und Bürgerbefragung treten auf in der Rangfolge 1. Einsatz für Minderheiten, 2. Konfliktbereitschaft mit eigener Partei und 3. Verwaltungserfahrung. Neben der vermuteten Bürgerschaftseinstufung ist bei den politischen Akteuren auch die eigene Bewertung abgefragt worden. Vergleicht man Perzeption der Bürgerschaftsmeinung und Eigeneinstufung, so halten die politischen Akteure 11 der 13 Kategorien für wichtiger (Ausnahmen Gemeindeverbundenheit und Sympathieträger). Die stärkste Diskrepanz zur Bürgerschaft wird vermutet bei 1. Führungsqualitäten, 2. Vertretung der Gemeinde nach außen, 3. Erfahrung außerhalb von Politik und Verwaltung sowie 4. Konfliktbereitschaft mit der eigenen Partei. Interessanterweise handelt es sich durchgängig um eine Fehlperzeption, da diese Einschätzungen der Bürgerschaft sehr viel näher bei denen der politischen Akteure liegen, als diese vermuteten. Die stärksten Differenzen zwischen den Bewertungen der Bürgerschaft und der Eigenbewertung der politischen Akteure treten vielmehr auf bei 1. Einsatz für Minderheiten, 2. Spezialkenntnisse in der Kommunalpolitik und 3. Neutralität gegenüber allen Parteien, Eigenschaften, die von den politischen Akteuren für weniger wichtig gehalten werden als von der Bürgerschaft.

Bei der Beurteilung dieser Daten zum wünschenswerten Bürgermeisterprofil ist zu berücksichtigen, dass es sich um eine „abstrakte" Befragung in einer radikalen Umbruchsituation handelte. Zu vermuten ist daher, dass das Meinungsprofil nicht ungebrochen als Handlungsanleitung in der zudem von der Angebotsseite mitgeprägten konkreten Wahlsituation dient und darüber hinaus instabil und nicht zuletzt aufgrund konkreter Erfahrungen sowie wechselseitiger Kommunikationsprozesse zukunfts- und revisionsoffen ist.

3. Die Bürgermeisterwahl in den Fallstädten

Wie die vorangegangene Analyse ergeben hat, begrüßte nicht nur eine große Mehrheit der Bürger die Einführung der Direktwahl, sondern erwartete auch von einem Bürgermeister eine gewisse Parteiunabhängigkeit. Daneben zeigt das Ergebnis einer anderen Frage, dass sich 75% der Befragten vorstellen konnten, bei der Bürgermeisterwahl einen Kandidaten zu wählen, der nicht der für den Rat bevorzugten Partei angehörte. Diesem Handlungspotenzial auf der Nachfrageseite stand auf der anderen Seite das Angebot der *Bürgermeisterkandidaten* gegenüber, das in den vier Fallstädten sehr unterschiedlich ausfiel.

In Duisburg kandidierte die bereits hauptamtlich tätige Oberbürgermeisterin der SPD. Die CDU und die FDP nominierten keinen offiziellen Parteikandidaten, sondern unterstützten einen „unechten" Einzelbewerber, der als Seiteneinsteiger aus dem Hochschulbereich kam. Darüber hinaus traten ein Kandidat der Grünen und zwei weitere, „echte" Einzelbewerber ohne Parteiunterstützung an. Ein vollständiges Bewerberfeld existierte dagegen in Essen.

Dort stellten SPD, CDU, Grüne, FDP und Republikaner eigene Parteibewerber auf und bewarb sich zudem noch ein echter Einzelkandidat. Als Hauptkonkurrenten trafen der SPD-Europaabgeordnete und der Fraktionsvorsitzende der CDU im Rat aufeinander. Mit nur zwei Kandidaten war das Angebot in Hünxe besonders eingegrenzt. Ein Einzelbewerber – der hauptamtliche Bürgermeister in der Übergangszeit – kandidierte „aus dem Amt" heraus und brauchte daher keine Unterstützungsunterschriften vorzuweisen. Er war selbst zwar parteiunabhängig, wurde aber von der CDU, FDP und der Wählergruppe „Unabhängige Soziale Demokraten Hünxe" unterstützt und auch von den Grünen zur Wahl empfohlen. Der einzige Gegenkandidat wurde von der SPD nominiert. In Xanten stellten sich Parteikandidaten der CDU, SPD und FDP zur Wahl, wobei die SPD ihren ehrenamtlichen Bürgermeister aufbot. Die Grünen und die Wählergruppe „Freie Bürger-Initiative Xanten" verzichteten auf eigene Kandidaturen. Insgesamt war das Kandidatenangebot dadurch gekennzeichnet, dass die Großparteien bis auf zwei Ausnahmen eigene Bewerber z.T. mit einem Amtsbonus präsentierten, während die kleineren Parteien und Wählergruppen besonders in den kreisangehörigen Gemeinden seltener zur Bürgermeisterwahl antraten. Trotz der beiden unechten und der drei echten Einzelbewerber prägten die von einer Partei nominierten Kandidaten das Bild.

Vor dem Hintergrund der Bürgererwartungen und der Kandidatenkonstellationen stellt sich – *erstens* – die Frage, ob das Wahlverhalten bei der Bürgermeisterwahl stärker durch die Parteibindung der Wähler oder die Orientierung an den Kandidaten beeinflusst wurde. Bevor die Einflussfaktoren der Bürgermeisterwahl untersucht werden, soll aus Gründen des Vergleichs und der Einordnung ein kurzer Blick auf die *Ratswahl* geworfen werden. Bivariate und multivariate statistische Analysen der Bürgerumfrage zeigen, dass der einflussstärkste Faktor im Hinblick auf das beabsichtigte Wahlverhalten bei der Ratswahl in allen vier Fallstädten die Parteiorientierung war. Darunter ist nach dem hier zugrunde gelegten sozialpsychologischen Ansatz der Wahlforschung[7] die durch politische Sozialisation erworbene dauerhafte und ausgeprägte affektive Bindung einer Person an eine Partei zu verstehen. Zwar kommt der Parteiorientierung auf der kommunalen Ebene infolge einer spezifischen politischen Kultur eine geringere Bedeutung zu.[8] Zudem bestehen Unterschiede in der Parteiidentifikation auf Bundesebene und kommunaler Ebene vor allem in den kleineren Gemeinden, im Zusammenhang mit dem Auftreten von Wählergruppen und bei den kleineren Parteien. Doch insgesamt kann die Parteiorientierung als gesamtsystemarer, d.h. als auf allen Wahlebenen wirksamer Einflussfaktor betrachtet werden.[9]

---

7   Zum sozialpsychologischen Ansatz und dessen Anwendung auf Kommunalwahlen vgl. Bovermann 1998 und Gabriel 1997.

8   Zum Einfluss der Parteiorientierung bei Ratswahlen vgl. auch Gabriel 1997: 159ff. und Marcinkowski 2001, 14ff. und 27ff.

9   Zur Unterscheidung gesamtsystemarer und kommunalspezifischer Einflussfaktoren vgl. Kevenhörster 1976: 260f. und Pappi 1976: 1f.

Gemessen an der Ratswahl als einer Parteienwahl war der Einfluss der Parteibindung auf die *Bürgermeisterwahl* deutlich geringer.[10] Dabei wirkte sich zum einen der – zum Zeitpunkt der Befragung – hohe Anteil von zwar parteigebundenen, aber noch unentschlossenen Personen aus. Zum anderen entschieden sich die Anhänger der kleineren Parteien – soweit diese überhaupt Bürgermeisterkandidaten aufgestellt hatten – häufig nicht für den eigenen Bewerber, sondern für einen der aussichtsreichen Kandidaten der Großparteien. Auch die schrittweisen linearen Regressionsmodelle für die Bürgermeisterwahl, mit denen das Zusammenwirken von Partei-, Themen- und Kandidatenorientierung untersucht wurde, zeigen ein anderes Bild als für die Ratswahl. Der stärkste Einfluss ging in allen vier Fallstädten von der Kandidatenorientierung aus, die zwischen 11% und 44% der Gesamtvarianz erklärte. Dabei ergaben sich für die SPD-Bewerber in den beiden Großstädten geringere Kandidateneinflüsse als bei ihren CDU-Konkurrenten. Hohe Personeneffekte waren dagegen in den kleineren Kommunen bei dem unechten Einzelbewerber in Hünxe und den beiden Bewerbern in Xanten festzustellen. Die Parteiorientierung spielte mit Ausnahme der SPD in Duisburg erst im zweiten Modellschritt eine Rolle. Ihre zusätzliche Effektstärke lag zwischen 2% und 10% der Gesamtvarianz und war wiederum auf Seiten der SPD schwächer ausgeprägt. In Hünxe war infolge der besonderen Bewerberkonstellation kein weiterer signifikanter Einflussfaktor neben der Kandidatenorientierung festzustellen. Unter Einbeziehung der Parteiorientierung relativierte sich zwar der Kandidateneffekt, fiel aber immer noch doppelt so stark bis gleich stark aus wie der Parteieinfluss.

In die Kandidatenorientierung als kurzfristiger ebenenspezifischer Bestimmungsfaktor des Wahlverhaltens gingen zwei Aspekte ein: der Bekanntheitsgrad eines Bewerbers und dessen allgemeine Beurteilung als Person. Die namentliche Kenntnis von Kommunalpolitikern war insgesamt gering.[11] Lediglich die Bürgermeisterkandidaten waren einer größeren Gruppe von Befragten bekannt, wobei allerdings weitere Differenzierungen vorzunehmen sind. Ein höherer Bekanntheitsgrad war bei den Kandidaten der Großparteien, in kleineren Gemeinden und bei vorhandenem Amtsbonus oder herausgehobenen Positionen in der Kommunalpolitik bzw. auf einer anderen Politikebene zu finden. Auch die Beurteilung der Bürgermeisterkandidaten fiel sehr unterschiedlich aus. Neben den schon für den Bekanntheitsgrad wichtigen Faktoren Gemeindegröße und Amtsbonus spielte auch die Person des Bewerbers eine wichtige Rolle. Im Fall des unechten Einzelbewerbers in Hünxe trafen alle diese Voraussetzungen für eine starke Personenorientierung in idealtypischer Weise zusammen. Der parteilose Bewerber trat als hauptamtlicher Bürgermeister mit einem Amtsbonus in einer kleinen Gemeinde an, wurde von einer

---

10 Zur Parteiorientierung bei Bürgermeisterwahlen vgl. auch Biege u.a. 1978: 144ff.
11 Zum Bekanntheitsgrad von Kommunalpolitikern vgl. auch Vetter 1997: 25 und Gabriel 1997: 152.

Großpartei und mehreren kleineren Parteien unterstützt, verfügte bei den Befragten über einen hohen Bekanntheitsgrad und erzielte die beste Bewertung. Zusammengefasst kann die Bürgermeisterwahl als eine Mischung aus Parteien- und Personenwahl gekennzeichnet werden, bei der unter bestimmten Bedingungen die Kandidatenorientierung dominierte.

Damit stellt sich – *zweitens* – die Frage, inwieweit die unterschiedliche Gewichtung der Einflussfaktoren bei der Rats- und Bürgermeisterwahl zu differenzierten oder gleichgerichteten Wahlentscheidungen zwischen den miteinander verbundenen Wahlen führte. Auch hier soll vorab die *Ratswahl* untersucht und mit der Bundestagswahl 1998 in Beziehung gesetzt werden.[12] Die Analyse der Wählerbewegungen in den vier Fallstädten kommt zu dem Ergebnis, dass die Stammwähler, die bei der Bundestags- und Ratswahl dieselbe Partei gewählt hatten bzw. wählen wollten, den stärksten Wählertyp (44% bis 48% der befragten Wahlberechtigten) stellten, während der Anteil der Wechselwähler relativ gering ausfiel (9% bis 16%). Auf der Seite der Wahlverweigerer sind neben den generellen (ca. 18%) die kommunalen (ca. 18%) Nichtwähler zu nennen. Bei dem zuletzt genannten Wählertyp handelte es sich zum größten Teil um SPD-Bundestagswähler, die – wie schon beschrieben – bei der Ratswahl zwar keine andere Partei wählten, sich aber auch nicht an der Wahl beteiligten. Die ebenenspezifischen Mobilisierungsdefizite waren also vor allem ein Reflex auf die Bundespolitik.[13] Insgesamt spiegelten die Wahlentscheidungen bei der Ratswahl damit ein gesamtsystemares Wahlverhalten wider.

Im Vergleich dazu bot die *Bürgermeisterwahl* schon durch die zusätzliche Möglichkeit zur differenzierten Wahl einer Person ein größeres Potenzial für kommunalspezifische Einflüsse.[14] Dieses kam zunächst in dem geringeren Anteil der Stammwähler zum Ausdruck. Der Anteil der Wähler, die bei der Rats- und Bürgermeisterwahl „durchwählten", also sich für einen Bürgermeister derselben Partei entschieden, die sie auch bei der Ratswahl wählen wollten, betrug für Duisburg 24,2%, Essen 30,9%, Hünxe 24,9% und Xanten 40,5%. Dabei wurden den beiden unechten Einzelbewerbern die Wähler der sie unterstützenden Parteien und Wählergruppen zugerechnet. Demgegenüber votierten die „internen" Wechselwähler bei der Bürgermeisterwahl für einen Kandidaten, der nicht von der Partei oder Wählergruppe nominiert worden war, die sie bei der Ratswahl wählen wollten. Ihr Anteil lag in Duisburg bei 4,6%, in Essen bei 4,3%, in Hünxe bei 13,7% und in Xanten bei 12,1%.

Im Vergleich der Bürgermeisterkandidaten zeigen sich vielfältige positive und negative Personeneffekte. In Duisburg profitierte die SPD-Bewerberin

---

12 Zum Zusammenhang von Bundestags- und Ratswahl vgl. auch Gabriel 1997: 156ff. und Marcinkowski 2001: 11ff.
13 Vgl. dazu Kevenhörster 1976: 258ff und 275ff.
14 Vgl. auch die z.T. von anderen Hypothesen ausgehende Analyse von Marcinkowski 2001: 20 und 25ff.

von einem Zustrom der Ratswähler von Seiten der CDU und der Grünen. Dieses hing zum einen mit dem Profil ihres Gegenkandidaten zusammen. Der von der CDU und der FDP unterstützte, aber nicht parteigebundene Einzelbewerber konnte nur einen relativ niedrigen Anteil der CDU-Ratswähler binden und auch keine zusätzlichen Wählerschichten ansprechen. Zum anderen entschieden sich die Ratswähler der Grünen etwa zur Hälfte für die SPD-Bewerberin, entweder aufgrund der geringen Erfolgsaussichten des eigenen grünen Kandidaten oder im Sinne einer rot-grünen Koalitionspräferenz. In Essen waren vor dem Hintergrund eines vollständigen Bewerberfeldes der Parteien weniger starke Einzeleffekte für die Oberbürgermeisterkandidaten der beiden Großparteien feststellbar, so dass sich ein Kopf-an-Kopf-Rennen ergab. Auch hier unterstützte ein Teil der Ratswähler der Grünen den SPD-Kandidaten und nicht die eigene grüne Bewerberin. Im Unterschied zu dem unechten Einzelbewerber in Duisburg konnte der aus dem Amt kandidierende Einzelbewerber in Hünxe nicht nur die Wähler aus dem ihn unterstützenden politischen Lager an sich binden, sondern auch einen erheblichen Teil der SPD-Ratswähler gewinnen. Damit wurde der höchste Anteil interner Wechselwähler in den vier Fallstädten erreicht. Eine ähnlich hohe Flexibilität im Wahlverhalten war in Xanten bei allerdings anderer Ausgangskonstellation zu beobachten. Die hohen Wechselwähleranteile waren zum einen auf den Austausch zwischen den beiden Großparteien zurückzuführen, von dem im Saldo der SPD-Bewerber profitierte. Zum anderen folgten die Ratswähler der Grünen mehrheitlich der Empfehlung der Partei, den SPD-Kandidaten zu wählen. Auch die Anhänger der Wählergruppe entschieden sich mehrheitlich für den SPD-Bewerber.

Abschließend sind die verschiedenen Nichtwählertypen bei der Bürgermeisterwahl zu betrachten. Die generellen kommunalen Nichtwähler gingen weder bei der Rats- noch bei der Bürgermeisterwahl wählen. Dieser Typ umfasste mit Ausnahme von Xanten, wo eine stärkere Mobilisierung festzustellen ist, ca. 30% der Befragten. In diesem Anteil schlugen sich insbesondere die schon im Zusammenhang mit der Ratswahl festgestellten Mobilisierungsdefizite der SPD nieder. Hiervon zu unterscheiden sind die zum Zeitpunkt der Befragung noch Unentschlossenen bzw. die internen Nichtwähler, die zwar für die Ratswahl eine Wahlentscheidung trafen, aber keine Angabe für die Bürgermeisterwahl machten. Ihr Anteil schwankte zwischen 17,1% (Xanten) und 32,6% (Duisburg). Auch wenn das tatsächliche Wahlverhalten dieser Gruppe unter den Bedingungen der verbundenen Rats- und Bürgermeisterwahl offen bleibt, ist darin ein weiterer Hinweis auf eine Flexibilisierung zu sehen, da Personen mit einer bestimmten Parteipräferenz nicht von vornherein auf den Bürgermeister „ihrer" Partei festgelegt waren.

Damit kann festgehalten werden, dass die Bürgermeisterwahl stärker als die Ratswahl von kommunalspezifischen Einflüssen in Form von Personeneffekten geprägt war. Das gegenüber der Rats- und Bundestagswahl erweiterte Wechselwählersegment war vor allem in den kleineren Gemeinden ausgeprägt. Der Umfang der internen Wechselwahl hing zudem von der Kandidatenkonstellation, der Strategie der Parteien z.b. in einer Minderheitssituation, dem Auftreten von aussichtsreichen Einzelbewerbern, dem Verzicht von kleineren Parteien und Wählergruppen auf eigene Kandidaturen, dem weitgehenden Befolgen der Wahlempfehlungen für andere Bewerber sowie dem taktischen bzw. strategischen Verhalten eines Teils der Wähler kleinerer Parteien im Hinblick auf die Erfolgsaussichten der Kandidaten und mögliche Koalitionen ab.

Allerdings ist nicht schon allein aus positiven oder negativen Kandidateneffekten auf einen *Wahlsieg* bei der Bürgermeisterwahl zu schließen. In der SPD-Hochburg Duisburg wurde die sozialdemokratische Kandidatin als Amtsinhaberin mit einem Vorsprung gegenüber dem SPD-Ratsergebnis (+8,0 Prozentpunkte gemessen an den gültigen Stimmen) gewählt, während der unechte Einzelbewerber hinter den Anteilen von CDU und FDP zurückblieb (-9,1 Prozentpunkte). Vor dem Hintergrund der knappen Ausgangslage und des allgemeinen Bundestrends zu Lasten der SPD setzte sich in Essen der CDU-Bewerber durch, wobei beide Kandidaten knapp über den Ratswahlergebnissen ihrer Parteien lagen (CDU-Bewerber +2,3; SPD-Kandidat +1,4 Prozentpunkte). In Hünxe siegte der aus dem Amt angetretene Einzelbewerber mit 74,4% der gültigen Stimmen. Der SPD-Kandidat blieb um 7,3 Prozentpunkte hinter dem Anteil seiner Partei zurück. Der mit dem Amtsbonus als ehrenamtlicher Bürgermeister angetretene SPD-Bewerber in Xanten konnte sogar ein um 18,5 Prozentpunkte besseres Ergebnis als die SPD erzielen. Trotzdem unterlag er aufgrund der strukturellen Mehrheit der CDU dem christdemokratischen Kandidaten, der 1,1 Prozentpunkte weniger als seine Partei gewinnen konnte. Im übrigen schnitten alle Bewerber kleinerer Parteien in den Fallstädten schlechter ab als ihre jeweiligen Parteien bei der Ratswahl.

Die tatsächlichen Wahlergebnisse deuten noch einmal auf Unterschiede im Wahlverhalten zwischen den beiden miteinander verbundenen Wahlen hin. Für die Ratswahl traf eher die in der kommunalen Wahlforschung vertretene Konvergenzhypothese[15] zu, nach der das Wahlverhalten bei Bundestags- und Kommunalwahlen ähnlich ist und Unterschiede in den Wahlergebnissen auf verschiedene Grade der Mobilisierung zwischen den Parteien zurückzuführen sind. Für die Bürgermeisterwahl bestätigte sich dagegen eher die ebenfalls von lokalen Politikforschern diskutierte Differenzhypothese, die von erheblichen Unterschieden zwischen dem Wahlverhalten bei Bundestags- und Kommunalwahlen ausgeht und vor allem der Kandidatenorientierung höhere Bedeutung beimisst. Allerdings ist die Gültigkeit dieser These von bestimmten Bedingungen abhängig, zu denen die Kandidatenkonstellation, das taktische und strategische Wahlverhalten der Anhänger kleinerer Parteien, das Kandidatenprofil, die Größe der unterstützenden Parteien und nicht zuletzt die Gemeindegröße zählen. Zudem wurde die Personenorientierung durch den gleichzeitigen Einfluss der Parteiorientierung und durch den allgemeinen bundespolitischen Trend eingegrenzt, der bei dieser Kommunalwahl besonders ausgeprägt war und auch auf die Bürgermeisterwahl durchschlug.

4. Die Bürgermeisterwahl auf Landesebene

Nachdem im vorangegangene Abschnitt das Wahlverhalten bei der Bürgermeisterwahl in den vier Fallstudienstädten auf der Grundlage von Bürgerbefragungen untersucht wurde, werden im folgenden Abschnitt die Ergebnisse aus den Fallstädten durch eine landesweite Analyse ergänzt und eingeordnet. Dazu wird zunächst das landesweite Kandidatenangebot beschrieben, um in einem zweiten Schritt die 396 neuen Bürgermeister in Nordrhein-Westfalen vorzustellen. Grundlage dafür ist zum einen das zur Vorbereitung der Kandidatenbefragung erhobene landesweite Kandidatenangebot in Verbindung mit den Wahlergebnissen, zum anderen die schriftliche Befragung der Bürgermeisterkandidaten.

Bei der ersten Bürgermeisterwahl in NRW traten 1.484 *Kandidaten* in den 396 Städten und Gemeinden an. Daraus ergab sich ein Durchschnitt von 3,7 Kandidaten pro Kommune. Berücksichtigt man die Gemeindegröße, so sinkt die durchschnittliche Anzahl der Kandidaten von 5,3 Kandidaten in Städten mit mehr als 100.000 Einwohnern bis auf 2,9 in Gemeinden unter 10.000 Einwohner.

Von den 1.484 Kandidaten waren 1.339, also gut 90% von Parteien oder Wählergruppen nominiert worden. Obwohl keine Partei in allen Städten und Gemeinden einen Kandidaten aufgestellt hatte, erreichten die beiden Volksparteien SPD und CDU mit Kandidaturen in über 90% der Kommunen einen weitaus höheren Deckungsgrad als Grüne und FDP, die in knapp zwei Drittel bzw. der Hälfte aller Gemeinden Bewerber ins Rennen schickten. Der Anteil der Kommunen mit Kandidaten von SPD, CDU, Grünen und FDP stieg mit der Gemeindegröße, wenn auch bei den kleineren Parteien auf niedrigerem Niveau. SPD und CDU kandidierten in Städten über 50.000 Einwohner flächendeckend, mit Ausnahme der Großstadt Duisburg. In dieser Fallstadt verfolgte die CDU die Strategie, keinen eigenen Bewerber als Parteikandidaten zu nominieren, sondern einen Einzelbewerber zu unterstützen. Diese Strategie einer der beiden Großparteien trat insgesamt in 30 der 396 Kommunen auf. In 12 weiteren Fällen verzichteten sogar beide Großparteien auf einen eigenen Kandidaten zu Gunsten eines Einzelbewerbers. Eine Besonderheit war darüber hinaus die in drei Gemeinden auftretende Konstellation, dass eine der beiden Großparteien keinen Bewerber aufstellte und de facto den Kandidaten der anderen Großpartei unterstützte.

Von den kleineren Parteien erreichten nur die Grünen in Städten über 100.000 Einwohner einen Deckungsgrad von 100%, die FDP blieb auch in dieser Größenklasse deutlich unter dieser Quote. Zum Beispiel verzichtete die

FDP in Duisburg ebenfalls zu Gunsten des Einzelbewerbers, während sie in Essen mit einem eigenen Kandidaten antrat. Noch niedriger lagen insgesamt gesehen die Anteile der Kandidaten von Wählergruppen, die z.B. in keiner der Fallstädte eigene Kandidaten nominierten. Die kommunalen Organisationen der kleinen Parteien hatten nicht zuletzt wegen der vermuteten Wahleffekte bei der Ratswahl ausdrücklich zu Bürgermeisterkandidaturen aufgerufen. Trotzdem war es für kleine Parteien und Wählergruppen vermutlich aufgrund der geringen materiellen und personellen Ressourcen nicht ungewöhnlich, auf eigene Nominierungen zu verzichten und stattdessen einen anderen Kandidaten zu unterstützen.

Ein wichtiges Differenzierungskriterium für die Bürgermeisterkandidaten ist der Amtsbonus. Insgesamt trat in über drei Viertel aller Städte und Gemeinden in NRW mindestens ein Amtsinhaber der alten Doppelspitze oder hauptamtlicher Bürgermeister der Übergangsphase zur Wahl an.

Eine naheliegende Strategie der Parteien – vor allem von CDU und SPD – war es, aufgrund des Bekanntheitsgrades und Amtsbonus eigene Amtsinhaber zu nominieren. Dabei handelte es sich um 130 (CDU 55, SPD 75) hauptamtliche Bürgermeister, 53 (CDU 30, SPD 21, Wählergruppen 2) ehrenamtliche Bürgermeister und 95 (CDU 68, SPD 26, FDP 1) Stadtdirektoren. Zum Beispiel stellte sich in Duisburg die hauptamtliche Bürgermeisterin der SPD und in Xanten der ehrenamtliche Bürgermeister der SPD zur Wahl, während in Essen keine Bewerbung mit Amtsbonus vorlag.

Der Anteil der insgesamt 145 Einzelbewerber ist gemessen an den Parteikandidaten über alle Größenklassen relativ niedrig. Jedoch bleibt festzuhalten, dass Einzelbewerber kein Phänomen nur der kleineren Gemeinden sind, wie auch die Fallbeispiele Duisburg und Essen belegen. Diese Gruppe der Einzelkandidaten ist zunächst nach dem Weg der Bewerbung zu differenzieren. Einzelbewerber, die Unterschriften sammeln mussten, traten in 20% der Kommunen an. Der Anteil der Kommunen mit Kandidaturen von Einzelbewerbern „aus dem Amt" betrug insgesamt knapp über 10% der Städte und Gemeinden.

Der Kreis der Einzelbewerber mit einem Amtsbonus ging aber über die formale Teilgruppe der Kandidaten „aus dem Amt" (hauptamtliche Bürgermeister: 13; Stadtdirektoren: 31) hinaus und umfasste auch die ehrenamtlichen Bürgermeister (1). Neben dem Amtsbonus bildete die Unterstützung oder Nicht-Unterstützung durch eine Partei oder Wählergruppe ein weiteres wichtiges Unterscheidungskriterium mit Einfluss auf die Wahlchancen. Bei Kombination beider Kriterien ergeben sich vier Teilgruppen. Die Teilgruppe mit Amtsbonus und Unterstützung zumindest einer Großpartei umfasst 30 Bewerber. Ein Beispiel für diese Teilgruppe ist die Fallgemeinde Hünxe. Zur zweiten Teilgruppe mit Amtsbonus, aber ohne Unterstützung (insgesamt 15 Kandidaten) zählen insbesondere Stadtdirektoren, die gegen Bewerber beider Großparteien antraten. Duisburg bietet ein Beispiel für die dritte Teilgruppe mit Kandidaten ohne Amtsbonus, aber mit Unterstützung mindestens einer Großpartei, die insgesamt 12 Bewerber umfasste. Zur vierten Teilgruppe gehören die Bewerber ohne Amtsbonus und ohne Unterstützung (insgesamt 88 Kandidaten), wobei sowohl „Honoratioren" als auch „Protestkandidaten" in Frage kommen. Die Kandidatenprofile sowohl in der landesweiten Kandidatenbefragung als auch in den Fallstudienstädten wiesen einige Gemeinsamkeiten auf. Es kandidierten insgesamt 1.265 Männer und 219 Frauen, woraus sich ein Frauenanteil von 15% ergab. Der durchschnittliche Kandidat war um die 50 Jahre alt, Parteimitglied, berufstätig im öffentlichen Sektor und besaß einen höheren Schul- und Bildungsabschluss. Die Bewerber hatten überwiegend Erfahrungen bzw. Vorpositionen in Kommunalpolitik und -verwaltung. Bei den Berufen der Bewerber ist weiterhin auffällig, dass die Arbeitszeiten z.T. relativ flexibel sind (Lehrer, Anwälte, Beratungstätigkeiten) und so relativ gut auf die Erfordernisse des Wahlkampfes und der zum Teil vorhergehenden kommunalpolitischen Tätigkeit abgestimmt werden können. Die Kandidaten wiesen eine sehr hohe Gemeindebindung auf: Sie waren in der Regel in der Gemeinde ihrer Kandidatur aufgewachsen und Mitglied in mehreren Vereinen. Nur die Kandidatengruppe der echten Einzelbewerber wich von diesem Profil ab. Insgesamt war jedoch bei einigen Merkmalen eine Varianz in Abhängigkeit von der Gemeindegröße festzustellen: Mit steigender Gemeindegröße kandidierten mehr Frauen, der Anteil der Kandidaten mit höheren Schul- und Bildungsabschlüssen sowie der Anteil der Beschäftigten im Bereich Handel/Dienstleistung stiegen an.

Verengt man nun den Blick auf die 396 neu *gewählten hauptamtlichen Bürgermeister,* so ist zunächst festzustellen, dass 349 von ihnen für eine Partei oder Wählergruppe (88%) kandidiert hatten. Damit wird die Kommunalpolitik in Nordrhein-Westfalen – anders als beispielsweise in Baden-Württemberg – weiterhin an der Gemeindespitze von parteipolitisch gebundenen Akteuren geprägt. Bei den Wahlsiegern dominierte eindeutig die CDU mit 263 erfolgreichen Kandidaten. Die SPD dagegen musste auch in vielen ihrer Hochburgen deutliche Niederlagen hinnehmen und stellt nur noch in 79 Kommunen den Bürgermeister. Ausnahmen bildeten Erfolge kleinerer Parteien (Grüne: 2; FDP: 1) oder Wählergruppen (4). In 47 Kommunen (12%) wurden Einzelbewerber gewählt.

Knapp 60% aller Gemeinden werden auch in Zukunft von einem Amtsinhaber entweder der alten Doppelspitze oder der noch vom Rat gewählten Einheitsspitze der Übergangszeit regiert. Jedoch unterschieden sich die Erfolgsquoten der Kandidaten mit einem Amtbonus nach verschiedenen Teilgruppen. Bei den Parteibewerbern mit Amtsbonus realisierten die CDU-Amtsinhaber Erfolgsquoten (Anteil der Wahlsieger an den Kandidaten der Teilgruppe) von 96% für die hauptamtlichen Bürgermeister, 92% für die Stadtdirektoren und 70% für die ehrenamtlichen Bürgermeister. Die entsprechenden Werte für die SPD lauteten 51% für die hauptamtlichen Bürgermeister – darunter auch die Kandidatin in der Fallstadt Duisburg –, 57% für die Stadtdirektoren sowie 33% für die ehrenamtlichen Bürgermeister und liegen damit deutlich unter denen der CDU-Bewerber. Das bedeutet umgekehrt immerhin, dass sich bei der CDU auch 58% der Bewerber ohne Amtsbonus durchsetzen konnten (darunter auch der CDU-Fraktionsvorsitzende in der Fallstadt Essen und der CDU-Kandidat in der Fallstadt Xanten), dagegen nur 8% bei der SPD. Der Parteienvergleich zeigt, dass der Bundestrend offensichtlich als Filterfaktor zu Lasten der SPD und zu Gunsten der CDU wirksam war.

Von den Einzelbewerbern mit Amtsbonus wurden die kandidierenden hauptamtlichen Bürgermeister zu 100% und die Stadtdirektoren zu 71% gewählt. Der einzige als Einzelbewerber angetretene ehrenamtliche Bürgermeister scheiterte dagegen. Im Hinblick auf die schon bei den Einzelkandidaten diskutierten Teilgruppen ergibt sich folgender Befund. Mit Amtsbonus und Unterstützung mindestens einer der Großparteien konnten sich 93% der Einzelbewerber durchsetzen, darunter auch der Bewerber in der Fallstadt Hünxe. Mit Amtsbonus, aber ohne Unterstützung, d.h. gegen Bewerber beider Großparteien, schafften es 47% der Einzelkandidaten. Ohne Amtsbonus, aber mit Unterstützung zumindest einer der beiden Großparteien waren 50% der Einzelbewerber erfolgreich. Charakteristisch für die erste Direktwahl in NRW war, dass sich ohne Amtsbonus und ohne Unterstützung einer der beiden Großparteien nur 7% der Einzelbewerber zu behaupten wussten.

Die These, dass Amtsinhaber generell eine gute Wahlchance hätten, wird durch die genannten Erfolgsquoten untermauert, gilt aber nicht ohne Einschränkungen. Die wichtigste Einschränkung für Parteibewerber ist der Bundestrend. Bei den Einzelkandidaten erweist sich der Einfluss des Amtsbonus und der Unterstützung durch eine der Großparteien als annähernd gleichstark. Darüber hinaus spielt für alle Kandidaten die lokale Situation eine wichtige Rolle. Hierzu zählen die Gemeindegröße, die sozialstrukturell bedingte parteipolitische Kräftekonstellation, das Kandidatenangebot, das individuelle Kandidatenprofil sowie gegebenenfalls die bisherige Amtsführung. Angemerkt sei, dass die mögliche Strategie, durch die Nutzung der Übergangsregelung den hauptamtlichen Bürgermeistern einen Wettbewerbsvorteil für die Direktwahl zu verschaffen, nicht durchgängig als erfolgreich belegt werden kann.

Fast alle Wahlsieger hatten Erfahrung oder Vorpositionen in der Kommunalpolitik oder -verwaltung (insgesamt 95%). Knapp ein Viertel der Wahlsieger kann sich auf Erfahrungen bzw. Vorpositionen im Bereich Kommunalpolitik (ehrenamtliche Bürgermeister eingeschlossen) stützen, 45% bringen Erfahrungen bzw. Vorpositionen im Bereich Kommunalverwaltung (Stadtdirektoren eingeschlossen) mit. Knapp 25% der Wahlsieger waren bereits in der Übergangszeit hauptamtliche Bürgermeister. Ob dies für eine besondere Präferenz der Wähler für den reinen Verwaltungsfachmann spricht, lässt sich auf dieser Grundlage jedoch nicht beurteilen, da die auf Landesebene aggregierten Daten keine Auskunft über das Profil der Mitbewerber vor Ort geben.

Richtet man abschließend den Blick auf das Sozialprofil der neu gewählten Bürgermeister, so zeigt sich, dass lediglich 5% der Wahlsieger weiblichen Geschlechts waren, davon sechs von der SPD, 13 von der CDU und eine von einer Wählergruppe nominierte Kandidatin. Damit war der Frauenanteil der

Wahlsieger deutlich niedriger als der Kandidatinnenanteil von 15%. Die Wahlsieger waren wie die Kandidaten in ihrer Mehrzahl in den mittleren Jahren, alteingesessen, in ihrer Amtsgemeinde beruflich sowie sozial integriert und lebten in einer ehelichen Gemeinschaft. Sie wiesen ein hohes Bildungsniveau auf und waren weitgehend im öffentlichen Sektor sowie in geringerem Ausmaß im Handels- und Dienstleistungssektor beruflich tätig. Insgesamt unterscheidet sich das Sozialprofil der neuen Bürgermeister in NRW kaum von dem aller Bürgermeisterkandidaten.

5. Resümee

Da es sich bei der Kommunalwahl 1999 in NRW um die Uraufführung der Bürgermeisterwahl handelt, erfasst unsere Analyse notwendigerweise „nur" die Ausgangsposition für einen noch offenen Prozess. Um so wichtiger wird es sein, in einem *diachronen* Vergleich die weitere Entwicklung zu analysieren. Als Eckpunkt einer Zwischenbilanz bietet sich die nächste Kommunalwahl 2004 an, bei der die Bürgerschaft erstmals die Gelegenheit bekommt, ihre Erfahrungen mit direkt gewählten Bürgermeistern in einen Wahlakt umzusetzen. Dabei ist von Lernprozessen sowohl der Bürger als auch der politischen Akteure auszugehen. Eine zentrale Forschungsfrage wird sein, wie die Gewichte in diesem wechselseitigen Adaptionsprozess verteilt sind und wie stark Filterfaktoren wie Gemeindegröße und politische Kultur diesen Prozess beeinflussen. Darüber hinaus bleibt eine wichtige Forschungsaufgabe der *synchrone* Vergleich zwischen Bundesländern mit unterschiedlicher Kommunalverfassung. Für einen Vergleich mit Nordrhein-Westfalen bieten sich Baden-Württemberg aufgrund der immer noch großen Differenzen (Kommunalverfassung, Gemeindegröße, politische Kultur) sowie Niedersachsen aufgrund wichtiger Gemeinsamkeiten (insbesondere Tradition der norddeutschen Ratsverfassung bis 1994/96) besonders an.

Literaturverzeichnis

Andersen, Uwe 1998: Die kommunale Verfassungsrevolution – die neue nordrhein-westfälische Gemeindeordnung, in: Andersen, Uwe (Hg.): Kommunalpolitik in Nordrhein-Westfalen im Umbruch, Köln, S. 46-66.
Andersen, Uwe/Bovermann, Rainer 1999: Wahlsystem und Wahlverhalten zeigen deutlichen Wandel, in: Städte und Gemeinderat, Nr. 12, S. 17-19.
Andersen, Uwe/Bovermann, Rainer 2000: Kommunalwahl 1999 – Erste direkte (Ober-) Bürgermeisterwahl in NRW. Analyse der Rats- und Bürgermeisterwahl auf der Basis von Fallstädten und einer landesweiten Ergänzungskomponente, Bochum, Ms.
Andersen, Uwe/Bovermann, Rainer 2002: Im Westen was Neues. Kommunalwahl 1999 in NRW, Opladen.

Biege, Hans-Peter et al. 1978: Zwischen Persönlichkeitswahl und Parteientscheidung. Kommunales Wahlverhalten im Lichte einer Oberbürgermeisterwahl, Königstein/Ts.

Bovermann, Rainer 1998: Kommunalwahlen und kommunales Wahlverhalten, in: Andersen, Uwe (Hg.): Kommunalpolitik in Nordrhein-Westfalen im Umbruch, Köln, S. 160-183.

Gabriel, Oscar W. 1997: Kommunales Wahlverhalten. Parteien, Themen und Kandidaten, in: Gabriel, Oscar W./Brettschneider, Frank/Vetter, Angelika (Hg.) 1997: Politische Kultur und Wahlverhalten in einer Großstadt, Opladen, S. 147-168.

Gabriel, Oscar W./Brettschneider, Frank/Vetter, Angelika (Hg.) 1997: Politische Kultur und Wahlverhalten in einer Großstadt, Opladen.

Kevenhörster, Paul 1976: Parallelen und Divergenzen zwischen gesamtsystemarem und kommunalem Wahlverhalten, in: Konrad-Adenauer-Stiftung, Institut für Kommunalwissenschaften (Hg.): Kommunales Wahlverhalten, Bonn, S. 241-283.

Lingk, Anne-Kathrin 1999: Die Reform der nordrhein-westfälischen Kommunalverfassung, Basel.

Löffler, Berthold/Rogg, Walter 1985: Determinanten kommunalen Wahlverhaltens in Baden-Württemberg: dargestellt am Beispiel der Stadt Ravensburg, Tübingen, Diss.

Marcinkowski, Frank 2001: Kommunales Wahlverhalten zwischen Eigengesetzlichkeit und Bundestrend. Eine Fallstudie aus Nordrhein-Westfalen, in: polis Nr. 51.

Naßmacher, Hiltrud 2000: Die Auswahl der Kandidaten muss sorgfältiger getroffen werden, in: Der Städtetag, Nr. 5, S. 43-47.

Pappi, Franz Urban 1976: Sozialstruktur und Wahlentscheidung bei Bundestagswahlen aus kommunalpolitischer Perspektive, in. Konrad-Adenauer-Stiftung, Institut für Kommunalwissenschaften (Hg.): Kommunales Wahlverhalten, Bonn, S. 1-57.

Schulenburg, Klaus 1999: Direktwahl und kommunalpolitische Führung. Der Übergang zur neuen Gemeindeordnung in Nordrhein-Westfalen, Basel.

Vetter, Angelika 1997: Einstellungen zur lokalen und nationalen Politik, in: Gabriel, Oscar W./Brettschneider, Frank/Vetter, Angelika (Hg.) 1997: Politische Kultur und Wahlverhalten in einer Großstadt, Opladen, S. 17-42.

Wehling, Hans-Georg 1998: Das Kandidatenangebot bei Bürgermeisterwahlen und die Zukunft der kommunalen Selbstverwaltung, in: Roth, Norbert (Hg.): Position und Situation der Bürgermeister in Baden-Württemberg, Stuttgart, S. 40-60.

Wehling, Hans-Georg/Siewert, Jörg 1984: Der Bürgermeister in Baden-Württemberg, Stuttgart, 2.Auflage 1987.

Jürgen Maier

Einstellungen zur Direktwahl des (Ober-) Bürgermeisters: Ergebnisse einer Befragung von kommunalen Eliten und Bürgern in Thüringen

1. Einleitung

Am 1. Juli 1994 trat in Thüringen eine neue Kommunalordnung (ThürKO) in Kraft. Sie ersetzte die „Vorläufige Kommunalordnung für das Land Thüringen" (VKO) vom 11. Juni 1992, die im wesentlichen eine überarbeitete Fassung der mit dem am 17. Mai 1990 von der Volkskammer verabschiedeten Gesetz über die „Selbstverwaltung der Gemeinden und Landkreise in der DDR" beschlossenen DDR-Kommunalverfassung war (zur DDR-Kommunalverfassung vgl. z.b. Bretzinger 1994; Bretzinger/Büchner-Uhder 1991). Neben zahlreichen anderen zentralen Neuerungen – etwa die administrative (nicht jedoch die hoheitliche) Zusammenfassung von Klein- und Kleinstgemeinden in Verwaltungsgemeinschaften (§46 ThürKO), die Stärkung von Ortsteilen durch die Schaffung von Ortschaftsverfassungen (§45 ThürKO) oder die Präzisierung der direktdemokratischen Einflussmöglichkeiten der Bürger im Rahmen von Bürgerbegehren und Bürgerentscheiden (§17 ThürKO) – wurde mit der neuen Thüringer Kommunalordnung die Grundstruktur des kommunalen Institutionengefüges nach dem Vorbild des in den alten Bundesländern bewährten Modells der „Süddeutschen Ratsverfassung" zugeschnitten (vgl. z.B. Knemeyer 1998; Schefold/Neumann 1995; für eine kurze Übersicht über die Grundstruktur der ThürKO vgl. Appell/Lenz 1999).

Mit der Ablösung der VKO ging die Veränderung des Verfahrens zur Bestellung des (Ober-) Bürgermeisters einher: Sah die alte Kommunalverfassung die Wahl des Verwaltungschefs durch die Stadtverordnetenversammlung bzw. den Gemeinderat vor, wird dieser nun direkt durch den Bürger bestimmt (§28 Abs. 3 ThürKO). Neben dem mit der Direktwahl des (Ober-) Bürgermeisters verbundenen höheren Grad an Legitimation des Amtsinhabers wurde die Stellung des Verwaltungschefs durch seine Aufgabe, sowohl die Verwaltung als auch den Stadt- bzw. Gemeinderat zu steuern, erheblich gestärkt (vgl. zusammenfassend Bovenschulte/Buß 1996: 76-87; zur Rolle des Bürgermeisters in der Süddeutschen Ratsverfassung vgl. z.B. Knemeyer 1997, 1998: 112-114). Weiterhin verknüpft die Thüringer Kommunalordnung die Frage, ob das Verwaltungsoberhaupt sein Amt haupt- oder ehrenamtlich ausüben muss, mit der Einwohnerzahl der Kommune (§28 Abs. 2 ThürKO). Darüber hinaus wurde die Amtszeit der hauptamtlichen (Ober-) Bürgermeister um ein Jahr auf insgesamt fünf Jahre verlängert und damit von den vierjährigen Wahlperioden des Rates sowie der ehrenamtlichen Bürgermeister abgekoppelt (§28 Abs. 3 ThürKO).

Trotz dieser tiefen Zäsur, die ein Neuarrangement der kommunalen Institutionen und der damit verbundenen Veränderung der lokalpolitischen Machtverhältnisse mit sich gebracht hat, fehlt bisher jeglicher Anhaltspunkt, wie die davon Betroffenen – kommunale Eliten auf der einen und Bürger auf der anderen Seite – das neue System bewerten. Dies gilt insbesondere für die Mitglieder der Stadt- und Gemeinderäte, die von der Neustrukturierung des Institutionengefüges besonders stark betroffen sind, da sie – anders als alle anderen relevanten Gruppen – eindeutig an Einfluss verloren haben (vgl. z.B. von Arnim 1990: 95-96). Demnach ist also zu erwarten, dass die Einführung der Direktwahl des (Ober-)Bürgermeisters – als sichtbarstes Zeichen (aber kommunalwissenschaftlich nicht hinreichendes Abgrenzungskriterium zu anderen Kommunalverfassungen; vgl. Knemeyer 1998: 110) der Neuordnung der kommunalen Institutionen – nicht von allen davon Betroffenen uneingeschränkt begrüßt wird, sondern dass vor allem Ratsmitglieder allen Grund haben, dem neuen Wahlverfahren kritisch gegenüber zu stehen.

Der vorliegende Beitrag geht deshalb der Frage nach, inwieweit die Stadt- und Gemeinderäte Thüringens den Direktwahlmodus – und implizit damit auch die grundsätzliche Struktur des kommunalen Institutionengefüges – unterstützen. Nach einer Beschreibung der in diesem Zusammenhang verwendeten Daten schließt sich die Frage an, wie die Ratsmitglieder die Direktwahl des (Ober-)Bürgermeisters im Vergleich zu anderen Neuerungen der Thüringer Kommunalordnung bewerten und wie die Einstellung zum Direktwahlverfahren im Vergleich zu anderen Gruppen des lokalen Führungspersonals sowie zur Bevölkerung ausfällt. Danach wird analysiert, inwieweit sozio-demografische und parteipolitische Merkmale sowie ausgewählte kommunalpolitische Einstellungen der Ratsmitglieder mit den Orientierungen gegenüber der Direktwahl des Verwaltungsoberhaupts zusammenhängen. Abschließend wird im Rahmen eines multivariaten Modells der Frage nachgegangen, welche Faktoren die Akzeptanz des neuen Wahlmodus fördern und welche einer Zustimmung entgegenstehen.

2. Datenbasis

Grundlage der folgenden Untersuchungen sind Daten, die aus einer im Rahmen des DFG-Projekts „Kommunales Führungspersonal in Thüringen und Sachsen: Rekrutierung, Austausch, Orientierungen 1990-2000" durchgeführten schriftlichen Befragung unter kommunalen Mandatsträgern (Ratsmitglieder, ehren- und hauptamtliche Bürgermeister bzw. Oberbürgermeister, hauptamtliche Beigeordnete, Vorsitzende von Verwaltungsgemeinschaften) in Thüringen stammen.[1]

---

1 Der Thüringer Teil des DFG-Projekts wurde von Prof. Dr. Karl Schmitt (Universität Jena) geleitet. Die sächsische Teilstudie, die – abgesehen von einigen kleineren län-

Dabei wurde Anfang 2000 in insgesamt 105 Thüringer Städten und Gemeinden (10 Prozent aller Thüringer Kommunen) eine Vollerhebung unter allen aktuell amtierenden Mandatsträgern sowie allen Mandatsträgern, die nach dem 6. Mai 1990 (also der ersten freien Kommunalwahl in der ehemaligen DDR) eine der genannten Positionen inne hatten, zwischenzeitlich jedoch aus diesen ausgeschieden sind, durchgeführt. Die Kommunen wurden nach einer disproportionalen Schichtung nach Region und Gemeindegröße, die für eine Überrepräsentation großer Städte und einer Unterrepräsentation der in Thüringen nach wie vor zahlreich vorhandenen Klein- und Kleinstgemeinden sorgte, zufällig ausgewählt. Die erhobenen Daten sind somit repräsentativ für Thüringen.

Von den insgesamt 1.671 an aktuelle Ratsmitglieder versendeten Fragebögen wurden 929 beantwortet. Dies entspricht einer Rücklaufquote von rund 56 Prozent, was im Vergleich zu anderen schriftlichen Befragungen als ein durchaus zufriedenstellendes Ergebnis betrachtet werden kann. Dies gilt umso mehr wenn man berücksichtigt, dass die Stadt- und Gemeinderäte einen 15 Seiten umfassenden Fragebogen vorgelegt bekamen, der neben den hier interessierenden Fragen zahlreiche andere (kommunal)politische Einstellungen, individuelle Karriereverläufe und zukünftige Karriereziele, Motivationen, Selbstverständnis, die mit dem kommunalpolitischen Engagement einhergehende zeitliche Belastung, den parteipolitischen und den Sozialisationshintergrund sowie die übliche Standarddemografie erfasste.

In 20 der 105 untersuchten Städte und Gemeinden wurde neben der Befragung des kommunalen Führungspersonals im Februar 2001 auch eine Telefonbefragung der Bevölkerung realisiert.[2] Insgesamt wurden 893 Bürger befragt, wobei die Anzahl der in jeder Kommune durchgeführten Interviews in Abhängigkeit von der Einwohnerzahl zwischen 20 und 75 variiert. Die Daten sind damit weder für Thüringen noch für die meisten der in die Stichprobe einbezogenen Kommunen repräsentativ. Dennoch lassen sich mit den Ergebnissen der Bürgerbefragung nicht nur Anhaltspunkte für die Einstellung der Bevölkerung zu verschiedenen kommunalen Fragen gewinnen, sondern sie bietet auch die seltene Möglichkeit, Attitüden von Repräsentanten mit den Orientierungen der von ihnen Repräsentierten zu verknüpfen.

---

derspezifischen Modifikationen – mit der Befragung in Thüringen methodisch und inhaltlich identisch ist, wurde von Prof. Dr. Werner J. Patzelt (Universität Dresden) durchgeführt. Für eine detaillierte Beschreibung der Thüringer Datenbasis vgl. Maier (2001).

2   Die Feldarbeit leistete die Gesellschaft für Wissens- und Technologietransfer der TU Dresden in Zusammenarbeit mit dem ebenfalls an der TU Dresden ansässigen Institut für Kommunikationswissenschaft unter der Leitung von Prof. Dr. Wolfgang Donsbach.

3. Bewertung der Direktwahl des (Ober-)Bürgermeisters und anderer zentraler Neuerungen der Thüringer Kommunalordnung

Die Direktwahl des (Ober-)Bürgermeisters wird unter den aktuellen Ratsmitgliedern in Thüringen sehr positiv beurteilt (Tabelle 1):

Tab. 1: Einstellung zur Direktwahl des (Ober-)Bürgermeisters unter aktuellen kommunalen Mandatsträgern und Bürgern in Thüringen[3]

	Ratsmitglieder[a]	Bürger[b]
% sehr zufrieden	45,2	74,0
% eher zufrieden	29,9	20,1
% teils zufrieden, teils unzufrieden	10,1	4,4
% eher unzufrieden	6,1	0,9
% sehr unzufrieden	8,7	0,6
% keine Angabe	2,4	3,7
Mittelwert (Skala von -2 bis +2)	1,0	1,7
N	929	893

Rund 45 Prozent sind mit dem Verfahren sehr zufrieden, 30 Prozent sind eher zufrieden. Sich aufwiegende Vor- und Nachteile sieht jeder Zehnte, sechs Prozent sind eher und rund neun Prozent sind sehr unzufrieden.[4] Der Grad der Meinungsbildung zu diesem Thema ist sehr groß; nur etwas mehr als zwei Prozent der Ratsmitglieder haben zu diesem Thema keine Einstellung.

Noch einmal deutlich günstiger fallen die Bewertungen des Direktwahlmodus unter den Thüringer Bürgern aus: Hier zeigen sich rund drei Viertel sehr zufrieden, ein Fünftel ist eher zufrieden. Vier Prozent sind teils zufrieden, teils unzufrieden, und der Anteil der eher oder sehr Unzufriedenen beträgt insgesamt nur 1,5 Prozent. [Auch] in der Bevölkerung ist die Meinungsbildung zum neuen Wahlverfahren zur Bestellung des (Ober-)Bürgermeisters

---

3   a: Repräsentativ gewichtete Daten; b: Bürgerbefragung in 20 ausgewählten Städten und Gemeinden Thüringens; Daten sind nicht repräsentativ für Thüringen.

4   Eine der wenigen empirischen Untersuchungen, die sich mit der Akzeptanz der Direktwahl des Verwaltungsoberhaupts beschäftigt, berichtet, dass die Akzeptanz des Wahlverfahrens von der bestehenden Kommunalordnung abhängt: So halten rund drei Viertel der baden-württembergischen Ratsmitglieder die Urwahl des Verwaltungschefs für unverzichtbar, während in Nordrhein-Westfalen (zu diesem Zeitpunkt noch ausgestattet mit einer Doppelspitze) knapp zwei Drittel der befragten Ratsmitglieder auf der Wahl des (Ober-)Stadtdirektors durch die kommunale Vertretungskörperschaft bestehen (vgl. Simon 1988: 111-112; Datenbasis: schriftliche Befragung in fünf Großstädten Baden-Württembergs und Nordrhein-Westfalens). Weiterhin bietet Schulenburg (1999) eine detaillierte Analyse zur Akzeptanz der 1994 durchgeführten Reform der nordrhein-westfälischen Kommunalverfassung – Abschaffung der Doppelspitze aus ehrenamtlichem Bürgermeister und Gemeindedirektor durch einen direktgewählten, hauptamtlichen Bürgermeister – unter kommunalen Eliten.

weit vorangeschritten, denn nur vier Prozent geben auf die gestellte Frage keine Antwort. Vergleicht man den Skalenwert für die Bewertung der Direktwahl des Verwaltungschefs zwischen kommunaler Elite und Bürgern, zeigt sich eindrucksvoll, dass sich die Einschätzungen in den beiden Populationen – trotz der insgesamt breiten Zustimmung – erheblich voneinander unterscheiden.[5]

Stellt man die Einstellung der aktuellen Mandatsträger zur Direktwahl des (Ober-)Bürgermeisters ihren Beurteilungen anderer wichtiger Neuerungen der Thüringer Kommunalordnung gegenüber, wird deutlich, dass der veränderte Wahlmodus für die Bestellung des Verwaltungschefs mit Abstand die besten Noten erhält (Abbildung 1). Deutlich schlechter wird die Einführung von Ortschaftsverfassungen (0,6) bewertet. Hinsichtlich der Einschätzung neu eingerichteten Verwaltungsgemeinschaften sowie der Neuregelungen zu Bürgerbegehren und Bürgerentscheid halten sich positive und negative Urteile weitgehend die Waage (Mittelwert 0,1 bzw. 0,0). Der aktuelle Stand der Gemeindegebietsreform wird hingegen leicht negativ beurteilt (-0,1).

Abb. 1: Einstellung zu wichtigen Neuerungen der Thüringer Kommunalordnung unter aktuellen Ratmitgliedern in Thüringen

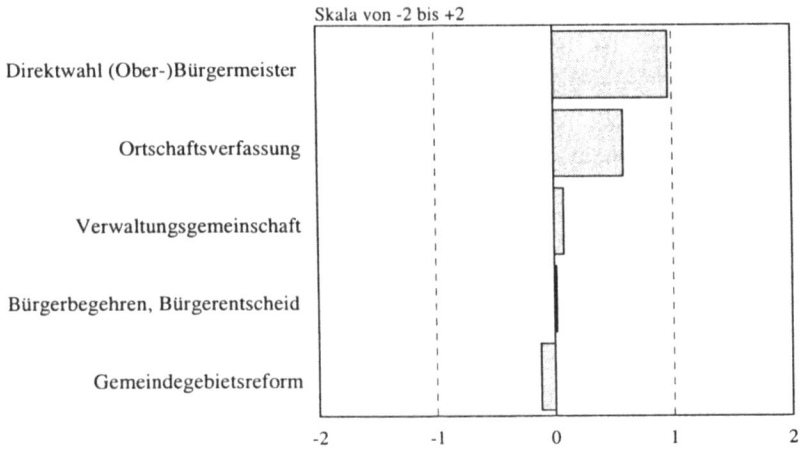

Vergleicht man die Antworten der aktuellen Ratsmitglieder in den Kommunen, in denen auch eine Bevölkerungsbefragung vorgenommen wurde (N=284), mit den Ergebnissen der Bürgerbefragung, dann zeigt sich, dass die Einstellungen von lokaler Elite und Bevölkerung hier noch etwas weiter auseinanderfallen: 38,7 Prozent des kommunalen Führungspersonals in diesen Kommunen sind sehr zufrieden mit dem veränderten Wahlmodus, 28,8 Prozent sind eher zufrieden, 12,5 Prozent sind teils zufrieden, teils unzufrieden, 6,5 Prozent sind eher unzufrieden und 13,5 Prozent sind sehr unzufrieden. 4,8 Prozent erteilen keine Antwort. Der Mittelwert auf der von -2 bis +2 reichenden Skala liegt bei 0,7.

Abb. 2: Einstellung zur Direktwahl des/der (Ober-)Bürgermeister(in)
verschiedenen Gruppen von aktuellen kommunalen Mandatsträgern
in Thüringen

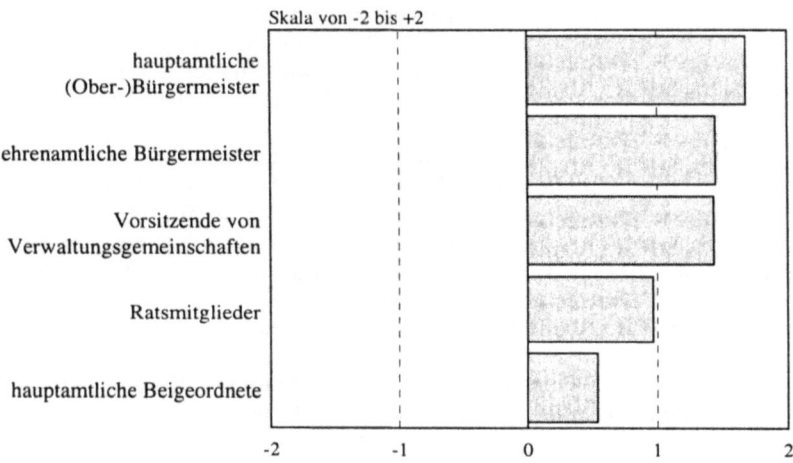

Vergleicht man die Akzeptanz der Direktwahl des (Ober-) Bürgermeisters
unter Ratsmitgliedern mit der diesbezüglichen Evaluation durch andere Man-
datsträgergruppen, lassen sich erhebliche Unterschiede beobachten (p<0,001;
vgl. Abbildung 2): Die besten Noten erhält die Direktwahl des Verwaltungschefs von der Gruppe, die von der Reform der Kommunalordnung am stärksten profitiert: den hauptamtlichen (Ober-)Bürgermeistern (Mittelwert 1,7).
Ähnlich gute Werte weisen ehrenamtliche Bürgermeister sowie Verwaltungs-
gemeinschaftsvorsitzende auf (1,5 bzw. 1,4). Die einzige Gruppe, die den
veränderten Wahlmodus des Verwaltungschefs schlechter beurteilt als Ratsmitglieder, sind die hauptamtlichen Beigeordneten (0,5).[6]

4. Korrelate der Bewertung der Direktwahl des (Ober-) Bürgermeisters

Tabelle 1 hat verdeutlicht, dass die Einstellungen der Thüringer Ratsmitglieder
trotz der im Mittel sehr günstigen Beurteilung des neuen Wahlverfahrens durchaus unterschiedlich ausfallen. In diesem Zusammenhang interessiert natürlich
die Frage, auf welche Ursachen sich diese Variationen zurückführen lassen.

---

6   Die einzelnen Gruppen weisen folgende (ungewichteten) Fallzahlen auf: ehrenamtli-
    che Bürgermeister: N=42, hauptamtliche (Ober-)Bürgermeister: N=40, hauptamtliche
    Beigeordnete: N=23, Vorsitzende von Verwaltungsgemeinschaften: N=24.

Bricht man die Akzeptanz der Direktwahl des Verwaltungschefs nach so-zio-demografischen Merkmalen, nach der Liste, für die bei der Kommunal-wahl 1999 kandidiert wurde, sowie nach formal-politischen Übereinstimmun-gen der Stadt- und Gemeinderäte mit dem amtierenden (Ober-)Bürgermeister herunter, zeigt sich folgendes Bild (Tabelle 2): Männliche Ratsmitglieder ste-hen dem neuen Wahlmodus tendenziell etwas aufgeschlossener gegenüber als ihre Kolleginnen, jüngere Ratsmitglieder bewerten die Direktwahl des Ver-waltungschefs günstiger als ältere Ratsmitglieder, und mit steigendem for-malen Bildungsgrad wächst die Kritik am neuen Wahlverfahren. Westdeut-sche, die eine größere Chance haben, bereits eingehende Erfahrungen mit dem Modell der Süddeutschen Ratsverfassung gemacht zu haben, weisen et-was positiver Einstellungen auf als Ratsmitglieder, die aus den neuen Bun-desländern stammen. Nach der Ortsgröße zeigen sich hingegen keine syste-matischen Zusammenhänge.

Deutlichere Unterschiede ergeben sich, wenn man die Einstellungen der Ratsmitglieder zur Direktwahl des (Ober-)Bürgermeisters nach der Liste, für die bei der Kommunalwahl 1999 kandidiert wurde, untersucht: Eine über-durchschnittlich hohe Zustimmung ist bei Stadt- und Gemeinderäten von PDS und Bündnis 90/Die Grünen zu verzeichnen. Die schlechtesten Noten vertei-len Fraktionsmitglieder der SPD. Dies ist nicht weiter verwunderlich, hält man sich vor Augen, dass sich die SPD nicht nur auf Landesebene sondern auch in zahlreichen Kommunen in der Minderheit befindet.[7] Kein nennenswerter Ein-fluss auf die Akzeptanz der Urwahl des Verwaltungsoberhaupts geht schließlich von der Übereinstimmung zwischen der eigenen Listenzugehörigkeit und der Liste, für die der amtierende (Ober-)Bürgermeister kandidiert hat, von der Mit-gliedschaft zur Mehrheitsfraktion oder zu einer Koalition, die dem Verwal-tungschef die Mehrheit im Stadt- bzw. Gemeinderat sichert, sowie von der Tatsache, dass man bereits in der 1. Wahlperiode Ratsmitglied war und dem-zufolge den Machtverlust des Rates durch die Einführung der Direktwahl des (Ober-) Bürgermeisters sehr plastisch vor Augen hat, aus.

---

7   So konnte die SPD bei den Stadt- und Gemeinderatswahlen 1999 insgesamt nur 18,4 Prozent aller abgegebenen Stimmen auf sich vereinigen. Betrachtet man ausschließ-lich die 335 der insgesamt 1016 Thüringer Kommunen, in denen die SPD allein bzw. in Listenverbindung mit einer anderen Partei oder Gruppierung angetreten ist, liegt der Stimmenanteil bei 24,8 Prozent. In 36 (elf Prozent) dieser Kommunen konnten die Sozialdemokraten die absolute Mehrheit erringen.

Tab. 2: Einstellung zur Direktwahl des (Ober-)Bürgermeisters unter aktuellen Ratsmitgliedern in Thüringen nach soziodemografischen Merkmalen, Listenkandidatur und politischen Konstellationen

Gesamt	1,0
Geschlecht	
Männlich	1,0
Weiblich	0,9
Alter	
18-34 Jahre	1,2
35-44 Jahre	1,0
45-54 Jahre	0,9
55 Jahre und älter	0,9
Bildung	
Hauptschule, POS 8./9. Klasse	1,1
Realschule, POS 10. Klasse	1,0
Abitur, EOS 12. Klasse	0,9
Herkunft	
Westdeutschland	1,1
Ostdeutschland	1,0
Ortsgröße	
Bis 1.000 Einwohner	1,0
1.000-3.000 Einwohner	1,0
3.000-5.000 Einwohner	0,8
5.000-15.000 Einwohner	1,0
15.000-50.000 Einwohner	1,0
50.000 und mehr Einwohner	0,8
Listenkandidatur	
CDU	1,0
SPD	0,7
PDS	1,2
FDP	0,9
Bündnis 90/Die Grünen	1,2
Sonstige Listen, Mehrheitswahl	1,0
Eigene Liste identisch mit Liste (Ober-)Bürgermeister	
Ja	1,0
Nein	0,9
Mitglied der Ratsmehrheit oder einer Koalition, die die(Ober-)Bürgermeister Ratsmehrheit sichert	
Ja	1,0
Nein	1,0
Ratsmitglied 1. Wahlperiode (1990-1994)	
ja	1,0
nein	1,0

Tab. 3: Einstellung zur Direktwahl des (Ober-)Bürgermeisters unter aktuellen Ratsmitgliedern in Thüringen nach der Einstellung zum (Ober-)-Bürgermeister[8]

Gesamt	1,0
Zufriedenheit mit Zusammenarbeit Rat/(Ober-)Bürgermeister	
Sehr zufrieden	1,4[c]
Eher zufrieden	1,0
Teils zufrieden, teils unzufrieden	0,8
Eher unzufrieden	0,7
Sehr unzufrieden	0,5
(Ober-)Bürgermeister ist verantwortungsvoll	
Stimme voll zu	1,3[c]
Stimme eher zu	1,0
Stimme teils zu, teils nicht zu	0,8
Stimme eher nicht zu	0,7
Stimme überhaupt nicht zu	0,3
(Ober-)Bürgermeister ist kooperativ	
Stimme voll zu	1,5[c]
Stimme eher zu	0,9
Stimme teils zu, teils nicht zu	0,9
Stimme eher nicht zu	0,5
Stimme überhaupt nicht zu	0,6
(Ober-)Bürgermeister ist kompetent	
Stimme voll zu	1,4[c]
Stimme eher zu	1,0
Stimme teils zu, teils nicht zu	0,7
Stimme eher nicht zu	0,7
Stimme überhaupt nicht zu	0,5

Deutlich stärker hängt hingegen die Einstellung zur direkten Bestellung des Verwaltungschefs durch die Bürger mit dem Grad der Zufriedenheit mit der Zusammenarbeit zwischen Rat und (Ober-)Bürgermeister sowie dem wahrgenommenen Persönlichkeitsprofil des (Ober-)Bürgermeisters zusammen (Tabelle 3). So steigt die Akzeptanz des Direktwahlverfahrens stark mit der Zufriedenheit mit der Zusammenarbeit zwischen Rat und Verwaltungsoberhaupt. Höchst signifikante Zusammenhänge zeigen sich auch mit der Einschätzung, ob der (Ober-)Bürgermeister verantwortungsvoll mit politischen Fragen umgeht, hinsichtlich des kooperativen Verhaltens des Verwaltungschefs gegenüber dem Rat sowie der fachlichen Kompetenz des administrativen Oberhaupts. In allen Fällen ist die Einstellung zur Direktwahl erheblich positiver, wenn dem (Ober-)Bürgermeister die genannten Eigenschaften zugesprochen werden.

---

8   a: $p < 0,05$, b: $p < 0,01$, c: $< 0,001$

5. Wahrgenommene Konsequenzen der Direktwahl des (Ober-)Bürgermeisters

Neben sozio-demografischen Faktoren, der Zufriedenheit mit der Zusammenarbeit zwischen Rat und (Ober-)Bürgermeister sowie dem perzipierten Persönlichkeitsprofil des Verwaltungschefs ist anzunehmen, dass auch wahrgenommene Veränderungen des politischen Prozesses mit dem Urteil über den veränderten Wahlmodus zusammenhängen.

Tab. 4: Wahrgenommene Konsequenzen der Direktwahl des (Ober-)-
Bürgermeisters unter aktuellen Ratsmitgliedern in Thüringen[9]

Unterschiedliche Länge der Wahlperioden von hauptamtlichem (Ober-) Bürgermeister und Rat führt zur Aufschiebung wichtiger Entscheidungen aus wahltaktischen Gründen	3,3
(Ober-)Bürgermeister ist in seinen Entscheidungen unabhängiger von seiner eigenen Partei	3,2
(Ober-)Bürgermeisterkandidaten fallen nun eher durch Charakter und Auftreten als durch fachliche Qualitäten auf	3,2
Rat verliert gegenüber Verwaltung und (Ober-)Bürgermeister an Einfluß	2,6

Die wichtigste Folge der Direktwahl des Verwaltungschefs aus Sicht der Thüringer Ratsmitglieder ist die, dass wichtige kommunale Entscheidungen aus wahltaktischen Gründen hinausgezögert werden (Tabelle 4). Ähnlich stark wird hervorgehoben, dass der neue Wahlmodus den (Ober-)Bürgermeistern eine größere Unabhängigkeit von Ratsmehrheiten und den Interessen seiner eigenen Partei gewährt. Von gleichrangiger Bedeutung ist für die Ratsmitglieder jedoch auch, dass die Direktwahl des Verwaltungschefs ein verändertes Persönlichkeitsprofil der Kandidaten nach sich gezogen hat: Kam es in der Wahrnehmung der aktuellen Ratsmitglieder früher vor allem auf die fachliche Kompetenz der Bewerber an, spielen heute Charaktereigenschaften und Auftreten eine immer größere Rolle.[10] Der Machtverlust des Stadt- bzw. Gemeinderats – die wohl offensichtlichste Folge der Direktwahl des (Ober-)Bürgermeisters – wird interessanterweise als unbedeutendste Konsequenz gesehen. Nur eine Minderheit der Ratsmitglieder befindet, dass eine solche Beschreibung zutreffend ist.

Berechnet man die bivariaten Zusammenhänge zwischen der Einstellung zur Direktwahl des (Ober-)Bürgermeisters und den wahrgenommenen Folgen des veränderten Wahlmodus, zeigen sich sehr unterschiedliche Assoziationen (Tabelle 5). So geht die Perzeption einer größeren parteipolitischen Unabhängigkeit des Verwaltungschefs mit einer größeren Akzeptanz des Wahlverfahrens einher. Umgekehrt korrespondiert die Wahrnehmung, dass der Rat gegenüber der kommunalen Administration und dem (Ober-) Bürgermeister an

---

9   Jeweils Skala von 1 („trifft überhaupt nicht zu") bis 5 („trifft voll zu").
10 Simon (1988: 111) berichtet hingegen, dass sich bei einer Direktwahl des Verwaltungschefs eher erfahrene Verwaltungsleute bewerben, während bei einer Bestellung des (Ober-)Bürgermeisters durch den Rat eher Parteipolitiker miteinander konkurrieren.

Einfluss verliert, negativ mit der Unterstützung der Direktwahl. Die Perzeption von wahltaktischen Manövern hängt ebenso wie die Überzeugung, dass sich im Rahmen der Direktwahl andere Typen als zuvor um das Amt des Verwaltungsoberhaupts bewerben, nur unsystematisch mit der Akzeptanz des neuen Wahlmodus zusammen.

Tab. 5: Korrelation zwischen der Einstellung zur Direktwahl des (Ober-)Bürgermeisters und den in diesem Zusammenhang wahrgenommenen Folgen unter aktuellen Ratsmitgliedern in Thüringen[11]

	Direktwahl	Wahltaktik	Unabhängigkeit	Persönlichkeit
Wahltaktik	-0,04			
Unabhängigkeit	0,26[c]	-0,10[b]		
Persönlichkeit	-0,02	0,28[c]	-0,07[a]	
Machtverlust	-0,20[c]	0,28[c]	-0,06	0,29[c]

Zwischen den verschiedenen Konsequenzen der Direktwahl des (Ober-) Bürgermeisters bestehen folgende Beziehungen: Die negativen Folgen des neuen Wahlverfahrens – Wahltaktik durch unterschiedlich lange Wahlperioden, verändertes Persönlichkeitsprofil der Kandidaten und Machtverlust des Rates – sind signifikant positiv miteinander assoziiert. Weiterhin geht die Wahrnehmung einer größeren Unabhängigkeit des (Ober-)Bürgermeisters mit der Einschätzung einher, dass wichtige kommunale Entscheidungen aus wahltaktischen Gründen aufgeschoben werden. Die perzipierte Zunahme der politischen und administrativen Freiräume des Verwaltungsoberhaupts korrespondiert mit der Auffassung, dass sich an der Persönlichkeitsstruktur der (Ober-)Bürgermeisterkandidaten nur wenig geändert hat. Machtverlust des Rates und Unabhängigkeit des Verwaltungschefs schließlich sind unkorreliert.

6. Determinanten der Unterstützung der Direktwahl des (Ober-)Bürgermeisters

Nachdem in den vorangegangenen Abschnitten einige Korrelate der Akzeptanz des Direktwahlverfahrens der (Ober-)Bürgermeister vorgestellt wurden, stellt sich die Anschlußfrage, welche dieser Faktoren die diesbezüglichen Einstellungen der Thüringer Ratsmitglieder tatsächlich erklären können. Aus Tabelle 6 geht zunächst einmal hervor, dass die Erklärungsleistung der in das Regressionsmodell einbezogenen Prädiktoren mit 18 Prozent sehr begrenzt ist. Die verbleibenden 82 Prozent der Varianz der Einstellungen der Ratsmitglieder gegenüber der Direktwahl des Verwaltungschefs können hingegen durch das Modell nicht aufgeklärt werden und gehen auf andere, hier nicht berücksichtigte Faktoren zurück.

---

11 a: p<0,05, b: p<0,01, c:p<0,001.

Die sozio-demografische Merkmale der Ratsmitglieder spielen eine un-
bedeutende Rolle zur Erklärung der Orientierungen gegenüber dem neuen
Wahlmodus. Einzig das Alter weist einen signifikanten Effekt auf die Akzeptanz der Direktwahl des (Ober-)Bürgermeisters auf. Dabei wird deutlich,
dass die Unterstützung des Wahlverfahrens mit dem Lebensalter sinkt. Hinter
diesem Zusammenhang dürfte jedoch weniger ein Alters- als ein Generatio-
neneffekt stehen, der eine größere Akzeptanz vertrauter, parlamentarischer
Strukturen – wie sie auch auf höheren Ebenen des politischen Systems bestehen
– unter den älteren Geburtskohorten signalisiert. Jüngere Kohorten haben hingegen größere Sympathien mit dem bestehenden Wahlverfahren. Möglicher Hintergrund ist hier eine stärkere Unterstützung direktdemokratischer Mechanismen, die dem Bürger mehr Möglichkeiten an die Hand geben, auf den politischen Prozess einen unmittelbaren Einfluss zu nehmen. Ist diese Einschätzung richtig, ist der hier beobachtete Effekt des Lebensalters nicht von Dauer,
sondern hat nur so lange Bestand, bis ältere Kohorten durch nachrückende
Ratsmitglieder jüngerer Geburtsjahrgänge weitgehend ausgetauscht werden.

Tab. 6: Determinanten der Einstellung zur Direktwahl des (Ober-
)Bürgermeisters unter aktuellen Ratsmitgliedern in Thüringen[12]

R²	0,18
Geschlecht: weiblich	-0,04
Alter	-0,11[b]
Bildung	0,01
Wohnort vor 10/1989: Westdeutschland	0,06
Ortsgröße	0,04
Liste: CDU	-0,14
Liste: SPD	-0,17
Liste: PDS	0,01
Liste: FDP	-0,06
Liste: Sonstige	-0,10
eigene Liste identisch mit Liste (Ober-)Bürgermeister	0,01
Mitglied Ratsmehrheit/(Ober-)Bürgermeister stützende Koalition	-0,06
Ratsmitglied 1. Wahlperiode (1990-1994)	0,03
Zufriedenheit mit Zusammenarbeit (Ober-)Bürgermeister/Rat	-0,07
(Ober-)Bürgermeister: verantwortungsvoll	0,17[c]
(Ober-)Bürgermeister: kooperativ	0,14[b]
(Ober-)Bürgermeister: kompetent	0,01
Konsequenz Direktwahl (Ober-)Bürgermeister: Unabhängigkeit	0,24[c]
Konsequenz Direktwahl (Ober-)Bürgermeister: Wahltaktik	0,06
Konsequenz Direktwahl (Ober-)Bürgermeister: Persönlichkeit	0,05
Konsequenz Direktwahl (Ober-)Bürgermeister: Machtverlust	-0,17[c]
Anzahl aufeinanderfolgende Amtszeiten (Ober-)Bürgermeister	-0,05
(Ober-)Bürgermeister hat Mehrheit im Stadt-/Gemeinderat	0,12[a]
Fraktionalisierungsgrad des Stadt-/Gemeinderats	0,01
N	855

12 Multiple Regressionsanalyse; ausgewiesen sind standardisierte Regressionskoeffizi-
     enten. a: p<0,05, b: p<0,01, c: p<0,001.

Während parteipolitische Affinitäten der Ratsmitglieder, die individuelle Beziehung zwischen Ratsmitglied und (Ober-)Bürgermeister, die Erfahrungen mit dem Wahlsystem der ersten Wahlperiode und auch die Zufriedenheit hinsichtlich der Zusammenarbeit zwischen Rat und Verwaltungsoberhaupt keine eigenständige Rolle für die Zustimmung der Direktwahl des (Ober-)Bürgermeisters spielen, gehen hingegen von der Amtsauffassung des Verwaltungschefs deutliche Effekte auf die Akzeptanz des neuen Wahlmodus aus: Aus einem verantwortungsvollen Umgang des (Ober-)Bürgermeisters mit politischen Fragen und einem kooperativen Verhalten gegenüber dem Stadt- bzw. Gemeinderat resultiert Zustimmung zum Wahlverfahren. Wird dem Verwaltungschef hingegen die Sensibilität für politische Fragen abgesprochen bzw. verhält dieser sich gegenüber der kommunalen Vertretungskörperschaft wenig kooperativ, wird dem alten Wahlmodus der Vorzug gegeben. Die administrativen Fähigkeiten des amtierenden Verwaltungsoberhaupts hängen hingegen nicht systematisch mit den Einstellungen der Ratsmitglieder zum neuen Wahlmodus zusammen.

Die deutlichsten Effekte auf die Zustimmung zur Direktwahl des (Ober-) Bürgermeisters gehen jedoch von den wahrgenommenen Konsequenzen, die sich aus dem veränderten Arrangement des kommunalen Institutionengefüges ergeben, aus. Unzweifelhaft sorgt dabei die Perzeption einer größeren parteipolitischen Unabhängigkeit des Verwaltungsoberhaupts für eine deutliche Unterstützung des Wahlverfahrens. Dieser Effekt ist mit Abstand die stärkste Beziehung, die zwischen den hier eingeführten Prädiktoren und der Akzeptanz der Direktwahl des (Ober-)Bürgermeisters zu beobachten ist, und belegt nachhaltig die große Bedeutung, die der politisch-administrativen Handlungsfreiheit des Verwaltungsoberhaupts beigemessen wird. Umgekehrt führt hingegen die Wahrnehmung, dass der Stadt- bzw. Gemeinderat in seinen Möglichkeiten beschnitten wurde, zu einer Ablehnung des neuen Systems. Die Einschätzung, dass kommunale Entscheidungen aus wahltaktischen Gründen verzögert werden, sowie die Perzeption, dass sich das Persönlichkeitsprofil der Bewerber um das (Ober-)Bürgermeisteramt verändert hat, spielen hingegen für die Orientierung gegenüber dem Direktwahlmodus keine Rolle. Überspitzt kann man den Schluss ziehen, dass die Zustimmung zum Wahlverfahren des (Ober-)Bürgermeisters – ceteris paribus – maximiert werden könnte, wenn dieses eine absolute parteipolitische Unabhängigkeit des Verwaltungschefs institutionalisiert, ohne dass dabei die Handlungsspielräume des Rates eingeschränkt werden.

Unter den kontextuellen Faktoren – also den Merkmalen einer Kommune, die für alle Ratsmitglieder einheitlich zutreffen – hat nur die Tatsache, ob der (Ober-)Bürgermeister über eine Mehrheit im Rat verfügt, d.h. also ob die Liste, für die der Verwaltungschef kandidiert hat, auch mehr als die Hälfte der Sitze im Stadt- oder Gemeinderat kontrolliert, einen positiven Einfluss auf das Direktwahlverfahren. Dieser Effekt erscheint durchaus plausibel, da auch bei einer Bestellung des Verwaltungschefs nach dem alten Modus der aktuell amtierende (Ober-)Bürgermeister mit hoher Wahrscheinlichkeit als Oberhaupt der kommunalen Administration gewählt werden würde. Verfügt der (Ober-)Bürgermeister hingegen nicht über eine Ratsmehrheit, sinkt die Unterstützung für das neue Wahlverfahren. Statistisch ohne Bedeutung ist hingegen die Anzahl an aufeinanderfolgenden Wahlperioden, die der aktuelle Verwaltungschef bereits im Amt ist. Gleiches gilt für den Fraktionalisierungsgrad des Stadt- bzw. Gemeinderats, der wiederum als ein Anhaltspunkt für die politische Fragmentierung des Elektorats gesehen werden kann (zur Definition und Interpretation dieses Indikators vgl. Laakso/Taagepera 1979).

7. Zusammenfassung und Schlussfolgerungen

Das kommunale Führungspersonal und die Bürger in Thüringen stehen dem Herzstück der neuen Kommunalordnung, der Direktwahl des (Ober-) Bürgermeisters, überaus aufgeschlossen gegenüber: Je nach betrachteter Mandatsträgergruppe beläuft sich der Anteil derjenigen, die mit dem neuen Wahlverfahren zufrieden sind, zwischen 67 Prozent (hauptamtliche Beigeordnete) und 91 Prozent (hauptamtliche Bürger- bzw. Oberbürgermeister); in der Bevölkerung erreicht die Zustimmung sogar noch höhere Werte. Eine breite Akzeptanz findet der neue Wahlmodus auch unter Stadt- und Gemeinderäten. Diese bewerten die Direktwahl des (Ober-)Bürgermeisters deutlich besser als alle anderen zentralen in der Thüringer Kommunalordnung enthaltenen Neuerungen. Dieser Befund war a priori nicht zu erwarten, wurde doch mit der Implementierung der neuen Kommunalverfassung der Rat als Institution in seiner relativen Bedeutung deutlich zurückgestuft und damit sein Einfluss auf kommunalpolitische Entscheidungen drastisch beschnitten.

Letzteres ist auch der Hauptgrund, der von den Ratsmitgliedern gegen das bestehende institutionelle Arrangement ins Feld geführt wird. Positiv wird demgegenüber hervorgehoben, dass die parteipolitische Unabhängigkeit des Verwaltungschefs gestärkt wurde – ein Befund, der zu der weit verbreiteten Auffassung passt, dass der lokale Raum keinen Platz für parteipolitische Streitereien bietet, sondern neutrale, an der bloßen Verwaltung der Kommune orientierte und im Idealfall im Konsens zu treffende Entscheidungen anzustreben sind. Dieses (insbesondere mit abnehmender Gemeindegröße stärker nachgefragte) Ideal wurde mit der Neufassung der Thüringer Kommunalordnung sicherlich nicht institutionalisiert. Viel wahrscheinlicher sind Konstellationen, in denen der (Ober-)Bürgermeister die Kommune auf der Basis wechselnder Ratsmehrheiten bzw. mehr oder weniger stabiler politischer Zweckbündnisse führen muss. Solche Konstellationen sorgen jedoch, da potentiell konflikthaltig, für eine signifikant geringere Akzeptanz des Direktwahlverfahrens.

Die Zustimmung der Thüringer Ratsmitglieder zur Direktwahl des (Ober-)Bürgermeisters hängt deshalb auch von den Persönlichkeitseigenschaften des

Verwaltungsoberhaupts ab: Ein verantwortungsvoller Umgang mit politischen Fragen und ein hohes Maß an Kooperationsbereitschaft gegenüber dem Stadt- bzw. Gemeinderat sichern die Akzeptanz des Wahlmodus. Umgekehrt wird dem neuen Verfahren – und damit auch der grundlegenden Struktur des kommunalen Institutionengefüges – die Unterstützung entzogen, wenn kommunalpolitisch brisante Fragen ohne die breite Unterstützung des Rates entschieden werden oder wenn die Verwaltung – und allen voran der (Ober-)Bürgermeister als Chef der kommunalen Administration – ihren strukturell bedingten Informationsvorsprung (vgl. z.b. Schmidt-Eichstädt 1985: 21) für die eigenen Interessen instrumentalisiert, sich also gegenüber dem Rat wenig kooperativ verhält.

Solange die Unterstützung von Institutionen und Verfahren auch vom tatsächlichen oder wahrgenommenen Verhalten von Personen oder durch das Vorliegen spezifischer politischer Konstellationen abhängt, muss die Akzeptanz des Direktwahlverfahrens – und damit auch die positive Grundeinstellung gegenüber dem grundsätzlichen institutionellen Arrangement – als prinzipiell labil und noch nicht grundsätzlich verankert bezeichnet werden. Durch einen über die Zeit hinweg stetig anwachsenden Erfahrungsschatz im Umgang mit dem neuen System sowie das Ausscheiden älterer, dem Wahlverfahren skeptischer gegenüberstehenden Kohorten von Ratsmitgliedern dürften sich die positiven Grundeinstellungen gegenüber der Direktwahl des (Ober-) Bürgermeisters in Zukunft jedoch eher verfestigen als abschwächen.

Literaturverzeichnis

Appell, Ehrhart/Lenz, Thomas 1999: Die Thüringer Kommunalordnung, in: Gemeinde- und Städtebund Thüringen (Hg.): Thüringer Kommunalhandbuch: Kommunale Verfassungsgesetze und Durchführungsverordnungen sowie Abhandlungen zu den wichtigsten Rechtsgrundlagen und Aufgabenbereichen der kommunalen Selbstverwaltung, 3. Auflage, Erfurt: Gemeinde- und Städtebund Thüringen, S. 220-225.

Bovenschulte, Andreas/Buß, Annette 1996: Plebiszitäre Bürgermeisterverfassung: Der Umbruch im Kommunalverfassungsrecht, Baden-Baden: Nomos.

Bretzinger, Otto N. 1994: Die Kommunalverfassung der DDR: Ihre Einordnung in die Tradition und ihr Beitrag zur Fortentwicklung des deutschen Kommunalrechts, Baden-Baden: Nomos.

Bretzinger, Otto N./Büchner-Uhder, Willi 1991: Kommunalverfassung: Handbuch für die kommunale Praxis den neuen Bundesländern, Baden-Baden: Nomos.

Knemeyer, Franz-Ludwig 1997: Der süddeutsche Verwaltungschef und der Gemeinderat, in: Seiler, Gerhard (Hg.): Gelebte Demokratie, Stuttgart: Kohlhammer, S. 83-101.

Knemeyer, Franz-Ludwig 1998: Gemeindeverfassungen, in: Wollmann, Helmuth/Roth, Roland (Hg.): Kommunalpolitik: Politisches Handeln in den Gemeinden, 2. Auflage, Opladen: Leske + Budrich, S. 104-122.

Laakso, Markku/Taagepera, Rein 1979: „Effective" Number of Parties: A Measure with Application to West Europe, in: Comparative Political Studies, 12, S. 3-27.

Maier, Jürgen 2001: Datenbasis des DFG-Projekts „Kommunales Führungspersonal in Thüringen und Sachsen: Rekrutierung, Austausch, Orientierungen 1990-2000" –

Teilstudie Thüringen, Jena: Institut für Politikwissenschaft an der Friedrich-Schiller-Universität Jena (unveröffentlichtes Manuskript).

Schefold, Dian/Neumann, Maja 1995: Entwicklungstendenzen der Kommunalverfassungen in Deutschland: Demokratisierung und Dezentralisierung?, Basel: Birkhäuser.

Schmidt-Eichstädt, Gerd 1985: Die Machtverteilung zwischen der Gemeindevertretung und dem Hauptverwaltungsbeamten im Vergleich der deutschen Kommunalverfassungssysteme, in: Archiv für Kommunalwissenschaften, 24, S. 20-37.

Schulenburg, Klaus 1999: Direktwahl und kommunalpolitische Führung: Der Übergang zur neuen Gemeindeordnung in Nordrhein-Westfalen, Basel: Birkhäuser.

Simon, Klaus 1988: Repräsentative Demokratie in großen Städten, Melle: Knoth.

von Arnim, Hans-Herbert 1990: Möglichkeiten unmittelbarer Demokratie auf Gemeindeebene, in: Die Öffentliche Verwaltung, S. 85-97.

Volker Mittendorf/Frank Rehmet

Bürgerbegehren und Bürgerentscheide:

Wirkungsaspekte auf kommunale Willensbildungs- und Entscheidungsvorbereitungsprozesse in Deutschland und der Schweiz

1. Vorbemerkung

Die Einführung von kommunalen Bürgerbegehren in allen Bundesländern (außer Berlin) seit Beginn der 90er Jahre[1] hat Auswirkungen auf die Kultur kommunaler Entscheidungsprozesse, die über die Anwendungspraxis hinausgehen. Ziel dieses Beitrages ist es, ausgehend von einer empirischen Analyse tatsächlicher Anwendungsfälle, Auswirkungen auf die Praxis kommunaler Willensbildungs- und Entscheidungsvorbereitungsprozesse darzustellen, die in Einzelfällen beobachtbar bzw. die aufgrund der Veränderungen der Umfeldvariablen des politischen Systems plausibel sind. Zentral ist dabei die Frage, ob und in welcher Weise kommunale Entscheidungsprozesse qualifizierter ablaufen. Dabei ist der potentielle Einfluss von Bürgerbegehren auf die lokale politische Öffentlichkeit und die potentielle Transparenzsteigerung der Entscheidungsgrundlagen von besonderer Bedeutung. Neben der Skizze und ansatzweisen Analyse der bisherigen Anwendungshäufigkeit in Deutschland liegt daher der Schwerpunkt des Beitrags auf dieser Fragestellung.

Im ersten Abschnitt wird dargelegt, inwiefern Transparenz als demokratisches Qualitätskriterium gelten kann und auf welche Weise Bürgerbegehren auf die Transparenz politischer Entscheidungsverläufe wirken können. Sodann wird die Datengrundlage dargestellt, die für die hier vorgestellten Hypothesen und Annahmen zur Verfügung steht. Darüber hinaus wird die Häufigkeitsverteilung von Bürgerbegehren in den einzelnen Bundesländern analysiert, um auf die Bedeutung für die jeweiligen lokalen Entscheidungssysteme schließen zu können. Im dritten Teil folgt die – aufgrund mangelnder empirischer Überprüfbarkeit – theoretische Diskussion möglicher antizipativer Wirkungen, d.h. es wird der Frage nachgegangen, inwiefern Wirkungen auf den Kommunikationsprozess allein dadurch induziert werden, dass mit der Einleitung eines Bürgerbegehrens gedroht wird oder dass die Entscheider dies befürchten. Abschließend werden Wirkungen auf den öffentlichen Diskussionsprozess und die Rolle der Einflussgrößen „Verfahrensdetails" wie etwa der Themenausschlusskatalog diskutiert.

---

1 Zur Einführung direktdemokratischer Verfahren auf kommunaler Ebene vgl. u.a. Geitmann 1999: 237ff.

1. Qualifizierung des Entscheidungsprozesses durch Bürgerbegehren

Dieser Beitrag fußt auf Arbeiten, die an der Forschungsstelle Bürgerbeteiligung und Direkte Demokratie der Philipps-Universität Marburg erstellt wurden. Die Forschungsstelle verwendet als theoretisches Raster den Qualifizierungsansatz von Schiller (vgl. Schiller 1999). Es wird hier davon Abstand genommen, den Ansatz en détail vorzustellen. Darüber hinaus kann nicht die gesamte Literatur zum Thema Bürgerbegehren – die erfreulicherweise in den vergangenen Jahren sehr zahlreich geworden ist[2] – systematisch dargestellt werden, da die Diskussion sich hier vor allem auf die Darstellung empirischer Daten bzw. mehrere teilnehmende Beobachtungen und Dokumentenanalysen konzentrieren soll.[3] Beim zugrundeliegenden Qualifizierungsansatz handelt es sich um einen Ansatz zur Messung und Bewertung von Demokratien und deren Entwicklung, der in den Rahmen partizipativer Demokratietheorien eingeordnet werden kann. Jedoch geht es hierbei nicht primär um die quantitative Partizipationserweiterung, sondern auch um die Qualität des Zustandekommens und der Wirkungen politischer Entscheidungen.

Die Qualifizierung wird gemessen an einem Basisniveau, d.h. notwendige Kriterien politischer Systeme, die erfüllt sein müssen, damit überhaupt von Demokratie gesprochen werden kann. Die Bewertung einer Veränderung des politischen Systems als qualifizierend oder dequalifizierend erfolgt anhand von fünf Kriterien: 1. Grund- und Menschenrechte, 2. Politische Gleichheit, 3. Offenheit des Machtzugangs, 4. Transparenz/Rationalität, 5. Politische Effektivität. Wichtig ist hierbei, dass der Focus des analytischen Rasters sowohl auf den Akteursstrukturen als auch auf den Kommunikationsmustern liegt, da nur bei Betrachtung beider Dimensionen hinreichende Aussagen über die Wirkungen auf den Entscheidungsprozess getroffen werden können.

Wie oben erwähnt, wird schwerpunktmäßig Punkt 4 der Kriterien (Transparenz) betrachtet. Da hier die Auswirkungen der institutionellen Reform der Kommunalverfassungen in den 90er Jahren diskutiert werden, steht hier die erkenntnisleitende Fragestellung im Hintergrund: Do institutions matter? Die hier zur Diskussion stehende Institution, das Bürgerbegehren, ist gekennzeichnet durch eine große Varianz in den Regelungsdetails der Bundesländer. Gemeinsame Charakteristika sind: Es handelt sich um eine Abstimmung über die verbindliche Entscheidung einer Maßnahme/Sachfrage, es handelt sich um ein Verfahren mit Letztentscheidungscharakter (Dezisivität) durch die abstimmungsberechtigten Bürger einer Gemeinde, das jederzeit „von unten", also aus der „Mitte der Bürgerschaft" (Bogumil) initiierbar ist. Aufgrund der

---

2   Für einen allgemeinen Überblick vgl. z.B. Jung 2002, Schiller 1999.
3   Zur Darstellung des aktuellen Forschungsstandes sei stellvertretend auf diverse Beiträge in Schiller (Hg.) 1999 und 2002 und in letzterem insbesondere auf die Beiträge von Jung, Paust, Geitmann, Kost, Bogumil, Dressel und Vollrath verwiesen.

Tatsache, dass Bürgerbegehren „von unten" möglich sind, können sie als ein möglicher Partizipationsindikator für Protest genommen werden, so z.B. Kriesi u.a. 1978. Für die Initiierungshäufigkeit werden daher, wo dies möglich ist, Ratsbegehren als Verfahren „von oben", die in einigen Bundesländern durch die qualifizierte Mehrheit des Gemeinderats möglich sind, nicht in die Vergleiche mit einbezogen. Die Fragestellungen lauten im besonderen:

- Werden Entscheidungshintergründe durch BB öffentlich transparenter?
- Welche Akteure und welche Handlungsoptionen haben Auswirkungen auf die Transparenz der Entscheidungshintergründe?
- Wie wirken sich einzelne Verfahrensregelungen auf die Einleitungshäufigkeit, den Kommunikationsprozess und auf die Transparenz aus?

1.1 Demokratieprinzip Transparenz

Das Prinzip der Transparenz umfasst eine „angemessene Verwirklichung ihrer individuellen und gemeinsamen Interessen" (Schiller 1999). Für den einzelnen Bürger bedeutet dies zumindest die Möglichkeit, sich über unterschiedliche Quellen zu informieren. Qualifizierend ist es also, wenn die Menge unterschiedlicher Informationsquellen steigt, aber auch, wenn die Information effizienter zur Verfügung gestellt wird. Die Grundhypothesen, die hier diskutiert werden sollen, lauten:

- Hypothese 1: Durch die Initiierung direktdemokratischer Verfahren werden wichtige Informationen des Entscheidungshintergrunds politischer Entscheidungen öffentlich transparenter.
- Hypothese 2: Darüber hinaus wird durch die Wahrscheinlichkeit erfolgreich eingereichter Bürgerbegehren die Responsivität der Entscheidungsträger und Träger lokaler Steuerung gesteigert.
- Hypothese 3: Das Ausmaß dieser Effekte ist stark von der Einleitungswahrscheinlichkeit und den Verfahrensdetails abhängig.

2. Einleitungshäufigkeit

Quantitative Partizipationseffekte lassen sich wesentlich leichter empirisch erfassen als qualitative. Daher sollen zunächst Aussagen getroffen werden, die die Einleitungswahrscheinlichkeit in den verschiedenen Bundesländern betreffen. Wenn man annimmt, dass die tatsächliche Einleitungshäufigkeit die realisierte Einleitungswahrscheinlichkeit darstellt und diese von den Akteuren im kommunalen Willensbildungsprozess antizipiert werden, kann anhand der tatsächlich eingeleiteten Bürgerbegehren mit einiger Plausibilität darauf geschlossen werden, wo die Effekte durch Antizipation zu erwarten sind.

Die Datenbasis zum Beleg der Hypothesen besteht zum einen in mehreren Studien, die im Arbeitszusammenhang der Forschungsstelle zu Hessen, Bayern und Schleswig-Holstein (Rehmet/Weber/Pavlovic 1999 – vertiefende Erhebung aller Einleitungsfälle) durchgeführt wurden sowie in Studien zu Zürich (Gross 1988, fortgeführt bis 1996) und Winterthur (Mittendorf 1999), in denen öffentliche Diskussionsprozesse anhand der Zeitungsöffentlichkeit untersucht wurden. Darüber hinaus verfügt die Forschungsstelle über einen Fundus an teilnehmenden Beobachtungen, Interviews und weiteren Daten (Pressespiegel, Flugblätter, Briefwechsel). Ferner wurde Anfang 2000 erstmals eine Gesamterhebung durchgeführt, die für die meisten Bundesländern einen ersten Überblick über die Praxis in den 90er Jahren erlaubt. Für Brandenburg und Mecklenburg-Vorpommern wurde auf die Studie von Gabriel (1999) zurückgegriffen.[4]

2.1 Bedeutung von Verfahrensdetails und Gemeindegröße in der Literatur

Die hohe Reagibilität der Einleitungshäufigkeit von den Ausgestaltungsmerkmalen ,Quoren' und ,Themen' wird von Jung verschiedentlich sowie von Bogumil und Gabriel vermerkt. Gabriel 1999 schließt jedoch aus, dass die Abstimmungsquoren im Bürgerentscheid nennenswerte Auswirkungen auf die Einleitungshäufigkeit haben. Wollmann 2001 zieht hingegen die Ausschlusskataloge für die geringere Einleitungshäufigkeit in den neuen Bundesländern nicht in Betracht. Allerdings lässt sich des weiteren beobachten, dass neben diesen – variablen – Ausgestaltungsmerkmalen auch die – invariante – Gemeindegröße Auswirkungen auf die Einleitungshäufigkeit hat. Im folgenden sollen diese Erklärungsfaktoren überprüft werden werden.

2.2 Häufigkeitsverteilung

Abbildung 1 zeigt eine Häufigkeitsverteilung von eingeleiteten Bürgerbegehren pro Gemeinde und Jahr. Je dunkler die gefärbten Flächen, desto größer die Einleitungshäufigkeit bezogen auf die Gemeinden des Landes. Einbezogen wurden hier nur Bürgerbegehren und keine Ratsbegehren, da erstere auf ein „Protestpotential" schließen lassen, während zweitere durch eine Mehrheit

---

4   Derzeitiger Arbeitsschwerpunkt ist die Zusammenführung der in vielfältiger Form
     vorliegenden Daten (Excel, SPSS, Access, Filemaker etc.) in ein relationales Daten-
     modell. Das Design der Hauptmodule ist im Quellenverzeichnis skizziert. Ziel dieser
     Zusammenführung ist es, die Daten für interessierte Forscher, lokale Akteure und in-
     teressierte Bürger verfügbar zu machen (vgl. http://www.Forschungsstelle-Direkte-
     Demokratie.de).

initiiert werden (Ausnahmen: Brandenburg und Mecklenburg-Vorpommern, da die Datengrundlage hier keine Trennung ermöglichte).

Abbildung 1: Häufigkeitsverteilung eingereichter Bürgerbegehren nach Bundesländern

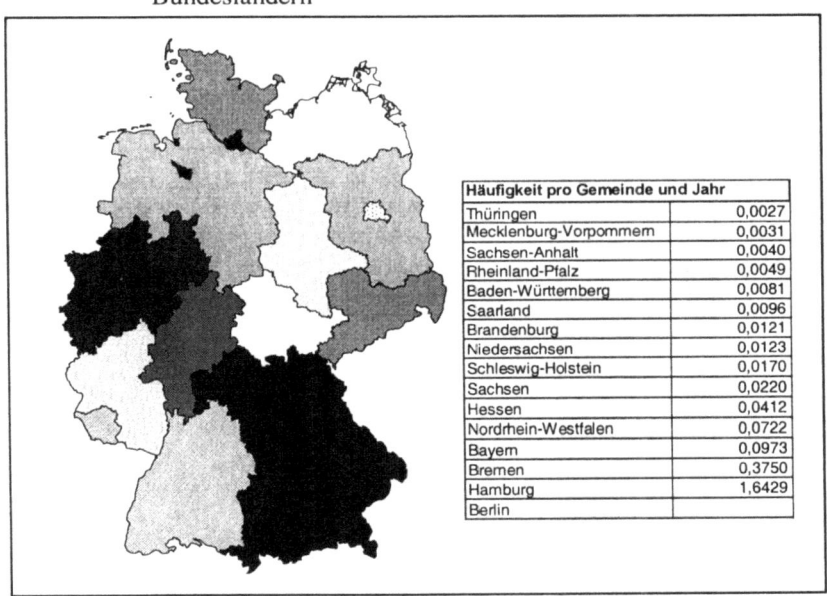

Häufigkeit pro Gemeinde und Jahr	
Thüringen	0,0027
Mecklenburg-Vorpommern	0,0031
Sachsen-Anhalt	0,0040
Rheinland-Pfalz	0,0049
Baden-Württemberg	0,0081
Saarland	0,0096
Brandenburg	0,0121
Niedersachsen	0,0123
Schleswig-Holstein	0,0170
Sachsen	0,0220
Hessen	0,0412
Nordrhein-Westfalen	0,0722
Bayern	0,0973
Bremen	0,3750
Hamburg	1,6429
Berlin	

In Hamburg ist die Einleitungshäufigkeit in den Bezirken dargestellt. Auch wenn es sich hier strenggenommen nicht um Gemeinden mit den gleichen Autonomierechten und Funktionen nach Art. 28 GG handelt, wie in den anderen Bundesländern, erscheint diese Darstellung als Partizipationsmaß sinnvoll (zur Rechtsstellung im Vergleich mit anderen Bundesländern: vgl. Dressel 2002). Hamburg ist dabei das einzige Land, in dem die Einleitungshäufigkeit derjenigen der Schweiz ähnelt.[5] Thüringen bildet hier das Schlusslicht, während Bremen, Bayern und Nordrhein-Westfalen in der Spitzengruppe liegen. Im folgenden sollen einige Erklärungsfaktoren für diese unterschiedliche Anwendungspraxis je Bundesland analysiert werden.

---

5   Bezogen auf eingeleitete Volksinitiativen bzw. fakultative Referenden. Da die meisten Abstimmungen in der Schweiz auf kommunaler Ebene – insbesondere diejenigen zu wichtigen Themen (Finanzfragen oberhalb einer verfassungsmäßig festgelegten Grenze/Fragen der Gemeindeverfassung) obligatorisch sind, stellen sie keinen Indikator für die Partizipationsbereitschaft dar (vgl. Mittendorf 1999: 170ff.).

2.2 Durchschnittliche Gemeindegröße

Abbildung 2: Durchschnittliche Gemeindegröße nach Ländern (in Dreier-
gruppen sortiert) im Vergleich zur Einleitungshäufigkeit

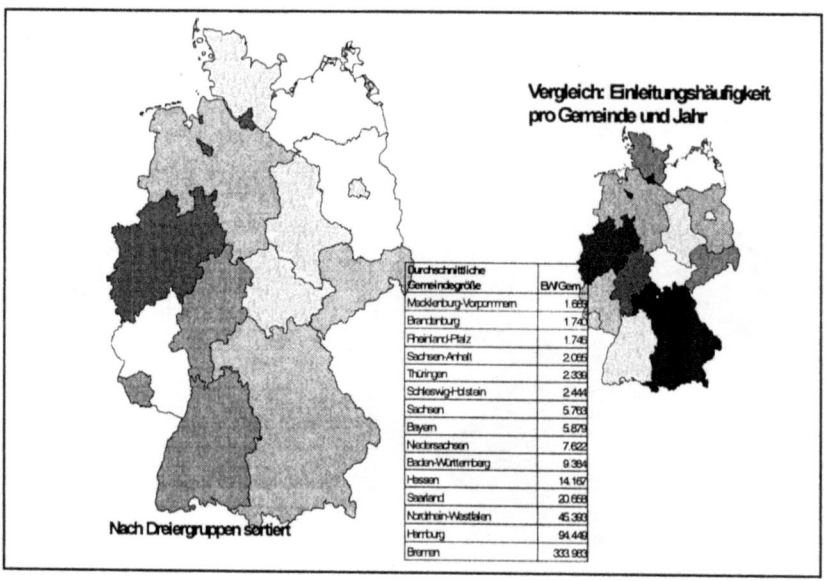

Es ist anzunehmen, dass die Problemdichte sowie die Anzahl von Bürgerinitiativen in größeren Gemeinden steigt. Berücksichtigt man darüber hinaus,
dass in kleineren Städten und Gemeinden die sozialen Netzwerke wesentlich
dichter sind als in Städten – was die Einleitung von Begehren u.U. als wenig
wahrscheinlich erscheinen lässt[6] – so ist ein Ansteigen der Zahl von Bürgerbegehren mit der Gemeindegröße zu erwarten.

Dies spiegelt sich im Diagramm der Abbildung 2 zum Teil wider, so dass
die Gemeindegröße tatsächlich als Faktor für die Einleitungshäufigkeit gezählt werden darf. Wäre die Gemeindegröße jedoch der einzige Faktor für die
Einleitungshäufigkeit, so müsste Bremen den ersten Rang vor Hamburg einnehmen, während z.B. Bayern hinter Hessen, Sachsen oder Baden-
Württemberg liegen würde. Die Position Nordrhein-Westfalens auf einem der
vorderen „Ränge" der Einleitungshäufigkeit ist mit hoher Wahrscheinlichkeit
(neben anderen Faktoren) mit diesem Faktor zu erklären, dies um so mehr, als

---

6   Negativ formuliert: aufgrund bestehenden sozialen Drucks, der vom Status Quo ab-
    weichende Entscheidungen negativ sanktioniert; positiv formuliert: aufgrund einfa-
    cherer Zugangsmöglichkeiten zu Entscheidungen durch persönlichen Kontakt.

in diesem Bundesland ein eher restriktiver Themenausschlusskatalog vorhanden ist, der u.a. die Bauleitplanung vom Bürgerbegehren ausschließt.

2.3 Themenausschlüsse

Vergleicht man die Häufigkeit mit dem thematischen Anwendungsbereich von Bürgerbegehren (Abbildung 3), so fällt auf, dass Mecklenburg-Vorpommern, Baden-Württemberg, Rheinland-Pfalz und Sachsen-Anhalt die restriktivsten Regelungen aufweisen. Die dunkel markierten Länder schließen die Haushaltssatzung, innere Verwaltungsangelegenheiten und ähnliche Materien aus (Hessen und Sachsen darüber hinaus noch Abgabensatzungen). Die restriktiveren Länder fügen diesem Standardkatalog noch einige „Erweiterungen" wie die für die Kommunalebene eminent wichtige Bauleitplanung und andere Planungsverfahren hinzu. Dies schränkt die Möglichkeit der Einleitung stark ein.

Abbildung 3: Vereinfachte Darstellung der Themenausschlüsse nach Ländergruppen im Vergleich zur Einleitungshäufigkeit

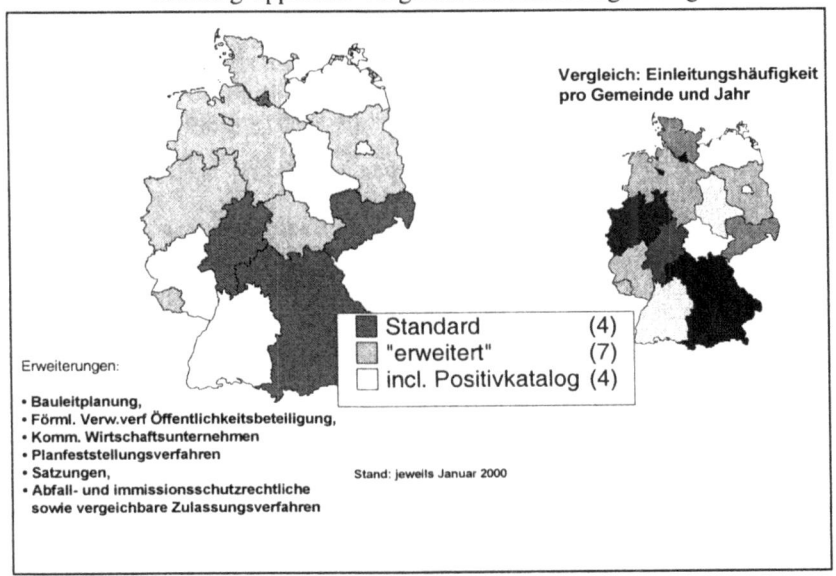

Demgegenüber kennen die Kommunen der USA und der Schweiz solche Einschränkungen prinzipiell nicht. Ausschlüsse ergeben sich hier lediglich aus der Verfahrenslogik. So muss z.B. die Einheit der Materie gewahrt sein, Beschlüsse über die Zulässigkeit von Initiativen und Personenwahlen sind in der Schweiz in der Regel ausgeschlossen.

In Deutschland hingegen sehen die restriktiven Länder darüber hinaus
u.a. noch einen Positivkatalog vor, d.h. Themen, über die überhaupt abgestimmt werden darf (vgl.z.B. Geitmann 2002).[7] Thüringen bildet diesbezüg-
lich einen Sonderfall: Obwohl hier kein Positivkatalog vorhanden ist, kann
man vom bundesweit umfassendsten Themenausschlusskatalog sprechen, der
maßgeblich zur geringen Anwendungspraxis in Thüringen beigetragen haben
dürfte.[8]

2.4 Einleitungsquoren

Die Höhe der Quoren (vor allem das Einleitungsquorum beim Bürgerbegehren, aber auch das Zustimmungsquorum beim Bürgerentscheid) beeinflusst –
insbesondere in größeren Städten über 50.000 Einwohner – die Möglichkeit,
dass ressourcenschwache Initiativen eine Chance auf die Einleitung eines
Bürgerbegehrens haben bzw. diese im Bürgerentscheid Erfolg haben.[9] Es ist
anzunehmen, dass Bürgerinitiativen im Schnitt in Städten nicht wesentlich
mehr Mitglieder haben als in kleineren, die pro aktivem Initiativenmitglied zu
sammelnde Unterschriftenzahl steigt also deutlich an.

Ein Einleitungsquorum von 20% der Wahlberechtigten (Thüringen) kann
bereits in mittleren Städten als fast prohibitiv angesehen werden. Vergleicht
man dieses Quorum mit den Wähleranteilen einer Kommunalwahl, bedeutet
dies – legt man eine Wahlbeteiligung von etwa 60% zugrunde – ein Drittel
der Aktivbürgerschaft.

---

7   Geitmann 2002 schlüsselt für die einzelnen Länder die tatsächlichen Einschränkungen
     – unabhängig von Positiv- und Negativkatalogen – differenziert auf.
8   Es handelt sich um die Kombination eines scheinbar „schmalen" Negativkataloges in
     Kombination mit einem „versteckten" Negativkatalog, der sich in § 26. Abs. 2 der
     Gemeindeordnung Thüringens in 14 weitere Punkte – darunter „der Erlaß, die Ände-
     rungen oder Aufhebung von Satzungen" – auffächert und in Verbindung mit dem ho-
     hen Einleitungsquorum die Schlusslichtposition Thüringens in Deutschland erklären
     dürfte. Geradezu erschreckend kurzsichtig (und falsch) hierzu der jüngste Aufsatz
     von Knemeyer in Jung/Knemeyer: Im Blickpunkt: Direkte Demokratie, München
     2001, S. 96 (Teil 2, verfasst von C. Gebhardt): „Die mit Abstand schmalsten Negativ-
     kataloge finden sich in Bayern und Thüringen."
9   Für Bürgerentscheide in Hessen und Schleswig-Holstein ab ca. 30.000-35.000 Ein-
     wohner nachgewiesen in: Rehmet/Weber/Pavlovic 1999, S. 153.

Abbildung 4: Höhe der Einleitungsquoren nach Ländern im Vergleich zur Einleitungshäufigkeit

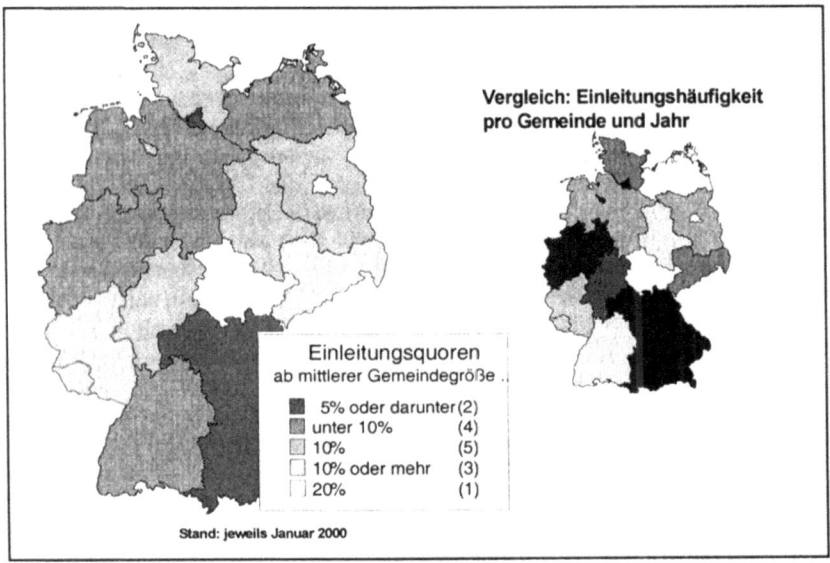

Stand: jeweils Januar 2000

Abbildung 4 stellt die Einleitungsquoren im Bundesvergleich dar. Als Erklärungsfaktor der Einleitungshäufigkeit ist dieses Verfahrensmerkmal z.B. für Bayern, Hamburg und Thüringen geeignet, wegen der oft anzutreffenden Staffelung des Einleitungsquorums nach Gemeindegröße sind Aussagen hier nicht so eindeutig möglich.

2.5 Sonstige Erklärungsfaktoren

Als Residualhypothese führt Wollmann statt der hier gewählten Erklärungsfaktoren die wenig partizipationsorientierte politische Kultur Ostdeutschlands an. Diese Residualhypothese kann – jedenfalls zur Erklärung der Einleitungshäufigkeit – relativiert werden, sobald man neben den Ausschlusskatalogen auch die Gemeindegröße in Betracht zieht. Die politische Kulturvariable bekommt jedoch bei Betrachtung der Themenstruktur umgehend wieder Bedeutung, da in Sachsen derzeit – ähnlich wie Baden-Württemberg in den 1970er Jahren – die Zusammenlegung von Gemeinden ein besonders gehäuft auftretendes Thema darstellen. Diese Kulturvariable sowie weitere länderspezifische Themenkonjunkturen aus den allgemeinen Trends herauszufiltern verbleibt als Forschungsaufgabe der nächsten Jahre. Auch ist auffällig, dass in den beiden Bundesländern, in denen der Bürgerentscheid per landesweitem Volksent-

scheid eingeführt wurde (Bayern und Hamburg) die Einleitungshäufigkeit
bundesweit am höchsten ist – was neben den hier besonders „anwendungs-
freundlichen" Regelungen auch an einem weiter verbreiteten Wissen über die
institutionellen Möglichkeiten liegen kann. Daher könnte eine weitere erklä-
rende Variable für die Anwendungshäufigkeit die Art der Einführung des
Verfahrens darstellen. Ein Blick in die Schweiz bestätigt die Notwendigkeit
vertiefender Forschungen: Die Untersuchung zu Winterthur ergab, dass sich
politische „Protestkonjunkturen" auch in der Einleitungshäufigkeit widerspie-
geln können (Mittendorf 1999).[10]

Zwischenfazit: Mit den untersuchten Einflussfaktoren (durchschnittlichen
Gemeindegröße, Themenausschlusskatalog und Einleitungsquorum) lässt sich
die Rangfolge der Einleitungshäufigkeit relativ gut erklären. Misslich sind besonders in großen Städten die hohen Einleitungsquoren, (evtl. auch – wenngleich bislang noch nicht eindeutig zu belegen – die Zustimmungsquoren), während die Themenausschlüsse allgemein die Möglichkeit zur Einleitung senken.

3. Wirkungen durch Antizipation

In diesem Abschnitt steht die Wirkung erfolgreich eingereichter oder ange-
drohter Bürgerbegehren auf die Responsivität der Entscheidungsträger und
Träger lokaler Steuerung im Blickpunkt. Wie stark diese Effekte jeweils im
Politikprozess auf die Responsivität der Aktuere wirken, hängt von den jeweiligen Erwartungen der Akteure ab: Ist zu einem Thema kein Bürgerentscheid möglich oder gilt dieser als wenig wahrscheinlich, werden die Effekte
geringer ausfallen. Ist ein Bürgerbegehren wahrscheinlich und der Ausgang
ungewiss, werden die Effekte stärker ausfallen.

Entscheidungsträger können die Möglichkeit, dass es zu einem Bürgerbegehren kommen kann, antizipieren (vgl. Kost 2002, Bogumil 2001). Die
Durchsetzung der eigenen Position im Bürgerentscheid ist für Entscheidungsträger mit Kosten verbunden. Um diese zu vermeiden, werden u.U. potentielle
Kritiker bereits im Vorfeld in den Entscheidungsprozess eingebunden oder
nach einer Bürgerbegehrensdrohung in Verhandlungen einbezogen. Plausi-
blerweise erhöht das (latente) Drohpotential der Verfahren an sich die Responsivität der Verwaltungsspitze/der Mehrheit des Rates. Um ein Bürgerbe-

---

10 So war die Einleitungshäufigkeit nach den Wirtschaftskrisen (Mitte der 30er Jahre
    bzw. nach Ende des 2. Weltkrieges), in der Zeit um 1968 und in den 80er Jahren be-
    sonders hoch, in der Zeit anhaltenden Wachstums (Ende der 50er bis Mitte der 60er
    jahre) hingegen besonders niedrig (vgl. Mittendorf 1999: 168ff.). Ob also ein Sinken
    der Begehrenstätigkeit kurz nach Einführung des Verfahrens (Holtkamp 2000 für
    NRW oder Vollrath 2002 für Hamburg) mit aufgestautem Protestpotential oder mit
    allgemeineren Faktoren zu erklären ist, kann wohl erst in den nächsten Jahren genau-
    er analysiert werden.

gehren mit ungewissem Ausgang zu verhindern, ist es plausibel, dass die Entscheidungsträger ihre kommunikativen Anstrengungen erhöhen und vermehrt und intensiver über Entscheidungshintergründe (z.b. Sanierungsbedarf des Rathauses) und Alternativen informieren und z.b. die Presse- und Informationsarbeit im Vorfeld einer wichtigen Entscheidung intensivieren. All dies trägt zu einer erhöhten Responsivität bei.

Dass diese Wirkung sich um so eher entfaltet, je wahrscheinlicher die Einleitungswahrscheinlichkeit ist, liegt auf der Hand.[11] Dass es verschiedene Versuche gibt, das „Risiko" eines Bürgerbegehrens zu umgehen, ebenso. Das Spektrum der Reaktionsmöglichkeiten reicht dabei von der (seltenen) Heraufsetzung des Einleitungsquorums nach dem vierten erfolgreichen Bürgerbegehren in Dresden (den sächsischen Gemeinden ist dies bei Beachtung einer Obergrenze möglich) über rechtliche Auseinandersetzungen bis hin zu einer frühzeitigen Übernahme der Bürgerbegehrens oder dem Aushandeln eines Kompromisses.

Insgesamt liegt die Annahme nahe, dass die Drohung, ein Begehren zu initiieren, in einigen Fällen schon dazu führt, Kompromisse einzugehen bzw. dass die Möglichkeit von Begehrensdrohungen vorweggenommen werden und andere, mehrheitsfähigere Problemlösungen vorgestellt werden.[12] Es ist jedoch auch wahrscheinlich, dass dieser Effekt nicht in allen Bundesländern gleichermaßen auftritt, sondern vielmehr dürfte dieser Effekt größer sein, je häufiger oder leichter ein Bürgerbegehren stattfindet.

Unter Berücksichtigung der Analysen des Abschnitts 2 lässt sich die bisherige Hypothese 3 (Wirkungen abhängig von Verfahrensdetails/Einlei-tungswahrscheinlichkeit) erweitern bzw. differenzieren: Hypothese 4: Die Einleitungshäufigkeit ist stark von den Verfahrensdetails a) begehrensfähigen Themenbereiche und b) Einleitungsquoren sowie von c) der Gemeindegröße abhängig, andere Faktoren, wie z.b. Politische Kultur oder Spezifika im Verhältnis von Landespolitik und Lokalpolitik spielen demgegenüber eine geringere Rolle. Je größer der Kreis begehrensfähiger Themen, je niedriger die Einleitungsquoren und je größer die Kommune, desto höher die Einleitungswahrscheinlichkeit.

4. Wirkungen auf den Kommunikationsprozess

Wenn ein Begehren eingeleitet wird, dann werden interessierte Akteure – Bürgermeister, Parteien sowie Akteure, die irgendeinen Nutzen aus einer Entscheidung für oder gegen die Fragestellung ziehen – versuchen, das Ergebnis

---

11 Vgl. Jung 2001 (in Jung/Knemeyer 2001), S. 41: „[Es] schwindet bei Kontroll- bzw. Korrekturinstrumenten, die immer nur bereitliegen, allmählich die Wirkung. Man kann das am Beispiel von Betriebsprüfungen verdeutlichen. Wenn die Steuerbehörden solche Prüfungen so selten durchführen, dass ein Betrieb rechnerisch nur alle 20 Jahre ‚dran' ist, verliert die Betriebsprüfung ihre ‚Schrecken'" (Hervorhebungen im Original).

12 Belege finden sich auch zur Landesebene: vgl. Jung 1995.

in ihrem Sinne zu beeinflussen. In der Öffentlichkeit sind dies vor allem Argumente, die die eigene Position als rationaler erscheinen lassen. Unsere Hypothese ist, dass die Einleitung eines Bürgerbegehrens einen Anreiz für die Akteure setzt, diese Informationen zur Verfügung zu stellen. Die Transparenzwirkung eingeleiteter Begehren hängt vom Umgang der Akteure mit den Verfahrensdetails ab:

– Institutionelle Komponente: Ist das institutionelle Design so gestaltet, dass es leicht möglich ist, ein Bürgerbegehren zu umgehen, einen Bürgerentscheid zu umgehen oder den Bürgerentscheid durch Diskussionsverweigerung zu umgehen, kommt es häufig zur „Sabotage" (Vollrath 2001; 2002).

– Politikfeldkomponente: Die „Sabotage"-Option wird nicht notwendigerweise ausgeschöpft, sondern dies hängt auch von den jeweiligen Nutzenerwartungen ab: In Kernbereichen des politischen Programms von Bürgermeister/Parlamentsmehrheit/Verwaltungsspitze (z.b. Wirtschaftsprojekte, die für Bürgermeister und Ratsmehrheit besonders wichtig sind) sind Sabotage-Optionen wahrscheinlicher.

– Politisch-kulturelle Komponente: Auch in wichtigen Politikfeldern hängt die letztlich gewählte Handlungsoption auch von der Einstellung der Akteure zum Instrument bzw. von langfristigen Nutzenerwartungen ab.

Es ist also anzunehmen, dass – neben der Konfliktkonstellation und der Akteursstruktur – der Umgang der Akteure mit den Verfahrensdetails mit darüber entscheidet, welche Qualität die öffentliche Kommunikation besitzt, welche Argumente transparenter werden und welche für die Entscheidung relevanten Informationen öffentlich abgewogen werden. Aus den bisherigen Beobachtungen und teilnehmenden Beobachtungen und Dokumentanalysen ergeben sich folgende typischen Muster von Handlungsstrategien.

4.1 Beispiele typischer Handlungsstrategien

Abbildung 5: Handlungsstrategien nach Akteursrollen im
Bürgerbegehrensprozess

	Strategie	Handlungsmotiv
Bürgermeister Ratsmehrheit	Offensive Öffentlichkeitsarbeit	Mehrheit im Bürgerentscheid (Handlungsrisiko)
	Unzulässigkeit	Entscheidungsverhinderung (Status Quo)
	Diskussionsverweigerung	Scheitern am Zustimmungsquorum (Status Quo)
	Übernahme	Vermeidung v. Transaktions- und externen Kosten
Minderheit GR	Initiierung	Durchsetzung v. Zielen, Machterwerb (hohe Kosten!)
	Unterstützung von Initiatoren	Machterwerb
	Enthaltung	häufig: Parteiinterne Kontroversen
Initiatoren	Maximalforderungen/Detaillösungen	häufig: Misstrauen gegenüber Verwaltungsspitze/Parteien
	Interpretationsoffene Lösungen	Überzeugung des Medianwählers
	Suche nach heterogenem Unterstützerkreis	Effektive Ausnutzung des Protestpotentials (vgl. Ohlemacher 1993)
Presse/Medien	Boykott	Aufrechterhaltung von Verwaltungskontakten (meist: Kleinstadt)
	Intensivierung Berichterstattung	Steigerung der Auflage
	Gleichrangige Pro-/Contra Berichte	Unsicherheit über die Präferenzen der Leser/Inserenten

4.1.1 Bürgermeister/Ratsmehrheit

Obwohl durch die Möglichkeit, Sachverhalte zu thematisieren, eine Agenda-Setting-Option für Initiatoren gegeben ist, verfügen der Bürgermeister sowie die Ratsmehrheit über die größte Auswahl an Handlungsoptionen. Durch die Zulässigkeitserklärung oder den Zeitpunkt parlamentarischer Entscheidungen bleibt vor allem die Ratsmehrheit „Herrin des Verfahrens". Da ein Bürgerentscheid das Risiko der Niederlage der eigenen Position in sich birgt, findet sich häufig der Versuch, Handlungsspielräume in Verfahrensdetails zur Erhaltung des Status Quo zu nutzen. Insbesondere sind dies: Zulässigkeitserklärung, Abstimmungsquoren, Wahlmodalitäten. Die im Vergleich zur Schweiz und zu den USA hohe Anzahl unzulässig erklärter Bürgerbegehren lässt darauf schließen, dass diese Option häufiger auch aus taktischen Gründen gewählt wird (vgl. Schiller 2000). An mehreren Fällen lässt sich zeigen, dass Begehren mit vergleichbarer Fragestellung z.T. für zulässig, z.T. für unzulässig erklärt wurden.[13]

---

13 In einem Fall in Südhessen war die Fragestellung in zwei Gemeinden identisch, in einem Fall wurde das Begehren für zulässig, im andern Fall für unzulässig bei gleichen

In Fällen, in denen die Erklärung der Unzulässigkeit des Verfahrens nicht durchgeführt werden konnte oder aus anderen Gründen nicht in Erwägung gezogen wurde, findet sich die Option, die eigene Position nicht öffentlich darzustellen. Dies ist insbesondere der Fall, wenn zu erwarten ist, dass die Quoren nicht übersprungen werden (vgl. Lackner/Mittendorf 1999, in größeren Gemeinden wegen tendenziell abnehmender Abstimmungsbeteiligung häufiger: vgl. Schiller 2001). Für die Kommunikation in der Initiierungsphase und dem Abstimmungskampf bedeutet dies, dass die Kommunikation auf die Formalitäten gelenkt und das eigentliche Ziel aus den Augen verloren wird. Mitunter ist auch zu beobachten, dass evtl. Sperrfristen abgewartet werden, um das Bürgervotum zu umgehen bzw. auf anderem Wege versucht wird, Entscheidungen auszuhebeln.

Der Versuch, möglichst früh die eigene Position transparent zu machen, um in einem Bürgerentscheid erfolgreich zu sein, findet sich dort, wo ein Scheitern des Begehrens am Zustimmungsquorum unwahrscheinlich ist (vgl. Rehmet 1999) oder andere taktische Erwägungen dies günstig erscheinen lassen. Auch der Idealfall, dass dies aus einer Orientierung an allgemeinen Werthaltungen geschieht, sollte nicht außer acht gelassen werden.

4.1.2 Parlamentsminderheit/Parteien

Auf Seiten der Parlamentsminderheit findet sich häufig der Fall, dass im Parlament vertretene Parteien ein Bürgerbegehren unterstützen, seltener, wenngleich in Großstädten relativ häufiger, wird ein Begehren durch Parteien eingeleitet und initiiert. In den wenigsten Fällen versuchen Parteien allein, d.h. ohne Unterstützung anderer Organisationen, eigene Positionen gegen die Parlamentsmehrheit durchzusetzen. Auch der Fall, dass direktgewählte Bürgermeister ohne eigene Ratsmehrheit Bürgerbegehren (verdeckt) initiieren, ist eine eher seltene Ausnahme.

Von einem Funktionsverlust zu sprechen, erscheint dennoch wenig plausibel. Paust 2002 spricht stärker von einem Funktionswandel und zu einer Revitalisierung insbesondere der Funktionen Transmission, Integration, Selektion, Sozialisation, Selbstregulation und Legitimation. Für den Aspekt der Transparenz bedeutsam ist vor allem die Transmissionsfunktion, insbesondere das Vermögen, komplexe Sachverhalte auf ihre Relevanz für die Entscheidungsalternativen zuzuspitzen und deren Vermittlung in die Öffentlichkeit zu gewährleisten. Die Mehrzahl der untersuchten Fälle zeigt, dass bei entsprechender Flexibilität der Parteiorganisation diese Funktion gestärkt wird. Minderheitsparteien sind dabei regelmäßig – oft gemeinsam mit mehreren Parteien – spätestens in der Phase der Zulässigkeitserklärung oder des Abstimmungskampfes Ansprechpartner für die Initiatoren. Während im stärker

---

Rahmenbedingungen erklärt (Zusammenlegung der Gemeinden Michelstadt und Erbach im Odenwald).

fragmentierten Parteiensystem der Schweiz oftmals mehrere Parteien sich zu punktuellen Koalitionen zusammenfinden, um sich von Anfang an an Initiativkomitees beteiligen, gewährleisten Minderheitsparteien in Deutschland oftmals spätestens nach der Einreichung der Unterschriften die Transparenz parlamentarischer Vorgänge.

4.1.3 Initiativen

Die Initiatoren eines Bürgerbegehrens stehen vor der Grundsatzentscheidung, Maximalforderungen oder detaillierte Konzepte vorzulegen und dadurch Wählergruppen durch Ablehnung von Details nicht für sich motivieren zu können, oder interpretationsoffene Lösungen anzubieten, die der Parlamentsmehrheit/dem Bürgermeister Handlungsspielräume eröffnen, die von den Initiatoren unerwünscht sind. Um Ressourcen des Protests auszunutzen, ist eine Strategie der Integration heterogener Interessengruppen aber in vielen Fällen eine bewährte Handlungsstrategie.

Für die Erfolgswahrscheinlichkeit von Bürgerbegehren (Aussage gilt für initiierende Parteien wie für Bürgerinitiativen) scheinen die Ergebnisse von Ohlemacher 1993 brauchbar, demzufolge sozial möglichst heterogene Initiativkreise mit hoher Anzahl sog. weak ties, schwachen Netzwerkkontakten zu anderen Bürgerinitiativen, Vereinen, Institutionen etc., mit größerer Wahrscheinlichkeit Mobilisierungserfolge erzielen konnten als sozial homogene Initiativen mit vielen strong ties innerhalb der Gruppe und wenigen weak ties zu anderen Personen und Organisationen. Beobachtungen lassen darauf schließen, dass Initiatorenkreise dies aufgrund der Abstimmungslogik von Bürgerentscheiden sehr früh antizipieren. Diese Öffnung trägt wiederum zur Transparenz – diesmal der Wahrnehmungen und sozialen und kognitiven Ressourcen der Initiatorenkreise – bei.

4.1.4 Lokale Öffentlichkeit

Die lokale Presse hat als Handlungsoption zum einen die Möglichkeit, die Position der Initiatoren zu boykottieren – was vor allem zur Aufrechterhaltung von Kontakten zum Rathaus in kleineren Städten und von überregionalen Zeitungen praktiziert wird, wo einzelne Abonnenten oder Anzeigenkunden gegenüber großräumigen Interessen wenig ins Gewicht fallen. Zweitens kann eine allgemeine Intensivierung der Information erfolgen, um eine gesteigerte Informationsnachfrage zu bedienen und die Auflage zu steigern. Eine solche gleichumfängliche Berichterstattung ist z.B. dort eine rationale Strategie, wo Unsicherheit über die Abstimmungspräferenzen der Leser und Inserenten besteht und der Kreis der Stimmbürger einen relevanten Einnahmefaktor darstellt. Im Falle eines Bürgerentscheids mit einer erheblich gesteigerten öffentlichen Aufmerksamkeit wird sich nahezu immer eine intensivierte Berichterstattung und mehr Informationen und Meinungsbildungsangebote (z.B. Leserbriefe) finden.

4.2 Transparenzwirkung

Zusammenfassend können folgende Thesen aufgestellt werden:

- Hypothese 5: Bürgerbegehren erhöhen die Transparenz politischer Prozesse
- Hypothese 6: Aufgrund der strategischen Verwendbarkeit von Verfahrensdetails ist die Transparenzwirkung von Begehren stark von Details abhängig (Abstimmungsmodus, Quorum, Zulässigkeit, Rechtsberatung u.ä.)
- Hypothese 7: In welchem Maße Zielpräferenzordnungen, Wirkungshypothesen und Interessenabdeckung von Maßnahmen transparent werden, hängt vom Konfliktgegenstand und von der Konfliktphase ab.

Die Inhalte der Kommunikation im Bürgerbegehrensverlauf sind – neben den Verfahrensdetails – stark von den Konfliktkonstellationen abhängig. Eine Kommunikation über Zulässigkeit, Anzahl der Wahllokale und anderen strategischen Umgang mit Verfahrensdetails lenkt die Aufmerksamkeit auf das Verfahren. Demgegenüber treten Argumente zu Problemdefinitionen, potentiellen Verfahrenswirkungen, Abbildung individueller Zielpräferenzen und Wertorientierungen in der Entscheidungsfrage stärker in den Hintergrund.

Findet keine Diskussion über die Legitimität der Verfahrensdurchführung statt, hängt es von der Formulierung der Frage, den Akteurskoalitionen und der Betroffenheit von Interessen und „Core-Beliefs" (vgl. Sabatier 1993) ab, ob die Diskussionsebenen die Zielebene (z.B. Saubere Luft vs. Handel), die Maßnahmenebene („Die Sperrung des Rindermarkts geht zu weit"/„hat folgende (positiven/negativen) Wirkungen") o.ä. oder die Personalebene („Dann geht doch in den Osten"/"Die gehen über Leichen") stärker betreffen. Es kann vermutet werden, dass bei hohen Quoren jedoch stärker Konflikte mit vergleichsweise hoher Konfliktintensität zur Austragung kommen. Dies hat u.a. Auswirkungen darauf, inwieweit Bürgerbegehrenskämpfe „polarisierend" und unversöhnlich empfunden werden. In der lokalen Presse lässt sich feststellen, dass ab einer mittleren Gemeindegröße (sofern es nicht zu einer Boykottstrategie der Medien kommt) Sonderseiten und Diskussionsforen eingerichtet werden. Die (redaktionell) wichtig empfundene Information wird komprimiert dargestellt. Während dies in Deutschland ad-hoc geschieht, gibt es in der Schweiz regelmäßig vor Abstimmungssonntagen entsprechende Rubriken.

Insgesamt kommt es dort tendenziell zu einer geordneten Darstellung von Informationen gemäß der Bedeutung der Information für die jeweiligen Entscheidungsalternativen. Zudem diversifizieren sich die Quellen der Informationen, da die Öffentlichkeitsarbeit der interessierten Akteure zunimmt. Während in Deutschland meist noch das Verfahren selbst einen zentralen Neuigkeitswert genießt, findet in der Schweiz eine redaktionelle Verdichtung der wichtigsten Argumente und (bei mehreren Abstimmungsvorlagen) der wichtigsten Vorlagen statt. Neben den Abstimmungsempfehlungen der Parteien und wichtigsten Verbände sind dies vor allem eine Gegenüberstellung der Hauptargumente beider Seiten, sowie ggf. ein Kommentar für beide Positionen. Die Untersuchung am komplexen Politikfeld Verkehr in Winterthur zeigten, dass gerade am Detail viele pragmatische Lösungen erarbeitet wurden, obwohl die Koalitionen sich bleibend unversöhnlich gegenüberstanden.

5. Fazit

Für die Anwendungspraxis wurden drei wichtige Erklärungsfaktoren gefunden: Die Gemeindegröße, der Themenkatalog, sowie die Einleitungsquoren. Es zeigt sich, dass Bürgerbegehren und Bürgerentscheide häufiger in größeren Gemeinden stattfinden, wobei sie dort durch Regelungen, die den Erfolg eher erschweren (Quoren), benachteiligt sind. Unterschiede, die für die Einleitungshäufigkeit wichtig sind, sind große Differenzen zwischen den Ländern bezüglich zulässiger Themen. In vielen Bundesländern sind kommunale Planungsverfahren und damit wichtige kommunale Regelungen schlicht vom Bürgerentscheid ausgeschlossen.

Die Responsivität der Verwaltung hängt eng mit der Wahrscheinlichkeit zusammen, dass ein Bürgerbegehren eingeleitet wird. Mit diesen Einflussfaktoren auf die Anwendungshäufigkeit gehen die „Sabotagemöglichkeiten" eng einher, die in einigen Ländern größer sind als in anderen.

Insgesamt wird das Potential zur Transparenzsteigerung nicht ausgeschöpft bzw. aufgrund der Verfahrensausgestaltung Anreize gesetzt, nicht alle Informationen transparent zu machen. Insbesondere Boykottstrategien lassen wichtige, entscheidungsrelevante Fragestellung nicht öffentlich werden.[14] Auch wenn der Einfluss von Zustimmungsquoren auf die Initiierungshäufigkeit – im Vergleich zu Gemeindegröße, Einleitungsquorum und Themenausschluss – wahrscheinlich gering ist, ist besonders in größeren Städten die Transparenzwirkung dann eingeschränkt, wenn erwartet wird, dass der Bürgerentscheid am Zustimmungsquorum scheitert. Während die Transparenzwirkung in kleineren Kommunen oft durch die Pressestruktur gering ist, gilt dies durch die steigende Boykottwahrscheinlichkeit in größeren Städten aufgrund des Quorums. Ähnliche Strategien waren in der Schweiz bisher nicht zu beobachten.

---

14 Diese taktische Anwendung wurde bereits wiederholt nachgewiesen, vgl. allgemein Jung 1999, für die Beteiligungsquoren der Weimarer Republik Jung 1989 bzw. Italiens Capretti 2001.

Datengrundlage

Bundesland	Anzahl BB	Anzahl der Gemeinden	Jahre	Häufigkeit pro Gemeinde und Jahr
Baden-Württemberg	216	1111	24	0,008100810
Bayern	1100	2056	5,5	0,097276265
Berlin	1	1		
Brandenburg	90	1489	5	0,01208865
Bremen	3	2	4	0,375
Hamburg	23	7	2	1,642857143
Hessen	123	426	7	0,041247485
Mecklenburg-Vorpommern	20	1069	6	0,003118179
Niedersachsen	38	1032	3	0,012273902
Nordrhein-Westfalen	143	396	5	0,072222222
Rheinland-Pfalz	57	2305	5	0,00494577
Saarland	2	52	4	0,009615385
Sachsen	103	779	6	0,022036799
Sachsen-Anhalt	52	1295	10	0,004015444
Schleswig-Holstein	146	1132	7,6	0,01697043
Thüringen	14	1053	5	0,002659069

Literaturverzeichnis

Bogumil, Jörg, 2001: Modernisierung lokaler Politik. Kommunale Entscheidungsprozesse im Spannungsfeld zwischen Parteienwettbewerb, Verhandlungszwängen und Ökonomisierung, Reihe: Staatslehre und politische Verwaltung, Bd. 5, Baden-Baden.

Bogumil, Jörg, 2002 (i.E.): Direkte Demokratie als verhandlungsdemokratischer Impuls – Wirkungen kommunaler Referenden in NRW, in: Schiller, T. (Hg.): Direkte Demokratie – Forschungsstand und Perspektiven, Wiesbaden.

Capretti, Anna, 2001: Öffnung der Machtstrukturen durch Referenden in Italien. Eine pluralismustheoretische Analyse, Frankfurt a. M. u.a.

Dressel, Andreas 2002 (i.E.): Bürgerbegehren und Bürgerentscheid in den Hamburger Bezirken – eine Zwischenbilanz, in: Schiller, T. (Hg.): Direkte Demokratie – Forschungsstand und Perspektiven, Wiesbaden.

Gabriel, Oscar W. 1999: Das Volk als Gesetzgeber: Bürgerbegehren und Bürgerentscheide, in: Zeitschrift für Gesetzgebung, S. 299ff.

Geitmann, Roland, 1999: Der Siegeszug der kommunalen Direktdemokratie, in: Heußner, H. K./Jung, O., Mehr direkte Demokratie wagen, München.

Geitmann, Roland, 2002 (i.E.): Beschnittene Anwendungsbereiche für Bürgerbegehren und -entscheid, in: Schiller, T. (Hg.): Direkte Demokratie – Forschungsstand und Perspektiven, Wiesbaden.

Gross, Andreas, 1988: Punkto Volksinitiativen sind die Zürcher initiativ, Tagesanzeiger, 6.1.1988.

Heußner, Hermann K./Jung, Otmar (Hg.), 1999: Mehr direkte Demokratie wagen, München.

Holtkamp, Lars, 2000: Fünf Jahre Bürgerbegehren in NRW. Zur Erfolglosigkeit verurteilt?, in: GAR Rundbrief, Heft 1, 19-21.

Jung, Otmar, 1995: Wenn der Souverän sich räuspert... Vorwirkungen direktdemokratischer Korrekturmöglichkeiten, dargestellt an Beispielen aus Nordrhein-Westfalen, Niedersachsen und Rheinland-Pfalz, in: Ellwein, T./Grimm, D./Hesse, J./Schuppert,

G. (Hg.): Jahrbuch zur Staats- und Verwaltungswissenschaft 8, Baden-Baden, S. 107-176.

Jung, Otmar, 2002 (i.E.): Direkte Demokratie – Forschungsstand und Perspektiven. Ein Überblick, in: Schiller, T. (Hg.): Direkte Demokratie – Forschungsstand und Perspektiven, Wiesbaden.

Jung, Otmar, 1989: Direkte Demokratie in der Weimarer Republik – Die Fälle „Aufwertung", „Fürstenenteignung", „Panzerkreuzer" und „Young-Plan", Frankfurt/M., New York.

Jung, Otmar/Knemeyer, Franz-Ludwig 2001: Im Blickpunkt: Direkte Demokratie, München (unter Mitarbeit von Christian Gebhardt).

Jung,Otmar, 1999: Das Quorenproblem beim Volksentscheid. Legitimität und Effizienz beim Abschluß des Verfahrens der Volksgesetzgebung, in: Zeitschrift für Politikwissenschaft, H. 3/99, S. 863-898.

Kost, Andreas, 2002 (i.E.): Das Output-Spektrum von Bürgerbegehren und Bürgerentscheiden, in: Schiller, T. (Hg.): Direkte Demokratie – Forschungsstand und Perspektiven, Wiesbaden.

Kriesi, Hanspeter/Levy, Rene/Ganguillet, Gilbert/Zwicky, Heinz 1981: Politische Aktivierung in der Schweiz von 1945-1978, Diessenhofen.

Lackner, Stefanie/Mittendorf, Volker 1999: Bürgerbegehren in Niedersachsen – wenig bürgerfreundlich, in: Heußner, H. K./Jung, O., Mehr direkte Demokratie wagen, München.

Mittendorf, Volker 1999: Direktdemokratische Verfahren im Prozeß – Verkehrsberuhigung in Winterthur (Schweiz), in: Schiller, T. (Hg.), Direkte Demokratie in Theorie und kommunaler Praxis, Frankfurt a.M./New York, S. 165-208.

Ohlemacher, Thomas 1993: Brücken der Mobilisierung. Soziale Relais und persönliche Netzwerke in Bürgerinitiativen gegen militärischen Tiefflug, Wiesbaden.

Paust, Andreas, 2002 (i.E.): Wirkungen der direkten Demokratie auf das kommunale Parteiensystem, in: Schiller, T. (Hg.): Direkte Demokratie – Forschungsstand und Perspektiven, Wiesbaden.

Rehmet, Frank 1999: Der Bürgerentscheid über die Verwaltungsspitze in Riedstadt/Hessen, in: Heußner, H. K./Jung, O.: Mehr direkte Demokratie wagen, München.

Rehmet, Frank/Weber, Tim/Pavlovic, Dragan 1999: Bürgerbegehren und Bürgerentscheide in Bayern, Hessen und Schleswig-Holstein, in: Schiller, T. (Hg.), Direkte Demokratie in Theorie und kommunaler Praxis, Frankfurt a.M./New York, S. 117-164.

Sabatier, Paul A., 1993: Advocacy-Koalitionen, Policy-Wandel und Policy-Lernen: eine Alternative zur Phasenheuristik, in: Héritier, A (Hg.), Policy-Analyse, PVS SH 24, Opladen, S. 116-148.

Schiller, Theo 1999: Prinzipien und Qualifizierungskriterien von Demokratie, in: Berg-Schlosser, D./Giegel, H.-J. (Hg.) 1999: Konstituierung und Qualifizierung der Demokratie, Frankfurt a.M./New York, S. 28-56.

Schiller, Theo (Hg.) 1999a: Direkte Demokratie in Theorie und kommunaler Praxis, Frankfurt a.M./New York.

Schiller, Theo 2000: Die Praxis der direkten Demokratie auf kommunaler Ebene, in: von Arnim, H. (Hg.); Direkte Demokratie. Beiträge auf dem 3. Speyerer Demokratieforum am 27-29. Oktober 1999 an der Deutschen Hochschule für Verwaltung, Berlin, S. 83-112.

Schiller, Theo 2001: Stellungnahme zur Anhörung des Hessischen Landtags, Ausschussvorlage INA 15/32.

Vollrath, Karsten, 2000: Die Einführung von Bürgerbegehren und Bürgerentscheid in Hamburg, Die Implementation des § 8a BezVG, unveröffentlichte Diplomarbeit, Universität Hamburg.

Vollrath, Karsten, 2002 (i.E.): Die direktdemokratische Praxis in den Hamburger Bezirken: Zwischen Konsenssuche und administrativer Sabotage, in: Schiller, T. (Hg.): Direkte Demokratie – Forschungsstand und Perspektiven, Wiesbaden.

Wollmann, Hellmut 2001: Direkte Demokratie in den ostdeutschen Kommunen – Regelungsschub und Anwendungspraxis, in: Derlien, H.-U. (Hg.): Zehn Jahre Verwaltungsaufbau Ost – eine Evaluation, Baden-Baden.

Hellmut Wollmann

Direkte Demokratie in den ostdeutschen Kommunen

Regelung, Praxis und Auswirkungen auf Kommunalpolitik und kommunales Entscheidungssystem

1. Einleitung

In diesem Papier[1] sollen zunächst die Einführung direktdemokratischer Entscheidungsrechte in den ostdeutschen Kommunen und deren Anwendungspraxis diskutiert werden. Sodann soll die Frage verfolgt werden, ob und wie sich deren Regelung und Anwendung auf die kommunale Politik und das kommunale Entscheidungssystem ausgewirkt haben. Vorsorglich (und als captatio benevolentiae) sei bereits an dieser Stelle ein bedauerliches Ungleichgewicht des Beitrags angekündigt. Angesichts des bislang schmalen Forschungs- und Erkenntnisstandes wird auf die („evaluative") Frage nach den *Auswirkungen*, die in diesem Band mit Recht in den Mittelpunkt gerückt wird, leider nur ansatzweise und eher spekulativ eingegangen werden können.

Zu den direktdemokratischen Rechten werden im Folgenden zum einen die (kommunalen) *Referenden* gerechnet, in denen die Bürger über die Angelegenheiten ihrer Kommune unmittelbar selbst entscheiden (*Bürgerentscheide*) und sozusagen als „lokaler Volkssouverän" in Ausübung *plebiszitär-demokratischer* Entscheidungsrechte neben der Kommunalvertretung/dem Kommunalparlament[2] und dessen gewählten Mitgliedern als der *repräsentativ-demokratischen* Verfassungsinstitution tätig werden[3]. Zum andern sollen hier (in der Literatur nicht unumstritten)[4] auch die *Direktwahl* (Urwahl) des Bürgermeisters und Landrats als kommunaler Politik- und Verwaltungschefs

---

1 Dieses Papier stützt sich weitgehend auf Wollmann 2001.
2 Die (staats-)rechtlich wie politikwissenschaftlich umstrittene Frage, ob die Kommunalvertretungen als „Parlamente" in einem den Parlamenten auf Bundes- und Landesebene vergleichbaren Verständnis bezeichnet werden können, soll an dieser Stelle unerörtert bleiben (vgl. hierzu ausführlich Wollmann 1999: 50ff.). Im Text wird überwiegend von Kommunal*vertretungen*, teilweise (als Synonym) auch von Kommunal*parlamenten*, gesprochen.
3 Zur Unterscheidung zwischen plebiszitären und repräsentativen Verfassungsprinzipien vgl. die klassische Abhandlung von Fraenkel 1979.
4 So etwa von Arnim 1990, Bretzinger 1994: 205 (mit weiteren Nachweisen). Anderer Ansicht etwa Hendler 1996: 103, Marshall 1997: 845ff., die die Direktwahl von Amtsträgern ebenso wie die von parlamentarischen Mandatsträgern dem „repräsentativ-mittelbaren Ordnungsmodell" zurechnen.

sowie deren mögliche Abwahl durch Bürgerentscheid (Personalplebiszit) zu den direktdemokratischen Teilhaberechten gezählt werden.

2. Kommunale Referenden: Bürgerbegehren, Bürgerentscheide

2.1 Rechtliche Regelung

Die DDR-Kommunalverfassung vom 17.5.1990, die von der am 18.3.1990 demokratisch gewählten DDR-Volkskammer verabschiedet wurde, trug eine ausgeprägte direktdemokratische Handschrift. Diese machte sich insbesondere in der Einführung von Bürgerantrag, Bürgerbegehren und Bürgerentscheid in den Gemeinden geltend (§ 18 DDR-KVerf); von der Einführung kommunaler Referenden in den Kreisen wurde allerdings abgesehen (vgl. Bretzinger 1994: 204). In den Gemeinden konnten Bürgerentscheide zum einen durch *Bürgerbegehren*, also aus der Mitte der Bevölkerung (mit einem Mindestquorum von 10 Prozent der Abstimmungsberechtigten), und zum andern als *Ratsbegehren* von der Gemeindevertretung (mit der absoluten Mehrheit ihrer Mitglieder) eingeleitet werden. Für das Gelingen der Bürgerentscheide wurde – zur Verhinderung von Zufalls- oder Bagatellmehrheiten – ein *Abstimmungsquorum* von 25 Prozent festgelegt, d.h. die tatsächliche Abstimmungsmehrheit musste mindestens 25 Prozent der Abstimmungsberechtigten erreichen.

Wie bei den Gesetzesberatungen hervorgehoben wurde, sollten in diesen direktdemokratischen Teilhaberechten der Bürger die basisdemokratisch-plebiszitären Erfahrungen und Erfolge, die die Bürgerbewegung, die lokalen Initiativen und zahlreichen lokalen Runden Tische *im revolutionären Herbst 1989* beim Niederringen und beim Sturz der SED-Herrschaft gewonnen hatten, ihren Ausdruck finden und „bewahrt" werden (vgl. Petzold 1990a, Melzer 1990: 47, 1991, Bretzinger 1994: 186f.)[5]. Dieses Erbe der politischen Wende in der DDR drückte auch dem Entwurf einer neuen DDR-Verfassung ihren Stempel auf, den die vom Zentralen Runden Tisch am 7.12.1989 gebildete *Arbeitsgruppe Neue Verfassung der DDR* formulierte und der ausgeprägt direktdemokratische und zivilgesellschaftliche Züge darin trug[6], dass er vor

---

5   Dabei wurde auch auf die vom DDR-Ministerrat am 12.3.1990 – also noch unter der interimistischen Modrow-Regierung – erlassene „Verordnung über die Tätigkeit von Bürgerkomitees und Bürgerinitiativen" verwiesen, in der diesen eigene Verfahrensrechte im Verhältnis zu den „örtlichen Volksvertretungen" und den „örtlichen Räten" (d.h. der örtlichen Verwaltungsspitze) eingeräumt wurden, vgl. Petzold 1990a: 28. Der Text der Verordnung ist abgedruckt in: Knemeyer, Hrsg. 1990: 122ff.
6   Vgl. hierzu Preuß 1991: 359: „(Ein) durchgängiges Charakteristikum (des Verfassungsentwurfs, H.W.) dürfte wohl darin liegen, daß (er) konsequenter als das Grundgesetz nicht als Staats-, sondern als Gesellschaftsverfassung konzipiert ist". Der (westdeutsche)

allem Volksbegehren und Volksentscheid als plebiszitäre Verfahren der Gesetzgebung vorsah und vorschrieb (Art. 35 Abs. 1), dass „Vereinigungen, die sich öffentlichen Aufgaben widmen und dabei auf die öffentliche Meinungsbildung einwirken (Bürgerbewegungen), als Träger freier gesellschaftlicher Gestaltung, Kritik und Kontrolle den besonderen Schutz der Verfassung (genießen)". Zwar wurde der Verfassungsentwurf durch die Ergebnisse der DDR-Volkskammerwahlen vom 8.3.1990 und den sich abzeichnenden raschen *Beitritt* der DDR nach Art. 23 GG überholt und von der DDR-Volkskammer gesetzgeberisch beiseite gelegt (vgl. Wollmann 1997: 30f. mit Nachweisen). Er war jedoch – wie sich auch in den Landesverfassungen der neuen Ländern (vgl. Wollmann 1996: 75ff. mit Nachweisen) und in deren künftiger Kommunalgesetzgebung zeigen sollte – durchaus gestaltungspräsent.

Außer diesen *endogenen* Anstößen durch die zeitgenössischen Ereignisse der Wende konnte bei der Verabschiedung der DDR-Kommunalverfassung im Übrigen an die eigene Kommunalverfassungsgeschichte angeknüpft werden, hatten doch *Sachsen* und *Thüringen* in den Weimarer Jahren kommunale Referenden erstmals landesgesetzlich verankert (vgl. Bretzinger 1994: 187 mit Nachweisen)[7].

Machten sich bei der Aufnahme der kommunalen Referenden in die DDR-Kommunalverfassung mithin einerseits *endogene* Bestimmungsgründe als einer institutionellen *Eigenentwicklung* geltend, konnte ein *exogener* Impuls andererseits vom Land *Baden-Württemberg* ausgehen, das seit 1956 als einziges altes Bundesland gemeindliche Bürgerbegehren und -entscheide kannte (vgl. Petzold 1990b: 177). Einen weiteren exogenen Anstoß dürfte *Schleswig-Holstein* gegeben haben, wo aus der Barschel-Affäre die Notwendigkeit einer tiefgreifenden Reform der politischen Institutionen gefolgert worden war und am 5.4.1990 – also während der Gesetzgebungsberatungen der DDR-Volkskammer – das kommunale Referendum in den Gemeinden und – ein Novum in der deutschen Kommunalverfassungsgeschichte – auch in den Kreisen eingeführt wurde (vgl. Rehmet u.a. 1999: 126ff., Schefold/Neumann 1996: 54ff. mit Nachweisen, Bretzinger 1994: 185).

Die DDR-Kommunalverfassung vom 17.5.1990 galt nach den Überleitungsbestimmungen des Einigungsvertrags nach dem Beitritt vom 3.10.1990 in den neugebildeten ostdeutschen Ländern zunächst – als jeweiliges Landesrecht – weiter. Sie wurde von den neuen landesgesetzlichen Gemeinde- und Kreisordnungen abgelöst, die die ostdeutschen Landtage zwischen dem 18.3.1993 (in *Sachsen*) und 18.2.1994 (in *Thüringen*) verabschiedeten und die

---

Verfassungsrechtler und Politikwissenschaftler Ulrich K. Preuß war Mitglied der Arbeitsgruppe „Neue Verfassung".

7 Zu der (in der Transformationsforschung gemachten) konzeptionellen Unterscheidung zwischen „endogenen" (also in den politischen, institutionellen usw. Gegebenheiten Ostdeutschlands wurzelnden) und „exogenen" (von der „alten" Bundesrepublik ausgehenden) Bestimmungsfaktoren vgl. etwa Wollmann 1996.

mit dem Datum der 2. Kommunalwahlen in Kraft traten (am 5.12.1993 in *Brandenburg* und am 12.6.1994 in den anderen ostdeutschen Ländern).

In der landesgesetzlichen Regelung der kommunalen Referenden zeigen sich zwischen den Ländern teilweise durchaus deutliche Unterschiede, wobei die Verfahrenshürden gegenüber der DDR-Kommunalverfassung zum Teil merklich erhöht wurden (vgl. Übersicht 1). Die neuen Landesgesetze sehen durchweg kommunale Referenden für die Gemeinden und außerdem – anders als die DDR-Kommunalverfassung – auch für die Kreise vor (mit Ausnahme von *Thüringen*).

Übersicht 1: Institutionelle Regelung kommunaler Referenden in den(Flächen-) Ländern (Angaben für ostdeutsche Länder **gefettet**)[8]

Land	Auch in Kreisen?	Bürgerbegehren		Ratsbegehren	Bürgerentscheide
		Quorum (in % der Abstimmungsberechtigten)	Prüfung der Zulässigkeit durch	Quorum (Anteil der Mitgl. d. Kommunalvertretungen.)	Zust.Quorum (in % der Abstimmberechtigten)
Bdbg	**+**	**10**	**KV**	**(abs. Mehrh.)**	**25**
Me-Vo	**+**	**10 bis 4,42**	**Komm.aufs.**	**abs. Mehrh.**	**25**
Sa	**+**	**15 (5)**	**KV**	**2/3 Mehrh.**	**25**
Sa-Anh	**+**	**15 bis ca. 5**	**KV**	**2/3 Mehrh.**	**30**
Thür	**-**	**20**	**KV**	**----**	**25**
DDR/ostB L	**-**	**10**	**—**	**abs. Mehrh.**	**25**
BW	-	10 bis ca. 5	KV	2/3 Mehrh.	30
Bay	+	10 bis 3	KV	2/3 Mehrh.	(0) 20/10
He	-	10	KV	----	25
Ns	+	10	Verw.Aussch	----	25
NRW	+	10 bis ca. 3	KV	----	20
Rh-Pf	+	15 bis ca. 8,8	KV	----	30
Saar	+	15 bis ca. 12,4	KV	----	25
/Sch-H	+	10	Komm.-aufs.	2/3 Mehrh.	25

Betrachtet man nun in den ostdeutschen Ländern das *Initiativquorum*, so hat Land *Brandenburg* mit 10 Prozent die Regelung der DDR-Kommunalverfassung unverändert übernommen, während *Mecklenburg-Vorpommern* eine Staffelung nach Gemeindegröße eingeführt hat, die das Quorum zwischen 10 und rund 4,4 Prozent spreizt. In *Sachsen* liegt das Begehrensquorum bei 15 Prozent; den Gemeinden ist jedoch das Recht eingeräumt, das erforderliche Quorum bis auf 5 Prozent zu senken (§ 25, Abs. 1, Satz 2 Sächsische Gemeindeordnung). Von dieser Möglichkeit haben bislang Leipzig, Görlitz und – vorübergehend – Dresden durch Herabsetzung auf 5 Prozent Gebrauch ge-

---

8   Angelehnt an Wollmann 2001: 32, hier finden sich auch nähere Details zur Staffelung der Quoren in den Bundesländern und weiteren institutionellen Regelungen. Quellen: von Arnim 2000: 312ff., Schefold/Neumann 1996: 113ff., Gabriel 1999: 305, eig. Erheb.

macht[9]. In *Sachsen-Anhalt* ist ein nach Gemeindegröße gestaffeltes Quorum festgelegt, das von 15 bis ca. 5 Prozent reicht. Die höchste Verfahrenshürde hat das Land *Thüringen* mit einem Mindestquorum von 20 Prozent der Abstimmungsberechtigten aufgebaut.

Anders als die Mehrheit der westdeutschen Länder (Flächenländer), wonach der direktdemokratischen Logik durchaus schlüssig – nur die Bürgerschaft das Initiativrecht (Bürgerbegehren) für die Einleitung für Bürgerentscheiden besitzt, legen die meisten ostdeutschen Länder – im Gefolge der DDR-Kommunalverfassung – neben dem Initiativrecht der Bürgerschaft (Bürgerbegehren) auch ein solches der Kommunalvertretung (*Ratsbegehren*) fest. Als einziges ostdeutsches Land versagt *Thüringen* den Gemeindevertretungen ein eigenes Initiativrecht, während *Brandenburg* es auf die Frage der Zusammenschlüsse von Gemeinden beschränkt. Als Mindesterfordernis (Quorum) für das Ratsbegehren ist in *Mecklenburg-Vorpommern* und *Brandenburg* (wie vorher in der DDR-Kommunalverfassung) die (absolute) Mehrheit und in *Sachsen* sowie *Sachsen-Anhalt* die 2/3-Mehrheit der Mitglieder der Kommunalvertretung vorgeschrieben.

Zwar können kommunale Referenden grundsätzlich – in landesgesetzlich unterschiedlich gefasster Umschreibung – alle „Angelegenheiten der örtlichen Gemeinschaft" zum Gegenstand haben, jedoch sind – wiederum landesgesetzlich unterschiedlich – erhebliche inhaltliche und prozedurale Schranken gezogen (zum Folgenden vgl. etwa Wollmann 1998b: 41ff., Gabriel 1999: 304ff. jeweils mit weiteren Nachweisen). Durch die (in den ostdeutschen Kommunalordnungen mit zwischen 18 (Thüringen) und 7 (Sachsen-Anhalt) Ausschlusstatbeständen umschriebenen) sog. Negativkataloge sind insbesondere Fragen des *kommunalen Haushalts und der kommunalen Abgaben, der kommunalen Organisation* in vielen Ländern auch die kommunale Bauleitplanung (in den ostdeutschen Kommunalordnungen sind nur Sachsen und Sachsen-Anhalt ausgenommen) – also einige Kernfragen der örtlichen Gemeinschaft – vom kommunalen Referendum ausgeschlossen. Zudem müssen Bürgerbegehren, sofern ihre Verwirklichung Kosten nach sich zieht, einen *Kostendeckungsvorschlag* enthalten, der nicht nur Angaben zu den zu erwar-

---

9   In ihrer Hauptsatzung vom 2.6.1994 beschloss die Stadtvertretung von Dresden – auf Initiative von Bündnis90/Die Grünen – die Herabsetzung des Begehrensquorums auf 5%, kehrte jedoch nach den Kommunalwahlen vom 13.6.1999 in einer kommunalpolitisch kontroversen Entscheidung der Gemeindevertretung (mit den Stimmen der CDU und der F.D.P./DSU) durch Änderung der Hauptsatzung vom 16.9.1999 jedoch wieder zur landesgesetzlichen Regelung (15%) zurück. In Dresden wurden zwischen 1995 und 1999 insgesamt 6 Bürgerbegehren initiiert, von denen eines zu einem Bürgerentscheid (Ja zum Autobahnbau Dresden-Prag) führte. Aus den Reihen der CDU-Fraktion wurde argumentiert, es habe sich „in der Vergangenheit gezeigt, dass sehr oft Bürgerbegehren initiiert wurden, die nur dem Zweck dienten, Stimmung zu machen. Diese Bürgerbegehren der Vergangenheit haben darüber hinaus auch zur Verunsicherung von Investoren geführt" (Grötsch 1999 – CDU-Fraktionsvorsitzender).

tenden Kosten macht, sondern auch schlüssig darlegt, auf welche Weise diese
finanziert werden sollen.

Die Prüfung, ob ein Bürgerbegehren zulässig ist, ob also die formellen
und materiellen Voraussetzungen (inhaltliche Zulässigkeit des Gegenstands
des Referendums, Kostendeckungsvorschlag, Erfüllung des Begehrensquorums durch eine hinreichende Zahl gültiger Unterschriften usw.) eingelöst
sind, liegt in den meisten Ländern bei der *Kommunalvertretung*. Diese Ver-
fahrensregelung ist angesichts dessen als problematisch zu beurteilen, als die
Kommunalvertretung sich bei dieser (mit Stimmenmehrheit zu treffenden)
Entscheidung über die Zulässigkeit eines Bürgerbegehrens insbesondere dann
kommunalpolitischer Konfliktbeteiligter und Partei ist, wenn sich ein Bürgerbegehren anheischig macht, über ein kommunalpolitisches Thema gegen das
Widerstreben der Kommunalvertretung zu entscheiden (sog. initiierendes Begehren), eine von dieser bereits gefasste Entscheidung aufzuheben (sog. kas-
satorisches Begehren) oder einen von dieser vorbereiteten Beschluss zu verhindern (sog. präventives Begehren) (vgl. Wollmann 1999: 18). Allein *Mecklenburg-Vorpommern* sucht diesen kommunalpolitischen Rollenkonflikt dadurch zu
entschärfen, dass mit der Prüfung der Zulässigkeit von Bürgerbegehren die
Kommunalaufsicht, also die staatliche Aufsichtsbehörde, befasst wird, die „im
Benehmen" (also nicht notwendigerweise im *Einvernehmen*) mit der Kommunalvertretung zu entscheiden hat[10].

Die neuen Landesgesetze sehen durchweg ein *Zustimmungsquorum*, also
einen Mindestprozentsatz der Abstimmungsberechtigten vor, den die faktische Abstimmungsmehrheit erreichen muss. Die meisten Länder schließen
sich hierbei der vorherigen Regelung der DDR-Kommunalverfassung (25
Prozent) an – mit Ausnahme von *Sachsen-Anhalt*, wo das Zustimmungsquorum auf 30 Prozent heraufgesetzt ist.

Zusammenfassend bleibt hervorzuheben, dass die Regelung der kommunalen Referenden – in den ostdeutschen ebenso wie in den westdeutschen
Bundesländern – prozedural wie inhaltlich hinter der *Schweiz* und den USA
erheblich zurückbleiben. In diesen beiden Ländern sind die Begehrensquoren
überwiegend deutlich niedriger, Zustimmungsquoren weithin unbekannt und
auch und gerade Entscheidungen zu Fragen des kommunalen Haushalts und
der kommunalen (Steuer-)Abgaben ausdrücklich zugelassen (vgl. von Arnim
2000: 277, 312) und zum Teil – ab einer kommunalrechtlich verankerten
Mindestausgabenhöhe – sogar zwingend vorgeschrieben sind.

---

10   Ungeachtet dieses bürgerbegehrens-freundlichen Verfahrens wurden von den 20 zwi-
     schen 1995 und 2000 initiierten Bürgerbegehren 17 (= 85 Prozent – sic! -) von der Aufsi-
     chtsbehörde als „unzulässig" (u.a. wegen „unzureichenden Kostendeckungsvorschlags")
     zurückgewiesen (nach: Unterlagen des IM Mecklenburg-Vorpommern).

2.2 Anwendungspraxis

2.2.1 Datenbasis und -„kritik"

Zur empirischen Ermittlung der Anwendungspraxis der kommunalen Referenden sei zunächst darauf hingewiesen, dass, wie unlängst im „Volksbegehrens-Bericht 2001" der Organisation Mehr Demokratie e.V. bemerkt wurde, die kommunalen „Bürgerbegehren nur in wenigen Ländern erfasst werden. Die Datenlage ist deshalb äußerst lückenhaft" (Mehr Demokratie 2002: 8). Die folgenden Ausführungen stützen sich insbesondere auf die bislang umfassendste Untersuchung von Oscar Gabriel (Gabriel 1999 mit geteilten Daten, ferner auf Rehmet/Pavlovic 1999 und Mehr Demokratie 2002[11].

---

11 Darüber hinaus habe ich *Volker Mittendorf* für hilfreiche kritische Hinweise zu danken. Insgesamt ist darauf aufmerksam zu machen, dass zwischen den von Gabriel 1999 mitgeteilten und den in Mehr Demokratie 2000 veröffentlichten Daten zum Teil beträchtliche Diskrepanzen bestehen. So kommt *Mehr Demokratie 2000:* 19 (hochgerechnet bis Ende 2001) auf insgesamt 2617 Bürgerbegehren und 1.169 Bürgerentscheide – gegenüber Gabriel 1999 mit 1.477 bzw. 1.082 (bis Ende 1998, ohne Hessen und Sachsen-Anhalt). Auch wenn sich die Zahlendiskrepanz zum Teil aus der unterschiedlichen geographischen Erfassung (*Mehr Demokratie 2002* schließt auch *Hessen* und *Sachsen-Anhalt* – sowie die numerisch freilich kaum ins Gewicht fallenden Stadtstaaten – ein) sowie dem unterschiedlichen Zeithorizont (*Mehr Demokratie 2002* erfasst den Zeitraum bis 2001, das Jahr 2001 im Wege der „Hochrechnung") ergibt, bleibt eine auffällige Unstimmigkeit vor allem für die Zahl der Bürgerbegehren bestehen. Möglicherweise erklärt sich diese dadurch, dass in *Mehr Demokratie 2002* auch teilweise „im Vorfeld" stecken gebliebene Bürgerbegehren mitgezählt worden sind.

Übersicht 2: Praxis der Bürgerbegehren (BB) und Bürgerentscheide (BE)[1] in den Flächenländern (die Angaben zu den ostdeutschen Ländern sind **gefettet**)

Land	Untersuchungszeitraum	Zahl der Gemeinden	Bürgerbegehren			Bürgerentscheide		
			Zahl	Ø Häufigkeit	Rangfolge	Zahl	Ø Häufigkeit	Rangfolge
BW	1956-99	1111	267	1/187	10	267 (128)	1/187 (1/373)	8
Bay	1995-98	2056	610	1/11	1	370 (361)	1/18 (1/??)	1
Bdbg	**1993-98**	**1489**	**90**	**1/94**	**8**	**58 (40)**	**1/142 (1/213)**	**7**
He	1993-99	426	116.	1/39	3	46	1/54	3
Me-Vo	**1992-96**	**1069**	**13**	**1/362**	**11**	**9 (k.A.)**	**1/543 (k.A.)**	**12**
Ns	1997-99	1032	36	1/58	76	15	1/130	6
NRW	1994-99	396	138	1/15	2	48	1/42	2
Rh-Pf	1994-97	2305	57	1/122	9	31	1/231	9
Saar	1997-99	52	2	0/52	-	1	0/52	13
Sa	**1992-98**	**779**	**101**	**1/51**	**5**	**88 (53)**	**1/58 (1/96)**	**4**
Sa-Anh	**1990-98**	**1295**	**57**	**1/44**	**4-**	**41 (k.A.)**	**1/261 (k.A.)**	**10**
Sch-H	1990-97	1132	151	1/52	6	94 (81)	1/87 (1/95)	5
Thür	**1993-98**	**1053**	**14**	**1/395**	**12**	**15**	**1/395**	**11**
Insges. Ø	1956-99		1593	1/395		1082 (868)	1/204	

2.2.2 Bundesweite Anwendungspraxis

Die verfügbaren Daten machen deutlich, dass die Bevölkerung in der Bundesrepublik insgesamt, also auch in den westdeutschen Ländern, von den kommunalen Referenden bislang in bemerkenswert geringem Maße Gebrauch gemacht hat. Zwischen 1956 bzw. 1990[12] und 1999 wurden in den insgesamt rund 15.000 Gemeinden der Bundesrepublik nicht mehr als 1.593 Bürgerbegehren initiiert und 1.082 Bürgerentscheide durchgeführt, von denen 868 (= 80 Prozent) auf Bürgerbegehren und die restlichen auf Ratsbegehren zurückgingen (vgl. Übersicht 2). Das (niedrige) Niveau der bisherigen Anwendungspraxis wird vollends anschaulich, wenn man einen gemeinde- und jahresdurchschnittlichen *Häufigkeitsindikator* dadurch bildet, dass die Zahl der bislang zustande gekommenen Bürgerbegehren (BB) bzw. der zur Abstimmung gebrachten Bürgerentscheide (BE) durch die Zahl der Gemeinden und die Zahl der Geltungsjahre der Regelung dividiert wird (vgl. hierzu neuerdings grundlegend Gabriel 1999: 309ff.). Anders ausgedrückt, gibt die auf diesem Wege errechnete Bruchzahl (z.B. 1/100) in ihren Quotienten an, wie viele Jahre es in der einzelnen Gemeinde durchschnittlich dauert (z.B. 100 Jahre), bis ein BB initiiert bzw. ein BE stattfindet. Für die Bundesrepublik insgesamt (also für alle west- wie ostdeutschen Gemeinden) lautet dieser Häufigkeitsindikator für BB: 1/126 und für BE: 1/204. Anders (und der Anschaulichkeit halber überspitzt) ausgedrückt, findet demnach in der einzelnen Gemeinde bundesdurchschnittlich alle 126 Jahre ein Bürgerbegehren und alle 204 Jahre ein Bürgerentscheid statt[13].

Die mithin bundesdurchschnittlich insgesamt niedrige, in einigen Bundesländern verschwindend geringe Anwendungshäufigkeit der kommunalen Referenden wird vollends deutlich, wenn man sie mit der Schweiz und den USA als zwei klassischen Ländern mit direktdemokratischer Verfassungstradition vergleicht[14]. Im Falle der kommunalen Referenden in der Schweiz muss man freilich von vornherein berücksichtigen, dass in rund 80 Prozent der 2.900 Gemeinden Gemeindeversammlungen als kommunale Beschlussorgane, also die Urform der lokalen direkten Demokratie, mithin keine (repräsentativ-demokratischen) Gemeindevertretungen/-parlamente bestehen. Da die Bürger ihre Anliegen in der Gemeindeversammlung direkt einbringen können, haben kommunale Referenden in dieser urdemokratischen kommunalen Verfassungsform kaum praktische Relevanz.[15] Im Gegensatz dazu wird

---

12 Zwischen 1956 und 1990 waren kommunale Referenden allein in Baden-Württemberg vorgesehen.

13 Vgl. hierzu zuletzt auch die Berechnungen in *Mehr Demokratie 2002:* 19 mit „Häufigkeitsindikatoren", die – aufgrund der teilweise unterschiedlichen Datengrundlage – von hier herangezogenen Werten etwas abweichen, jedoch in der Grundtendenz übereinstimmen.

14 Zur Schweiz vgl. zuletzt Linder 1999, zu den USA zuletzt Heußner 1999: 101ff.

15 Ich habe Andreas Ladner (Universität Bern) für diesen Hinweis zu danken.

in den Gemeinden, in denen Gemeindevertretungen/-parlamente an der Stelle
von Gemeindeversammlungen vorgesehen sind, von den kommunalen Referenden lebhafter Gebrauch gemacht. So wurden zwischen 1980 und 1990 in
der Stadt Bern jahresdurchschnittlich rund 12 und in Winterthur 8 kommunale
Referenden durchgeführt (Zahlen nach Linder 1999, Tabelle 10.11, Huis-
soud/Joye 1991, Joye 1999[16]).

2.2.3 Anwendungspraxis in den ostdeutschen Ländern

Um die Anwendungspraxis der kommunalen Referenden in den ostdeutschen
Kommunen (sowohl zwischen den ostdeutschen als auch mit den westdeutschen Ländern) zu vergleichen, soll zunächst auf die *Bürgerbegehren (BB)*
eingegangen werden. Anhand des (numerischen) Häufigkeitsindikators, der
im Durchschnitt aller (west- wie ostdeutschen) Länder („Flächenländer") bei
1/126 liegt, ergibt sich die folgende Rangfolge und Gruppierung:

–   Spitzenreiter sind Bayern (mit einem Häufigkeitsindikator von 1/15) und
    Nordrhein-Westfalen (1/15).
–   Dann kommt eine Gruppe mit einem deutlich über dem Bundesdurch-
    schnitt (1/126), im „1/100er-Bereich" liegenden Häufigkeitsindikator,
    nämlich Hessen (1/39), *Sachsen-Anhalt* (1/44), *Sachsen* (1/51), Schles-
    wig-Holstein (1/52), Niedersachsen (1/58) und *Brandenburg* (1/94).
–   Einer weiteren Gruppe lassen sich Länder mit einem leicht über bzw.
    leicht unter dem Bundesdurchschnitt liegenden Häufigkeitsindikator zu-
    ordnen, nämlich Rheinland-Pfalz (1/122) und Baden-Württemberg
    (1/187).
–   Schließlich bildet sich eine Gruppe mit einem ausgeprägt unter-durch-
    schnittlichen Häufigkeitsindikator ab, nämlich *Mecklenburg-Vorpommern*
    (1/362) und *Thüringen* (1/395) sowie das Saarland (0).

Während die ostdeutschen Länder in der Häufigkeit der *Bürgerbegehren*
mehrheitlich im oberen Mittelfeld liegen (*Mecklenburg-Vorpommern* und
Thüringen freilich markant am unteren Ende), befinden sie sich in der Häufigkeit der *Bürgerentscheide* überwiegend im bundes*unter*durchschnittlichen
Feld (Bundesdurchschnitt: 1/204).

–   Bayern (1/18) und Nordrhein-Westfalen (1/42) sind auch hier
    Spitzenreiter.
–   Hessen (1/54), *Sachsen* (1/58, Rang 4) und Schleswig-Holstein (1/87)
    liegen im („1/100er") oberen Mittelfeld,
–   Niedersachsen (1/130), *Brandenburg* (1/142, Rang 7), Baden-
    Württemberg (1/187), Rheinland-Pfalz (1/231) und *Sachsen-Anhalt*
    (1/261, Rang 10) etwas über bzw. unter dem Bundesdurchschnitt,

---

16   Für eine aufschlussreiche Fallstudie zur Stadt Zürich vgl. Ladner 1999.

–   *Thüringen* (1/395) und *Mecklenburg-Vorpommern* (1/543) in weitem Abstand am Ende (Rang 11 und 12).

Bei der Interpretation dieses Häufigkeitsprofils der *Bürgerentscheide* ist im Auge zu behalten, dass die meisten westdeutschen Länder (darunter auch der Spitzenreiter *Nordrhein-Westfalen*) die Initiierung von Bürgerentscheiden durch *Ratsbegehren* nicht vorgesehen haben, die durchgeführten *Bürgerentscheide* also ausschließlich durch *Bürgerbegehren* ausgelöst worden sind. Demgegenüber ist in den ostdeutschen Ländern (außer in *Thüringen*) neben dem Bürgerbegehren auch das Initiativrecht der Gemeindevertretung (*Ratsbegehren*) vorgesehen. Soweit differenzierende Zahlen überhaupt verfügbar sind (vgl. in Übersicht 2, Spalte Zahl der Bürgerentscheide, dort gibt, wo vorhanden, die in Klammern gesetzte Ziffer die Zahl der von Bürgerbegehren ausgelösten Bürgerentscheide an), weisen sie zum einen aus, dass in den ostdeutschen Ländern ein erheblichen Anteil der Bürgerentscheide auf Ratsbegehren zurückgeht, und deuten zum andern darauf hin, dass der Anteil der Ratsbegehren in den westdeutschen Ländern, soweit vorgesehen, deutlich niedriger liegt (so in Schleswig-Holstein bei 15 Prozent).

(Auf die Frage, wie diese Unterschiede (Varianz) in der kommunalen Anwendungshäufigkeit sowohl zwischen den westdeutschen und den ostdeutschen Ländern insgesamt als auch zwischen den ostdeutschen Ländern zu erklären sei, soll an dieser Stelle nicht eingegangen werden. Zu den möglichen *institutionellen, politik-kulturellen und handlungsressourcen-bezogenen* Erklärungsansätzen vgl. ausführlicher Wollmann 2001: 40ff.)

3. Direktwahl der Bürgermeister und Landräte

3.1 Institutionelle Regelung

Im Verlauf der Diskussion, die in Ostdeutschland den (kurzen) Gesetzgebungsprozess in der DDR-Volkskammer bis zur Verabschiedung der DDR-Kommunalverfassung am 17.5.1990 begleitete, wurde die Einführung des direkt gewählten Bürgermeisters vielerseits befürwortet (Petzold 1990b: 77, vgl. auch den Diskussionsbericht in Knemeyer Hrsg. 1990: 61, Bretzinger 1994: 209). Auf diese Diskussion wirkte die *endogene* Absicht, hiermit ein weiteres direktdemokratisches Verfassungselement einzufügen, ebenso ein wie das *exogene* Vorbild der *Süddeutschen Bürgermeister-Rats-Verfassung*, die um den direkt gewählten kommunalen Politik- und Verwaltungschef (als einer Art lokalen Präsidialsystems) kreist und erstmals 1952 in *Bayern*[17] und

---

17   Art. 17 Bayerische Gemeindeordnung, in Kraft getreten am 25.1.1952.

1956 in *Baden-Württemberg*[18] verankert worden war.[19] Angesichts dessen, dass die ersten demokratischen Kommunalwahlen (zu den Kommunalvertretungen) am 6.5.1990, also noch vor der Verabschiedung der neuen Kommunalverfassung, stattfanden, beschied sich die Volkskammer im Ergebnis damit, in der DDR-Kommunalverfassung den mittelbar, von der Kommunalvertretung zu wählenden Bürgermeister (und Landrat) – in einer Art lokalen parlamentarischen Systems – festzulegen. Dabei gestaltete sie das Verhältnis von Bürgermeister und Gemeindevertretung als *unechte Bürgermeisterverfassung* (Schefold/Neumann 1996: 15) aus, indem diese, anders als bei der *echten Bürgermeisterverfassung*, in der der Bürgermeister neben seiner Funktion als „Exekutivpolitiker" auch Vorsitzender der Gemeindevertretung ist, in einer Form von Gewaltenteilung aus ihrer Mitte einen eigenen Vorsitzenden („Vorsteher") wählt. Überwiegend ging man davon aus, dass die Einführung der Direktwahl des Bürgermeisters der späteren Kommunalgesetzgebung der Länder überlassen bleiben sollte (vgl. Bretzinger 1994: 209 mit weiteren Nachweisen).

Bei der Beratung ihrer neuen Gemeinde- und Kreisordnungen, die die infolge der Überleitungsvorschriften des Einigungsvertrags zunächst als jeweiliges Landesrecht weitergeltende DDR-Kommunalverfassung ablösen sollten, war die gesetzgeberische Diskussion in allen ostdeutschen Ländern davon geprägt, dass die Einführung der Direktwahl der Bürgermeister und Landräte schon während der Beratungen der DDR-Kommunalverfassung im Frühjahr 1990 weitgehend vorentschieden schien und aus eher pragmatischen Gründen vertagt worden war. Weiteren Anschub erhielt sie (exogen) dadurch, dass auch in den westdeutschen Ländern die Direktwahl der Bürgermeister und Landräte auf dem Vormarsch war. Einen ersten wichtigen Schritt setzte hierbei das Land *Hessen*, wo die vom Landtag beschlossene Einführung der Direktwahl der Bürgermeister und Landräte in einer Volksabstimmung am 20.1.1991 (mit der beeindruckenden Mehrheit von 82 Prozent der Abstimmenden) bestätigt wurde.

Die neuen Gemeinde- und Kreisordnungen der ostdeutschen Länder – und mit ihnen die Einführung der Direktwahl – traten wie oben ausgeführt zwischen Dezember 1993 und Juni Juni 1994 in Kraft. Mit der Verankerung der Direktwahl des Bürgermeisters und des Landrats gehören die ostdeutschen Länder (neben *Rheinland-Pfalz*, dem *Saarland* und *Nordrhein-Westfalen*) zu jener Gruppe von Ländern, die – nachdem Hessen Anfang 1991 vorgeprescht war – zwischen Herbst 1993 und Herbst 1994 entsprechende Regelungen einführten und zum „Siegeslauf der plebiszitären Bürgermeisterverfassung" (Bovenschulte/Buß 1996, S. 36ff.) wesentlich beitrugen. Dem folgten *Schleswig-Holstein* und *Niedersachsen* (zwischen Juli/August 1996) mit erheblichem Abstand.

---

18   § 45 Gemeindeordnung für Baden-Württemberg, in Kraft getreten am 1.4.1956.
19   Auch wenn, wie meist betont wird, diese beiden Länder von dem in den USA verbreiteten Modell des direkt-gewählten „starken" Bürgermeisters beeinflusst gewesen
     sein dürften, sollte nicht übersehen werden, dass *Bayern* in den 1920er Jahren vorübergehend die Direktwahl des Bürgermeisters eingeführt hatte (vgl. Wollmann
     1998c: 54 mit Nachweisen).

Übersicht 4: Direktwahl der Bürgermeister und Landräte sowie deren Abwahl in den Flächenländern (Angaben für ostdeutscher Länder **gefettet**)[1]

| Land | Direktwahl | | Amts-/Wahlperiode | | Abwahl | | | | |
| | | | | | Abwahl möglich? | | Abwahlbegehren | | BE über Abwahl |
	BM	LR	BM	KV	BM	LR	BBQuorum (in % der Wahlberechtigten)	RB-Quorum (Anteil) aller KV-Mitgl.	Zustimmungsquorum (in % der Wahlberechtigten)
BW	+	-	8	5	-	-	---	---	---
Bay	+	+			-	-	---	---	25
Bdbg	+	-	**8**	**5**	**+**	**-**	(10) **25/15**	**2/3 Mehrh.**	**25**
He	+	+	6	5	+	+	—	2/3 Mehrh.	33,3
Me-Vo	+	+	**7-9**	**5**	**+**	**+**	—	**2/3 Mehrh.**	**33,3**
Ns	+	+	5	5	+	+	—	¾ Mehrh.	25
NRW	+	+	5	5	+	+	—	2/3 Mehrh.	25
Rh-Pf	+	+	8	5	+	+	—	2/3 Mehrh.	30
Saar	+	+			+	+	—	2/3 Mehrh.	30
Sa	+	+	**7**	**5**	**+**	**+**	**33,3**	**¾ Mehrh.**	**50**
Sa-Anh	+	+	**7**	**5**	**+**	**+**	—	**¾ Mehrh.**	**30**
Sch-H	+	+	**6-8**	**5**	**+**	**+**	**25**	**2/3 Mehrh.**	**33,3**
Thür	+	+	**6**	**5**	**+**	**-**	—	**abs. Mehrh.**	**30**

---

1 Vgl. Wollmann 2001: 47, Abkürzungen: BM = Bürgermeister, haBM = hauptamtlicher Bürgermeister, eaBM = ehrenamtlicher Bürgermeister, LR = Landrat, KV = Kommunalvertretung, BB = Bürgerbegehren, RB = Ratsbegehren, d.h. aus der Mitte der KV initiiertes Abwahlverfahren.

In der Institutionalisierung des direkt-gewählten Bürgermeisters bzw. Landrats in den ostdeutschen Ländern lassen sich zwei Varianten unterscheiden:

– Die Länder *Sachsen*[20], *Sachsen-Anhalt* und *Thüringen* folgten eng der *Süddeutschen Bürgermeister-Rats-Verfassung* mit der Figur des starken Bürgermeisters, der nicht nur die (monokratische) Politik- und Verwaltungsführung sowie die Außenvertretung der Kommune ausübt, sondern auch den Vorsitz der Kommunalvertretung (sowie in deren Ausschüssen) hat.

– Demgegenüber entschieden sich die Länder *Brandenburg* und *Mecklenburg-Vorpommern* – insoweit an den in der DDR-Kommunalverfassung anklingenden Gedanken einer kommunalen Gewaltenteilung anknüpfend –, dass der Vorsitz in der Kommunalvertretung (in Abweichung vom süddeutschen Modell) nicht gleichzeitig vom direkt gewählten Bürgermeister wahrgenommen wird, sondern hierfür (in Anknüpfung an die in gewisser Weise gewaltentrennende *unechte Bürgermeisterverfassung* der DDR-Kommunalverfassung) eine eigenständige kommunalpolitische Position in Gestalt des von der Gemeindevertretung aus ihrer Mitte zu wählenden Vorstehers installiert wird (vgl. Schefold/Neumann 1996: 33 FN 58 mit Nachweis).

Für die *Amtszeit* der (hauptamtlichen, d.h. in kreisfreien Städten und „amts- bzw. verwaltungsgemeinschaftsfreien"[21] Gemeinden tätigen) Bürgermeister (und Landräte) haben die ostdeutschen Kommunalgesetze durchweg eine über die (übereinstimmend 5-jährige) Wahlperiode der Kommunalvertretungen hinausgehende Dauer festgelegt; in *Thüringen* wurde diese (wie in *Hessen)* auf 6 Jahre, in *Sachsen* und *Sachsen-Anhalt* auf 7 und in *Brandenburg* (wie in *Baden-Württemberg* und *Bayern*) auf 8 Jahre bemessen (vgl. Übersicht 4, Spalten Amts-/Wahlperiode). In *Mecklenburg-Vorpommern* ist (ähnlich wie in *Schleswig-Holstein)*[22] vorgesehen, dass die Amtsdauer – nach Maßgabe der konkreten Festlegung durch die von der Gemeindevertretung zu beschließenden Hauptsatzung der Gemeinde – „mindestens sieben und höchstens neun Jahre beträgt"[23].

Demgegenüber haben die Länder *Nordrhein-Westfalen* und *Niedersachsen* an der 5-jährigen Amtszeit der Bürgermeister und Landräte und damit am gleichen Zeittakt zwischen dieser und der Wahlperiode der Kommunalvertretung festgehalten. Es liegt auf der Hand, dass die Stellung des Bürgermeisters und Landrats gegenüber der Kommunalvertretung dadurch nicht unwesentlich gestärkt wird, dass diese über eine von der (fünfjährigen) Wahlperiode der

---

20 In *Sachsen* werden nur die *hauptamtlichen* Bürgermeister direkt gewählt, die *ehrenamtlichen* (in den kleineren Gemeinden) aber mittelbar von der Gemeindevertretung.

21 Nach Maßgabe der jeweiligen landesgesetzlichen Regelung zu Einrichtung der *Ämter* bzw. *Verwaltungsgemeinschaften* als gemeinsame Verwaltungseinheit der kleineren kreisangehörigen Gemeinden.

22 In *Schleswig-Holstein* sind für die Amtszeit – nach Maßgabe der Hauptsatzung der Gemeinde – mindestens 6 und höchstens 8 Jahre festgelegt.

23 § 38 Abs. 5 Kommunalverfassung Mecklenburg-Vorpommern.

Kommunalvertretung abgekoppelte Amtsperiode verfügen, die ihnen ein umso größeres kommunalpolitisches Gewicht zu verschaffen geeignet ist, je länger (in den ostdeutschen Ländern zwischen 6 und 9 Jahren) sie dauert. Es dürfte bezeichnend sein, dass gerade in den Ländern *Nordrhein-Westfalen* und *Niedersachsen*, in denen die Reform durch die Einführung des direktgewählten monokratischen Bürgermeisters auf eine Schwächung der bisherigen Position des Kommunalparlaments hinauslief (vermutlich als ein Gegengewicht und gesetzgeberischer Kompromiss), die verhältnismäßig kurze Amtsperiode des Bürgermeisters von fünf Jahren und damit die zeitliche Parallelität der beiden Institutionen (und implizit deren grundsätzliche politische Gleichgestimmtheit) normiert wurden.

3.2 Kommunalpolitische Praxis

Die erste Welle der Direktwahlen der Bürgermeister und Landräte fand gleichzeitig mit den (2.) Wahlen zu den Kommunalvertretungen – am 5.12.1993 in *Brandenburg* und am 12.6.1994 in *Sachsen, Sachsen-Anhalt* und *Thüringen* – statt. In *Mecklenburg-Vorpommern* ist eine bemerkenswert unübersichtliche Situation dadurch entstanden: Zwar ist die Regelung über die Direktwahl der Bürgermeister und Landräte am 9.12.1999 zum Datum der 3. Kommunalvertretungswahl in Kraft getreten. Aufgrund dessen, dass die Amtszeit der am 12.6.1994 letztmalig mittelbar von den Kommunalvertretungen gewählten Bürgermeister und Landräte – nach Maßgabe der Hauptsatzung der Kommune – zwischen sieben und neun Jahren beträgt, enden die Amtszeiten der hauptamtlichen Bürgermeister zwischen 2001 und 2003.

„Nur unter außergewöhnlichen Umständen, wenn beispielsweise ein Bürgermeister vorzeitig aus dem Amt schied oder aus den ehrenamtlich verwalteten Gemeinden eines Amtes eine hauptamtliche Gemeinde gebildet wurde ..., haben bereits Direktwahlen stattgefunden. Die gleichen Gründen sind dafür maßgeblich, dass ... erst ein Landrat direkt gewählt wurde"[24].

Vor diesem Hintergrund sind gesonderte Daten über die Wahlbeteiligung an den Direktwahlen und damit Aussagen über die Akzeptanz und Mobilisierungsrate dieses neuen direktdemokratischen Teilhaberechts bislang kaum verfügbar. Die erste eigenständig durchgeführte Runde von Direktwahlen in Thüringen zeigte eine Wahlbeteiligung von 45,7 Prozent und lag mit diesem Wert deutlich unter der Wahlbeteiligung von rund 55 Prozent, die in Thüringen bei den Kommunalvertretungswahlen vom 13.6.1999 erreicht worden war.

---

24 So Thomas Darsow (Ministerialdirigent im Innenministerium Mecklenburg-Vorpommern) in einem Schreiben an den Verf.

4. Abwahl des Bürgermeisters und des Landrats

4.1 Institutionelle Regelung

Damit, dass die DDR-Kommunalverfassung vom 17.5.1990 die Möglichkeit vorsah, dass der von der Gemeindevertretung gewählte Bürgermeister von dieser (mit einer Mehrheit von mindestens zwei Drittel ihrer Mitglieder) vor Ablauf seiner vierjährigen Amtszeit abgewählt werden kann (vgl. Bretzinger 1994: 220), führte sie eine kommunale Variante eines parlamentarischen Misstrauensvotums ein. Dabei dürfte der DDR-Volkskammer (exogen) das Beispiel einiger westdeutscher Länder Pate gestanden haben, wo in den 1970er Jahren die vorzeitige Abwahl des von der Gemeindevertretung gewählten Bürgermeisters durch diese eingeführt worden ist[25]. Zugleich konnte sie mit dieser Regelung (endogen) an die ostdeutsche Kommunalverfassungsgeschichte anknüpfen, wo *Thüringen* und *Sachsen* in den 1920er Jahren die Abberufbarkeit der Bürgermeister und Magistratsmitglieder durch die Kommunalvertretung eingeführt hatten[26].

In ihren neuen Kommunalverfassungsgesetzen verbanden die ostdeutschen Länder die Einführung der Direktwahl der Bürgermeister und Landräte durchweg mit der Regelung ihrer Abwählbarkeit (Abwahl) durch Bürgerentscheid. Hierbei war ersichtlich der gesetzgeberische Wunsch bestimmend, der durch die Direktwahl begünstigten Stärkung der Stellung des kommunalen Politik- und Verwaltungschefs ein direktdemokratisches Korrektiv und eine Art kommunalpolitische Notbremse gegenüberzustellen[27]. Zudem konnte an die in die DDR-Kommunalverfassung in Form eines parlamentarischen Misstrauensvotums eingeführte Figur der Abberufbarkeit angeknüpft werden. Damit setzten sich die neuen Gemeinde- und Kreisordnungen einerseits von dem (ihnen ansonsten als Vorbild dienenden) süddeutschen Modell ab, in dem von Anfang an (1949 bzw. 1955) die Abwählbarkeit nicht vorgesehen worden ist (und sich dieser weiterhin versagen). Andererseits konnten exogene Anstöße davon ausgehen, dass das Land *Hessen* die am 20.1.1991 eingeführte Direktwahl der (hauptamtlichen) Bürgermeister und Landräte am 20.5.1992 um deren Abwahl durch Bürgerentscheid (allerdings allein auf Antrag der Kommunalvertretung mit 2/3-Mehrheit) erweiterte und das Land *Rheinland-Pfalz* am 5.10.1993 eine ähnliche Regelung verabschiedete.

Die neuen ostdeutschen Kommunalverfassungen sehen durchweg vor, dass der direkt gewählte Bürgermeister vor Ablauf seiner Amtszeit durch *Bürgerentscheid*, also plebiszitär-demokratisch, abberufen werden kann. Ähn-

---

25 So in Rheinland-Pfalz und im Saarland 1973, in Nordrhein-Westfalen und in Niedersachsen 1979. Zu dieser – kommunalrechtlich und -politisch kontroversen – Diskussion und Entwicklung vgl. Wollmann 1998a: 409f. mit Nachweisen.

26 Dies wurde denn auch als „extremer kommunaler Parlamentarismus" bezeichnet (und gerügt), Hefter 1969: 782. Vgl. hierzu Wollmann 1998c: 50 mit Nachweisen.

27 Zum Gesetzgebungsverfahren in Brandenburg vgl. Münch-Wulf 1997: 17ff.

lich wie für den Sach-Bürgerentscheid (Sach-Plebiszit) ist auch für den Ab-
wahl-Bürgerentscheid (Personal-Plebiszits) ein *Zustimmungsquorum* festgelegt, wonach – um Zufalls- und Bagatellmehrheiten einen Verfahrensriegel
vorzuschieben – die faktische Abstimmungsmehrheit einen Mindestprozentsatz aller Abstimmungsberechtigten erreichen muss. Diese reicht von 25 Prozent *(Brandenburg)*, über 30 Prozent *(Sachsen-Anhalt und Thüringen)* sowie
33,3 Prozent *(Mecklenburg-Vorpommern)* bis 50 Prozent *(Sachsen)*.

In der Regelung dessen, von wem und wie ein Abwahlverfahren *eingeleitet* werden kann, weisen die ostdeutschen Länder teilweise deutliche Unterschiede auf, für die sich die folgenden Typen und Gruppen bilden lassen.

In *Sachsen-Anhalt, Thüringen* und in *Mecklenburg-Vorpommern* kann das
Abwahlverfahren allein von der Kommunalvertretung eingeleitet werden.
Zwar bleibt demnach die Entscheidung über die Abwahl des Bürgermeisters –
innerhalb der direktdemokratischen Logik seiner vorausgehenden Wahl – der
Bevölkerung als dem „kommunalen Volkssouverän" überlassen, jedoch wird
diesem – in Durchbrechung der direktdemokratischen Logik – die Entscheidung
darüber vorenthalten, ob ein Abwahlverfahren zu eröffnen sei, und stattdessen
ausschließlich der Kommunalvertretung übertragen, das damit eine repräsentativ-demokratische Einstiegshürde (und Kontrolle?) für die Ausübung direktdemokratischer Entscheidungsmacht bildet. Hervorgehoben sei, dass sich dieses
repräsentativ-demokratische Initiativmonopol der Kommunalvertretungen/-
parlamente in *allen* westdeutschen Ländern findet (außer in *Bayern* und *Baden-
Württemberg,* die das Abwahlverfahren insgesamt nicht kennen).[28]

Demgegenüber haben die Länder *Brandenburg* und *Sachsen* wirkliches
Neuland in der deutschen Kommunalverfassungsgeschichte mit der Regelung
betreten, dass das Abwahlverfahren nicht nur von der (repräsentativ-demokratischen) Kommunalvertretung, sondern auch (direkt-demokratisch) aus der Mitte
der Bevölkerung durch Bürger-Abwahlbegehren eingeleitet werden kann.[29]

---

28 Für die Einleitung eines Abwahlverfahrens durch die Kommunalvertretung (Rats-
Abwahlbegehren) ist ein Mindesterfordernis (Ratsbegehrens-Quorum) vorgeschrieben, das zwischen ¾ *(Sachsen-Anhalt* und *Sachsen),* 2/3 *(Brandenburg* und *Mecklenburg-Vorpommern)* und der absoluten Mehrheit *(Thüringen)* aller Mitglieder der
Kommunalvertretung streut.
29 In Brandenburg wurde das Antragsquorum zunächst (in Übereinstimmung mit dem Quorum für das Bürgerbegehren) auf 10 Prozent der Abstimmungsberechtigten festgelegt
und – nach landes- und kommunalpolitischen Kontroversen, auf die weiter unten einzugehen ist – durch Gesetzesänderung vom 20.5.1998 auf zwischen 25 Prozent (in Gemeinden bis zur 20.000 Einwohnern) und 15 Prozent (in Gemeinden mit mehr als 60.000
Einwohnern) erhöht. In Sachsen sind als Quorum mindestens 33,3 Prozent der Abstimmungsberechtigten vorgeschrieben.

4.2 Anwendungspraxis

Bürgermeister-Abwahlverfahren und -entscheide fanden in Ostdeutschland in größerem Umfang im Land *Brandenburg* und in deutlich geringerer Zahl in *Sachsen* und *Thüringen* statt.

In *Brandenburg* endeten die 12 Bürgerentscheide, die durch *Bürgerbegehren* in Gang kamen, in 6 Fällen mit der Abwahl des Bürgermeisters (drei hauptamtliche und drei ehrenamtliche, vgl. Münch-Wulf 1997: 22ff.). Der kommunal- und landespolitisch spektakulärste Fall war die Abwahl des Oberbürgermeisters der Landeshauptstadt Potsdam durch Bürgerentscheid am 17.5.1998 (mit einer Zustimmung von 87,5 Prozent) aufgrund eines Bürgerbegehrens[30]. Darüber hinaus kamen im gleichen Zeitraum 6 Bürgerentscheide durch *Ratsbegehren* zustande, die in vier Fällen mit der Abwahl des Bürgermeisters (zwei hauptamtliche und zwei ehrenamtliche Bürgermeister) ausgingen.

Damit verlor in den ersten vier Jahren insgesamt knapp ein Zehntel der hauptamtlichen Bürgermeister (also der kreisfreien und amtsfreien Städte) durch Abwahl seine Ämter, während der Anteil der abgewählten ehrenamtlichen Bürgermeister (der kleinen und kleinsten Gemeinden) weniger als ein Prozent betrug. Die Gründe, die für die Abwahl bestimmend waren, reichten von schweren inhaltlichen Konflikten zwischen Bürgermeister und einer starken Mehrheit in der Kommunalvertretung (etwa über Grundentscheidungen der Stadtentwicklung) und der Kritik am „selbstherrlichen" Führungsstil des Bürgermeisters bis zum Vorwurf finanzieller Unkorrektheit (vgl. im einzelnen Münch-Wulf 1997: insbes. 72f. und 97f.).

Die Aufmerksamkeit, die die Abwahlverfahren und -fälle – unter teilweise fetzigen Überschriften und Kommentaren („Bürgermeisterkegeln", „basisdemokratischer Volkssport")[31] – in den Printmedien fanden und die unter den Bürgermeistern des Landes offenbar um sich greifende Unruhe[32] führten schließlich dazu, dass der Landtag am 20.5.1998 das Begehrensquorum von 10 Prozent auf (nach Gemeindegröße gestaffelt) zwischen 15 und 25 Prozent erhöhte (hierzu kritisch Jann u.a. 1997: 13). Es ist festzuhalten, dass im Land Brandenburg seit Mitte 1998 keine weiteren Abwahlverfahren in Gang gesetzt

---

30 Vgl. BERLINER MORGENPOST vom 19.5.1998: „Schwieriger Neuanfang in Potsdam".

31 Vgl. SÜDDEUTSCHE ZEITUNG vom 10.2.1998, Seite 1: „Bürgermeisterkegeln im Osten. Schon zehn Gemeindechefs durch Referenden abgesetzt"; DER TAGESSPIEGEL vom 16.2.1998, Leitartikel „Bürgermeisterkegeln". Gegen diese Überzeichnung wendet sich zutreffend Wilhelm 1996: 21 (Leiter des Referats Kommunalaufsicht im Innenministerium Brandenburg), vergleicht jedoch selber die Position der sich den Abwahlverfahren gegenüberstehenden Bürgermeistern als „Schleudersitz".

32 Die brandenburgischen kommunalen Spitzenverbände machten sich offenbar die Besorgnisse der Bürgermeister zu eigen, indem sie die Heraufsetzung des Begehrensquorums auf 35 Prozent verlangten, vgl. Wilhelm 1996: 21.

worden sind, weder durch Bürgerbegehren noch durch Ratsbegehren[33]. Um die Abwahlverfahren ist es bemerkenswert still geworden.

Von dem durch förmliche Abwahl erzwungenen Ausscheiden der bisherigen Amtsträger sind die freiwilligen Rücktritte zu unterscheiden, deren Zahl sich in Brandenburg zwischen 1994 und 1996 auf immerhin 136 (fast ausschließlich ehrenamtliche) Bürgermeister belief (Angaben nach Wilhelm 1996: 20)[34] und für die verschiedene persönliche Gründe, wie berufliche Veränderung und Fortzug aus der Gemeinde, zeitliche Überforderung durch Verbindung von ehrenamtlicher Bürgermeisterfunktion und beruflichen Verpflichtungen, gesundheitliche Gründe usw., aber auch in einzelnen Fällen als Reaktion im Vorfeld eines drohenden Abwahlverfahrens, ausschlaggebend waren.

In *Sachsen* wurden bislang 6 Abwahlverfahren registriert, die allesamt durch *Ratsbegehren* ausgelöst wurden und in drei Fällen zur Abwahl des Bürgermeisters führten[35]; hierunter erregte die Abwahl des Oberbürgermeisters der Stadt Görlitz das größte politische und publizistische Aufsehen[36].

In *Thüringen*, wo allein die Kommunalvertretung das Recht hat, ein Abwahlverfahren einzuleiten, fanden seit 1994 fünf Abwahlverfahren statt, von denen zwei mit der Abwahl des Bürgermeisters endeten. In drei Fällen wurden – erfolglos – Abwahlverfahren auch gegen Landräte initiiert[37].

In *Mecklenburg-Vorpommern schließlich,* wo die Regelung zur Direktwahl und Abwahl der Bürgermeister erst seit dem 13.6.1999 in Kraft ist und ebenfalls allein die Kommunalvertretung ein Abwahlverfahren auslösen kann, kam es bislang in einem Fall (in einer kleinen kreisangehörigen Gemeinde gegen deren ehrenamtlichen Bürgermeister) zu einem (erfolglosen) Abwahlverfahren[38].

---

33 Ausweislich der aktualisierten Liste der Kommunalabteilung des Innenministeriums des Landes Brandenburg (Stand: Januar 2001) über „die Abberufung von Amtsdirektoren und von Bürgermeistern sowie deren Ausscheiden aus dem Amt aus anderen Gründen".

34 Zur Fortschreibung dieser Angaben vgl. die „aktualisierte Liste", siehe vorstehende Fußnote.

35 Vgl. Antwort des Sächsischen Staatsministeriums des Innern vom 16.7.1998 auf die Kleine Anfrage LT-Drs. 2/9107.

36 Vgl. DER TAGESSPIEGEL vom 9.2.1998: „Oberbürgermeister in Görlitz abgelöst", SÜDDEUTSCHE ZEITUNG vom 10.2.1998: „Des Arroganten Zähmung. Warum die Görlitzer ihren CDU-Bürgermeister abgewählt haben".

37 Angaben nach Mitteilung des Innenministeriums des Freistaates Thüringen an den Verf. vom 14.2.01.

38 (Kreisangehörige) Gemeinde Tewswoos, Ratsbegehren, 438 Abstimmungsberechtigte, Bürgerentscheid am 6.8.2000, Abstimmungsbeteiligung 76,9%, Ja: 40,9, Nein: 58,4 Prozent (Telefonische Auskunft des Landratsamts Ludwigslust).

5. Auswirkungen auf Kommunalpolitik und kommunales Entscheidungssystem

Indem sich der Beitrag abschließend der – im Rahmen dieses Bandes besonders interessierenden – Frage nach den *Auswirkungen* der Einführung direktdemokratischer Entscheidungsrechte zuwendet, sei an die bereits eingangs vorgebrachte Einschränkung (und captatio benevolentiae) erinnert, dass (systematische) empirische Untersuchungen hierzu bislang, soweit mir ersichtlich, nicht vorliegen. Deshalb können sich die folgenden Anmerkungen auf kaum mehr denn „informierte Vermutungen" (*informed guessing*) und (u.a. im Wege von Telefoninterviews gewonnene)[39] „anekdotische Belege" stützen.

5.1 Direktwahl der Bürgermeister/Landräte

Zur Frage nach den kommunalpolitischen Auswirkungen der Direktwahl der Bürgermeister (und Landräte) sollen vier mögliche Dimensionen unterschieden werden.

5.1.1 Verhältnis zwischen Bürgermeister als gewähltem Politik- und Verwaltungschef und Kommunalverwaltung

Für die mögliche Auswirkung der institutionellen Veränderungen ist daran zu erinnern, dass die Stellung des (von der Kommunalvertretung gewählten) Bürgermeisters und Landrats bereits durch die DDR-Kommunalverfassung vom 17.5.1990 als „monokratischer" Exekutivpolitiker und Verwaltungschef die Züge von *exekutiver Führerschaft* trug. Anders als beispielsweise in *Nordrhein-Westfalen*, wo sich die Kommunalverfassungsreform als ein radikaler institutioneller Doppelschlag, nämlich als Ablösung der Doppelspitze (Bürgermeister/Stadtdirektor) durch den monokratischen Bürgermeister *und* gleichzeitig als Einführung von dessen Direktwahl abspielt (vgl. Schulenburg 1999, Bogumil 2001), war in den ostdeutschen Ländern der Bürgermeister als monokratischer Verwaltungschef bereits installiert. Hier richtet sich die Frage vor allem darauf, ob und wie sich der Zuwachs an politischer Legitimität, den der Bürgermeister bzw. Landrat aus seiner Direktwahl durch die lokale Bevölkerung bezieht, auch *inner-administrativ* seine Autorität und Durchsetzungsfähigkeit verstärkt. Nach den vorliegenden Informationen ist die *inneradministrative* Stellung des Bürgermeisters als Folge seiner direkten Wahl vielfach merklich gekräftigt worden.

---

39 Für die Durchführung und Auswertung der Telefoninterviews (mit einer Reihe von relevanten kommunalpolitischen Akteuren in ostdeutschen Städten habe ich Dipl. Sozialw. *Sabine Kuhlmann* (Wiss. Mitarbeiterin am Lehr- und Forschungsbereich Verwaltungslehre des Instituts für Sozialwissenschaften, Humboldt-Universität) zu danken.

5.1.2 Verhältnis von Bürgermeister und Kommunalvertretung

Die plausible Vermutung, dass die direkt gewählten Bürgermeister und (entsprechend) Landräte – aufgrund ihrer direkten demokratischen Legitimierung in einer Form „lokalen Präsidialsystems" – eine größere politische Unabhängigkeit und auch eine gesteigerte Durchsetzungsstärke im kommunalen Politik- und Verwaltungssystem insgesamt, nicht zuletzt gegenüber den Kommunalvertretungen/parlamenten und den politischen Parteien und ihren Fraktionen, gewonnen haben, stößt auf unterschiedliche, widersprüchliche und bislang nicht konkludente Befunde.

Auf der einen Seite wird von einer Reihe kommunaler Akteure und Beobachter bestätigt, dass diese positionelle Stärkung eingetreten und an einer gewachsenen politisch-administrativen Führung festzumachen ist. Gleichzeitig wird festgestellt, dass die Bürgermeister in dem Maße, wie sie nicht mehr von *einer* Partei oder einer bestimmten Koalition in der Kommunalvertretung, sondern unmittelbar von der Bevölkerung gewählt werden, von „ihrer" Partei, sofern sie einer angehören, und deren Fraktion unabhängiger geworden sind und damit politisch selbständiger agieren.

Demgegenüber wird von anderen geltend gemacht, dass der Bürgermeister in seiner politischen Durchsetzungsfähigkeit im Kommunalparlament durch die Direktwahl eher geschwächt worden ist, weil er jetzt nicht mehr von einer bestimmten Partei oder Parteienkoalition parlamentarisch-politisch getragen wird und in diese eingebunden ist, sondern sich seine Mehrheiten gegebenenfalls von Fall zu Fall suchen muss. Da diese Mehrheitssuche vielfach in Einzelgesprächen und im Hintergrund stattfindet, haben die kommunalpolitischen Auseinandersetzungen und Kompromisse nunmehr – so eine Beobachtung – eine geringere Transparenz.

Eine dritte Gruppe von kommunalen Akteuren und Beobachtern schließlich ist der Auffassung, dass sich die Direktwahl auf die Stellung des Bürgermeisters in Kommunalpolitik und -verwaltung kaum ausgewirkt habe.

5.1.3 Verhältnis zwischen Bürgermeister und Bürgern

Der Übergang vom (von der Kommunalvertretung parlamentarisch gewählten) Bürgermeister zum (von der Bevölkerung direktdemokratisch gewählten) Bürgermeister beruht konzeptionell wesentlich auf der Vorstellung, zwischen den Bürgern (als dem kommunalen Volkssouverän) und dem Bürgermeister/Landrat (als kommunaler Exekutive) einen direkten/direktdemokratischen Nexus herzustellen und damit die lokale Variante eines Präsidialsystems zu begründen. Die bislang zugänglichen Daten zur Beteiligung an Direktwahlen weisen allerdings darauf hin, dass bei zeitlich gesondert (also nicht gleichzeitig mit den Kommunalvertretungswahlen) durchgeführten Direktwahlen die Wählermobilisierung bislang deutlich niedriger liegt als bei Kommunalvertretungswahlen. Es spricht einiges dafür, dass in der Wahrnehmung der kommunalen Bevölkerung mit der Direktwahl ihres Bürgermeisters eine Form von dessen unmittelbarer und laufender Verantwortlichkeit installiert worden ist. Hierzu trägt offenkundig die (im Weiteren noch zu behandelnde) Abwahlmöglichkeit durch Bürgerentscheid bei, die in den ostdeutschen Ländern mit der Direktwahl eingeführt worden ist und vor allem in den beiden Ländern *Brandenburg* und *Sachsen*, wo ein Abwahlverfahren auch durch Bürgerbegehren, also aus der Mitte der Bürgerschaft, eingeleitet werden kann, durch die Vorstellung der Bürger, den Bürgermeister gegebenenfalls durch Abwahl direkt zur politischen Verantwortung zu ziehen, verstärkt worden ist.

5.1.4 (Vertikales) Verhältnis von Bürgermeister/Landrat und Landesebene

Zwar hat die Einführung der Direktwahl der kommunalen Politik- und Verwaltungsspitze (als Änderung der „inneren" – horizontalen – Kommunalverfassung) die Einordnung der Kommunen (und ihrer Akteure) in der „äußeren" – vertikalen – Kommunalverfassung, insbesondere im Verhältnis zu den Aufsichtsbehörden und sonstigen oberen Dienststellen und Akteuren des Landes, *formal* nicht berührt. Jedoch sind die *informellen* Auswirkungen auf dieses vertikale Verhältnis vor allem dadurch durchaus erheblich, dass die direktgewählten Bürgermeister und Landräte in den vertikalen Kontakten und Verhandlungen nunmehr – unter Berufung auf ihre demokratische Legitimation – mit einem gestiegenen Selbstbewusstsein und, wie von Beobachtern kritisch-ironisch angemerkt wird, wie „kleine Könige" agieren. Dies gilt für die kreisangehörigen Gemeinden sowohl gegenüber dem Kreis und dem Landrat (insbesondere in der Ausübung der Kommunalaufsicht) als auch (und insbesondere im Falle der kreisfreien Städte und ihrer hauptamtlichen Oberbürgermeister) gegenüber den Landesbehörden. Aus der Sicht des Landes und seiner Behörden ist das Verhältnis zu den Kommunen nunmehr wesentlich dadurch gekennzeichnet, dass die Dienststellen des Landes es auch in Ansehung der übertragenen (staatlichen), an sich der Fachaufsicht unterliegenden Aufgaben mit kommunalen Verwaltungschefs zu tun haben, deren Rollenverständnis auch in der Wahrnehmung der übertragenen Aufgaben vom Bewusstsein ihrer demokratischen Direktwahl geprägt ist[40].

Das Bürgermeisterabwahlverfahren, das in dem nur in Brandenburg und Sachsen eröffneten direktdemokratischen Initiativrecht der Bürger als eine Innovation und Premiere im deutschen Kommunalverfassungsrecht zu würdigen ist, wurde bislang fast ausschließlich in Brandenburg angewandt (wo es vorübergehend für erhebliche Unruhe unter den Bürgermeistern und in den

---

40 In Gesprächen und Interviews mit ostdeutschen (direktgewählten) Bürgermeistern stößt man auf die Bemerkung, dass diese in ihren Verhandlungen mit Vertretern des Landes sich nicht nur der Tatsache bewusst sind, dass sie „als einzige am Tisch demokratisch legitimiert sind", sondern dies, falls es die Verhandlungssituation nahe legt, auch ausdrücklich aussprechen und ins Spiel bringen.

Medien gesorgt hat). Jedoch dürfte die Regelung, die für Kommunalvertretung und Bevölkerung eine Art Misstrauensvotum gegen den Bürgermeister/-Landrat eröffnet, durch die schiere Möglichkeit ihrer jederzeitigen Anwendbarkeit ein neues Element der Machtkontrolle (checks and balances) in die Kommunalpolitik bringen.

5.2 Kommunale Referenden

Zwar sind die Auswirkungen, die die kommunalen Referenden auf die kommunalpolitische Praxis in den ostdeutschen Kommunen bislang hatten, angesichts dessen als sehr gering zu veranschlagen, daß sie gerade hier bisher nur sehr spärlich angewandt worden sind. Jedoch kann durchaus plausibel angenommen werden kann, daß – nicht zuletzt vor dem Hintergrunde zu vermutender Diffusions-, Lern- und Nachahmungsprozesse zwischen den Ländern und Anstoßeffekte durch die referendumsaktiveren Länder Bayern, Nordrhein-Westfalen und Hessen – die kommunalen Referenden auch von der lokalen Bevölkerung in den ostdeutschen Kommunen zunehmend als eine Art direktdemokratisches Damoklesschwert erkannt werden, vermöge dessen diese das kommunalpolitische Heft gegebenenfalls selber in ihre Hände nehmen und sich gegen die Kommunalvertretung geltend machen und durchsetzen kann.

Literaturverzeichnis

von Arnim, Hans Herbert 1990: Möglichkeiten unmittelbarer Demokratie auf Gemeindeebene, in: Die Öffentliche Verwaltung, 1990, S. 85ff.

von Arnim, Hans Herbert 2000: Vom schönen Schein der Demokratie, München: Droemer.

Bogumil, Jörg 2001: Modernisierung lokaler Politik. Kommunale Entscheidungsprozesse zwischen Parteienwettbewerb, Verhandlungszwängen und Ökonomisierung, Habilitationsschrift, Baden-Baden

Bovenschulte, Andreas/Buß, Annette 1996: Plebiszitäre Bürgermeisterverfassungen, Baden-Baden.

Bretzinger, O. 1994: Die Kommunalverfassung der DDR, Baden-Baden.

Burchardt, Susann 1999: Problemlagen, Unzufriedenheit und Mobilisierung. Unterschiede in den Proteststrukturen in Ost- und Westdeutschland 1990-1994, Diss. FB Politik- und Sozialwissenschaften, FU Berlin verv. Ms.

Bürklin, Wilhelm P./Dalton, Russel J./Drummond Andrew/Klingemann, Hans-Dieter/Kaase, Max (Hg.) 2001: Wahlen und Wähler. Analysen aus Anlass der Bundestagswahlen 1998, Opladen.

Derlien, Hans-Ulrich u.a. 1976: Kommunalverfassung und kommunales Entscheidungssystem, Meisenheim.

Derlien, Hans-Ulrich/Löwenhaupt, Stefan 1997: Verwaltungskontakte und Institutionenvertrauen, in: Wollmann, Hellmut u.a. (Hg.) 1997: Transformation der politisch-administrativen Strukturen in Ostdeutschland, Opladen, S. 417ff.

Eisen, Andreas 1996: Institutionenbildung und institutioneller Wandel im Transformationsprozess, in: Eisen, Andreas/Wollmann, Hellmut (Hg.), Institutionenbildung in Ostdeutschland, Opladen, S. 33ff.

Fraenkel, Ernst 1979: Die repräsentativen und die plebiszitären Komponenten im demokratischen Verfassungsstaat (1958), in: ders., Deutschland und die westlichen Demokratien, 7. Aufl., Stuttgart usw. 1979, S. 117.

Gabriel, Oscar W. 1999: Das Volk als Gesetzgeber: Bürgerbegehren und Bürgerentscheide, in: Zeitschrift für Gesetzgebung, S. 299ff.

Gabriel, Oscar W./Neller, Katja 2000: Stabilität und Wandel politischer Unterstützung im vereinigten Deutschland, in: Esser, Hartmut (Hg.), Der Wandel nach der Wende, Opladen, S. 67ff.

Grötsch, Michael 1999: Bürgerbegehren jetzt wieder bei 15%, in: CDU in Dresden, September 1999.

Hefter, Heinrich 1969: Die deutsche Selbstverwaltung im 19. Jahrhundert, 2. Auflage, Stuttgart.

Hendler, Reinhard 1996: Vorzüge und Nachteile verstärkter Bürgerbeteiligung auf kommunaler Ebene, in: Hans-Günter Henneke (Hg.), Aktuelle Entwicklungen der inneren Kommunalverfassung, Stuttgart u.a. 1996, S. 103f.

Heußner, Hermann 1999: Ein Jahrhundert Volksgesetzgebung in den USA, in: Heußner, Hermann/Jung, Otmar (Hg.), Mehr direkte Demokratie wagen, S. 101ff.

Holtmann, Everhard 1999: „Das Volk" als örtlich aktivierte Bürgerschaft. Zur Praxis kommunaler Sachplebiszite, in: Archiv für Kommunalwissenschaften, Hlbbd.2, S. 187ff.

Huissoud, Thérèse/Joye, Dominique 1991 : Participation, insertion locale et démocratie directe dans les espaces urbains, in: Schweiz. Jahrbuch für Politische Wissenschaft, Bd. 31, Bern.

Jann, Werner/Maaß, Christian/Reichard, Christoph/Wollmann, Hellmut 1997: Kriterien einer modernen Kommunalverfassung, in: VOP 5/1997, S. 9-13.

Joye, Dominique 1999 : Démocratie et participation locale en Suisse, in: CRAPS/CURAPP (eds.), La Démocratie Locale, Paris, p. 79ff.

Kaase, Max 1982: Partizipatorische Revolution. Ende der Parteien?, in: Raschke, Joachim (Hg.), Bürger und Parteien, Opladen, S. 173ff.

Klein, Markus 1998: Was bleibt von der friedlichen Revolution? Plebiszitäre Orientierungen im vereinten Deutschland, in: Meulemann, Heiner (Hg.), Werte und nationale Identität im vereinten Deutschland, Opladen, S. 155ff.

Knemeyer, Franz-Ludwig (Hg.) 1990: Aufbau kommunaler Selbstverwaltung in der DDR, Baden-Baden.

Ladner, Andreas 1999: Direct democracy on local level: some experiences from the city of Zurich, in: Amministrare, 2/1999.

Linder, Wolf 1999: Schweizerische Demokratie. Institutionen, Prozesse, Respektive, Wien.

Löffler, Berthold/Rogg, Walter 1999: Kommunalwahlen und kommunales Wahlverhalten, in: Pfizer, Theodor/Wehling, Hans-Georg (Hg.), Kommunalpolitik in Baden-Württemberg, 3. Aufl., Stuttgart usw. , S. 109ff.

Marshall, Stefan 1997: Ist das unmittelbare Personenvotum ein „direktdemokratisches" Verfahren?, in: Zeitschrift für Politik, 1997, Heft 7, S. 845ff.

Mehr Demokratie e.V. 2002: Volksbegehrensbericht 2001. Bilanz und Perspektiven der direkten Demokratie in Deutschland. www.mehr-demokratie.de/bu/nn/index.htm

Melzer, Helmut 1990: Kommunale Demokratie – Erwartungen, Probleme, Lösungen, in: Knemeyer, Franz-Ludwig (Hg.), Aufbau kommunaler Selbstverwaltung in der DDR, Baden-Baden, S. 33ff.

Melzer, Helmut 1991: Lokale Politikforschung in der DDR zwischen Zentralismus und kommunaler Selbstverwaltung, in: Heinelt, Hubert/Wollmann, Hellmut (Hg.), Brennpunkt Stadt, Basel u.a., S. 321ff.

Münch-Wulf Ilona 1997: Abberufungen der Bürgermeister im Land Brandenburg, Dipl.arbeit (Humboldt-Universität zu Berlin, Institut für Politikwissenschaft, vv. Ms.) 1997.

Petzold, Siegfried 1990a: Der Übergang zur kommunalen Selbstverwaltung – Bestandteil des demokratischen Erneuerungsprozesses in der DDR, in: Knemeyer, Franz-Ludwig (Hg.), Aufbau kommunaler Selbstverwaltung in der DDR, Baden-Baden, S. 27ff.

Petzold, Siegfried 1990b: Entstehungsgeschichte und wesentliche Erwägungen bei der Ausarbeitung des Entwurfs für eine vorläufige Kommunalverfassung in der DDR, in: Knemeyer, Franz-Ludwig (Hg.), Aufbau kommunaler Selbstverwaltung in der DDR, Baden-Baden, S. 71ff.

Pollack, Detlef 1999: Das geteilte Bewusstsein, in: Czada, Roland/Wollmann, Hellmut (Hg.),. Von der Bonner zur Berliner Republik, Leviathan-Sonderband, Opladen, S. 281ff.

Preuß, Ulrich K. 1991: Auf der Suche nach der Zivilgesellschaft. Der Verfassungsentwurf des Rundes Tisches, in: Guggenberger, B./Stein, T. (Hg.) 1991, Die Verfassungsdiskussion im Jahr der deutschen Einheit, München/Wien, S. 357ff.

Rehmet, Frank/Weber, Tim/Pavlovic, Dragan 1999: Bürgerbegehren und Bürgerentscheide in Bayern, Hessen und Schleswig-Holstein, in: Schiller, Theo (Hg.), Direkte Demokratie in Theorie und kommunaler Praxis, Frankfurt/New York: Campus, S. 117ff.

Sabbioni, Paolo 1999: La démocratie locale en Italie, in: CRAPS/CURAPP (eds.), La Démocratie Locale, Paris, pp. 117ff.

Schefold, Dian/Neumann, Maja, 1996: Entwicklungstendenzen der Kommunalverfassungen in Deutschland: Demokratisierung oder Dezentralisierung?, Basel u.a.: Birkhäuser.

Schimanke, Dieter (Hg.) 1989: Stadtdirektor oder Bürgermeister, Basel usw.

Schulenburg, Klaus 1999: Direktwahl und kommunalpolitische Führung. Der Übergang zur neuen Gemeindeordnung in Nordrhein-Westfalen, Basel usw.

Taschenbuch Baden-Württemberg (Hg. Landeszentrale Politische Bildung Baden-Württemberg), Stuttgart 1984.

Thüringischer Landtag, Drs.2/3645 vom 19.4.1999, Bürgeranträge und Bürgerbegehren in Thüringen.

Voigt, Rüdiger 1992: Kommunalpolitik zwischen exekutiver Führerschaft und legislatorischer Programmsteuerung, in: Beilage zu Politik und Zeitgeschichte, B22-23/1992, S. 3ff.

Wilhelm, Stephan 1996: Bürgermeister-Abwahl, in: Brandenburg-Kommunal, Nr. 17/1996, S. 20f.

Wollmann, Hellmut 1982: Untersuchungsansätze und Nutzungschancen einer Rechtstatsachenforschung im Städtebaurecht, in: Informationen zur Raumentwicklung, 1982, Heft 1, S. 1-13.

Wollmann, Hellmut 1991: Implementationsforschung, in: Nohlen, Dieter (Hg.), Wörterbuch Staat und Politik, München: Piper, S. 235ff.

Wollmann, Hellmut 1996: Institutionenbildung in Ostdeutschland: Neubau, Umbau und „schöpferische Zerstörung", in: Kaase, Max u.a. (Hg.), Politisches System, Opladen, S. 47ff.

Wollmann, Hellmut 1997: Entwicklung des Verfassungs- und Rechtsstaats in Ostdeutschland als Institutionen- und Personaltransfer, in: Wollmann, Hellmut u.a. (Hg.) 1997, Transformation der politisch-administrativen Strukturen in Ostdeutschland, Opladen, S. 25ff.

Wollmann, Hellmut 1998a: Modernisierung der kommunalen Politik- und Verwaltungswelt, in: Grunow, Dieter/Wollmann, Hellmut (Hg.) 1998, Lokale Verwaltungsreform in Aktion, Basel usw. , S. 198ff.

Wollmann, Hellmut 1998b: Kommunalpolitik – zu neuen (direkt-)demokratischen Ufern, in: Wollmann, Hellmut/Roth, Roland (Hg.) 1998, Kommunalpolitik, Neuauflage, Opladen, S. 37ff.

Wollmann, Hellmut 1998c: Kommunalvertretungen: Verwaltungsorgane oder Parlamente?, in: Wollmann, Hellmut/Roth, Roland (Hg.) 1998, Kommunalpolitik, Neuauflage, Opladen, S. 50ff.

Wollmann, Hellmut 1999: Kommunalpolitik – Mehr (direkte) Demokratie wagen, in: Aus Politik und Zeitgeschichte, B 24-25/99,S. 13ff.

Wollmann, Hellmut 2001: Direkte Demokratie in den ostdeutschen Kommunen. Regelungsschub und Anwendungspraxis, in: Derlien, Hans-Ulrich (Hg.), 10 Jahre Deutsche Einheit, Baden-Baden: Nomos, S. 27ff.

Kapitel 4:
Kooperative Demokratie

Anna Geis

Neue Konflikte durch kooperative Politikformen

Das Mediationsverfahren und das Regionale Dialogforum zur zukünftigen Entwicklung des Frankfurter Flughafens

1. Einleitung:

Der in diesem Band thematisierte Wandel kommunaler Entscheidungsprozesse umfasst neben Maßnahmen zur Verwaltungsmodernisierung und der Einführung direktdemokratischer Instrumente auch Experimente mit Formen „kooperativer Demokratie" (vgl. Bogumil, in diesem Band). Hierunter fallen eine ganze Reihe von Verfahrensarten, die in der Regel von Kommunalbehörden oder Landesregierungen ergänzend zu den herkömmlichen Entscheidungsprozeduren angeboten werden: Mediationsverfahren, Planungszellen, Regionalkonferenzen, Runde Tische, Kooperativer Diskurs und Mehrstufiges Dialogisches Verfahren stellen nur einige wenige Verfahrensvarianten dar.[1] Diese flexiblen, informellen Verfahren sollen in heiklen Problemlagen, wie sie insbesondere bei umweltrelevanten Entscheidungsmaterien auftreten, eine erweiterte und frühzeitige Beteiligung von Interessengruppen, Experten oder mitunter auch einzelnen Bürgern ermöglichen und durch eine breite Interessenberücksichtigung insgesamt zur Steigerung der Rationalität und Legitimität der anstehenden Entscheidung beitragen.

Die Hessische Landesregierung hat kürzlich eine besondere öffentliche Aufmerksamkeit auf solche sonst eher ein mediales Schattendasein fristende Formen „kooperativer Demokratie" gelenkt, indem sie ein groß angelegtes Mediationsverfahren zur zukünftigen Entwicklung des Frankfurter Flughafens initiierte und nach dessen Beendigung das Nachfolgeverfahren „Regionales Dialogforum" installierte. Beide Verfahren operieren im Schnittstellenbereich zwischen Kommunal-, Regional- und Landespolitik und sind durch ihren Beratungsgegenstand „Weltflughafen" einer für solche Verfahren ungewöhnlich hohen Komplexität ausgesetzt. Eines der Motive für Initiierung des Mediationsverfahrens war die Sorge der damaligen rot-grünen Landesregierung unter Ministerpräsident Eichel, dass der erneute Großausbau des Flughafens auch zu einer Neuauflage der gewaltsamen Auseinandersetzungen um die Startbahn West Anfang der achtziger Jahre führen könnte bzw. mindestens ähnliche mentale

---

[1] Ausführlich behandelt werden solche Verfahren z.B. in: Zilleßen/Dienel/Strubelt (1993), Claus/Wiedemann (1994), Renn/Webler/Wiedemann (1995), Feindt/Gessenharter/Birzer/Fröchling (1996), Köberle/Gloede/Hennen (1997), Schridde (1997).

Verwerfungen und Vertrauensverluste in der Region (und zwischen den politischen Parteien) zur Folge hätte.

Der Vergleich des Entscheidungsprozesses zur Durchsetzung der Startbahn West mit dem heutigen, von der Mediation stark strukturierten Entscheidungsprozess zur Erweiterung des Flughafens macht einen Aspekt des Wandels im kommunal-regionalen Kräftefeld besonders deutlich: die damalige Landesregierung Börner setzte unter Flankierung zahlreicher Gerichtsentscheidungen einseitig hoheitlich auf die Steuerungsmittel Gewalt und Zwang (im Modus der Konfrontation), die heutigen Landesregierungen[2] dagegen auf die „weichen" Steuerungsmedien Vertrauen und Wissen (im Modus der Kooperation), welche tendenziell auch mit einer strategischen Aufwertung der politischen Akteure auf der Kommunalebene einhergeht.

Dennoch führt der Einsatz kooperativer Politikformen deshalb nicht schon gleich zu harmonischem Miteinander von vorher zerstrittenen Akteuren, sondern erzeugt ganz im Gegenteil sogar selbst neue Konflikte, die sich insbesondere vor Beginn eines solchen Verfahrens und nach Abschluss deutlich zeigen. Zwei solcher Hauptkonflikte möchte ich im Folgenden anhand des Frankfurter Falles beleuchten:

- der erste Konflikt resultiert aus der Frage, wie groß der viel zitierte Schatten der Hierarchie" wirklich ist, d.h. wie viel Einflussnahme auch gesellschaftlichen Akteuren auf die Gestaltung des Mediationsverfahrens zugestanden wird;
- der zweite Konflikt entsteht aufgrund der institutionellen Unverbundenheit zwischen informellen und förmlichen Verfahren und betrifft das ungeklärte Problem, wie mit den Ergebnissen einer Mediation politisch umgegangen wird.

Abgesehen von diesen Konflikten hat das Frankfurter Mediationsverfahren und in schon geringerem Maße nachfolgend auch das Dialogforum eine Reihe von sich gegenseitig verstärkenden, zum Teil auch nicht-intendierten Wirkungen erzeugt, die die weitergespannten Funktionen solcher Verfahren hervortreten lassen, welche insbesondere in der Erzeugung von Öffentlichkeit und der Steigerung der Rationalität eines Entscheidungsprozesses liegen. Bevor diese Punkte „Konflikte" (4) und „Effekte" (5) betrachtet werden, sind jedoch zunächst „Mediationsverfahren" im Allgemeinen zu behandeln (2I) und dann das Frankfurter Verfahren und seine Hintergründe bis zum gegenwärtigen Stand knapp zu beschreiben (3).

---

2 Bemerkenswerterweise – und entgegen so mancher Befürchtung von Teilnehmern –
   hatte der Regierungswechsel von einer rot-grünen Regierung unter Ministerpräsident
   Eichel zu einer CDU-FDP-Regierung unter Koch keinen erkennbaren Einfluss auf die
   Fortführung des Mediationsverfahrens.

2. Mediation als alternatives Konfliktregelungsverfahren

2.1 Definition, Herkunft und Umfeld

Mediationsverfahren gehören zu den bekannteren der oben genannten Verfahrensvarianten von „kooperativer Demokratie", sie stammen aus den USA und sind dort seit den achtziger Jahren rasch institutionalisiert und ihre Durchführung professionalisiert worden. Zwar ist der in ihnen verkörperte zentrale Gedanke der Vermittlung in Konflikten (lat. „mediatio")[3] nicht neu und insbesondere in der Geschichte der internationalen Beziehungen häufiger zur Geltung gebracht worden, der Fachausdruck „Mediation" bezeichnet jedoch spezifische Kommunikations- und Verhandlungsmethoden, die zur erhofften Vermeidung langwieriger gerichtlicher Auseinandersetzungen in einer Vielzahl von Konfliktbereichen eingesetzt werden können; so gibt es neben der hier zu untersuchenden Umweltmediation auch die schon zeitlich früher praktizierte Mediation im privaten Bereich, z.B. Wirtschaftsmediation (zwischen Unternehmen), Familienmediation (Scheidungen), Schulmediation, Täter-Opfer-Ausgleich (Fuchs/ Hehn 1999: 14-16).

Es gibt keine allgemein verbindliche, präzise Definition von „Mediation", es handelt sich hier eher um eine Idee, die in den konkreten Anwendungsfällen ganz unterschiedlich auszugestalten ist. Es wird oft betont, dass ein Mediationsverfahren auf die speziellen Umstände und Bedürfnisse des Einzelfalls zugeschnitten werden muss (Weidner 1998: 19). Es existieren auch eine ganze Reihe verschiedener Mediationsansätze[4] und hybrider Verfahrenstypen, die unter den Obergriff der Mediation fallen (Holtkamp/Stach 1995, S. 30-31), so dass hier lediglich Grundprinzipien von Mediation genannt werden sollen: vermittelnder Dritter, Teilnahme möglichst aller betroffenen Parteien, freiwillige Teilnahme, Konsensorientierung, Ergebnis-offenheit des Verfahrens, selbstbestimmte Verhandlungen der Parteien. Eine gute Zusammenfassung der Kernidee bieten Fietkau/Weidner (1998: 15-16):

> „Unter Mediationsverfahren werden Verhandlungsverfahren zur Regelung von Konflikten verstanden, an denen zwei oder mehrere Streitparteien freiwillig teilnehmen mit dem Ziel, in einem fairen und direkten (face-to-face) Kommunikationsprozess Differenzen gemeinsam zu erkunden, Handlungsspielräume auszuloten und zu einer von allen Teilnehmern entwickelten und getragenen Lösung in Form einer Vereinbarung zu kommen. Hierbei werden sie von einer neutralen Person, dem Mediator oder der Mediatorin, unterstützt, deren Hauptaufgabe in der Gestaltung und Betreuung des Verfahrensablaufs liegt."

---

3   Begriffliches zu „Mediation" findet sich bei Runkel (1999).
4   Weidner konstatiert mit Blick auf die umfängliche US-Literatur gar, „that there are as many philosophies and approaches to mediation as there are mediators" (Weidner 1998: 18). Vgl. auch Breidenbach (1995: 137).

In den USA sind Mediationsverfahren in umweltrelevanten Konflikten mittlerweile durchaus gebräuchlich und werden zusammen mit anderen Verfahrensvarianten dieser sog. „Alternative Dispute Resolution" nach ausdrücklicher administrativer Ermunterung dazu auf allen staatlichen Ebenen eingesetzt (Elliott 1998, Bingham 1986). Das „Alternative" an Verfahren wie Mediation, Arbitration, Facilitation und Regulatory Negotiation, ist, dass sie auf anderen Prinzipien als förmliche Verfahren (Verwaltungs-, Gerichtsverfahren) beruhen, nämlich auf Flexibilität, Informalität, konsensorientierte Verhandlungen von Parteien. Der internationale Blick auf Mediation kommt insgesamt zu einer positiven Bewertung der Möglichkeiten von Mediation; dabei werden zum Teil auch Erwartungen bzw. Hoffnungen formuliert, die empirisch nicht gedeckt sind. Um Enttäuschungen und falschen Stilisierungen vorzubeugen, warnen kritische Beobachter daher vor überzogenen Erwartungen an das Instrument, das zunächst nicht mehr als eine Sozialtechnik bereitstellt und auch nicht unbedingt gleichbedeutend ist mit einem Zugewinn an Demokratie (vgl. Weidner (1993: 248-253, Saretzki 1997: 35-37).

Die in der internationalen Literatur genannten Vorteile von Mediation sind: schnellere Beilegung von Streitigkeiten; niedrigere Kosten für alle beteiligten Konfliktparteien; mehr Flexibilität; Inklusion von gewöhnlich unterrepräsentierten Interessen; Einbeziehung von Wissen aller Art und von unterschiedlichen Rationalitäten in einen problemangemesseneren Kommunikationsprozess; die Möglichkeit der besseren Anpassung an eine sich verändernde Gesellschaft und Technologie durch einen frühzeitig sozial- und konfliktrelevante Aspekte thematisierenden Entscheidungsprozess; gesteigerte Rationalität von Entscheidungen; größere Teilnehmerkontrolle über die Verhaltensregeln, den Prozess und das Ergebnis; die Sicherung einer (legitimen) Vertraulichkeit, Erhaltung oder Schaffung von langfristigen Sozialbeziehungen und Akteursnetzwerken; die Möglichkeit einer „win-win"-Lösung oder mindestens eines für alle tragbaren Kompromisses; die Implementation wird aufgrund der breiteren Interessenberücksichtigung und Verfahrenstransparenz erleichtert (vgl. Weidner 1998: 23).

In Deutschland, wie in den meisten anderen Staaten, wird mit Mediation immer noch eher experimentell und zögerlich umgegangen und sie vorwiegend auf der lokalen Ebene erprobt. An dieser Stelle wird häufig auf die besondere deutsche Verwaltungstradition und -kultur verwiesen, die es erschwere, sich trotz aller de-facto-Entwicklungen in diese Richtung offen zu einer „verhandelnden Verwaltung" zu bekennen. Ein Unterschied zu den USA liegt auch in der hierzulande geringeren Verhandlungs- und Blockademacht von Akteuren bereits im Vorfeld von Entscheidungen, die in den USA durch ausgedehnte Informations- und Beteiligungsrechte von Streitparteien (gerade auch Umweltverbänden) in politischen Konflikten erzeugt wird, und die zu einer steigenden Zahl von Gerichtsprozessen führten und die Idee einer außergerichtlichen Einigung daher attraktiv erscheinen lassen.[5] Zwar lässt sich die genaue Anzahl von Mediationsverfahren in Deutschland (und auch anderswo) nicht feststellen, da nicht alle überregional bekannt oder dokumentiert werden und dazu ja die oben erwähnten Definitionsprobleme auftreten, jedoch liegt selbst die optimistischste neuere Schätzung bei lediglich 64 Verfahren, die vorwiegend auf lokaler Ebene im Problembereich „Abfall/Entsorgung" durchgeführt worden sind (Jeglitza/Hoyer 1998: 181). Trotz einer intensiven fachwissenschaftlichen Reflexion von Mediationsverfahren, die durch die beiden Pionierverfahren Münchehagen (bzw. Evangelische Akademie Loccum) und Neuss (bzw. Wissenschaftszentrum Berlin) angestoßen worden ist,[6] und trotz einer (gelegentlich allzu) advokatorischen Fachdiskussion innerhalb einer erwachenden „Mediations-Szene", die an der Schnittstelle zwischen Sozialwissenschaft und Praxis angesiedelt ist, ist in Deutschland keine große Nachfrage entstanden. Das könnte zwei Ursachen haben:

Zunächst ist in Rechnung zu stellen, dass neue Ideen allgemein oft lange Zeit benötigen, um in die politische Praxis einzusickern. Studien zum „Policy-Lernen" zeigen, dass neue Instrumente mindestens zehn Jahre brauchen, um systematisch zu funktionieren (Sabatier/Jenkins-Smith 1993). Da Mediationsverfahren in Deutschland in der Regel von Verwaltungen initiiert und begleitet werden, muss gerade in diesen auch zunächst überhaupt das Personal vorhanden sein, das gegenüber der Idee alternativer Konfliktmittlung aufgeschlossen ist und eine Nachfrage erzeugt. Es ist durchaus denkbar, dass im Zuge der Modernisierung der Kommunalpolitik, des Generationenwechsels innerhalb der Verwaltungen und einer veränderten Sozialisation des Personals im Sinne neuer „kooperativer" Leitbilder Mediation in Deutschland langfristig stärker nachgefragt wird.[7] Die „erhebliche Abneigung gegenüber koope-

---

5 Der US-amerikanische Politikstil wird gerne als konfrontativ, „adversarial" und die amerikanische Gesellschaft als „litigious society" (Prozesshanselgesellschaft) bezeichnet (vgl. Weidner 1998: 36-38).

6 Dazu u.a. Dally/Weidner/Fietkau (1993) und Fietkau/Weidner (1998). Die Pionierverfahren in der ersten Hälfte der neunziger Jahre konnten auch die Aufmerksamkeit verschiedener Bundestagsabgeordneter gewinnen, die in interfraktionellen Anträgen eine weitere Prüfung und mögliche Förderung solcher Verfahren anregten – die CDU-geführte Bundesregierung reagierte jedoch eher zurückhaltend, aufgrund rechtlicher Bedenken und weil sie sich auch keine positiven Auswirkungen auf die von ihr angestrebte Beschleunigung von Genehmigungsverfahren versprach. Auf der Ebene der Bundesländer gibt es vorwiegend befürwortende Stellungnahmen zum Einsatz von Mediation (Fietkau/Weidner 1998: 46-50).

7 Hubert Heinelt (1997) unterscheidet, Hellmut Wollmann folgend, in den neueren Debatten zur Modernisierung der Kommunalpolitik drei „Diskursgemeinschaften": die „New-Public-Management-Modernisierer", die „traditionellen Modernisierer" und die „alternativen Modernisierer". Letztere sind diejenigen, die auf eine verhandelnde Verwaltung, auf Mediationsverfahren und insgesamt auf eine zunehmende Verlagerung der Kommunalpolitik aus dem Rathaus heraus in öffentliche Foren hinein setzen

rativen Verfahren" in der deutschen Verwaltung (Holtkamp/Stach 1995: 75) macht deutlich, dass eine gezielte Schulung von Verwaltungsbeamten im Umgang mit alternativen Konfliktregelungsverfahren erforderlich wäre, wenn man deren weiteren Einsatz denn politisch für wünschenswert hielte (Wiedemann/Claus 1994: 232, 235).

Zum zweiten aber könnte die geringe Nachfrage in Deutschland auch an der insgesamt noch hinreichenden Funktionstüchtigkeit und Legitimität des bestehenden rechtlichen, politischen und administrativen Konfliktmittlungs- und Konfliktregelungssystems liegen: Eine lange Reihe besonders intensiv und öffentlichkeitswirksam ausgetragener Konflikte in umweltrelevanten Entscheidungsbereichen und die Kritik an den Defiziten des Verwaltungshandelns lassen mitunter aus dem Blick geraten, dass dennoch „die große Mehrzahl aller staatlichen umweltschutzbezogenen Entscheidungen reibungslos gefällt und umgesetzt wird" (Weidner 1996: 195). Da Mediationsverfahren sehr aufwändig sind und erhebliche Ressourcen binden, wird ihr Einsatz nur in besonders schwierigen, verhärteten Konfliktsituationen empfohlen und überdies eine eingehende Analyse der Erfolgschancen einer Mediation vor ihrer möglichen Durchführung angeraten. In einer solchen Perspektive würden Mediationsverfahren zwar weiterhin nur relativ selten eingesetzt, dann jedoch in besonders heiklen Problemlagen.[8] Sie wären ein „Konfliktregelungsinstrument unter vielen im ‚umweltpolitischen Instrumentenkasten'" (Weidner 1996: 220).

Nachdrücklichere Befürworter von Mediation wollen ihre Anwendung aber nicht nur auf diese sogenannten „*end-of-pipe*"-Situationen beschränkt sehen, sondern schreiben ihr positive, entlastende Funktionen auch in Vorsorgefragen in der Umweltpolitik oder in Politikdialogen allgemein zu (AGU 1995: 90). Gerade im Zuge der lokalen „Agenda 21"- Prozesse, in denen die Kommunalverwaltungen Konsensbildungsverfahren zur Verständigung über eine nachhaltige Entwicklung initiieren sollen, könnte Mediation ein sinnvolles Hilfsmittel sein (Zilleßen 1998).

Die Differenzen in der Diagnose der Ausgangssituation, die Bewertungen der Frage, ob in Deutschland überhaupt Bedarf an alternativer Konfliktmittlung besteht, können selbst als eigene Konfliktlinie aufgefasst werden.. Neuerungen wie Mediation müssen in einen vorstrukturierten politischen und rechtlichen Kontext integriert werden – da solche Neuerungen möglicherweise bestehende Kompetenzen, Machtkonstellationen und Akteursbeziehungen berühren, ist „nicht zu erwarten, dass die Einführung neuer Konfliktvermittlungsverfahren selbst konfliktfrei verlaufen könnte" (Saretzki 1997: 28).

– kurzum: auf mehr Partizipation und Argumentation (Heinelt 1997: 20-21, vgl. auch Schridde 1997 und Bogumil 2002).

8   Zu solchen „wicked problems" zählt Frank Fischer (1993: 456-459) insbesondere Fälle des „Nimby-Syndroms": Bürger finden die Ansiedlung einer bestimmten Einrichtung wünschenswert, solange sie sich nicht in der Nähe ihres Wohnortes befindet („nimby"= not in my backyard). Eng verwandt mit „nimby" ist „LULU": locally unwanted landuse.

2.2 Voraussetzungen, Probleme und Grenzen von Mediation

Zu den Voraussetzungen für eine erfolgreiche Mediation zählt an erster Stelle das Bewusstsein der Konfliktparteien, dass sie aufgrund wechselseitiger Abhängigkeiten aufeinander angewiesen sind, und die Bereitschaft, eine Lösung im Konsens anzustreben. Gemäß einer idealisierenden Lehrbuchvorstellung von der Durchführung von Mediationsverfahren sind in dieser Phase der Mediator/das Mediatorenteam gehalten, vorher eine Interessen- und Konfliktanalyse durchzuführen, mit den Konfliktparteien in Kontakt zu treten und in ausführlichen Vorgesprächen deren Bereitschaft zu Verhandlungen abzuklären. Die Parteien brauchen in der Regel Anreize zur Teilnahme, da Mediationsverfahren aufwändig sind, und Risiken, wie z.b. ein ungewisser Verfahrensausgang, beinhalten. Sehen sie ihre „best alternative to a negotiated agreement" (BATNA) z.b. doch in Gerichtsverfahren oder öffentlichen Protestaktionen, sollten sie diese Option zur Verfolgung ihrer Interessen auch wählen.

Als zweite Voraussetzung wird ein Machtgleichgewicht zwischen den Beteiligten angeführt. Machtunterschiede sollen in ihren Auswirkungen dann relativiert werden können, wenn Verhandlungen unvermeidlich sind, alle Beteiligten am Ergebnis interessiert sind, das Problem genau definiert ist, eine Frist zur Entscheidung gesetzt ist und die verfügbaren Informationen von allen geteilt werden. Finanzielle Ressourcenunterschiede sollen idealerweise durch verschiedene Formen der Unterstützung der ressourcenschwächeren Mediationsteilnehmer (z.b. Aufwandsentschädigung, Büro, Finanzierung von Expertisen) gemildert und mögliche kommunikative Ungleichgewichte durch die entsprechend gegensteuernde Gesprächsführung eines „neutralen" Mediators aufgefangen werden. Dennoch wird zugestanden, dass auch Diskurse letztlich keine Machtunterschiede aufheben können, um so mehr hängt dann der Erfolg von Mediation davon ab, ob im Verfahren Vertrauen zwischen den Beteiligten aufgebaut werden kann (Zilleßen 1994: 31).

Weitere Probleme bzw. Grenzen von Mediation markieren die geforderte Ergebnisoffenheit des Verfahrens und die Idee der „win-win"-Lösung. Es ist keine Seltenheit, dass Mediation von der Verwaltung zur bloßen Akzeptanzbeschaffung für eine heikle Entscheidung eingesetzt wird.[9] Bürgerinitiativen und Umweltverbände gehen schon geradezu notorisch davon aus, dass Politik und Unternehmen nicht mehr wirklich an einem offenen Ergebnis interessiert sind. Aus diesem Grund muss die ernsthafte, gleichrangige Behandlung der „Null-Option" im Verfahren ebenso eingeschlossen sein wie alle Veränderungen des Status Quo. Das Erreichen einer „win-win"-Lösung, d.h. die Umwandlung scheinbarer Nullsummenspiele in Positivsummenspiele durch das Aufdecken der „eigentlichen" Interessen der Beteiligten, gehört zur Grundphilosophie der einschlägigen US-Literatur zu Mediation (Fisher/Ury/Patton 1997). In der deutschen Literatur wird dies eher skeptisch betrachtet, das

---

9 Diese Erfahrung schildert der Mediator Frank Claus (AGU 1995: 91).

Vorliegen echter „win-win"-Situationen in umweltrelevanten Entscheidungen gilt als äußerst selten (Renn 1995: 23). Mindestens wird es häufig so sein, dass eine Partei nicht in dem Maße gewinnt wie eine andere: besonders bei Standortkonflikten ist „eine absolute Gleichverteilung von Nutzen und Nachteilen aus objektiver Sicht (*und* subjektiver Sicht der Beteiligten und sonstigen Betroffenen) nicht erzielbar" (Fietkau/Weidner 1998: 324, Herv. i.O.). An dieser Stelle wird dann die Frage nach *Kompensationen* relevant – anders als in den USA haben Kompensationen, die über gesetzlich vorgeschriebene Maßen hinausgehen, hierzulande jedoch noch immer einen zweifelhaften Ruf.[10]

Der Rahmensetzung des behandelten Problems (*Framing*), d.h. der Wahrnehmung der Konfliktsituation kommt eine entscheidende Bedeutung für den gesamten Verlauf eines Mediationsverfahrens zu. Vor diesem Hintergrund ist auch die weithin geteilte Einschätzung zu sehen, dass Mediationsverfahren nicht für die Regelung von Wertkonflikten geeignet seien, sondern nur für „verhandelbare", einem Ausgleich zugängliche Interessenkonflikte.[11] Hierin liegt dann aber auch ein Hauptproblem von Mediation im Umweltbereich, da gerade Umweltkonflikte aufgrund der ihnen inhärenten engen Verquickung von Verteilungsfragen mit Wert- und Identitätsfragen als besonders brisant eingestuft werden (Barthe/Brand 1996: 74-75). In der Verteilungsdimension wird um die konkurrierende Nutzung begrenzter Ressourcen oder um die Verteilung von „public bads" wie Risiken, Umweltschäden und gesundheitliche Gefährdungen gestritten, in der Wertedimension stehen unterschiedliche Formen der kulturellen Risikobewertung, unterschiedliche Einstellungen zu Natur, Technik und Ökonomie sowie insgesamt unterschiedliche Vorstellungen vom guten Leben zur Debatte. Insbesondere für Umweltakteure sind diese Fragen häufig aufs Engste mit ihrer Identität verknüpft. Wie Mediationsverfahren sich also nur auf vermeintlich verhandelbare Interessenkonflikte, die damit offenbar als von Werten ablösbar betrachtet werden, beschränken sollen, ist schwierig nachzuvollziehen (vgl. Jansen 1997).

Ein weiteres Problem von Mediationsverfahren ist kein spezifisch aus diesem Verfahrenstyp resultierendes, sondern charakteristisch für alle Verhandlungssysteme: einerseits die Rückkopplung der Repräsentanten an ihre entsendenden Organisationen/Institutionen, dieser als principal-agent-Problematik bekannte Komplex entzieht sich vorgefertigten Lösungen; andererseits die Rückkopplung dieser in der Regel nichtöffentlichen Verfahren mit der allgemeinen Öffentlichkeit. Es wird empfohlen, über regelmäßige Pressekonfe-

---

10 Mit der Vorstellung einer „win-win"-Lösung sind fünf Strategien „integrativen Verhandelns" verbunden, die Dean G. Pruitt entwickelt hat: „Erweiterung des Kuchens", unspezifische Kompensationen, *Logrolling*, finanzielle Kompensationen und das Verbinden von Themen (es geht hier um eine Neurahmung des Konflikts, das sog. *Reframing*). Zum integrativen Verhandeln Kessen/Zilleßen (1999: 49-51).

11 Fietkau/Weidner (1998: 55), Zilleßen (1994: 27), Jansen (1997: 280-282); kritisch Saretzki (1997: 37). Auch Fietkau/Weidner (1998: 326) deuten schließlich selbst eine vorsichtige Öffnung von Konfliktmittlungsverfahren für Wertkonflikte an.

renzen und -erklärungen die Öffentlichkeit über die Ergebnisse verschiedener Verfahrensschritte zu informieren (Fietkau/Weidner 1998, S. 264-266). Dennoch kommt es hier unweigerlich zu Spannungen zwischen dem intern geteilten Vertraulichkeitsinteresse aller Verfahrensbeteiligten einerseits und den unterschiedlichen Interessen einzelner Beteiligtengruppen an Beeinflussung bestimmter, für sie relevanter Öffentlichkeiten andererseits: neben der Berichterstattungspflicht gegenüber entsendenden Organisationen (z.B. Unternehmen, Verbände, Bürgerinitiativen) spielen hier auf die Medienöffentlichkeit gerichtete Positionierungen (z.B. Kommunalpolitiker, Bürgerinitiativen, Umweltverbände) wie auch die Mobilisierung einer Protestöffentlichkeit (z.B. Bürgerinitiativen, Umweltverbände) eine Rolle. Gerade in brisanten Streitfällen, die vor dem Einsatz eines Mediationsverfahrens schon lange in der Öffentlichkeit ausgetragen worden sind, stellt die plötzliche Einrichtung eines nichtöffentlichen Verfahrens mit potentiell starkem Entscheidungsbezug eine zeitlich befristete Unterbrechung des Normalprozesses dar, die demokratische Kontrolle des Prozesses wird eingeschränkt. Eine alle befriedigende Lösung kann es hier nicht geben, weil die Legitimationsressource Öffentlichkeit für die unterschiedlichen Beteiligten zu unterschiedlichen Verfahrensphasen auch eine unterschiedliche Bedeutsamkeit hat.[12]

3. Mediationsverfahren und Regionales Dialogforum zur zukünftigen Entwicklung des Frankfurter Flughafens

Das Mediationsverfahren zur zukünftigen Entwicklung des Frankfurter Flughafens, das eine Laufzeit von Juli 1998 bis Januar 2000 hatte, wurde durch den damaligen hessischen. Ministerpräsidenten Eichel initiiert.[13] Hintergrund war eine im Herbst 1997 öffentlich erhobene Forderung des Lufthansa-Vorstandsvorsitzenden Weber nach einer neuen Start- und Landebahn auf dem Heimatflughafen der Fluglinie. Dadurch wurde sofort eine Diskussion in der Rhein-Main-Region ausgelöst, die alte und neue Bürgerinitiativen auf den

---

12 Auf weitere Aspekte und eine detailliertere Diskussion der Chancen und Risiken von Mediationsverfahren kann ich an dieser Stelle nicht mehr eingehen, verwiesen sei daher auf die prägnanten kritischen Erörterungen bei Lauer-Kirschbaum (1996) und Holtkamp/Stach (1995).

13 Das gesamte Verfahren wurde durch eine dauernde umfangreiche Berichterstattung von FAZ, Frankfurter Rundschau und Lokalzeitungen begleitet. Weitere detaillierte Informationen finden sich in den ausführlichen Berichten der Mediationsgruppe (Mediatoren, die Mediationsgruppe 2000a, 2000b) und, aus der Perspektive einer sozialwissenschaftlichen teilnehmenden Beobachtung, in Troost (2001). Ich selbst habe im Rahmen meines Dissertationsprojekts weitere Daten erhoben (durch Dokumentenanalyse, Interviews, teilnehmende Beobachtung), auf die sich die folgende Darstellung und Analyse stützt.

Plan rief und die rot-grüne Landesregierung kurz vor einem Landtagswahl-
kampf in Schwierigkeiten brachte – im Koalitionsvertrag war nämlich eine Begrenzung des Flughafens auf sein damaliges Gelände festgeschrieben und die
Grünen waren und sind heute noch gegen eine Erweiterung des Bahnensystems;
in der SPD selbst gab es damals auch keine eindeutige Position zum Ausbau.
Aus Furcht vor dem Wiederaufleben der als sehr schmerzhaft erinnerten
Auseinandersetzungen um die Startbahn West, und um das Thema möglichst
aus dem Wahlkampf herauszuhalten und auch den Koalitionsfrieden zu wahren, berief Eichel einen sog. „Gesprächskreis Flughafen" ein, der mit Persönlichkeiten aus der Region besetzt war und Vorschläge für das weitere Vorgehen in der Flughafen-Frage machen sollte. Aus diesem Gesprächskreis heraus
kam der innovative Vorschlag, ein Mediationsverfahren durchzuführen, um
im Vergleich zur Startbahn West in den siebziger und zu Beginn der achtziger
Jahre eine ganz andere Art von Entscheidungsprozess einzuleiten: weit vor ir-
gendwelchen Planfeststellungen sollten die Betroffenen gehört und eingebunden werden, sollte eine mit rationalen Argumenten geführte öffentliche Debatte gefördert und ein Konsens der gesamten Region über diese Frage erzielt
werden. Die Staatskanzlei und der „Gesprächskreis" bereiteten Konzeption,
Zusammensetzung und Fragestellung des Verfahrens vor, legten bereits zwei
der drei vorgesehenen Mediatoren fest und luden dann folgende Teilnehmer-
gruppen ein (es war eine 20-köpfige Mediationsgruppe vorgesehen):
Vertreter von Bürgerinitiativen (4 Personen), Umweltverbänden (2),
Städte und Kommunen (4), Landesministerien (je 1 von Wirtschafts- und Um-
weltministerium), Bundesverkehrsministerium (1), Flughafenbetreiberin FAG
(1), Lufthansa (1), Vertretung der Airlines (1), Deutsche Flugsicherung (1),
ÖTV (1), IHK Frankfurt (1), Vereinigung der hessischen Unternehmerverbände
(1). Die Umweltverbände und bis auf eine Ausnahme die Bürgerinitiativen
lehnten eine Teilnahme unter den gegebenen Bedingungen jedoch ab und
stützten sich in ihrer Kritik an dem Verfahren u.a. auf in der Wissenschaft erarbeitete Kriterien: Sie vermissten eine Selbstbestimmtheit des Verfahrens,
hielten die Mediatoren für parteiisch, das Verfahren für pro Ausbau vorentschieden und die Möglichkeit einer „win-win"-Lösung für nicht gegeben, da
es in Fragen einer Landebahn wohl keinen Kompromiss geben könne. Das
angestrebte Verfahren erfülle also wichtige Kriterien eines Mediationsverfahren nicht und diene nur der Akzeptanzbeschaffung für eine schon feststehende
Entscheidung. Zudem sei überhaupt nicht zu erkennen, wie etwaige Ergebnisse des Verfahrens die Politik binden würden.
Die Mediationsgruppe vergab schließlich die freien Plätze an weitere
Kommunalvertreter.[14] Dann bearbeitete sie mit Hilfe von nunmehr drei Mediatoren, der wissenschaftlichen Begleitung durch das Öko-Institut Darmstadt
und der Beratung durch verschiedene Landesanstalten in der Folge die ihnen

---

14 Zusätzlich rückte auch die DAG mit einem Vertreter ein, so dass die Mediationsgrup-
     pe 21 Mitglieder hatte.

vorgegebene Frage, „unter welchen Voraussetzungen der Flughafen Frankfurt dazu beitragen kann, die Leistungsfähigkeit der Wirtschaftsregion Rhein-Main im Hinblick auf Arbeitsplätze und Strukturelemente dauerhaft zu sichern und zu verbessern, ohne die ökologischen Belastungen für die Region außer Acht zu lassen" (Mediationsgruppe, die Mediatoren 2000a, S. 7). Die Landesregierung versprach, ihrerseits solange in der Flughafenfrage stillzuhalten, bis die Mediation vorüber sei – deren Ergebnis sollte dann „beachtet" werden. Auch der Landtag wollte mit seiner symbolischen Entscheidung in dieser Frage solange abwarten.

Die Mediation erarbeitete schließlich eine Empfehlung, das sog. „Mediationspaket" mit seinen „5 untrennbar miteinander verbundenen Komponenten": Optimierung des bestehenden Bahnensystems, Ausbau, Anti-Lärm-Pakt, Nachtflugverbot, Regionales Dialogforum. Die inzwischen ausgewechselte, nunmehr CDU-geführte Landesregierung unter Ministerpräsident Koch begrüßte dieses Paket ebenso wie weite Teile der Landtagsparteien. Kritisch blieben die Grünen, die Umweltverbände und Bürgerinitiativen. Auch die betroffenen Kommunen sind gegen den Ausbau, behaupten jedoch – in einem eher schwer zu vermittelndem Balanceakt –, das Gesamtpaket mitzutragen. Viele Politiker sehen in dem Paket ein gelungenes Kompromisspapier und bekennen sich ganz nachdrücklich zu dessen voller Umsetzung: es soll so auch in die förmlichen Verwaltungsverfahren eingehen. Schließlich setzte die CDU-FDP-Landesregierung im Juni 2000 das empfohlene, wiederum von der Staatskanzlei konzipierte und betreute Nachfolgeverfahren „Regionales Dialogforum" ein. Diesem gehören Vertreter von 30 Institutionen an (von denen viele bereits an der Mediation teilnahmen) – insbesondere viele Kommunen wollten dabei sein (13 Kommunalvertreter). Es soll den Dialog zwischen Region und Flughafenbetreiberin fördern und vor allem die Umsetzung von Lärmschutzmaßnahmen und Nachtflugverbot klären sowie weitere offene Fragen durch Gutachten untersuchen lassen.[15] Auch die Bürgerinitiativen und Umweltverbände wurden erneut zum Forum eingeladen, aber nur letztere nahmen zunächst auch daran teil, zwei von drei Umweltverbänden verließen das Forum aber wieder nach 6 Monaten. Ihrer Meinung nach treibt die Landesregierung zwar den Ausbau voran, nicht aber in gleichem Maße sichtbar das Nachtflugverbot. Dieser Eindruck hat sich auch bei den Kommunalvertretern verstärkt und belastet das Forum derzeit am meisten. Parallel zu diesem als „mediatives Verfahren" konzipierten, politikberatenden Forum laufen das Raumordnungs- und Planfeststellungsverfahren an (ersteres hat im Oktober 2001 begonnen), die über Genehmigung und die genaue Lage einer Bahn befinden müssen.

---

15   Weitere Informationen über Konzeption, Zusammensetzung und Arbeitsweise des Forums unter http://www.dialogforum-flughafen.de.

4. Neue Konflikte durch kooperative Politikformen

Am Frankfurter Fall lassen sich exemplarisch zwei große, strukturell bedingte
Konfliktpunkte gut beobachten, die durch den Einsatz von Mediations- oder
mediationsähnlichen Verfahren entstehen: Der erste tritt bei der Vorbereitung
und Einsetzung des Verfahrens auf und liegt im Spannungsverhältnis zwischen politischen Vorgaben und Erwartungen an solche Verfahren und den
Autonomieansprüchen gesellschaftlicher Akteure, gerade von Protestakteuren, begründet. Hier geht es vor allem um die Frage, wer partizipiert an diesem Verfahren und unter welchen Bedingungen.

Für die Frankfurter Mediation gibt es keine Vorbilder, sie ist die größte
ihrer Art in Deutschland und hatte über die zukünftige Entwicklung eines
Weltflughafens zu beraten. Es scheint, dass die Landesregierung hier kein allzu großes Wagnis eingehen wollte und das Verfahren *in der Anfangsphase* stark
zu formen bzw. zu domestizieren suchte.[16] Die Teilnehmerinstitutionen, zwei
von drei Mediatoren und die Fragestellung wurden in Zusammenarbeit mit dem
vom Ministerpräsidenten auserwählten „Gesprächskreis" vorgegeben, es wurde
keine intensive Vorbereitungsphase mit den Betroffenen selbst durchgeführt –
ein in der Mediationsliteratur häufig betonter Erfolgsfaktor. Es gab keine besondere öffentliche Vorfeld-Debatte über Sinn, Nutzen und Nachteile eines solchen
Verfahrens. Stattdessen protestierten die zur Teilnahme eingeladenen Bürgerinitiativen und Umweltverbände gegen dieses Vorgehen und stellten eine Reihe
von Forderungen zur Änderung des Verfahrens, auf die nicht eingegangen
wurde. Es protestierten auch eine Reihe von teilnahmewilligen Anrainer-
Städten und -Kommunen, die nicht eingeladen oder konsultiert worden waren,
einige von ihnen durften schließlich auf die freien Plätze aufrücken. Es gab in
der Folge langandauernde Deutungskämpfe um die Legitimation des Verfahrens, in der Bilanz hat sich m.E. jedoch das *Framing* vieler Politiker durchgesetzt: Die Mediation ist endlich ein Angebot für mehr demokratische Teilhabe
und frühzeitige Einflussnahme, und wer dieses Angebot ablehnt, gerät selbst
in Legitimitätsnöte (ist z.B. ein „Diskursverweigerer").[17]

Die in der Mediationsliteratur empfohlene weitgehend selbstbestimmte
Vorbereitungsphase der Verfahren durch Betroffene, die möglichst diskursive
„Verständigung über Verständigungsaufgaben" (Ueberhorst 1990: 206) ist
zwar gewiss eine ideale Bedingung, geht aber zumindest in bedeutsamen
Konflikten wohl doch an der politischen Realität vorbei: die Initiation des
Verfahrens, die Identifizierung und Repräsentation von Betroffenen, gewisse
Vorformungen von Problemdefinitionen dürften sich staatliche Akteure kaum

---

16 Für die Konflikte in der Anfangsphase zwischen Landesregierung und Protestgruppen
    siehe ausführlich Busch (2000) und Geis (2000).
17 Besonders aufschlussreich ist hierzu die Debatte im Hessischen Landtag, 14. Wahlpe-
    riode, 108. Sitzung, 29.10.1998.

aus der Hand nehmen lassen. Mediation selbst ist kein Instrument zur auch nur zeitweiligen Veränderung von Machtungleichgewichten; sie wird nicht im politikfreien Raum durchgeführt.

Der zweite große Konflikt liegt in der institutionellen Unverbundenheit von informellen Verfahren und förmlichen Verwaltungsverfahren begründet: Wie geht es weiter, wenn ein Mediationsverfahren – was keineswegs selbstverständlich ist – ein Ergebnis erzielt hat? Wie gehen Parteien und Behörden damit um? Die Ergebnisse müssen nach deutschem Verwaltungsrecht unverbindlich sein, da Legitimation und Inklusionsreichweite von Mediationsverfahren immer prekär sind und die Verwaltung nicht in ihren vorgeschriebenen Abwägungsprozessen präjudiziert werden darf. Diese Unverbindlichkeit ist nicht nur *vor Verfahrensbeginn* ein Faktor, wenn potentielle Mediations-Teilnehmer Kosten und Nutzen kalkulieren müssen, sondern seit dem *Ende* der Mediation ist sie auch das gravierende, derzeit die öffentliche Debatte bestimmende Problem im Frankfurter Fall. Denn obwohl sich so viele politische Instanzen zum Mediationspaket bekennen und sich Ministerpräsident Koch sogar als „Garant" eines Nachtflugverbots bezeichnet hat,[18] ist derzeit noch immer ungeklärt, wie das Ergebnis des informellen Verfahrens mit den förmlichen Verwaltungsverfahren verkoppelt werden kann.

Dieses Problem beschäftigt und belastet auch das Regionale Dialogforum am stärksten. Ich sehe in dieser institutionellen Unverbundenheit ein Dilemma, durch das in diesem konkreten Fall am Ende vermutlich die Glaubwürdigkeit der Politik beschädigt wird. In der Öffentlichkeit ist so nämlich der Eindruck entstanden, dass das Mediationspaket tatsächlich in allen seinen Teilen umgesetzt werden wird – dafür kann es aber keine Garantie geben, die rechtlich Bestand hätte.

5. Wirkungen kooperativer Politikformen

Neben diesen kaum lösbaren Konflikten durch informelle kooperative Verfahren haben das Mediationsverfahren und das Regionale Dialogforum Flughafen Frankfurt jedoch insgesamt viele zusammenhängende Wirkungen hervorgerufen, die im Vergleich zur Startbahn West einen deutlichen Wandel im kommunalen Entscheidungsprozess anzeigen:

Erstens entstand eine intensive *frühzeitige öffentliche Debatte* über das Thema. Im Gegensatz zum Durchsetzungsprozess der Startbahn West, deren Inbetriebnahme auf einen Planfeststellungsbeschluss aus dem Jahre 1971 (!) zurückging, sind diesmal weit im Vorfeld der Genehmigungsverfahren alle strittigen Punkte zumindest öffentlich erörtert, sind wesentlich mehr Planinformationen vorab bekannt gegeben worden.

---

18 FAZ, 21.09.2000. Kochs „Garantie" löste bei dem Koalitionspartner FDP allerdings großes Unbehagen aus (FR, 23.10.2000).

Zweitens haben die zahlreichen von der Mediation in Auftrag gegebenen Gutachten nach Auskunft aller beteiligten und interessierten Akteure zu einer *erheblichen Verbreiterung des Kenntnisstandes* über den Flughafen geführt; offene Fragen wurden besser identifiziert und können in weiteren Gutachten, die nunmehr das Regionale Dialogforum in Auftrag gibt, geklärt werden. So fehlt zwar nach wie vor die von Protestakteuren lange geforderte Gesamtbelastungsstudie für die Ballungsregion Rhein-Main, aber durch die umfangreichen neuen Expertisen über den Flughafen existiert ein für alle zugängliches Wissen, das es vorher in diesem Maße nicht öffentlich gab[19] und welches ein Bewusstsein über die große Komplexität des Beratungsgegenstands gefördert hat.

Drittens kam es durch eine erweiterte, gesteuerte Partizipation von politischen Akteuren am Diskussions- und Verhandlungsprozess, durch den erwähnten Zuwachs an Wissen und die durch die Mediation bewirkte Strukturierung der Debatte zu einer *Rationalisierung des gesamten Flughafendiskurses*; die öffentliche Behandlung von Themen wie Bahnvarianten, ökonomische Effekte, ökologische Belastungen etc. stützte sich stark auf die Erkenntnisse und Impulse aus dem Verfahren. Besonders die Bekanntgabe des „Mediationspaket" mit den 5 Empfehlungen führte zu einer deutlichen Strukturierung der Erörterungen in Medien und Landtag entlang dieser 5 Punkte (insbesondere das Nachtflugverbot ist gegen Ende der Mediation so plötzlich wie massiv auf die Agenda gelangt). Obwohl die Gutachten und Empfehlungen umstritten waren (was bei dem üblichen „Expertenstreit" auch nicht anders zu erwarten ist), kam es doch zu einer besseren Klärung der Dissense unter den an den Verfahren beteiligten wie nichtbeteiligten Akteuren, so dass die jeweiligen Positionen wo nicht modifiziert, so zumindest besser reflektiert werden konnten. Damit tritt vor der eigentlichen Entscheidung sehr deutlich zu Tage, über welche Ansprüche von welchen Akteuren und über welche Zumutungen letztlich doch politisch entschieden werden muss.

Viertens kam es zu vielfältigen *Vernetzungsschüben* zwischen Akteuren (vgl. Troost 2001), sowohl unter den Städten und Kommunen als auch den Bürgerinitiativen und Umweltverbänden und schließlich auch zwischen allen dreien. Nach Auskunft der Kommunalvertreter in beiden Verfahren wurde ihnen durch die nunmehr in Zahlen sichtbare starke Belastung ihrer Region die Notwendigkeit einer engen Zusammenarbeit der Flughafenanrainer wesentlich stärker bewusst als zuvor und eine längerfristige Kooperation bot sich trotz gelegentlich differierender Interessen zur besseren Bewältigung der Arbeitsbelastung durch die Verfahren an. Mittlerweile versuchen viele Städte/Kommunen, durch gemeinsame Runden und Absprachen ihre angekündigten juristischen Schritte gegen den Ausbau zu koordinieren (Klagegemeinschaften) und ihr Vorgehen in den Genehmigungsverfahren zu vereinheitli-

---

19 Die Gutachten sind online unter www.mediation-flughafen.de abrufbar oder auf CDs mit der Dokumentation (2000b) der Mediationsgruppe/der Mediatoren erhältlich (bei dem in Rüsselsheim ansässigen Bürgerbüro des Dialogforums).

chen. Zu engen Vernetzungen kam es auch zwischen den Protestakteuren außerhalb des Verfahrens, die örtlichen Bürgerinitiativen hatten sich von Beginn an in einem Bündnis zusammengeschlossen, das derzeit aus 65 Einzelinitiativen der Region besteht und immer auch die Zusammenarbeit vor allem mit dem BUND und seinen lokalen Ablegern suchte, um die zahlreichen Protestaktionen durchführen zu können. Seit Ende des Mediationsverfahrens gibt es aber auch weitere Kooperationen und Abstimmungen zwischen Kommunen, Bürgerinitiativen und Umweltverbänden, die z.b. gemeinsam die Bürger mit einem durch die Region fahrenden „Infomobil" und in örtlichen Informationsveranstaltungen über ihre rechtlichen Möglichkeiten in den Genehmigungsverfahren aufklären.[20] So bestehen derzeit diverse Bündnisse, Runden und informelle Kooperationen auf Seiten der Gegner, die der *Ressourcenbündelung und der Effektivierung des Widerstands gegen den Ausbau* dienen.[21] Die Protestakteure bezeichnen ihren Protest selbst als „reifer" als zu Zeiten der Startbahn West, da er sich diesmal auf wesentlich mehr Informationen stützen kann und damit auch über mehr rationale Argumente verfügt, frühzeitig einsetzt und koordiniert getragen wird, und vor allem in wohl präparierten, kumulierten Klagen gegen die Pläne der Flughafenbetreiber bestehen wird. Dass dabei (bzw. daneben) keine kontinuierliche Massenmobilisierung der Bürger möglich ist, scheint nach einem allgemeinen Abebben der innenpolitisch aktiven Neuen Sozialen Bewegungen derzeit kein Indiz dafür zu sein, dass die Gegner nicht doch noch ihr Ziel erreichen könnten.

Fünftens signalisieren Mediation und Regionales Dialogforum den verstärkten *Einsatz „weicher" Steuerungsmedien*: Wissen/Argumente und Vertrauen statt staatlicher Demonstration von Macht und Gewalt. Bedeuten diese Formen erweiterter Partizipation durch Interessengruppen und Kommunalpolitiker zwar nicht einen Zuwachs an Bürgerbeteiligung, so werten sie jedoch durch den ihnen inhärenten Zwang zu Aushandlung und Kooperation die an ihnen beteiligten Akteure tendenziell auf. Aber auch die nichtbeteiligten Akteure profitieren m.E. entgegen ihrer Erwartungen von solchen Verfahren, nämlich durch die Eigendynamiken solcher prozessoffener Politikmodi, die nicht alle im Voraus kalkulierbar sind: durch die rund um die Mediation entstandene *Öffentlichkeit* ist die Rationalität des Entscheidungsprozesses erheblich gesteigert worden und lässt damit – auch trotz der Ohnmachtserfahrungen vieler Gegner – *alle* politisch wirksamen Akteure ein gewisses „*Empowerment*" erfahren. Der „Schatten der Hierarchie" war zu Beginn des Mediationsverfahrens groß, aber im weiteren Fortgang des Prozesses sind ihm die Wirkungen des Verfahrens

---

20 Siehe die Presseinformation des BI-Bündnisses vom 11.9.2001 (abrufbar unter www.gg-online.de/bi-flughafen/Presse/bi/bi_2001_09_11.htm).

21 Ein Beispiel ist die kommunale Aktion gegen den Flughafen-Ausbau „Zukunft Rhein-Main", die auf Initiative des Kreises Groß-Gerau und der Stadt Mainz gegründet wurde und der als Mitglieder 3 Landkreise, 22 Städte und Gemeinden, der BUND Hessen und Rheinland-Pfalz sowie das Bündnis der Bürgerinitiativen angehören (siehe www.zukunft-rhein-main.de).

zum Teil auch „entlaufen". Ob dies zu einer langfristigen Neukonfigurierung
der politischen Machtkonstellationen innerhalb des Geflechts von Kommunal-,
Regional- und Landespolitik führten wird, ist momentan nicht abzuschätzen.
Dies wird man erst rückblickend nach dem (vorläufigen) Abschluss der aktuellen Ausbauentscheidung beurteilen können, welche entweder mit der Inbetriebnahme der neuen Bahn (geplant für 2006) oder der gerichtlichen Verhinderung derselben endet. Letzterer Fall dürfte dann allerdings den baldigen
Beginn eines neuen Entscheidungszyklus in der Flughafenfrage auslösen.

Literaturverzeichnis

AGU (=Arbeitsgemeinschaft für Umweltfragen e.V.) (Hg.) 1995: Umweltmediation in
     Deutschland: Innovative Formen bei Regelungen von Umweltkonflikten. Dokumen-
     tation: Wissenschaftlich-praxisorientierter Kongress in Düsseldorf am 22.6.1995,
     Bonn (AGU-Nr. 49).
Barthe, Susan/Brand, Karl-Werner 1996: Reflexive Verhandlungssysteme. Diskutiert am
     Beispiel der Energiekonsens-Gespräche, in: Prittwitz Volker von (Hg.): Verhandeln
     und Argumentieren. Dialog, Interessen und Macht in der Umweltpolitik, Opladen, S.
     71-109.
Bingham, Gail 1986: Resolving Environmental Disputes. A Decade of Experience, Wash-
     ington, D.C.
Bogumil, Jörg 2002: Im Spannungsfeld zwischen Parteienwettbewerb, Verhandlungs-
     zwängen und Ökonomisierung – Der Wandel kommunaler Entscheidungsprozesse am
     Beispiel Nordrhein-Westfalens, in: Deutschen Zeitschrift für Kommunalwissenschaft
     Heft 2/2001 (vormals Archiv für Kommunalwissenschaft), im Erscheinen.
Breidenbach, Stefan 1995: Mediation. Struktur, Chancen und Risiken von Vermittlung in
     Konflikten, Köln.
Busch, Per-Olof 2000: Konfliktfall Flughafenerweiterung. Eine kritische Würdigung des
     Verfahrens „Mediation – Eine Zukunftsregion im offenen Dialog" zum Flughafen
     Frankfurt/Main (HSFK-Report 8/2000), Frankfurt.
Claus, Frank/Wiedemann, Peter (Hg.) 1994: Umweltkonflikte. Vermittlungsverfahren zu
     ihrer Lösung. Praxisberichte, Taunusstein.
Dally, Andreas/Weidner, Helmut/Fietkau, Hans-Joachim (Hg.) 1993: Mediation als politi-
     scher und sozialer Prozess, Loccum, Loccumer Protokolle 73/93.
Elliott, Michael L. 1998: The Use of Mediation to Resolve Environmental Disputes in the
     United States, in: Weidner, Helmut: Alternative Dispute Resolution in Environmental
     Conflicts. Experiences in 12 Countries, Berlin, S. 56-64.
Feindt, Peter Henning/Gessenharter, Wolfgang/Birzer, Markus/Fröchling, Helmut (Hg.)
     1996: Konfliktregelung in der offenen Bürgergesellschaft, Dettelbach.
Fietkau, Hans-Joachim/Weidner, Helmut 1998: Umweltverhandeln. Konzepte, Praxis und
     Analysen alternativer Konfliktregelungsverfahren, Berlin.
Fischer, Frank 1993: Bürger, Experten und Politik nach dem „Nimby"-Prinzip: Ein Plä-
     doyer für die partizipatorische Policy-Analyse, in: Héritier, Adrienne (Hg.): Policy-
     Analyse. Kritik und Neuorientierung (PVS-Sonderheft 24), Opladen, S. 451-470.
Fisher, Roger/Ury, William/Patton, Bruce 1997: Das Harvard-Konzept. Sachgerecht ver-
     handeln – erfolgreich verhandeln, 16. Aufl., Frankfurt a.M.
Fuchs, Gerd/Hehn, Markus 1999: Umweltmediation, Bonn (Förderverein Umweltmediati-
     on e.V.).

Geis, Anna 2000: Der kooperative Staat auf Partnersuche: Lähmung der Bewegungsgesellschaft?, in: Vorgänge, Heft 3, S. 46-55.

Heinelt, Hubert 1997: Neuere Debatten zur Modernisierung der Kommunalpolitik. Ein Überblick, in: Heinelt, Hubert/Mayer, Margit (Hg.): Modernisierung der Kommunalpolitik. Neue Wege der Ressourcenmobilisierung, Opladen, S. 12-28.

Holtkamp, Lars/Stach, Birgit 1995: Friede, Freude, Eierkuchen? Mediationsverfahren in der Umweltpolitik, Marburg.

Jansen, Dorothea 1997: Mediationsverfahren in der Umweltpolitik, in: Politische Vierteljahresschrift, Heft 2, S. 274-297.

Jeglitza, Matthias/Hoyer, Carsten 1998: Deutsche Verfahren alternativer Konfliktlösung bei Umweltstreitigkeiten – eine Dokumentation, in: Zilleßen, Horst (Hg.): Mediation. Kooperatives Konfliktmanagement in der Umweltpolitik, Opladen, S. 137-183.

Kessen, Stefan/Zilleßen, Horst 1999: Leitbilder der Mediation, in: Förderverein Umweltmediation e.V. (Hg.): Studienbrief Umweltmediation. Eine interdisziplinäre Einführung, Bonn, S. 43-59.

Köberle, Sabine/Gloede, Fritz/Hennen, Leonhard (Hg.) 1997: Diskursive Verständigung? Mediation und Partizipation in Technikkontroversen, Baden-Baden.

Lauer-Kirschbaum, Thomas 1996: Argumentatives Verhandeln in Mediationsverfahren, in: Prittwitz, Volker von (Hg.): Verhandeln und Argumentieren. Dialog, Interessen und Macht in der Umweltpolitik, Opladen, S. 111-133.

Mediationsgruppe/die Mediatoren (Hg.) 2000a: Bericht Mediation Flughafen Frankfurt/Main (= Endbericht, Fassung vom 2.2.2000), Darmstadt.

Mediationsgruppe/die Mediatoren (Hg.) 2000b: Dokumentation zum Mediationsverfahren Flughafen Frankfurt am Main. Leitfaden durch den Diskussionsprozess und die Ergebnisse (mit 2 CDs), Darmstadt (Copyright: Land Hessen – Hessische Staatskanzlei).

Renn, Ortwin 1995: Umweltkonflikte und innovative Konfliktregelungen. Möglichkeiten und Grenzen diskursiver Verfahren, in: AGU (Hg.) 1995: Umweltmediation in Deutschland: Innovative Formen bei Regelungen von Umweltkonflikten. Dokumentation: Wissenschaftlich-praxisorientierter Kongress in Düsseldorf am 22.6.1995, Bonn (AGU-Nr. 49), S. 19-34.

Renn, Ortwin/Webler, Thomas/Wiedemann, Peter (Hg.) 1995: Fairness and Competence in Citizen Participation. Evaluating Models for Environmental Discourse, Dordrecht u.a.

Runkel, Sabine 1999: Mediation – ein Weg aus der Sackgasse des Umweltkonflikts, in: Förderverein Umweltmediaiton e.V. (Hg.): Studienbrief Umweltmediation. Eine interdisziplinäre Einführung, Bonn, S. 17-41.

Sabatier, Paul A./Jenkins-Smith, H. (Hg.) 1993: Policy Change and Learning: An Advocacy Coalition Approach, Boulder, Col.

Saretzki, Thomas 1997: Mediation, soziale Bewegungen und Demokratie, in: Forschungsjournal Neue Soziale Bewegungen, Heft 4, S. 27-42.

Schridde, Henning 1997: Verfahrensinnovationen auf kommunaler Ebene, in: Heinelt, Hubert/Mayer, Margit (Hg.): Modernisierung der Kommunalpolitik. Neue Wege der Ressourcenmobilisierung, Opladen, S. 171-191.

Troost, Hans J. 2001: Neue Vernetzungsstrategien in der metropolitanen Region Rhein-Main: Das Beispiel des Mediationsverfahrens Flughafen Frankfurt, in: Esser, Josef/Schamp, Eike, W. (Hg.): Metropolitane Region in der Vernetzung. Der Fall Rhein-Main, Frankfurt a.M., N.Y.; S. 245-279.

Ueberhorst, Reinhard 1990: Der versäumte Verständigungsprozess zur Gentechnologie-Kontroverse . Ein Beitrag zur Vorgehensweise der Enquete-Kommission, in: Grosch, Klaus/Hampe, Peter/Schmidt, Peter (Hg.): Herstellung der Natur? Stellungnahmen zum Bericht der Enquete-Kommission „Chancen und Risiken der Gentechnologie", Frankfurt a.M., N.Y., S. 206-223.

Weidner, Helmut 1993: Politische Prozesse in Mediationsverfahren und deren Umfeld, in: Dally, Andreas/Weidner, Helmut/Fietkau, Hans-Joachim (Hg.): Mediation als politischer und sozialer Prozess, Loccum, Loccumer Protokolle 73/93, S. 243-253.

Weidner, Helmut 1996: Freiwillige Kooperationen und alternative Konfliktregelungsverfahren in der Umweltpolitik. Auf dem Weg zum ökologisch erweiterten Neokorporatismus?, in: Daele, Wolfgang van den/Neidhardt, Friedhelm (Hg.): Kommunikation und Entscheidung. Politische Funktionen öffentlicher Meinungsbildung und diskursiver Verfahren, Berlin, S.195-231.

Weidner, Helmut 1998: Alternative Dispute Resolution in Environmental Conflicts – Promises, Problems, Practical Experience, in: Weidner, Helmut (Hg.): Alternative Dispute Resolution in Environmental Conflicts. Experiences in 12 Countries, Berlin.

Wiedemann, Peter/Claus, Frank 1994: Konfliktmittlung bei umweltrelevanten Vorhaben. Ein Resümee, in: Claus, Frank/Wiedemann, Peter (Hg.) 1994: Umweltkonflikte. Vermittlungsverfahren zu ihrer Lösung. Praxisberichte, Taunusstein, S. 228-235.

Zilleßen, Horst 1994: Mediation in der Umweltpolitik, in: AGU (= Arbeitsgemeinschaft für Umweltfragen e.V.) (Hg.): Umweltmediation in Deutschland. Konfliktregelung im Umweltschutz. Das Mediationsverfahren als neue Form der Konsensfindung, Bonn (AGU-Nr. 48), S. 25-31.

Zilleßen, Horst 1998: Von der Umweltpolitik zur Politik der Nachhaltigkeit, in: Aus Politik und Zeitgeschichte, Heft 50, S. 3-10.

Zilleßen, Horst/Dienel, Peter C./Strubelt, Wendelin (Hg.) 1993: Die Modernisierung der Demokratie. Internationale Ansätze, Opladen.

Uwe Altrock

Büroflächenpolitik in Berlin 1981-99

Kreative nachholende Modernisierung oder Rückfall in autoritäre Muster?

1. Einführung

Der folgende Beitrag[1] knüpft an die Tradition der New Urban Politics[2] an, die er durch einen Blick auf die Rolle städtebaulicher Leitbilder und die fachlichen Verständigungsmechanismen innerhalb der Stadtentwicklungsplanung ergänzt. Am Beispiel der Büroflächenpolitik in Berlin in den 1980er und 1990er Jahren will er anregen, nicht auf der Ebene einer Analyse von Akteurskonstellationen stehen zu bleiben, sondern das Zustandekommen von Entscheidungen über die baulich-räumlichen Merkmale von Investitionsvorhaben selbst wie Gebäudehöhen, Nutzungsspektrum, bauliche Dichte, Freiflächenversorgung oder Umgang mit dem Bestand zu erklären. Untersuchungsgegenstand ist dabei einer der dynamischsten und vielfältigsten Bereiche der Stadtentwicklungspolitik sowohl hinsichtlich der schieren Anzahl getroffener Entscheidungen als auch des zunächst kaum von außen verständlichen Policy-Wandels im Zuge der deutschen Vereinigung.

Es wird dabei postuliert, dass die Machtkonstellation, der Zugang der Akteure zum Entscheidungsprozess, die Mechanismen der Konfliktlösung und die Folgen der Vereinigung für die Stadtentwicklungspolitik auf die erzielten Detailentscheidungen Einfluss ausüben. Es erscheint insbesondere überraschend, wie angesichts eines hohen Grads an fachlicher Sensibilität für die „Fehler" anderer Stadtregionen, die West-Berliner Planer-Community angesichts der Abnabelung der Stadt von wirtschaftlicher Dynamik und flächenhaften Expansionsmöglichkeiten über Jahrzehnte nichts machen musste, und der umfangreichen Erfahrungen mit innovativen planungspolitischen Ansätzen insbesondere in den 1980er Jahren im Umfeld der Internationalen Bauaus-

---

1 Die Ergebnisse dieses Beitrags beruhen auf einer Dissertation mit dem Titel „Büroflächenpolitik in Berlin 1981-99", die der Autor im Rahmen seiner Promotion an der Technischen Universität Berlin im Jahre 2001 eingereicht hat (Altrock 2001). Dabei wurden acht Großprojekte aus dem genannten Zeitraum untersucht. Neben der Auswertung von öffentlichen und nicht öffentlichen Materialien wurden dazu 130 Experteninterviews mit Vertretern aller relevanten Akteursgruppen geführt.

2 Der Begriff stammt von Cox (1993). Für einen Überblick über das Feld seien Harding (1994, 1996), Molotch (1976), Mossberger/Stoker (2001), Pierre (1999), Stone (1989), Stone/Sanders (1987) genannt.

stellung (IBA) dennoch im Zeitraffer Entwicklungen eingetreten sind, die zunächst vermieden werden sollten: Konzentration der Büroflächenentwicklung auf das Stadtzentrum und Überproduktion im Büroflächenmarkt sowie Suburbanisierung von Wohnbauflächen und Einzelhandel.

Zu erklären ist hierbei, wie der rasante Wandel der Rahmenbedingungen ein „geschütztes Soziotop" erfasst und wie dieses zu reagieren versucht, ob dabei Politikwandel auf eine Veränderung der planungspolitischen Ziele oder auf andere Mechanismen zurückzuführen ist. Weiter bleibt aufzuklären, welche Erfahrungen mit partizipativen Planungsprozessen in die „Neue Zeit" hinübergerettet wurden und warum. Daher erscheint es angezeigt, die Beteiligungswirklichkeit auf den Prüfstand zu stellen. Diese Vorgehensweise versucht im Gegensatz zu einigen stärker auf die Veränderungen in Kommunalverfassungen eingehenden Beiträgen in diesem Band, die „realweltlichen" Wirkungen von Beteiligung in den Mittelpunkt zu stellen.

Seit Anfang der 1990er Jahre ist für Berlin mehrfach versucht worden, Bezüge zur Debatte der New Urban Politics herzustellen. So behauptet Helms (1992), eine „Wachstumskoalition" (Molotch 1976) betreibe einen Umbau der Stadt zur Dienstleistungsmetropole. Dabei handle es sich um eine einseitige, ausgrenzende und die eigenen Möglichkeiten überschätzende Politik. Bei genauerer Betrachtung ist diese Zuschreibung nur äußerst eingeschränkt haltbar. Zwar ist unverkennbar, dass einige Schlüsselentscheidungen der frühen 1990er Jahre in Berlin Züge einer Wachstumskoalition tragen (vgl. Lenhart 2000), doch ist auf der anderen Seite die Stadtentwicklungspolitik bis in Einzelentscheidungen von Beginn (also dem Zeitpunkt der Maueröffnung) an höchst kontrovers verlaufen und hat die Kritik eines bedeutenden Teils der Fachöffentlichkeit in Architektur und Stadtplanung hervorgerufen. Der Versuch, den Begriff der „Urbanen Regime" (Stone 1989) für Berlin fruchtbar zu machen, ist von Kleger (1996) vorgenommen worden, der allerdings mit der Empfehlung, sich für den Aufbau eines „Urbanen Regimes" trotz der zersplitterten Akteurskonstellation einzusetzen, einer normativen Instrumentalisierung des Begriffs Vorschub leistete. Die Identifikation eines „Governance-Typs" (Pierre 1999), mit dem sich die Berliner Stadtentwicklungspolitik charakterisieren lasse, ist bisher nicht versucht worden.

Neben den Stabilität und Handlungsfähigkeit der Politik fokussierenden New Urban Politics erfasst die neuere Policy-Analyse eher Übergang und Wandel, wenngleich vorzugsweise auf der Ebene nationalstaatlicher Politik. Insbesondere ihr Ansatz der Advocacy-Koalitionen (Sabatier 1987, 1993) bietet vor dem Hintergrund des Vereinigungsprozesses einen vielversprechenden Interpretationsrahmen für die Erklärung des Wandels in der Berliner Stadtentwicklungspolitik von den 1980er Jahren zu den 1990er Jahren.

2. Stadtentwicklungspolitik als Policy

An dieser Stelle ist kurz darauf einzugehen, durch welche spezifischen Merkmale sich die Stadtentwicklungspolitik und insbesondere die Büroflächenpolitik charakterisieren lassen. Ohne ein eingehendes Verständnis dieser Spezifik greifen Erklärungsansätze zu kurz. Dauer, Akteurszusammenhang, thematische Breite und viele andere Faktoren deuten darauf hin, dass sich insbesondere nicht jedes kommunalpolitische Handeln sinnvoll in einen breiten policy-analytischen Zusammenhang bringen lässt.

In der Stadtentwicklungspolitik soll im Folgenden die Gesamtheit der Einzelentscheidungen über städtebauliche Projekte Gegenstand der Policy-Analyse sein. Die Policy ist damit als eine Aggregation einer großen Vielzahl von Einzelentscheidungen und zu ihnen gehöriger Prozesse zu verstehen, die noch dazu überwölbt wird von planerischen Prozessen auf projektübergreifender Ebene (Flächennutzungspläne, Stadtentwicklungspläne). Sie zeichnet sich nicht etwa ansatzweise in Hauptlinien eines Gesetzes ab, sondern ist „ständig im Fluss" und überhaupt nur ex post in der Zusammenschau von Einzelentscheidungen zu begreifen. Schleichende Veränderungen sind dabei schwer kontrollierbar.

Einzelentscheidungen als „Elemente der Policy" sind in hohem Maße irreversibel und interdependent. Aus ihnen entstehen Rechtsansprüche, die in der Regel irgendwann wirksam werden und später praktisch nicht mehr aufgehoben werden können. Aufgrund des Gleichbehandlungsgrundsatzes entstehen daraus planungsrechtlich tendenziell wiederum Ansprüche privater Akteure in nachfolgenden Einzelentscheidungen. Weiterhin ist das zeitliche Auseinanderklaffen von Entscheidungen und deren Umsetzung zu nennen[3]. Damit wird die Zurechnung von Entscheidungen zu den Entscheidungsträgern entkoppelt und politische Kontrolle durch Bürger erschwert, die die Prämissen und Zwänge der Einzelentscheidungen nicht überblicken können.

Für die Büroflächenpolitik als Teilbereich der Stadtentwicklungspolitik ist ein weiteres Spezifikum zu nennen. Dieses ist Resultat der Interpretationsvielfalt, die dem Begriff der „Entwicklung" innewohnt. Dabei reicht das Spektrum der zugedachten Bedeutungen von einer nachhaltigen Steuerung der Bodennutzung in einer Stadt bis hin zur aktiven Förderung von Investitionsvorhaben. Im Gegensatz beispielsweise zum Wohnungsbau bedeutet dies, dass die Beteiligten Entscheidungen über Bürobauvorhaben in unterschiedlichem Maße in einen über die Stadtplanung im engeren Sinn hinaus reichenden politischen Denkzusammenhang stellen. Entscheidungen über Bürobauvorhaben werden mithin in beachtlichem Maß interpretations- und legitimationsfähig.

---

3   So ist in Berlin eine der umstrittensten Entscheidungen in der Büroflächenpolitik der 1990er Jahre bereits 1991 gefallen, doch steht der Baubeginn des Vorhabens erst jetzt unmittelbar bevor. Andere Vorhaben sind weiterhin zurück gestellt und werden erst in den nächsten Jahren – oder überhaupt nie – realisiert.

3. Politische Rahmenbedingungen in Berlin

In der West-Berliner[4] Stadtentwicklungspolitik spielt aufgrund der geringen
wirtschaftlichen Dynamik die Wohnflächenproduktion eine herausragende
Rolle. Jedes der wenigen Büroflächenprojekte der 1980er Jahre wird durch
die öffentliche Hand mit übergroßem Interesse verfolgt. Jeder Fall wird quasi
zur „Chefsache". Die unmittelbare Vereinigungszeit ist im Ostteil der Stadt
vom Übergang in eine veränderte eigentumsrechtliche Situation geprägt (Ei-
nigungsvertrag, Restitution, Investitionsvorranggesetz usw.), so dass aus Projekten im Ostteil der Stadt gewonnene Erkenntnisse mit großer Vorsicht zu
bewerten sind, insbesondere wenn sie überdies die Strategien von Vertretern
der öffentlichen Hand zum Gegenstand machen, mit dem durch die Politik
geschaffenen planungsrechtlichen Vakuum umzugehen[5]. Wirtschaftlich holt
Berlin im Zeitraffer nach der Vereinigung schmerzliche Anpassungsprozesse
nach, die andere bedeutende Industriestädte bereits im Zuge des wirtschaftlichen Strukturwandels durchgemacht haben. Dabei ist der extrem schnelle
Niedergang der Industriebeschäftigung in West- wie in Ost-Berlin bemerkenswert. Allerdings sind die Perspektiven für einen nachhaltigen Boom im
Dienstleistungssektor Anfang der 1990er Jahre für die Akteure zunächst
schwer einschätzbar.
    Die Stellung des Landes Berlin als Stadtstaat bringt ein äußerst vielfälti-
ges Akteursspektrum innerhalb der öffentlichen Hand mit sich, das aufgrund
der mitunter abweichenden politischen Mehrheiten auf Landes- bzw. Bezirksebene zu einer Verkomplizierung der Machtverhältnisse und stadtentwicklungspolitischen Ziele führt. Wachstumskritische, wachstumsoffene, gestal-
tungsorientierte, partizipationsorientierte und andere Kräfte treffen in Entscheidungsprozessen aufeinander, die vom wachstumsoffenen Senat nicht
vollständig dominiert werden können. Trotz dieser scheinbaren „Hyperplura-
lität" auf mehreren Feldern wird die Politik des Senats aber eher für ihre Ent-
scheidungsstärke, ihre bis zur vermeintlichen Einschnürung von Kreativität
beispielsweise von Architekten reichende Stringenz (Sewing 1994, 1995) und
eine Handlungsfähigkeit bis hin zur dramatischen Überproduktion auf dem
Büroflächenmarkt kritisiert, die keine vorschnelle wissenschaftliche Einordnung oder Erklärung zulassen.

---

4   Die Situation im planwirtschaftlichen Ost-Berlin soll hier im Sinne der lokalen Poli-
    tikforschung nicht näher untersucht werden.
5   Genau dies versucht z.B. Lenhart (2000) in einer eindrucksvollen, aber in ihrer Aus-
    sagekraft auf die erste Hälfte der 1990er Jahre und einen räumlichen Teilbereich der
    Stadt begrenzten Untersuchung.

4. Machtverhältnisse und ihr Einfluss auf Entscheidungsprozesse

Im Folgenden wird das Verhältnis zwischen öffentlichen und privaten Akteuren, die strategische Steuerungsfähigkeit der öffentlichen Verwaltung und die Rolle der wirtschaftlichen Rahmenbedingungen für die Verhandlungsposition der öffentlichen Hand dargestellt. Darauf soll die Rolle der politischen Parteien und ihrer Ziele in der Stadtentwicklungspolitik beleuchtet werden. Schließlich wird zu untersuchen sein, inwieweit die Erfahrungen mit partizipativen Planungsverfahren aus den 1970er und 1980er Jahren in die Büroflächenpolitik Eingang finden konnten.

4.1 Verhältnis von öffentlicher Hand und Investoren

Das Auftreten eines „Urbanen Regimes" ist für die „Leistungsfähigkeit" des Entscheidungssystems in Berlin nicht erforderlich, auch wenn dies von Kritikern der schwerfälligen und blockadeträchtigen Stadtentwicklungspolitik in Berlin indirekt behauptet wird (Kleger 1996). Selbst im zersplitterten Entscheidungsumfeld wird wachstumsorientierte Stadtentwicklungspolitik möglich durch die Handlungsfähigkeit der einzelnen Akteure, deren Eingehen auf vermeintliche wirtschaftspolitische Erfordernisse, die Verfügbarkeit von Umstrukturierungsflächen im Tertiärisierungsprozess und den geringen Thematisierungsgrad der Büroflächenentwicklung in der breiten Öffentlichkeit. Ganz gleich, wie man die Überproduktion von Büroflächen insbesondere in der ersten Hälfte der 1990er Jahre bewerten mag, zeigt sie ganz deutlich, dass eine flexible Anpassung der Stadtentwicklungspolitik an einen konstatierten Entscheidungsbedarf und ein hohes Maß an Entscheidungsproduktion möglich gewesen ist.

Der „Erfolg" dieser Politik, gemessen an der langfristigen Stabilität der scheinbar unpopulären Großen Koalition über zehn Jahre hinweg, dürfte wohl auch in der Kopplung der wachstumsorientierten City-Politik mit massiven Investitionen in die Stadterneuerung als Gegengewicht zu den rapiden Veränderungen in der Innenstadt liegen. Dies steht im Widerspruch zum angeblichen Vorherrschen eines dominanten Governance-Modells (Pierre 1999), da die wachstumsorientierten Politikelemente erst in einer zielgerichteten Kopplung mit anderen Elementen erfolgreich werden und damit gewissermaßen auf diese angewiesen sind.

Eine informelle Große Koalition zwischen CDU, SPD, teilweise der PDS und einigen bezirklichen Baustadträten, die sich der wirtschaftlichen Misere in Berlin durch Wachstumspolitik zu stellen versucht, legt die Existenz einer „Wachstumskoalition" nahe. Deren „Reichweite" ist aber sowohl standortbezogen als auch inhaltlich begrenzt. Daher sollte eher von „punktuell-temporären Wachstumskoalitionsansätzen" gesprochen werden. Ein stabiler informeller Konsens unter Akteuren besteht zwischen Teilen der Fachöffentlichkeit und dem politischen System über städtebauliche Leitlinien für den öffentlichen Raum. Vor diesem Hintergrund könnte von einem „städtebaulichen" oder einem „städtischen" Regime gesprochen werden, das sich stark auf fachliche Leitbildelemente in neuer Interpretation stützt und gerade hier Kontinuitäten aufweist. Allerdings sind weder alle Architekten und Planer noch wesentliche Teile der privaten Unternehmerschaft an einem solchen Bündnis beteiligt.

Die wirtschaftlichen Rahmenbedingungen sind für die Verhandlungsposition der öffentlichen Hand bei der Entscheidungsfindung paradoxerweise von begrenzter Bedeutung. In wirtschaftlichen Krisen spielt die Schaffung von Arbeitsplätzen eine besondere Rolle, die die Verhandlungsmacht der Investoren zu stärken scheint. In Zeiten wirtschaftlichen Booms dagegen bewirken der Bodenpreismechanismus und hohe Finanzierungskosten von Projekten einen hohen Druck auf die öffentliche Hand, Entscheidungen zu produzieren und dabei eine angemessene Verwertbarkeit von Flächen sicherzustellen. Sowohl in Krisen- als auch in Boomzeiten bestehen also strukturelle Mechanismen, die auf eine Stabilisierung des Einflusses von Investoren hindeuten und ernsthaft betriebenes „Wachstumsmanagement" offenbar für Phasen und Orte reservieren, in denen Vollbeschäftigung herrscht[6].

4.2   Das Verhältnis von Politik und Verwaltung

Die zentralen Beobachtungen der beteiligten Akteure in deren Zusammenwirken lassen sich mit einer „pseudosubsidiären" Struktur der Projektentscheidungen in „vertikaler" Richtung (innerhalb der Akteursgruppe der öffentlichen Hand) und „multiplen Beteiligungsgradienten"[7] fassen. Die pseudosubsidiäre Struktur soll hier einen Mechanismus bezeichnen, der ansatzweise wie das Prinzip der Subsidiarität wirkt, aber nicht durch dessen explizite Anwendung oder präzise verfahrensrechtliche Verankerung zustande kommt.

Die pseudosubsidiäre Struktur bewirkt eine Durchsetzung des politischen Entwicklungsparadigmas auch gegen die üblicherweise der Verwaltung und insbesondere ihrem „Apparat" zugeschriebene Dominanz gegenüber der Legislative bzw. der Parteipolitik. Dies ist deutlich am Paradigmenwechsel in-

---

6   Das Auftreten unterschiedlichster Akteurstypen in der Gruppe der Investoren mit unterschiedlichen Verhandlungspositionen relativiert allerdings im konkreten Fall die Aussage dahingehend, dass projektbezogene Spielräume im Detail zu differenzieren sind.

7   Aus Platzgründen soll hier auf die Beteiligungsgradienten nicht näher eingegangen werden. Mit ihnen ist ein Phänomen bezeichnet, nach dem sich in mehrerlei Hinsicht ein Abnehmen des Einflusses auf Projektentscheidungen von einem „Kern" zur „Peripherie" des Entscheidungsprozesses feststellen lässt. Für eine eingehende Darstellung vgl. Altrock 2001.

folge der Vereinigung abzulesen. Zwar werden auch einige Teile bzw. Personen in der Verwaltung und unter den Gutachtern von der „Euphorie" ergriffen, die entwicklungsorientierte Vorentscheidungsmuster (Reservierung von Standorten für Büroflächen, Verdichtungsansätze, Hochhäuser, vorgabenarme Wettbewerbsauslobungen usw.) auf optimistische Entwicklungsprognosen folgen lässt. Jedoch leben unter „Fachleuten" die entwicklungskritischen Kräfte der Vorwendezeit aufgrund von „Bürgerorientierung", Skepsis über die wirtschaftliche Zukunft Berlins und Einsatz für bauliche Bestandspflege weiter. Aufgrund der Ausgangspositionen ist jedenfalls Anfang der 1990er Jahre nicht vorhersagbar, wie die Fachleute mit einer explosionsartig steigenden Investorennachfrage umgehen werden.

Allerdings wird ein „Durchsickern" bzw. ein entscheidungsbezogenes „Greifen" der Wachstumspolitik institutionell sichergestellt. Dabei fällt die Vorentscheidung im Sinne der Entwicklungsorientierung des Senats auf der untersten Ebene der Planungshierarchie in der Verwaltung, die selbst wachstumsorientiert agiert. Im Bezirk kann das im Bebauungsplanverfahren das Stadtplanungsamt sein, das nur dann Einfluss auf Verhandlungen mit Investoren hat, wenn es selbst grundsätzlich entwicklungsoffen agiert. Steht das Stadtplanungsamt der Entwicklung in der beabsichtigten Form eher skeptisch gegenüber und untersteht es einem entwicklungsorientierten Baustadtrat, wird das Stadtplanungsamt marginalisiert.

Ist der Bezirk insgesamt in Bezug auf ein Projekt entwicklungsskeptisch, dem der Senat eher positiv gegenübersteht, so wird die Möglichkeit des Verfahrenseintritts vom Bezirk teilweise antizipiert und eine Durchsetzung eines Höchstmaßes bezirklicher Ziele durch die weitere „behutsame" Federführung im Verfahren versucht. Sind die Interessendivergenzen zum entwicklungsorientierten Senat zu groß, erfolgt der Eintritt des Senats ins Verfahren. Selbst innerhalb des Senats wirkt der Mechanismus als neoelitistische „Binnennormierung" der Verwaltung fort.

Dieser darf nicht einfach mit dem Wirken von Hierarchie verwechselt werden. Bedeutsam für die Einordnung der Stadtentwicklungspolitik ist nicht, dass Hierarchiemuster entdeckt werden können, sondern dass es der politischen Spitze in Verbindung mit einer projektorientierten Stadtentwicklungspolitik durch den Mechanismus gelingt, gegen die tradierte und sich nur allmählich verändernde stadtentwicklungspolitische Prägung des Verwaltungsapparats einen Paradigmenwechsel hin zur Wachstumspolitik durchzusetzen, die planerische Erkenntnisse oder stillschweigende Konsense in maßgeblicher und selektiver Weise beeinflussen und aushebeln kann.

Über die Verwaltung hinaus resultiert bekanntermaßen aus der Vorfilterung von vorentscheidungsrelevanten Informationen und deren selektive und bisweilen mit hoher zeitlicher Verzögerung versehene Weitergabe an die Legislative sowie die Öffentlichkeit eine strategische Schwäche dieser beiden Akteursgruppen. Die Selektivität der Informationsweitergabe macht sich insbesondere die Funktionsweise der Berliner „Freizeitparlamente" zunutze. Hierzu zählen die Dramaturgie von Präsentationen, die Beschränkung der Einbeziehung des Parlaments auf eine strategische Beteiligung zur Absicherung der eigenen Vorentscheidungen, die Beteiligung der Legislative zu einem Zeitpunkt, zu dem bereits massive „Sachzwänge" und praktisch irreversible Bindungen durch die Verhandlungen mit dem Investor entstanden sind sowie schließlich die Zuspitzung von Entscheidungsalternativen der Legislative auf Zustimmung oder Ablehnung, wobei eine Ablehnung praktisch nicht politisch vertretbar ist und damit die Vorentscheidungen der Exekutive wiederum abgesichert werden.

4.3   Die Rolle der Parteien

Angesichts der übermächtig erscheinenden Wachstumsorientierung, die die Stadtentwicklungspolitik vielerorts prägt und die einen zentralen Referenzpunkt der New Urban Politics darstellt, scheint sich bereits ein plausibles Gerüst von Hypothesen und Erklärungsansätzen für die Ziele politischer Parteien ableiten zu lassen. Neben dem Grad ihrer Wachstumsorientierung bestimmt aber ein ganzes Konglomerat von Zielen ihre stadtentwicklungspolitische Programmatik und bestimmen dabei auch die Büroflächenpolitik mit, so dass die Bedeutung der generellen Wachstumsorientierung für das hier untersuchte Politikfeld nicht ex ante einschätzbar ist.

Die CDU vereinigt als „Volkspartei" (im Westteil der Stadt) ein breites Spektrum stadtentwicklungspolitischer Auffassungen von der Investitionsförderung bis zum Historismus unter ihren Funktionsträgern. Investitionsförderung lässt sich dabei stark mit der Beschleunigung von Genehmigungsverfahren und einer pragmatischen Haltung zu städtebaulichen Positionen in Zusammenhang bringen. Für die CDU sind innere Verdichtung und Hochhausentwicklung offenbar ein Instrument der Wirtschaftsförderung und kein Selbstzweck. Eine Politik der „Traditionsinseln" ist erforderlich, um die inneren Widersprüche zwischen moderner Hochhausstadt und dem Ziel einer Wiederherstellung der historischen Stadt zu überwinden. In den Bezirken wird die CDU ob ihrer positiven Haltung zur Investitionsförderung als uninteressiert an politischer Kontrolle wahrgenommen. Hier spielt die CDU die Rolle des mehr oder weniger passiven Teils einer informellen großen Koalition mit der SPD. Lediglich in Bezirken, in denen der räumliche Konflikt zwischen „Tradition" und „Moderne" projektbezogen aufzubrechen droht wie in Charlottenburg, ist die CDU für eine differenzierte Haltung beispielsweise zu Hochhäusern bekannt, während sie umso vehementer und pragmatischer im Umgang mit Denkmalen aus dem 20. Jahrhundert ist und spektakuläre Akzente als legitimen Teil von Stadtentwicklungspolitik begreift.

Die SPD weist eine anders geartete innere Spaltung als die CDU auf. Wenige Exponenten bestimmen die stadtentwickungspolitische Position und können die behutsamen Teile der Basis durch ihre konsequente „Modernisierungshaltung" überrumpeln. Diese dem pragmatischen Flügel der Partei angehörenden „Macher" stehen den Anhängern einer rot-grünen Zusammenarbeit gegenüber, deren stadtentwicklungspolitische Positionen sehr eng mit denen der Bündnisgrünen verwandt sind. Dies führt zur Spaltung der Partei beispielsweise gegenüber von Hochhausprojekten. Die West-Berliner Behutsamkeit, die sich bereits in den 1980er Jahren gegen eine angeblich drohende „Manhattanisierung" wendet und einen ökologischen Stadtumbau teilweise gegen die CDU forciert, wird durch den in der Partei akzeptierten „Paradigmenwechsel" zurückgedrängt und kann kaum noch Wirkung gegen eine „projektorientierte" Politik entfalten. Trotz der parteipolitischen Profilierungsbestrebungen ergibt sich bis in einige Bezirke ein funktionsfähiges Bündnis mit der CDU, in dem die SPD-Position mit ausschlaggebend für die tatsächlich verfolgte Politik ist, da sich eine investitionsfördernde Haltung der CDU und eine reservierte Haltung von PDS und Grünen gegenüberstehen. Arbeitsplatzkrise und Generationswechsel bringen den Übergang von einer Partei der planerischen Einflussnahme und Steuerung tendenziell hin zu einer der pragmatischen Arbeitsplatzförderung mit sich, die partizipatorische Elemente vorwiegend in Wohnquartieren zugesteht.

Die PDS kann trotz ihrer als „links" angesehenen politischen Haltung stadtentwicklungspolitisch vor allem in den Bezirken als „Volkspartei des Ostens" angesehen werden, die in der Entscheidungsverantwortung ähnlich wie SPD und CDU dazu neigt, Investitionsförderung zum Zweck der Arbeitsplatzschaffung zu unterstützen. Ihr bis zu kapitalismuskritischen Positionen reichendes Spektrum produziert vor dem Hintergrund des dramatischen Strukturwandels und Arbeitsplatzabbaus im Ostteil der Stadt typischerweise gespaltene und unüberschaubare Abstimmungsresultate. Die innere Auseinandersetzung zwischen Investitionsförderern und „behutsamen" Politikern nimmt der Partei teilweise die Chance, auf Bezirksebene als profilierte Kraft wahrgenommen zu werden, so dass einzelne Vertreter der Partei am Zustandekommen von Projekten aktiv beteiligt sind, während sich andere vor allem bei drohenden Verkehrsproblemen und einer Einbeziehung von Hochhäusern in den städtebaulichen Gestaltungskanon – nicht zuletzt des sozialistischen komplexen Wohnungsbaus – offen als Bremser positionieren. Die Mehrheitsverhältnisse machen die PDS in bestimmten Bezirken zur entscheidenden Kraft, die durch die entwicklungsoffene Haltung einiger „Pragmatiker" zur Beschaffung der notwendigen Abstimmungsmehrheiten beiträgt.

Die Bündnisgrünen verquicken die Stadtentwicklungspolitik traditionell mit Demokratisierungs- und Partizipationsanliegen. Ihr hoher Steuerungsanspruch soll sich in der differenzierten Begleitung von Projekten und der Formulierung von Anforderungen äußern, wird aber tendenziell unter dem Druck der schnellen Projektentscheidungen als Verhinderungspolitik wahrgenommen. Insbesondere ist das in den Reihen der CDU der Fall, die sich von den Bündnisgrünen weniger in ihren städtebaulichen Positionen als fundamental hinsichtlich ihres Pragmatismus unterscheidet, was sich markant in der grundverschiedenen Haltung zur Bewahrung von Denkmalen niederschlägt.

Wegen der Schwerpunktsetzung der bündnisgrünen Politik ist diese selten in
der Lage, städtebaulich aktiv Gegenpositionen zu setzen und Stadtentwicklungspolitik strategisch zu thematisieren. Inhaltliche Basis der grünen Politik
ist die Schaffung attraktiver innerstädtischer öffentlicher Lebensräume durch
Verkehrsberuhigung und Begrünung, so dass die grüne Politik mit der „städtischen" Verdichtungspolitik der 1990er Jahre wie mit dem Trend zur Privatisierung öffentlicher Räume in Konflikt gerät.

Im Vergleich der in Berlin in den Parlamenten vertretenen Parteien, ihrer
Programme und der entstehenden Mehrheiten lässt sich angesichts der
schwierigen Lage auf dem Arbeitsmarkt und wegen des anstehenden wirtschaftlichen Strukturwandels eine relativ stabile Wachstumsorientierung
nachweisen. Das geringe Gewicht, das Stadtentwicklungspolitik im Detail
während der laufenden Entscheidungsprozesse in der Stadt besitzt, lässt dabei
den Vertretern der Exekutive einen vergleichsweise großen Definitionsspiel-
raum. Während häufig wechselnde Besetzungen von Ämtern in der Exekutive
u.a. dazu führen, dass lang andauernde Planungsprozesse durch gefällte Vorentscheidungen Kontinuität über Legislaturperioden hinaus schaffen, gelingt
es zwar mitunter, Prozesse aufzuhalten, doch bleibt ein prägender Einfluss
eher den Vertretern der großen Mehrheiten in der Stadt vorbehalten. Akzente
können Politiker der Exekutive wohl setzen und sind damit in der Lage, die
politischen Programme ihrer Parteien – im Zweifelsfall auch gegen die Verwaltung – in reale Stadtentwicklung umzusetzen.

Insbesondere das scheinbare „Hochhaustabu" der 1980er Jahre und der
„Aufbruch in die Vertikale" in den 1990er Jahren lassen sich neben der bauli-
chen Dynamik durch die Bauskandale von CDU und SPD sowie die „dog-
menfreie" Politik der FDP Ende der 1980er Jahre als Vorbereitung auf die
profilierende „Modernisierung" von Schlüsselakteuren der SPD in den 1990er
Jahren erklären. Neben der langfristigen Prägung der Stadtentwicklungspolitik durch die Verwaltung lässt sich also ein doppelter Einfluss der Politik
ausmachen, der einerseits Folge der durch die Spitze der Exekutive gesetzten
Akzente ist und andererseits wegen der Vielfalt der zu moderierenden Einflüsse und Machtfaktoren mittelfristig durchaus breiten informellen politischen Mehrheiten in der Legislative zum Durchbruch verhilft.

4.4 Stadtentwicklungspolitik – ein partizipatives und bürgerorientiertes Politikfeld?

Büroflächenpolitik ist trotz gegenlautender Vermutungen aus dem Zeitgeist
der 1980er Jahre (vgl. Treutner 1982) und Trends hin zu einer stärkeren Stellung direktdemokratischer Elemente kein Vorzeigebereich partizipativer Planungskultur. Dies ist eine Folge der Spezifik der Büroflächenpolitik. Von den
Entscheidungsträgern werden zwar nicht konsensual, aber doch in einer über-
raschenden Breite weitreichende Definitionsspielräume für Investoren und

Architekten freigehalten, die nur mehr eine mittelbare Akzeptanz von partizipativer Mitbestimmung zulassen. Diese wird legitimatorisch abgesichert durch eine kritische Einschätzung der fachlichen Möglichkeiten von Bürgern, die selbst in stärker partizipatorisch orientierten Bezirksverwaltungen paternalistische Züge tragen kann.

Die Einschätzung der Bürger durch andere Akteure lässt sich mit den Zuschreibungen „Desinteresse", „Interessengebundenheit", „Inkompetenz" und „Heterogenität" charakterisieren. Das Desinteresse der Bürger ist real und geht u.a. auf die geringen Möglichkeiten der späten Beteiligung zurück. Eine qualitätsorientierte Einmischung ohne massiven Widerstand bleibt folgenlos und wird im Verfahren als unbedeutend zurückgewiesen. Werden die Beteiligungsmotive als interessengebundenes Handeln gebrandmarkt, sinkt tendenziell der Einfluss der Bürgerinnen. Politik und Verwaltung mit dem Auftrag, Einzelentscheidungen in einen Gesamtzusammenhang zu stellen, akzeptieren Kompromissvorschläge von Bürgern nur eingeschränkt. Ein legitimes Interesse wird ihnen nur bei der Weiterentwicklung ihres Lebensumfelds zugestanden. Inkompetenz wird Bürgern u.a. aus dem Architektenspektrum vorgeworfen, das gutachterlich stabil in die Entscheidung eingebunden ist und in der Exekutive auf Verhandlungspartner aus der gleichen Profession stößt. Kommunikationsbarrieren und Verfahrenseigenheiten werden dabei als Erklärung für den Eindruck von Inkompetenz ignoriert. Die grundsätzliche Ablehnung von Projekten durch eine mobilisierte Öffentlichkeit kann denn auch als „organisiert" oder als „erschreckend stadtfeindlich" abgelehnt und ein spürbares Eingehen auf Bürgeräußerungen auf den Fall erheblichen Widerstandes begrenzt werden. Gegner von Projekten werden an ihrer inneren Heterogenität erwischt, wenn darauf verwiesen wird, dass „immer über etwas gemeckert" werde oder dass die schweigende Mehrheit ganz anders denke.

Daraus ergeben sich drei Strategien im Umgang mit den Bürgern. Erstens sind Projektgegner in der Exekutive auf eine Mobilisierung der Öffentlichkeit angewiesen und versorgen diese mit Informationen, während die Befürworter Abwehrstrategien entwickeln und teilweise nur auf rufschädigenden Widerstand reagieren. Die Gegner stoßen aber auf Mobilisierungsgrenzen und scheitern an vermeintlichen Sachzwängen in der projektbezogenen Konkretisierung von strategischen Plänen. Zweitens erkennen Investoren Bürgerinneninteressen und Beteiligungsverfahren als legitim an. Eine Infragestellung des Projekts selbst wird dagegen aber mit Härte zurückgewiesen. Drittens entwickeln Verfahrenspromotoren einen paternalistischen Umgang mit der Öffentlichkeit, der einerseits an der Inkompetenz-Problematik ansetzt, andererseits dem Selbstverständnis der Exekutive als dem Organ der Abwägungsvorbereitung geschuldet ist, das sämtliche Belange in den Planungsprozess integrieren muss. Bürger bewirken in diesem Sinne „so viel, wie man ihnen zugesteht". Gutachter nehmen antizipierende Funktionen im Hinblick auf die Öffentlichkeit wahr. Die öffentliche Verwaltung lehnt Detailvorschläge von Investoren ab, wenn sie nicht bürgerorientiert seien, lässt aber durch Gutachten auch nachweisen, dass die Betroffenheit der Bürger durch ein Projekt „nur geringfügig" sei. Die paternalistische Annäherung hat ein doppeltes Gesicht: Zum einen rechtfertigt sie die Immunisierung von politischem Handeln gegen Kritik, zum anderen bewirkt sie tatsächlich die antizipierende Berücksichtigung von realen Belangen der Bürger ohne deren unmittelbare projektorientierte Mobilisierung.

Auch auf Bezirksebene bildet sich im Ostteil der Stadt durch die innere Spaltung der PDS ein stillschweigender Wachstumskonsens heraus, der im Bedarfsfall durch die Politik des Senats abgesichert werden kann. Im Westteil gelingt es entwicklungskritischen Kräften zwar mitunter, öffentlichkeitswirksame Gegenpositionen zur Wachstumspolitik des Senats aufzubauen. Diese müssen aber im Falle von herausragenden Büroinvestitionsvorhaben stets zwischen der Möglichkeit der lokalen Einflussnahme und dem Eintritt des Senats ins Verfahren lavieren. Damit sind entwicklungskritische Kräfte in Ost wie West weitgehend gelähmt und nur sehr begrenzt in der Lage, ihre Ziele in projektbezogene Erfolge an die Bevölkerung vermittelbar umzusetzen.

Im Wesentlichen verbleiben vier Fälle, in denen Bürgerbeteiligung über kosmetische Nachbesserungen hinausgelangen kann. Der erste Fall ist der einer akzeptierten nachbarlichen Betroffenheit. Lokaler Widerstand wird dabei anknüpfend an die planungskulturelle Tradition der 1970er und 1980er Jahre vergleichsweise schnell aufgegriffen, auch um Projekte nicht grundsätzlich zu gefährden. Bürobauvorhaben tangieren benachbarte Bewohner allerdings selten direkt, da die Flächenvorsorgepolitik und die Investitionstätigkeit auf zahlreiche Standorte ohne größere Wohnbestände zurückgreifen kann. Etwaige Nachbarn können in der Regel mit Kompromissen vergleichsweise einfach befriedet werden.

Der zweite Fall erfolgversprechender Bürgerbeteiligung tritt ein, wenn die Promotoren in der Exekutive „lokal rechenschaftspflichtig" sind und der Grad an Veränderung definiert werden muss, den sich ein Gemeinwesen zumuten will. Großprojekte treffen dabei auch die Legislative und die Exekutive unvorbereitet, so dass tendenziell Unsicherheit über die Fraktionen hinweg besteht, die erst im und durch das Entscheidungsverfahren überwunden wird. Der weitgehend interne Vorentscheidungsprozess erlaubt zwar der Öffentlichkeit hierbei nur einen geringen Einfluss. Die Exekutive übernimmt jedoch in Ansätzen anwaltliche Positionen gegenüber der Bevölkerung.

Der dritte Fall betrifft politische Grundsatzkonflikte, die sich durch die Fraktionen ziehen, wenn städtebaulich-fachliche Fragen betroffen sind, die selbst in der Fachwelt umstritten sind oder die Bereitschaft der Legislative zur fachlichen Auseinandersetzung überstrapazieren. Politische Koalitionen sind in diesen seltenen Konstellationen nicht handlungsfähig; punktuelle Koalitionen bilden sich heraus. Der Einfluss der Bürger ist dann abhängig vom Zugang, den sie sich zu aktiven Schlüsselpersonen verschaffen können. Im Falle ihrer eigenen Mobilisierungsfähigkeit wirken sie als bestärkende Katalysatoren auf diejenigen Akteure mit Ressourcenzugang, die grundsätzlich ihre Auffassung vertreten.

Im vierten Fall sind sich die Verfahrenspromotoren ihrer Position zwar sicher, doch die Öffentlichkeit gewinnt durch eine Kombination aus breiter Massenmobilisierungsfähigkeit und akteursunabhängigen Umsetzungsbarrieren Einfluss, eine Konstellation, die gerade im Büroflächenbereich selten eintritt. Akteursunabhängige Umsetzungsbarrieren sind dabei sich verschlechternde ökonomische Aussichten für ein Projekt, gravierende standortbezogene Probleme wie Eigentumsfragen bzw. eine zersplitterte Nutzungsstruktur auf großen Flächen im Bestand oder privatwirtschaftliche Schwierigkeiten des Investors. Hierbei kann die Mobilisierung von Bürgern zu einer weiteren Verunsicherung der Investoren bis hin zur Neukonzeption beitragen.

Konflikte mit Bürgern lassen sich teilweise durch die unterschiedlichen Positionen der Akteure zum weitgehend neuen Aufgabenfeld der Büroflächenpolitik erklären. Investoren gehen von den Verwertungsmaßstäben aus, die durch wirtschaftliche Rahmenbedingungen und Bodenpreis bestimmt werden, Architekten entwickeln das Selbstverständnis für die zu bewältigende Aufgabe aus ihrem Gestaltungsauftrag, der Raumkomposition und Nutzeranforderungen in Einklang bringt, die öffentliche Hand fügt sich in die Notwendigkeit, mit den gängigen Nutzungsmustern planerisch umzugehen, und lediglich die Bürgerinnen können sich gewissermaßen erlauben, über die Kritik an den stadträumlichen Konsequenzen von Einzelprojekten den nicht mehr einzelnen Akteuren zuzuordnenden Trend insgesamt in Frage zu stellen. Somit scheitern Kompromisse bisweilen an der Unvereinbarkeit von Grundpositionen, bei denen Bürger die gängigen Leitbilder der Fachwelt zu konterkarieren versuchen. Die Eindeutigkeit und Breite dieser Ablehnung wird zur wesentlichen Mobilisierungsvoraussetzung, da die Machtressourcen gering sind, Bewegungen sich kaum professionalisieren lassen und formale Beteiligungsrechte mit Fatalismus quittiert werden. Gelingt es im Prozess, über Anpassungen Zugeständnisse in Richtung einer Verträglichkeit der Projekte zu gewährleisten, nimmt die Konfliktträchtigkeit schnell ab.

Zusammengefasst kann die Öffentlichkeit zumeist auf Distanz gehalten werden, was insbesondere die Fachöffentlichkeit schwächt, während den beteiligten Bürgern aufgrund des Selbstverständnisses der Planer in der Verwaltung zunächst hohe Aufmerksamkeit entgegengebracht, ihnen aber im Konfliktfall nur sehr eingeschränkt nachgegeben wird. Die Antizipation der vermuteten Bürgermeinung prägt den planerischen Alltag in erheblicher Weise und dürfte einen wesentlichen Unterschied gegenüber der Situation noch vor einigen Jahrzehnten darstellen, ist aber nur begrenzt kommunizierbar, da der „Außenwelt" häufig die von der Exekutive im Vorfeld abgewehrten Entscheidungsalternativen kaum bekannt werden. Außenstehende begreifen damit häufig von der Exekutive ausgehandelte „Kompromisse" zwischen Extremvarianten der Investoren und „behutsamen" bürgerorientierten Varianten nicht als Vermittlungsleistung zwischen divergierenden Ausgangspositionen, sondern immer noch als Zumutung.

Die Antizipationsleistung der Verwaltung findet überdies ihre Grenzen an der Interpretation des Lebensumfelds der Bürger. Während es inzwischen in

weiten Teilen der Verwaltung unbestritten sein dürfte, dass zu diesem behut-
sam zu behandelnden Lebensumfeld die Wohnquartiere der Bürger zählen, ist
innerhalb der Verwaltung keine eindeutige Akzeptanz für eine „gleichberech-
tigte" Einbeziehung der Bürger bei der Planung von Neuordnungsbereichen
(Konversionsstandorten, tertiäre City-Bereichen) zu erkennen. Das sich neu her-
ausbildende büroflächenbezogene stadtentwicklungspolitische Handlungsfeld
bringt mithin gegenüber der Dominanz der wohnumfeldbezogenen Stadtentwicklungspolitik der 1980er Jahre eine tendenzielle Reduzierung des Stellen-
werts von Bürgerbeteiligung trotz der inzwischen breit durchgesetzten Anerkennung dieses Instruments und der dahinterstehenden „Planungskultur", die im
Beteiligungsoptimismus vom Anfang der 1980er Jahre kaum vorausgesehen
wurde. So leben bürgerorientiertes Selbstverständnis und Frustration über das
offenbar geringe Interesse der Bürger an Planung und das vermeintlich geringe
Niveau ihrer Äußerungen im Beteiligungsverfahren in der planerischen Verwaltung vielerorts auf merkwürdige Weise in unproduktiver Koexistenz fort, die
den Entwicklungspromotoren einen Freiraum für eine aktive Gestaltung und
Nutzung ihres latent vorhandenen Entscheidungsspielraums gewährt, Entscheidungen legitimatorisch abstützt und Eingehen auf Bürgereinwände mitunter auf
symbolische Veränderungen an Entwurfskonzepten reduziert.

5. Theoretische Implikationen

Trägt man die einzelnen Bausteine zusammen, so zeigt sich, dass eine Anwendung gängiger Begriffe der New Urban Politics auf die Situation in Berlin
kaum angemessen gelingt. Hierfür gebricht es ihr einerseits an Stabilität und an
Einbeziehung relevanter Akteursgruppen, während der nachweisbare Strategie-
mix sich gerade durch die bewusste simultane Anwendung unterschiedlicher
Governance-Modelle auszeichnet. Im Folgenden sollen daher zunächst die Berliner Politik zusammenfassend charakterisiert werden und daran anschließend
ihre Veränderungen in den 1990er Jahren theoretisch interpretiert werden.
    Die Berliner Situation weist „quasi-pluralistische" Elemente auf, weil der
Zugang verschiedenster Interessen zum Entscheidungsprozess nicht geleugnet
werden kann. Dieser Zugang ist allerdings selektiv im Hinblick auf die Politikfelder und Einzelprojekte. Die Selektivität ergibt sich durch Filterinstan-
zen, die die öffentliche Hand in ihren Entscheidungsprozessen über die Beteiligungswirklichkeit, die Wahrnehmung von Interessen über selektive Thematisierung und die Art des Einsatzes von Beratungsgremien teilweise bewusst
eingebaut hat. Damit ist ein offener Abgleich von pluralistisch an die öffentliche Hand herangetragenen Interessen keineswegs vorgesehen, wie eindrucksvoll an der Selektivität der Diskutanten und der Wirkungslosigkeit des
„Stadtforums" deutlich geworden ist (Sewing 1995). Abweichend von gewöhn-
lichen pluralistischen Kontexten trägt in Berlin die Verwaltung und ansatzweise

deren politische Spitze durch ihre „antizipierende" Herangehensweise selbst die pluralen Interessen in den Prozess hinein, wobei dabei die „Vertretbarkeit" von Entscheidungen im Mittelpunkt steht. „Pluralismus" ist gewissermaßen institutionelles „Schmiermittel" im Vorentscheidungsprozess.

Das Politikfeld weist daneben deutliche neoelitistische Elemente auf. Der engste Kreis der Entscheidungsträger bleibt in einer Situation vielfältigster Projektaktivitititäten in der ersten Hälfte der 1990er Jahre nur über eine Begrenzung der eigenen Aktivitäten auf wenige Schlüsselprojekte überhaupt noch handlungsfähig, fällt aber dennoch strategische Entscheidungen mit äußerst weitreichenden Wirkungen, um die eigene Politik abzusichern und die politische Reaktion auf eine veränderte Marktsituation durch einen „pseudosubsidiären" Mechanismus „nach unten durchzureichen"[8]. Der sich dennoch bildende Konsens einer tendenziellen „Durchmischung" der Innenstadt ist hierbei nur scheinbar ein Gegenindiz, da er sich zur Durchsetzung einer unter Vermarktungsgesichtspunkten für größere Neubauquartiere essentiellen Herstellung von innerstädtischer Vitalität eignet, die für Investorinnen wie Politiker gleichermaßen funktional ist. Trotz der Schwäche der Unternehmerschaft in Berlin, die allein die Existenz eines „Urbanen Regimes" widerlegt, gehören Investoren zum neoelitistischen Kern der Entscheidungsträger.

Die strukturellen Ursachen für die Entscheidungswirklichkeit lassen sich in der Berliner Verfassung und in den Rahmenbedingungen der Vereinigung finden. Der Senat erhält als bedeutende Widerspruchsbehörde eine weitreichende Deutungskompetenz für die Auslegung bau- und planungsrechtlicher Vorschriften. Im Gegensatz zu Flächenstaaten trifft in Berlin im Senat bis zur Verwaltungsreform ab 1995 die planerische wie die Kontrollkompetenz zusammen. Mit den vor Ort tätigen Bezirksverwaltungen bestehen Pufferinstitutionen, die es dem Senat erlauben, eine gewisse Unabhängigkeit vom Auftreten lokaler Initiativen zu erlangen und sich von Einflüssen über Lokalpolitiker abzuschotten. Die Vielfalt von zu bewältigenden Entscheidungen mit hoher Komplexität hat nach der Vereinigung die Exekutive gegenüber der Legislative gestärkt, die sich auf allgemeine Kontrollfunktionen beschränken musste. Vor dem Hintergrund einer vielstimmigen Kritik erscheint demnach eine neoelitistische Vorgehensweise für die Entscheidungsträger im Senat rational, um Komplexität zu reduzieren, Entscheidungsfähigkeit zu demonstrieren und Kritik ins Leere laufen zu lassen, wenn sie nicht von Widerstand mobilisierenden Alternativideen begleitet werden.

Für die Erklärung des Politikwandels im Rahmen der Vereinigung ist zunächst zu bemerken, dass der Kreis der Entscheidungsträger auf frappierende

---

8 Als augenfälligste Beispiele sind die Nicht-Überleitung der Ost-Berliner Pläne, die Aushebelung von Dichteobergrenzen in Wettbewerbsauslobungen, die Durchsetzung von nicht integrierten Hochhäusern, die Festlegung von Nutzungsanteilen und die Sicherung von Einfluss auf gestalterische Elemente über Verhandlungen ohne Planungsverfahren zu nennen.

Weise stabil geblieben ist. Da sich auch die Ziele der Akteure nicht gravierend verändert haben, bleibt zu fragen, wie es zu den massiven Veränderungen in der Stadtentwicklungspolitik kommen konnte. Hierfür ist der Ansatz der
Advocacy-Koalitionen aussagekräftig. Während sich die Stadtentwicklungspolitik in ihrer Gesamtheit nur allmählich ändert, bilden die projektbezogenen Einzelentscheidungen teilweise Ausprägungen der Policy, teilweise sind sie als de-
tailbezogene Ansätze von Policy-Lernen in ständiger Anpassung der Advocacy-Koalitionen an die sich verändernden Rahmenbedingungen zu verstehen,
ohne dass sich dabei der eigentliche „Policy-Kern" ändern würde.

Die beiden im Untersuchungszeitraum wesentlichen Advocacy-Koalitionen entwickeln sich dabei simultan durch schrittweise Aufnahme exogener
Veränderungen weiter, stehen aber insbesondere operational miteinander im
Wettstreit. Eine Koalition um die Leitbegriffe „Verdichtung, Stadt, Bürgertum" löst erst durch die massiven exogenen Veränderungen der Vereinigung
diejenige um die Begriffe „Begrünung, quartiersbezogene Lebensqualität,
Partizipation" ab, katalysiert durch politische Wahlen. Der Kern der Überzeugungen ihrer Vertreter bleibt dabei offensichtlich unverändert[9]. Die maßgeblichen Veränderungsfaktoren sind tatsächlich „externe Systemereignisse"
wie die Auswirkungen von Tertiärisierung, die Vereinigung und das Wirken
der Großen Koalition sowie die öffentliche Meinung im Hinblick auf die Bedeutung des Nachhaltigkeitsparadigmas und teilweise auf die Attraktivität von
multifunktionalen City-Bereichen. Die von Sabatier (1987, 1993) formulier-
ten Hypothesen lassen sich teilweise unmittelbar bestätigen. So kann die
„Anordnung der Verbündeten und der Gegner" im Policy-Subsystem während
des Untersuchungszeitraums als relativ stabil angesehen werden, ohne einer
Veränderung der Politikinhalte im Weg zu stehen. Die Differenzierung se-
kundärer Aspekte und deren Veränderbarkeit –bei Konsens im Policy-Kern –
kann beispielsweise an der allmählichen Herausbildung von freiflächenorien-
tierten Verdichtungsansätzen abgelesen werden. Der „Ideologievorwurf" einiger Akteure an Senatsbaudirektor Stimmann (SPD) oder auch bestimmte
Akteursgruppen in der Herausbildung der City-Politik ist klares Indiz für die
Konfrontation von stabilen Kernüberzeugungen. Die Vereinigungszeit bietet
als „bedeutsame Störung" die Möglichkeit für die in den 1980er Jahren in der
Minderheit befindliche und erst langsam „Fuß fassende" Verdichtungskoaliti-
on, die Policy-Kern-Merkmale der Stadtentwicklungspolitik zu verändern.
Herausragendes Beispiel hierfür ist die „Karriere" von Hochhauskonzepten
von utopisch anmutenden Skizzen der 1980er Jahre bis hin zur geplanten
„Stadtkrone" am Alexanderplatz.[10]

---

9   Dies lässt sich u.a. nachweisen an den Anhängern und den Gegnern der Möglichkeit
    „ehrlicher Partizipationsansätze", von an kaiserzeitlichen Werten orientierten hohen
    Dichten im Innenstadtbereich, der Einschätzung des Stellenwerts von Freiflächen
    oder der Konsequenz, mit der Wohnanteile in Citybereichen gefordert werden.
10 In der Auseinandersetzung der Koalitionen trifft dabei beinahe wörtlich zu, was Sa-
    batier (1993) über das „Lernen aus Erfahrungen" formuliert. Dies gilt insbesondere

Betrachtet man die Situation im Berlin der 1990er Jahre als „städtisches" Regime im Sinne einer strategischen Kopplung von Verdichtungsansätzen aufgrund vielfältiger ökonomischer Rahmenbedingungen und planerischer Ziele einerseits sowie einer hegemonial-leitbildartigen Füllung und städtebaulich-gestalterischen Ausdifferenzierung der entstehenden Handlungsspielräume im Sinne einer „urbanen" Inwertsetzung und intensiven Überlagerung von verschiedensten Nutzungsmustern andererseits, so bildet das Leitbild einen konstitutiven Baustein und das inhaltliche Bezugsgerüst des Regimes. Eine solche Begrifflichkeit sprengt jedoch den Begriffsrahmen der Regimetheorie[11].

Die Berliner Situation versperrt sich also sowohl einer einfachen Interpretation mit Hilfe der Regimetheorie als auch Aussagen der Governance-Forschung. Deshalb soll abschließend der Versuch einer integrativen Neuinterpretation der beiden Theoriestränge versucht werden. Versteht man den Regimebegriff als eine spezielle Ausprägung von intersubjektiven Normierungen, die das Entscheidungsverhalten der Akteure über den Einzelfall und seine spezifischen Rahmenbedingungen hinaus prägen, wird eine Verwandtschaft zum Governance-Begriff hergestellt, der sich explizit mit den Institutionen des Entscheidungsprozesses und des Zusammenwirkens der beteiligten Akteure befasst.

Zu den wesentlichen Einflussgrößen, die die Stadtentwicklungspolitik normieren, sind die wirtschaftliche Dynamik und das politische Selbstverständnis der Entscheidungsträger sowie der Zivilgesellschaft zu zählen. Weiter entfaltet die Notwendigkeit, Handlungsfähigkeit herzustellen, eine innere Dynamik, die sich auf das Verhältnis der Akteure auswirkt. Die Erfahrungen mit Entscheidungen aus der Vergangenheit sowie fachliche Innovationen, die allmählich in die Überlegungen der Akteure hineindiffundieren, spielen überdies eine Rolle. Das Zusammenwirken dieser Faktoren führt zu einer ständigen allmählichen Reformulierung von Standards und Konsensen über die zur Anwendung kommenden Verfahrenstypen, die Art und Weise der Interaktion zwischen den beteiligten Akteuren, das Selbstverständnis der öffentlichen Hand über den Umfang der von ihr zu erbringenden Leistungen und die im Entscheidungsprozess als konsensual erachteten städtebaulichen Leitbilder[12].

---

für die Weiterentwicklung der Stadtökologie von ihrer ursprünglichen, eher der „Begrünungsorientierung" zuzurechnenden Ausprägung der 1980er Jahre durch die Verquickung von zusätzlichen wissenschaftlichen Erkenntnissen, einer Renaissance der Gestaltung (hier: das erneuerte Bekenntnis eines maßgeblichen Teils der Fachwelt zum „Garten" statt der „Brache", der „Kulturlandschaft" statt der „Naturlandschaft" usw.) und einer bewussten Uminterpretation zahlreicher Inhalte durch Vertreter anderer Koalitionen. Auch die Schwierigkeit des Policy-Lernens in einem praktisch nicht quantitativ-gutachterlich fassbaren Feld wie der Stadtentwicklungspolitik lässt sich durch die unwidersprochene Simultanität verschiedenster Auffassungen über Einzelfragen belegen.

11   Vgl. Mossberger/Stoker 2001 für einen engen Begriff von „Urbanem Regime".
12   Für eine eingehendere Darstellung dieses Prozesses vgl. Altrock 2001.

Verändern sich die Normierungen in komplementärer Weise so, dass sie sich gegenseitig stützen, dann stabilisiert sich das entstehende Entscheidungssystem tendenziell zu einer handlungsfähigen Koalition, einem Regime oder einem stabilen Governance-Typ (Pierre 1999). Sind Normierungen nur ansatzweise vorhanden oder neutralisieren sie sich, wird lediglich punktuell Handlungsfähigkeit hergestellt.

Versucht man nun, die Situation in Berlin im Hinblick auf die genannten Dimensionen einzuschätzen, stößt man bei der Untersuchung der Verfahren auf qualitätssichernde Standards aus den 1980er Jahren (Wettbewerbsverfahren und Partizipationsansätze), die durch die Vereinigung von maßgeblichen Teilen der Eliten konsensuell zu Gunsten von Flexibilität im Ostteil der Stadt eingeschränkt werden. Durchsetzbarkeit als Kombination aus „Vermeidung rechtlicher Anfechtbarkeit" und „mittelfristiger Sicherung der Legitimation über Verfahren" steht über Jahre im Mittelpunkt. Neue Interaktionsformen überwinden die bisweilen als quälend empfundenen Selbstblockaden der West-Berliner Zeit zwischen den Verwaltungen. Die große Zahl von Projekten bringt eine Begrenzung der Debatte auf Stellvertreterauseinandersetzungen mit sich. Die Politik muss hauptsächlich deutlich machen, dass die wesentlichen Anforderungen aus der gesellschaftlichen Mitte erfüllt sind, die ihre Machtbasis bilden. Hierzu zählt der verantwortliche Einsatz für Entwicklung und die Abwehr von entwicklungshemmend erscheinenden Qualitätsforderungen. Die Selbstverständnis der öffentlichen Hand von ihren zu erbringenden Leistungen ist wesentlich determiniert von der Berliner Struktur- und Haushaltskrise. Hier unterscheidet sich die Stadt wohl am stärksten von Vergleichsbeispielen. Die nur im Hinblick auf die Bedienung unterschiedlichster Adressaten, nicht aber auf die Beteiligung gesellschaftlicher Kräfte an ihrer Formulierung korporatistisch anmutende Kombination von Wachstumsorientierung und Wohlfahrtsorientierung (vgl. Pierre 1999) in der Stadtentwicklungspolitik ist durch eine symbolische Überhöhung erfolgreich (Versprechen auf Prosperität und managementorientierte Ausrichtung der Verwaltung). Die Haushaltskrise lässt sich dabei verblüffend lange politisch entschärfen. Im Hinblick auf die städtebaulichen Leitbilder ist auffallend, dass wenige Schlüsselentscheidungen auf der politischen Ebene hinreichen, um die relativ stringente Normierung aus dem West-Berlin der 1980er Jahre nach der Vereinigung selektiv weiterzuentwickeln und neu zu interpretieren.

Das entstehende Konglomerat aus unterschiedlichen Normierungsansätzen ist Resultat der Übergangssituation, in der sich die Stadt nach der Vereinigung befindet. Dies gilt für die Verfahrensdimension, die scheinbar auf hohe Standards setzt, diese aber wesentlich zur Legitimation eines bestimmten stadtentwicklungspolitischen Ansatzes einsetzt, für den Interaktionstyp, der nicht zuletzt Ausdruck der politischen Großen Koalition ist und bis zu einem gewissen Grad durch pluralistische Antizipation innere Widerstände klein arbeitet, um das breite Spektrum der zur Koalition gehörenden Kräfte auf Linie zu halten, für die zumindest symbolische Verkopplung von Wachstums- und

Wohlfahrtsorientierung sowie schließlich für die teils bewusste, teils durch das Zusammenwirken der Akteure ungesteuert neu entstehende Kombination verschiedener Leitbildelemente.

Der Weg in die Überproduktionskrise auf dem Büromarkt ist dabei mit einer Aufgabe wesentlicher Steuerungsvorstellungen verbunden gewesen, die die Fachöffentlichkeit als extremes Steuerungsdefizit bezeichnet. Dieser Vorwurf wird von der Politik mit dem Verweis auf die langfristige Notwendigkeit der Flächenvorsorge und der Unvermeidlichkeit von „Schweinezyklen" auf dem Büroflächenmarkt gekontert. Während dabei politische Leitentscheidungen die Büroflächenpolitik maßgeblich beeinflussen, erarbeiten sich Verwaltung und Fachwelt (Architektur, Stadtplanung) Spielräume, die ihnen von der Legislative nicht zuletzt aufgrund von deren politischem Selbstverständnis nicht streitig gemacht werden, dabei aber tendenziell die Machtbasis einer großen Koalition der Mitte zwischen SPD und CDU stützen und damit indirekt doch die politischen Kräfteverhältnisse in der Legislative reproduzieren. Letztlich wird erst die Bewertung des Verhältnisses der Ziele „angebotsorientierte Wirtschaftsförderpolitik" und „Ausgewogenheit des planerischen Standortgefüges" darüber entscheiden, inwieweit eine Ernüchterung bzw. „Normalisierung" der Berliner planerischen Steuerungsansprüche in der Büroflächenpolitik als problematisch anzusehen ist.

Literaturverzeichnis

Altrock, Uwe 2001: Büroflächenpolitik in Berlin 1981-99. Akteure, Ziele, Entscheidungen. Berlin 2001. Dissertation an der Fakultät „Architektur Umwelt Gesellschaft" der Technischen Universität Berlin. Abrufbar unter edocs.tu-berlin.de/diss/2001/altrock_ uwe.htm (D 83).

Cox, Kevin R. 1993: The local and the global in the new urban politics: a critical view. In: Environment and Planning D: Society and Space, Vol. 11 (1993), S. 433-448.

Harding, Alan 1994: Urban regimes and growth machines: towards a cross-national research agenda. In: Urban Affairs Quarterly, Vol. 29, No. 3 (1994), S. 356-382.

Harding, Alan 1996: Is there a 'new community power' and why should we need one?. In: International Journal of Urban and Regional Research, 4/1996, S. 637-655.

Helms, Hans G. 1992: (Hg.): Die Stadt als Gabentisch. Leipzig 1992.

Kleger, Heinz Kleger 1996:: Metropolitane Transformation durch urbane Regime. Amsterdam 1996.

Lenhart, Karin 2000: Berliner Metropoly. Basel/Berlin/Boston 2000.

Molotch, Harvey 1976: The city as growth machine. In: American Journal of Sociology, Vol. 82, No. 2, S. 309-355.

Mossberger, Karen / Stoker, Gerry: The Evolution of Urban Regime Theory. The Challenge of Conceptualization, in: Urban Affairs Review, Vol. 36, No. 6, Juli 2001, S. 810-835.

Pierre, Jon 1999: Models of Urban Governance. The Institutional Dimension of Urban Politics. In: Urban Affairs Review, Vol. 34, No. 3 (Januar 1999), S. 372-396.

Sabatier, Paul A. 1987: Knowledge, policy-oriented learning, and policy change. In: Knowledge: Creation, Diffusion, Utilisation, Vol. 8 (1987), S. 649-692.

Sabatier, Paul A. 1993: Advocacy-Koalitionen, Policy-Wandel und Policy-Lernen. In:
    Adrienne Héritier (Hrsg:), Policy-Analyse. Kritik und Neuorientierung. Politische
    Vierteljahresschrift Sonderheft 24, 1993, S. 116-148.
Sewing, Werner 1994: Berlinische Architektur. In: ARCH+, Heft 122/1994, S. 60-69.
Sewing, Werner 1995: Politik der Architektur. Berlin 1995.
Stone, Clarence N. 1989: Regime politics: governing Atlanta 1946-1988. Lawrence 1989.
Stone, Clarence N. / Sanders, Heywood T. 1987 (Hg.): The Politics of Urban Develop-
    ment. Lawrence 1987.
Treutner, Eberhard 1982: Planende Verwaltung zwischen Recht und Bürgern. Zur Interde-
    pendenz von Bürger- und Verwaltungshandeln. Frankfurt/Main 1982.

Autorenverzeichnis

Uwe Altrock, Dipl.-Ing., wissenschaftlicher Mitarbeiter am Institut für Stadt- und Regionalplanung, Technische Universität Berlin

Uwe Andersen, Prof. Dr., Lehrstuhl für Politische Wissenschaft und Deutsche Innenpolitik, Ruhr-Universität Bochum

Gerhard Banner, Prof., Vorsitzender der KGSt a.D.

Jörg Bogumil, Priv. Doz. Dr., Hochschuldozent an der FernUniversität Hagen, Institut für Politikwissenschaft, zur Zeit Vertretungsprofessur für Verwaltungswissenschaft am Institut für Sozialwissenschaften an der Humboldt-Universität zu Berlin

Rainer Bovermann, Priv. Doz. Dr., Oberassistent an der Ruhr-Universität Bochum, Fakultät für Sozialwissenschaft

Anna Geis, M.A., wissenschaftliche Mitarbeiterin am Institut für Politische Wissenschaft der Universität Hamburg, Teilbereich Regierungslehre

David H. Gehne, Dipl.-Soz., wissenschaftlicher Angestellter an der Philosophischen Fakultät, Sozialwissenschaftliches Institut, Abt. für Politikwissenschaft der Heinrich-Heine-Universität Düsseldorf

Scott Gissendanner, Dr., wissenschaftlicher Mitarbeiter am Institut für Soziologie, Lehrgebiet für Regionalforschung und Raumplanung der Universität Chemnitz

Michael Haus, Dr., wissenschaftlicher Mitarbeiter im Arbeitsbereich Verwaltungswissenschaft, Staatstätigkeit und lokale Politikforschung am Institut für Politikwissenschaft an der Technischen Universität Darmstadt

Hubert Heinelt, Prof. Dr., Lehrstuhl Verwaltungswissenschaft, Staatstätigkeit und lokale Politikforschung am Institut für Politikwissenschaft an der Technischen Universität Darmstadt

Lars Holtkamp, Dr., wissenschaftlicher Mitarbeiter am Institut für Politikwissenschaft, Lehrgebiet Politikfeldanalyse und Verwaltungswissenschaft, FernUniversität Hagen

Norbert Kersting, Dr., wissenschaftlicher Assistent am Institut für Politikwissenschaft der Philipps-Universität Marburg,

Jürgen Maier, Dr., wissenschaftlicher Assistent an der Fakultät für Sozial- und Wirtschaftswissenschaften, Lehrstuhl für Politikwissenschaft II der Universität Bamberg

Volker Mittendorf, Dipl.-Pol., wissenschaftlicher Mitarbeiter am Institut für Politikwissenschaft der Philipps-Universität Marburg

Frank Rehmet, Dipl.-Pol., wissenschaftlicher Mitarbeiter an der Forschungsstelle Bürgerbeteiligung und Direkte Demokratie, Philipps-Universität Marburg, Institut für Politikwissenschaft

Klaus Schulenburg, Dr., wissenschaftlicher Referent am Freiherr-vom-Stein-Institut Münster

Hellmut Wollmann, Prof. Dr., Emeritus, Institut für Sozialwissenschaften, Bereich Politikwissenschaft, Verwaltungswissenschaft, Humboldt Universität zu Berlin

MIX
Papier aus verantwortungsvollen Quellen
Paper from responsible sources
FSC® C105338

If you have any concerns about our products,
you can contact us on
ProductSafety@springernature.com

In case Publisher is established outside the EU,
the EU authorized representative is:
Springer Nature Customer Service Center GmbH
Europaplatz 3, 69115 Heidelberg, Germany

Printed by Libri Plureos GmbH
in Hamburg, Germany